洪乾祐著

閩南語考釋續集

文史哲出版社印行

國家圖書館出版品預行編目資料

閩南語考釋續集 / 洪乾祐著. -- 初版. -- 臺北市
: 文史哲, 民 92
面; 公分
參考書目：面
含索引
ISBN 957-549-501-2 (平裝)

1. 閩南話

802.5232 92005628

閩南語考釋續集

著 者：洪 乾 祐
出 版 者：文 史 哲 出 版 社
http://www.lapen.com.tw
登記證字號：行政院新聞局版臺業字五三三七號
發 行 人：彭 正 雄
發 行 所：文 史 哲 出 版 社
印 刷 者：文 史 哲 出 版 社
臺北市羅斯福路一段七十二巷四號
郵政劃撥帳號：一六一八〇一七五
電話 886-2-23511028・傳真 886-2-23965656

實價新臺幣 五二〇元

中華民國九十二年(2003)四月初版

ISBN 957-549-501-2

閩南語考釋續集 目錄

語文的艱難（代序）……一三
附：論臺灣的水土氣候……三八
附注……四五
凡例……四九
第一章 人事……五一
工課……五一
勼……五一
弔（吊）脰……五二
支載未著……五三
卯……五五
幼呰……五五
皮……五六
异……五六
依倚……五六
囥……五八
成……五八
私婍……五九
走貀……六〇
佮……六一
拍失衰……六一
空榫……六三
𨑨迌……六四
奓盤……六六

度晬……六七
怨切……六九
展……七〇
敁（敁）……七〇
清𪐞……七一
祭獺……七二
紩（綻）……七四
覓……七四
訬（吵、謅）……七五
逗相共……七六
靪……七七
揷……七八
揞蓋……七九
翕……八〇
詠……八一
晛……八一
趒……八二
構人怨……八三
稱采……八四
遣損……八五
橫逆……八七
親情……八八
禮數……八九
鍼（針）黹……九〇
殰……九一
䍜……九二
糴……九三

第二章　天時

第二章　天時……九五
閃烺（朗）……九五
激雨……九五

第三章　生物

第三章　生物……九七
土隱……九七
大嗼……九八
田蚗……九九

炎埔蚩……一〇〇
胡蠔……一〇〇
秫……一〇一
蚼蟻……一〇二
稃……一〇三
菅……一〇四
蚝……一〇五
著……一〇六
滸苔……一〇七
蒝荽……一〇七
蝲蛴……一〇八
樣阿……一〇九
薛(稈、秆)……一〇九
雞僆……一一〇
鵤啁阿……一一〇
蟺螂(蜋)……一一一
蟔婆……一一二
第四章 各業……一一五
討海……一一五
掠龍……一一六
補鼎……一一六
撟罾……一一七
賣雜細……一一九
𥴊阿店……一二〇
第五章 身體……一二三
尻川……一二三
尾脽骨……一二四
柴屄……一二五
胳下空(孔)……一二五
套(跳)……一二六
羼朘……一二六
嘴酏……一二七
頭稃……一二八
頷頤……一二八

骹……一二八
齩牙……一二九
第六章　時空……一三一
下昏……一三一
即馬……一三二
連鞭來……一三三
驛頭……一三五
第七章　起居……一三七
坫……一三七
門楔……一三八
隘（扃）……一三九
闔……一四〇
第八章　鬼神……一四一
上帝公……一四一
土地公……一四四
大道公……一四七
文昌帝君……一五二
乩童……一五六
地基主……一六一
祖師公……一六一
城隍爺……一六六
註生娘娘……一七五
媽祖……一七七
嶽帝爺……一八四
繫……一八七
關帝爺……一八八
蘇王爺……二〇一
聽香……二〇三
觀音佛祖……二〇六
第九章　動作……二一七
刉……二一七
抈……二一八
刜……二一八
捐……二一九

舨（奴）……二一九
刲……二二〇
拂（攢、柫）……二二〇
拗……二二二
抭（㨲）……二二三
抯（摣、䖦）……二二三
批……二二四
参……二二四
挌……二二四
𪠽……二二五
窄……二二五
迮……二二六
扤（㧮）……二二六
捍……二二七
斛……二二七
迥……二二八
揞……二二九

掊（捊）……二二九
捽……二三〇
掎……二三〇
揔……二三一
拴（拎、擒）……二三一
紾……二三二
舂（摏）……二三三
揭……二三四
掇……二三五
揜（掩）……二三五
攖……二三六
斮（斫、剒、𠜾）……二三六
掉……二三八
省……二三八
𨁎……二三九
剾（鉋、刨、鏂、鑢、𣃁、刳、𠝹）……二三九

跧……二四〇
髡……二四一
剷……二四二
摳……二四二
搋……二四三
斲（斵）……二四四
截……二四四
斡……二四五
踅（躃）……二四六
趖……二四七
撅……二四八
撒……二四八
撓……二四九
撟……二五〇
磑……二五一
踕……二五二
骲（皰）……二五三
擘（扒）……二五三
歕……二五四
檕（撽）……二五五
曈……二五五
盪……二五六
媷……二五七
擲（擿）……二五八
㨨……二五九
瞷……二五九
蹻（蹺、翹）……二五九
鏠（刻）……二六一
險……二六二
謅……二六二
攞……二六三
鑢……二六三

第十章　情狀……二六五

也無……二六五

仆（趏、趴、踣）……二六五
介……二六七
匄匄阿……二六七
必……二六八
未（𠤎）……二六八
企（跂）……二七〇
沒影……二七〇
虯……二七一
走從（蹤、趴）……二七二
拄……二七二
怗……二七三
沖沖滾……二七四
胖……二七五
哈唏……二七五
按怎……二七五
按爾（生）……二七七
浡……二七八
炰（焞）……二七九
牴（抵、觝）……二八〇
耍……二八一
秳（有）……二八一
笑咍咍（嗐嗐）……二八一
倖……二八二
停賺（賺）……二八三
啥會……二八三
淖……二八四
許爾……二八五
喫虧……二八六
惴……二八七
滯……二八八
湛瀝漉……二八八
焯……二八九
貯……二八九
跔（跼、趜、趜）……二九〇

甹……二九一
置著位……二九二
遇……二九三
遂……二九四
慒……二九四
這爾……二九五
軏……二九六
糓……二九七
槇……二九七
諳……二九八
癉（𤸱）……二九八
臊……二九九
箝（戳）……三〇〇
襄……三〇〇
襉……三〇一
濺……三〇二
憻……三〇三
癡踔……三〇三
綫……三〇四
躹……三〇五
瀺（饞）……三〇六
鬱悴……三〇七

第十一章　單位……**三〇九**

一工……三〇九
一冬……三一〇
一串……三一〇
一聖杯……三一一
一裏……三一二
一濞鼻……三一三

第十二章　傷病……**三一五**

疕……三一五
府……三一五
便（冉、翢）……三一六
膇（㾓）……三一八

撓……三一八
爌……三一九
⿸疒帶……三二〇
癖……三二一
第十三章 飲食……三二三
九重糕……三二三
土孫凍……三二四
米篩目……三二五
炊番薯……三二六
炒粿條……三二七
油炸麬……三二八
胖蹄……三二九
馬蹄酥……三二九
庶羞……三三一
菜癟……三三一
賀奶豆……三三二
煨……三三三
煠……三三四
飫（饇）……三三五
飰（飯）糒……三三六
糗……三三六
糖粿……三三八
穜（種）米糜……三三九
薁玉……三四〇
稪……三四一
齕……三四一
䭔……三四二
鹹光餅……三四四
鹹西瓜瓢……三四六
第十四章 稱謂……三四七
丈人……三四七
小姬……三四九
同姒……三五〇
囝……三五一

第十五章 語詞 …… **三五五**
仔 …… 三五五
得 …… 三五六
當 …… 三五七
第十六章 褒貶 …… **三五九**
瓜(邁) …… 三五九
否(佰、婄) …… 三六〇
胇皮 …… 三六一
倯 …… 三六一
海涌(湧) …… 三六一
臭殕 …… 三六二
媌 …… 三六三
媱(愮) …… 三六四
搰力 …… 三六五
楔 …… 三六六
銈 …… 三六六
滲 …… 三六七
臧 …… 三六八
媠(婜) …… 三六八
踦 …… 三六九
頻憚 …… 三七〇
濫糝 …… 三七一
龔 …… 三七二
鱸鰻 …… 三七三
第十七章 器物 …… **三七五**
土墼 …… 三七五
手碗 …… 三七六
竹簾 …… 三七七
耳栓 …… 三七八
車 …… 三七九
刣刀 …… 三八一
坩 …… 三八二
枋 …… 三八三
風槎 …… 三八四

盜（搢、抆、抿）……三八六
砧（椹）……三八七
茭茨……三八七
茶塊……三八八
茶葢（鈷）……三八九
宿……三八九
塑膠橐阿……三九一
盌……三九二
軨阿……三九二
鸑阿……三九三
篏壺……三九四
薰……三九五
雞毛筅（筅）……三九七
𤇾……三九八
礲（磨）阿……三九九
韤（襪、韈、韎、絉、妹、袜、帓）……四〇〇
黨殼阿……四〇〇

第十八章　藝術……四〇三

民歌天烏烏……四〇三
鄭元和……四〇六
本書主要參考書……四一五
筆畫索引……四二一

語文的艱難（代序）

世上任何一個文明的民族或國家，都有文字。在中國，以現代的觀點說，文字可再細分爲三方面：研究字形的爲文字學，研究字音的爲聲韻學，研究字義的爲訓詁學。嚴格地說，這三方面實爲一體，交互影響，不能分開。就字形說，再古的文字，只要被發現保存，可根據其文字的構造（後人歸納的原則「六書」），尋出脈絡，加以解釋其造字的源流。就字義說，結合許多單字而成詞彙，進而爲成篇的文章，可藉古今各家的字典、辭典，求出單字、全句、全段、全篇的含義，明瞭古人所寫作的語意。惟獨字音（聲韻）一項，古人口裡的說話，早已煙消雲散，毫不留存。唯一可據的，是古書的注解、注音（含甲骨金石），或有意著作成册的韻書，來加以試讀。我國歷史悠久，地域遼闊，要把古書上的文字，一一還原成爲「說話的聲音」，經緯萬端，錯綜複雜，眞是談何容易。換句話說，要得知不同時代的人某種話是怎樣發音？不同地區的語音差別在那裡？亦是萬分困難的。

幸而我國現存的有最古的韻書切韻（即宋代的廣韻）一書。民國張世祿中國古音學引清段玉裁說：「音韻之不同，必論其世。約而言之：唐、虞、夏、商、周、秦、漢初爲一時；

漢武帝後洎漢末爲一時；魏、晉、宋、齊、梁、陳、隋爲一時。古人之文具在，凡音轉、音變，四聲，其遷移之時代皆可尋究。」（注一）又引清黃以周說：「廣韻二百六韻之譜，次第雖疏，部分不至大謬。諧聲之字，閒有出入；而造字之元音，所謂『凡某之屬皆從某』者，按韻讀之，多合符節。故考古之士，皆宗廣韻。」（注二）又引民國章炳麟說：「廣韻所包，兼有古今方國之音；非並時同地，得有聲勢二百六種也。」（注三）

民國竺家寧聲韻學引民國陳寅恪說：「（隋）陸法言寫定切韻，其主要取材之韻書（筆者案：多已亡佚），乃關東、江右名流之著作。其決定原則之群賢，乃關東、江右儒學文藝之人士。夫高（姓）（北）齊鄴都（今河南臨漳）之文物人才，實承自（北魏孝文帝）太和遷都以後之洛陽；而東晉、南朝金陵之衣冠，亦源自（懷帝）永嘉南渡以後之京邑（即洛陽）；是切韻之語音系統，乃特與洛陽及其附近之地域有關，自易推見矣。又南方士族所操之音聲，最爲接近洛陽之舊音；而切韻一書所遵用之原則，又多取決於南方士族之顏（之推）、蕭（該）。然則，自史實言之，切韻所懷之標準音，乃東晉南渡以前、洛陽京畿舊音之系統；而非楊隋開皇、仁壽之世，長安都城行用之方言也。」（注四）同書又引民國黃淬伯說：「切韻所包含的音系，可以看作中古時期南北方言音系的全面綜合。」（注五）又引民國王力說：「實際上，（廣韻）照顧了古音系統，也就是照顧了各地的方言系統，因爲各地的方音也是從古音發展來的。」（注六）

中國歷史上經歷了三次民族大遷徙：西晉末年五胡亂華，京城由河南洛陽，搬到江蘇建鄴（今南京），大量的衣冠士族和無數的平民，爲了避亂，不得不遷徙於南方，至於海濱。其次爲北宋末，金與西夏交侵，都城自河南開封，移到浙江臨安（今杭州）。三次爲明末，李自成攻入北京，崇禎帝自盡，南明經歷五主：南京福王由崧（弘光）、福州唐王聿鍵（隆武）、桂王由榔（永歷）、魯王以海、唐王聿鐭（紹武），先後敗亡或流亡，遺民（尤其是閩、粵）大批逃難南洋。這三次人民大遷徙，自然亦把語言帶至新居地，並傳給子孫，與土著交流。前二次，中原語言遂散播於江南各省或融合，故今福建、廣東、客家人保存最多的周、秦、漢及隋、唐中古語音；甚至及於日本、朝鮮、越南等國。今天，通閩南語的人，拿起廣韻一書來讀，其中極多的字音完全和口語或「讀書音」相合。民國王文濤說：「今日閩南語中，舌上音大都讀爲舌頭音，輕唇音一概讀爲重唇音或喉音，這正是周、秦以前的古音。又如陽聲韻尾之附 m 音，入聲韻尾之附 p、t、k 收勢，也只保存於閩、粵方言中，他省就沒有。」（注七）

民國董同龢說：「現代方言與域外譯音：現代許多方言都是從古語傳下來的，所以考訂古音而用現代方言作參考，意思是『溫新而知故』。從紙上材料，我們只能求出古語的音類，性質只如一些代數式子。至於他們的數值，是要在現代方言中求得的。這是西洋語言學給我們的一個大啓發。」（注八）同書又說：「唐代的語言還流布到了外國，那就是日本、韓國以及越南的『譯音』。所謂『譯音』，就是他們把漢字借用了去，卻照自己的語音系統改讀的音。流傳到現在，自然也是我們研究唐代語音的材料，價值有時與方言差不多。」（注九）民國林語堂說：「㈠入聲係古音，去聲後出，今惟南方方言保存 p、t、k 收音，而北方已失。又如侵、談之 m 音亦見於閩、粵語。㈡古無輕脣音（即無 f 音），福建及客話仍保留 p 音，如『飛』作『杯』，『房』作『旁』，『負』作『倍』，『佛』作 But。㈢知、徹、澄母依今北音與照、穿、床混，古音讀如端、透、定 t 之顎化音。今福建語如知、徹、澄固讀為 t 音。」（注一〇）

竺家寧說：「朝鮮語『富』讀 pu，『亡』念 maŋ，『紛』念 pun，『凡』念 pæm，正保存了古漢語歌韻字為-a 韻母的古讀。『外』念 ŋuai，『驗』念 ŋiem，『瓦』念 ŋua，正保存了古漢語的 ŋ 聲母。」（注一一）同書又說：「例如，『孔』古音 kluŋ，泰國語現在還念 kloŋ；『午』古音 sŋa，某些傣語方言正是念 saŋa；『籃』古音 klam，泰國話仍念 khram；『卒』古音 stut，藏語仍念 sdud；『損』古音念 sguən，藏語念 skum-pa。這些『活化石』對上古音的研究有很大的幫助。」（注一二）同書又說：「例如，『天』t'ien 字，日語作 ten，是因為日語沒有複元音 ie 的緣故，又如『疆』kiang，日語譯作 ki-ya-u，是因為日語沒有-ng 韻尾；『撻』t'at，日語作 ta-tu，因為日語沒有-t 尾。」（注一三）

語音成立的必備條件，須聲母和韻母合併讀出，纔能成為有意義的語言。竺家寧說：「下面以廈門話為例來說明閩南語的音韻特色。聲母共有十五個：p（邊），p'（頗），m/b（門），t（地），t'（他），n/l（柳），ts（曾），ts'（出），dz（入），s（時），k（求），k'（去），ŋ/g（語），h（喜），ф（英）。（十五個中文，閩南語通稱『十五音』，為筆者所加。）韻母共五十七個：i、ui、e、ue、a、ia、ua、ɔ、o、io、u、iu、ai、uai、au、iau、ĩ、ã、iã、uã、iũ、uãi、im、am、iam、in、an、ian、uan、un、iŋ、aŋ、iaŋ、ɔŋ、iɔŋ、iʔ、uiʔ、eʔ、ueʔ、aʔ、iaʔ、uaʔ、oʔ、ioʔ、ip、ap、iap、it、at、iat、uat、ut、ik、ak、iak、ɔk、iɔk。」（注一四）

張世祿說：「古四聲不同今韻之說，發於段氏。而段又謂古有平、上、入，而無去。至（清）江有誥乃謂古時實四聲完具，惟其所讀之聲，與今韻不合耳；因作唐韻四聲正一書。江君之言曰：『有誥初見，亦謂古無四聲。至今反復紬繹，始知古人實有四聲。特古人之所謂聲，與後人不同。陸氏編韻時，不能審明古訓，特就當時之聲，誤爲分析：有古平而誤收入上聲者，如享、饗、勁、顙等字是也；有古平而誤收入去聲者，如訟、化、震、患等字是也；有古上而誤收入平聲者，如偕字是也；有古上而誤收入去聲者，如狩字是也。』（自注：再寄王石臞（念孫）先生書）」（注一五）

照理說，每個中國文字都能讀出平、上、去、入四聲。但國語的入聲，到南宋、元、明時消失。因爲入聲發音短促，爲了遷就詞、曲歌譜上的延長，於是把入聲分配到平、上、去三聲裡，故至今國語入聲完全消失，只被閩南語、廣東話、客家話等所保存。依竺家寧的觀察統計，吳語（江蘇南部和浙江）蘇州有陰平、陽平、上聲、陰去、陽去、陰入、陽入七個聲調。溫州話有陰平、陽平、陰上、陽上、陰去、陽去、陰入、陽入八個聲調。福州話有陰平、陽平、上聲、陰去、陽去、陰入、陽入七個聲調。閩南語有陰平、陽平、上聲、陰去、陽去、陰入、陽入七個聲調。客家話有陰平、陽平、上聲、去聲、陰入、陽入六個聲調。廣東話因爲長短元音的關係，共有九調：陰平、陽平、陰上、陽上、陰去、陽去、上陰入、中陰入、陽入。此外，江西臨川有陰平、陽平、上聲、陰去、陽去、陰入、陽入七個聲調。南昌有陰平、陽平、上聲、陰去、陽去、入聲六個聲調。湖南長沙有陰平、陽平、上聲、陰去、陽去、入聲六個聲調。（注一六）筆者案：依重修臺灣省通志卷二人民志語言篇第二章，閩南語八聲，如「東」字，東（上平）、黨（上上）、凍（上去）、督（上入）、同（下平）、黨（下上）、洞（下去）、毒（下入），但兩上聲相同，故實際上只有七個聲調。

以上各地方言的多聲調，究竟發生在何時？筆者見識淺薄，古今許多聲韻學的書從不提起，故筆者至今尚不能確切知道。到底是自古和四聲同時存在？還是到了某一時期由四聲再分析，而成爲六、七、八、九個聲調？南宋陳振孫說：「（北宋）吳棫韻補五卷：漢以前，未有反切之學。許氏（愼）說文，鄭氏（玄）箋注，但曰『讀若某』而已。其于後世四聲七音，又豈能盡合哉！反切之學，自西域入中國，至齊、梁間盛行，然後聲病之說詳焉。韻書肇於陸法言，于是有音同韻異，若東、冬、鍾、魚、虞、模、庚、耕、青、登、蒸之類，斷斷乎不可以相雜。若此者，豈惟古書未之有，漢、魏以前亦未之有也。」（注一七）民國陳香說：「（清）錢大昕說：『前陸法言分判四聲，而此聲（指清）秦（州）、隴（州）則去聲爲入，梁（州）、益（州）則平聲似去。又今日北京音無一入聲，而廣東音一字乃有三入聲；於八聲外，尚有一種不清不濁不陰不陽之入聲。又陽平聲，長沙人讀之則爲去聲，上聲則等於入聲，去聲則等於上聲。』（見音韻問答）」（注一八）筆者案：廣韻中，雖然平聲分為上平與下平，但只是為字多而分，並不像現在國語裡的陰平、陽平，故實際上僅有平、上、去、入四聲。依前引陳振孫的話，「七音」或是指音樂樂律的宮、商、角、徵、羽、變宮、變徵。如果是指方言中的七個聲調，那麼七聲調（如閩南語）最遲在南宋以前已經存在。陳氏說「反切之學，自西域入中國，至齊、梁間盛行。」並未說明西域傳入中國的確切年代。古今學者都相信，反切之學，創始自魏孫炎。錢大昕即指明此事。（注一九）可確定的，東漢末的鄭玄尚無反切。反切是以二字合讀成為一字之音，上字取其聲母，下字取其韻母。這是中國人讀書方法進步的一個里程碑。另有一種說法，自東漢迦葉摩騰、竺法蘭合譯四十二章經起，至唐代翻譯佛經，遂產生「變文」一種特殊的文體。即以中國文字，將佛經故事演化成為通俗的語文。面對文字語音不同的梵文，於是啓發中國學者檢討中國文字的音韻再分析，因而產生反切和八聲。

研究中國歷代語音的變遷與追溯現在許多方言的來源，其艱難已如上述。今天閩南語的「八聲」到目前為止，尚無法確知誕生於何時，便是一例。以下再就寫作文章的艱鉅和不易作說明。清顧炎武說：「文之不可絕於天地間者，曰明道也，紀政事也，察民隱也，樂道人之善也。若此者，有益於天下，有益於將來；多一篇，多一篇之益矣。若夫怪力亂神之事，無稽之言，勦襲之說，諛佞之文；若此者，有損於己，無益於人；多一篇，多一篇之損矣。」（注二〇）又說：「子書自孟、荀之外，如老、莊、管、商、申、韓，皆自成一家言。至呂氏春秋、淮南子，則不能自成；故取諸子之言，彙而爲書；此子書之一變也。今人書集，一一盡出其手，必不能多，大抵如呂覽、淮南之類耳。其必古人之所未及，就後世之所不可無，而後爲之，庶乎其傳也與？宋人如司馬溫公資治通鑑，馬貴與文獻通考，皆以一生精力成之，遂爲後世不可無之書；而其中小有舛漏，尚亦不免。若後人之書，愈多而愈舛漏，愈速而愈不傳；所以然者，其視成書太易，而急於求名故也。」（注二一）

筆者從前讀章炳麟章氏叢書，記得在某篇文中，章氏曾批評司馬遷史記的文字：「前後相牾，辭不比順；使今人爲之，適足爲笑。然終不可及者，亦時世爲之。鄭玄雖非文章之士，然其箋注古書之文，似亦高不可及。」（大意如此）筆者在大學裡教授過史記信陵君列傳多次，覺得有些文辭實在嚕嗦重複。鄭玄畢竟注書太多，錯誤自然難免。北宋沈括說：「海物有車渠，蛤屬也。大者如箕，背有渠壟如蚶殼，故以爲器。緻如白玉，生南海。（西漢伏生）尚書大傳曰：『文王囚於羑里，散宜生得大貝如車渠以獻紂。』鄭康成乃解之曰：『渠，車罔也。』蓋康成不識車渠，謬解之耳。」（注二二）顧炎武說：「（西晉）郭璞江賦：『（長江）總括漢（水）、泗（水），兼包淮（河）、湘（水）。』淮、泗並不入江，豈因孟子（滕文公上）而誤邪？」（注二三）孟子原文：「禹疏九河，瀹濟、漯，而注諸海；決汝、漢，排淮、泗，而注之江。」朱熹集註：「據（書）禹貢及今水路，惟漢水入江耳，汝、泗則入淮，而淮自入海。此謂四水皆入於江，記者之誤也。」筆者案：孟子一書的寫作，是孟子說話，他的弟子萬章、公孫丑照話筆記。故書上的錯誤，實是由於孟子講錯話所致；朱熹只是替孟子遮蓋。南宋王楙說：「（唐）王維詩曰：『衛青不敗由天幸，李廣無功為數奇。』不敗由天幸，乃霍去病，非衛青也。」（注二四）又說：「僕觀（唐）高適詩，亦曰：『銀鞭玉勒繡蝥弧，每逐嫖姚破骨都。李廣從來先將士，衛青未肯學孫吳。』按漢書，不學孫吳兵法，乃霍去病，非衛青也。蓋衛、霍同時為將，而二傳相近，故多誤引用之。」（注二五）

顧炎武說：「（西晉）陸機漢高帝功臣頌：『侯公伏軾，皇媼來歸。』乃不考史書之誤。（東漢應劭）漢儀注：『高帝母，兵起時死於小黃，後於小黃作陵廟。』本紀五年：『即皇帝位于氾水之陽，追尊先媼為昭靈夫人。』則其先亡可知。而十年有『太上皇后崩』，乃『太上皇崩』之誤，文重而未刪也。侯公說（項）羽，羽乃與漢約，中分天下。九月，歸太公、呂后，並無皇媼。」（注二六）（清黃汝成集釋：「（清）楊氏（守）曰：『高祖母則死矣。太公能禁其無婦乎？漢書項羽傳云：「歸漢王父母妻子。」』」）顧炎武又說：「（唐）李太白詩：『漢家秦地月，流影照明妃。一上玉關道，天涯去不歸。』漢書言：『呼韓邪單于自請留居光祿塞下。』又言：『天子遣使，送單于出朔方雞鹿塞（原注：在今河套內），後單于竟北歸庭。』乃知漢與匈奴往來之道，大抵從雲中、五原、朔方。明妃之行，亦必出此。而玉關與西域相通，太白誤矣。沈存中（括）論（唐）白樂天（居易）長恨歌：『峨眉山下少人行。』謂峨眉在嘉州，非幸蜀路。文人之病，蓋有同者。」（注二七）清焦竑說：「太白詩：『我來圯（筆者案：音鄙、斷意）橋上，懷古欽英風。』披史記，（張良）子房授書圯上。注：『圯，音怡。楚人謂橋為圯。』二字不應複用。」（注二八）焦氏又說：「（春秋）

衛懿公好鶴，鶴有乘軒。軒，指軒車之軒也。（唐杜甫）子美詩：『軒墀曾寵鶴。』則誤以爲墀。乘槎至天河，海上客也。『奉使虛隨八月槎。』則誤爲漢之張騫。劉越石爲胡騎所圍，中夜奏胡笳，賊皆流涕，幷起圍奔去。『胡騎中宵堪北走。』則誤用爲笛詩。」（注二九）民國胡頌平說：「五十年十二月五日，胡頌平說：『（杜甫）秋興八首，我能全首會背的，只有一首「聞道長安似弈棋，百年世事不勝悲。」』（胡適）先生說：『「聞道長安似弈旗」，這一句就不通。下聯「王侯第宅皆新主，文武衣冠異昔時。」這一聯還可以；但接下去「直北關山金鼓震，征西車馬羽書遲。」就說到別的地方去了。』先生又舉了秋興別首裡面不通的句子。」（注三〇）

焦竑說：「（唐）劉禹錫踏歌行：『爲是襄王故宮地，至今猶自細腰多。』（戰國韓非）韓非子云：『楚莊王好細腰，一國皆有饑色。』（戰國墨翟）墨子云：『楚靈王好細腰，故其臣皆三飯爲節。脇息然後帶，緣牆然後起。』細腰事凡兩見，不聞襄王也。疑劉誤記。」（注三一）明郎瑛說：「（唐）韓（愈）文明水賦曰：『明爲君德，因所以名焉。』予嘗讀周禮曰：『司烜氏掌以夫燧取明火於日，以鑒取明水於月。』故曰明，非取義於君德也。又與馮宿論文書曰：『（西漢揚雄）子雲豈與老子爭彊而已乎？取侯芭以太玄勝周易。』夫老子猶龍，而道德五千言無往而不可取。今許其人過老子，書似周易。則不惟不知揚子，是亦不知老子也。讀墨子又曰：『孔子賢賢，以四科進褒弟子。』夫賢賢乃子夏也，四科乃門人所分，亦非孔子以此爲進褒。又曰：『孔子必用墨子，墨子必用孔子。不相用不足以爲孔、墨。』是猶以孟子與荀子同道者也。及與孟尙書云：『秦滅漢興且百年，其後始除挾書之律。』夫漢惠帝四年，除挾書之律矣。上遡高帝元年，纔十餘年耳，不考亦甚矣。」（注三二）胡頌平說：「民國四十九年三月廿一日，（胡適）先生又說：『韓退之提倡做古文，往往也有不通的句子。他的學生皇甫湜、孫樵等，沒有一個是通的。但白香山（居易）的文章就寫通了，元微之（稹）也寫通了。在唐、宋八大家裡，只有歐陽修、蘇東坡兩人是寫通了。』」（注三三）焦竑說：「（漢書）司馬相如傳：『邪與肅愼爲鄰。』邪當如字讀。（唐顏）師古讀爲左者，非是。蓋肅愼在東北隅，故曰邪以爲鄰。若欲言左，則下文自有『左蒼梧，右西極矣。』（元黃公紹古今）韻會曰：『邪，外國名。』亦引此傳爲據，又非也。蓋邪本徐嗟切。若國名，則如琅邪、渾邪，乃余遮切，與此不同。」（注三四）

南宋陳善說：「東坡詩用事多有誤處。虢國夫人夜遊圖詩云：『當時亦笑潘麗華，不知門外韓擒虎。』按陳後主張貴妃名麗華，韓擒虎平陳，後主、麗華俱見收。而齊東昏侯有潘淑妃，初不名麗華也。又按梅花絕句云：『月地雲堦漫一樽，玉奴終不負東昏。臨春結綺荒榛棘，誰信幽香是返魂？』此亦張麗華事。而坡作東昏侯事用之。坡又有詩云：『全勝倉公飲上池。』史記，飲上池乃是扁鵲。又詩云：『縱令司馬能鑱石，奈有中郎解摸金。』而袁紹檄曹操，蓋云：『發丘中郎，摸金校尉。』又詩云：『市區收罷魚豚稅，來與彌陀共一龕。』（唐）褚遂良云：『一食淸齋，彌勒同龕。』非彌陀也。」（注三五）錢大昕說：「緗素雜記：『歐陽永叔（修）代王狀元謝啓：「陸機閱史，尙靡識於撐犁。」陸機事不知載何書。王勉夫云此見（西晉皇甫謐）元晏春秋，云：「予讀（漢書）匈奴傳，不識撐犁、孤塗之事。有胡奴執燭，顧而問之，奴曰：撐犁，天子也。匈奴號撐犁，猶漢人稱天子也。」其事亦載（唐歐陽詢）藝文類聚、類要諸書。』然則不識撐犁者乃皇甫謐，非陸機也。」（注三六）（筆者案：群書札記：「匈奴謂天子爲撐犁，子爲孤塗。單于者，廣大之貌也，言其象天單于然也。」）焦氏又說：「小說云：『東坡用事，雖爛熟亦檢看。』然誤處政自不少。玉奴絃：『索花奴手。』花奴，指（唐）汝陽王璡，而以玉奴爲楊妃。又登州戲馬臺詩：『路失玉鉤芳草合，林亡白鶴野泉清。』廣陵亦有戲馬臺，下有路，號玉鉤斜，非徐州事也。又代人留別詩：『絳蠟燒殘玉斝飛，雅歌唱徹萬行啼。他年一舸鴟夷去，應記儂家舊姓西。』按（北宋樂史）太平寰宇記載西施事，施其姓也。是時有東施家、西施家。乃以爲姓西。又：『石建方欣洗腧廁，姜龐不解嘆蛜蝛。』漢書本作廁腧，蓋中衣也。二字亦不應倒用。」（注三七）筆者案：蘇軾的詩句既有那麼多的錯誤，前面引胡適說歐陽修、蘇東坡文字寫通；但古來即有人指出歐、蘇之誤，這是胡氏讀書欠周的原故。

南宋高似孫說：「有文勛者，得古本陽關，每句皆再唱，而第一句不疊。迺知唐本三疊如此。樂天詩：『相逢且莫推辭醉，聽唱陽關第四聲。』自注云：『勸君更進一杯酒。』以此驗之，若一句再疊，則此句爲第五聲。今爲第四聲，第一句不疊審矣。」（注三八）筆者案：舊時國語流行歌曲王昭君，歌詞及音樂甚美。可惜其中謂昭君唱「陽關三唱」，極錯誤。陽關三疊始於唐初王維渭城曲詩：「渭城朝雨挹輕塵，客舍青青柳色新。勸君更盡一杯酒，西出陽關無故人。」固然漢古詩有「一彈再三歎，慷慨有餘哀。」的句子；但王昭君時代，不該有甚麼「陽關三唱」，況且她出塞的路，根本不經過陽關。王維詩第三句，高似孫誤「盡」爲「進」。

不只語文艱難，作學問要完全無錯誤，都不容易。孟子梁惠王上：「仲尼曰：『始作俑者，其無後乎！』爲其象人而用之也。」禮記檀弓下：「孔子謂爲俑者不仁，不殆於用人乎哉！」古書不只一處記載，可見確是孔子的話。但孔子這些話是錯誤的——在於倒果爲因。古代都是先用活人殉葬；後來覺得太過殘忍，纔改用瓷偶人和木偶人，也就是「俑」。中共學者王貴民說：「（殷商）用人牲方面，武丁時期幾十羌常見，三百羌也不止數次，有用五百僕的，最高達到千人。」（注三九）民國黃然偉說：「其中在十一個殘破不全的基址中，殷人挖了一八九個坑，用了六四一個人，十五匹馬，四十頭牛，一一九隻羊，一二七條狗，五輛車，及若干兵器。」（注四〇）詩秦風黃鳥：「交交黃鳥，止于棘。誰從穆公？子車奄息。臨其穴，惴惴其慄！如可贖兮，人百其身。交交黃鳥，止于桑。誰從穆公？子車仲行。臨其穴，惴惴其慄！如可贖兮，人百其身。交交黃鳥，止于楚。誰從穆公？子車鍼虎。臨其穴，惴惴其慄！如可贖兮，人百其身。」詩序：「黃鳥，哀三良也。國人刺穆公以人從死，而作是詩也。」春秋左丘明左傳文公六年：「秦伯任好卒，以子車氏之三子奄息、仲行、鍼虎爲殉，皆秦之良也。國人哀之，爲之賦黃鳥。」這一年是公元前六二一年，早於孔子約一百四十年左右。史記秦本紀：「（武公）二十年，武公卒，葬雍平陽。初以人從死，從死者六十六人。」這一年是公元前六七八年，早於孔子約二百年左右。據以上所引述，在孔子以前，殷商的帝王在祭祀或葬禮時都要殺人，春秋列國如秦的君主葬禮亦要殺人殉葬。此時，「俑」尚未出現。因時代遠近不相及的關係，致使孔子錯誤，並且是學術上、歷史上的錯誤。

文字有「蠲除」一詞，揚雄方言第三卷：「南楚病愈者，謂之差，或謂之間，或謂之知，或謂之瘳，或謂之蠲，或謂之除。」郭璞注：「蠲亦除也。音涓。」魏張揖廣雅釋詁三：「蠲，除也。」朱熹勸農文：「苛嬈必蠲除，彊梗必鋤治。」又再守泉州勸諭文：「有大不便，當爲蠲除。」（皆見重修泉州府志風俗志）筆者在民國六十五年間，有一次到臺北國父紀念館參觀，恰巧大廳裡正舉行「故總統蔣中正墨蹟展」，於一件公文上，蔣氏批示中的文字出現「觸除」二字，使我大吃一驚，瞭解這是「蠲除」的錯字，也由此可知蔣氏的國文程度不大好。數年前前總統李登輝在總統府舉行第五次音樂會，電視現場轉播。他會前致辭，講了一半，從口袋裡摸起一張字條，看著字條說：「唐朝詩人李白有兩句詩：『今人不見古時月，今月曾照古人。』」筆者正看電視，覺得很奇怪：七言詩，怎麼會其中一句只有六個字？過後我查閱李白全集，找出是出於李白把酒問月詩，第二句李氏漏念了一個「經」字。全句正確應是「今月曾經照古人」。那一次音樂會，是一些中國樂器的演奏，當中有一把一千多年前的古箏。李氏的意思，是要強調古代美好的事物，我們要共同欣賞享受。筆者預料他看著念的那張紙條，或是他的祕書替他準備的，不是他自己翻讀李白的詩然後摘錄的。然而七言詩每句絕不會有六個字，不是他的祕書鈔錯就是他念錯，所以國文程度都是很差。民國八十九年七月二十日下午二時，有線電視東森新聞報導，北部火車萬華至板橋地下鐵道落成啓用典禮。當時副總統連戰在典禮上致辭，說：「地下鐵」是資政孫運璿「說（ㄕㄨㄛ）服」他纔建設的。筆者看電視聽了，瞭解他把「說」字講錯了音，「說」在此應該讀（ㄕㄨㄟ）纔對。連氏是學政治學出身的，我們對他的中文說錯了字音，不要苛責。

大學者作學問，有時亦會發生錯誤。民國五年，胡適作爾汝篇，列舉論語和禮記中所用「爾」、「汝」二字，得通則五條。（注四一）而胡氏所引論語與禮記的例句，「女」都誤作「汝」。筆者案：女、汝二字雖可通用，但古書的原文不得隨意更改，隨意更改即算錯誤。又說「孟子全書中不用『汝』字。」案，孟子萬章上：「舜曰：『惟茲臣庶，汝其于予治。』」孟子雖是引舜的話，可是書中確出現「汝」字。是胡氏錯誤之二。同書吾我篇，胡氏說：「孔子、孟子相去二百餘歲。」筆者案：依民國姜亮夫歷代人物年里碑傳綜表，孔子生於周靈王二十一年（公元前五五一），死於周敬王四十一年（公元前四七九），以中國年齡計算法出生即算一歲計，享年七十三歲。孟子生於周烈王四年（公元前三七二），死於周赧王二十六年（公元前二八九），享年八十四歲。孔、孟出生，相距只有一七九年。孔子死至孟子生，相距更只有一〇七年。胡氏說「孔子、孟子相去二百餘歲。」錯誤之三。胡頌平說：「（胡適）先生說：『像西漢的太學，最初只有五位先生，五十個學生。到了王莽時代，學生一萬多。到了東漢，太學生多到五萬多人。』」（注四二）筆者案：後漢書儒林傳序：「（質帝）本初元年，自是遊學增盛，至三萬餘生。」這是明載於正史漢朝太學生最多的時期。胡氏說「五萬多人」，缺乏實證，錯誤之四。

文章有「疆場」一詞。說文：「畺（疆），界也。」又：「埸，疆也。」張揖廣雅釋詁三：「畺，界，竟（境）也。」因「埸」字罕見，世遂多誤爲「場」；故產生一個「疆場」的錯誤之詞。有「沙場」，無「疆場」。唐王翰涼州詞：「葡萄美酒夜光杯，欲飲琵琶馬上催。醉臥沙場君莫笑，古來征戰幾人回？」詩大雅公劉：「匪居匪康，迺埸迺疆。」唐孔穎達疏：「公劉之在邰國，乃有畛（界）埸，乃有疆界。」又小雅信南山：「中田有廬，疆埸有瓜。」孔疏：「謂農人於田中作廬，以便其田事；於畔上種瓜，亦所以便地也。」左傳襄公十一年：「使疆埸之司惡於宋。」西晉杜預注：「使守疆埸之吏侵犯宋也。」故「疆埸」就是國境、邊境、田境或國界、邊界、田界的意思。在印象中，國父孫中山的題字，曾有「疆場」的錯誤字眼。民國二十六年中華版外交大辭典顧維鈞序：「復以貢獻外交界之利器，其有益於學子，有助於國家者，實不亞於疆場上之戰士。」其中「場」爲「埸」之誤。臺北黎明版胡璉金門憶舊說：「蔡松坡（鍔）：『練兵之主旨，以能效命疆場爲歸屬。』身爲主將，進入疆場。」（注四三）二「場」字皆爲「埸」字之誤。

筆者從前就讀臺灣大學中文研究所時，有同學美國人哈維摩雷(Harvey Murray)，他是美國哈佛大學東方語文系畢業，來臺大讀碩士班。他曾面告筆者說：「葉公超的英語，是流利的滿口倫敦腔，說話很風趣，大概在英國住了很久。林語堂的英語，不但發音不準，文法也常常錯誤；只是寫卻寫得極好。」筆者在臺大曾聽過林語堂演講，他是福建龍溪人，國語都是閩腔，不標準。又聽過王雲五演講，他雖廣東人，國語卻沒有粵腔，反比林氏標準。胡適說：「學外國語，要年輕出去才好。像丁文江、葉公超、溫源寧、我，都是年輕出國的。丁文江寫得好，葉公超也寫得好，溫源寧也寫得不錯。現在這般出國學生，能夠寫得成文已算很好了，寫得好的實在很少。中央研究院裡，就沒有一個英文寫得好的人。」（注四四）又說：「葉公超的英文，是第一等的英文；他說的更好。蔣廷黻的英文，寫得不錯，但談話時還帶有湖南的音，不如葉公超。就是在外國一班大政治家中，也不見得說得過公超。」（注四五）筆者中年時纔到美國亞利桑那州立大學求學，系裡一位任教的王先生面告我：「在美國大學裡教了十年書，課堂上，有時候英語還是衝不出口。」外國語文的艱難，於此可見。筆者的感覺是：英文最難的是聽，其次是說，再次是寫，最後纔是讀。

因寫作的需要，筆者詳讀過重修臺灣省通志語言篇，發現書中有很多字不會寫或有錯誤。頁七一，煆（ha 上上）。頁一四二，霎（tiap 上入）。頁一五三，狼犺，「犺」誤「曠」。頁一八二，利閃閃，「閃閃」爲「銛銛」之誤。膏膏纏。頁二四八，嫷（Sui 上上）。頁二五一，佮（kat 上入）。頁二五三，刁工，「刁」誤作「挑」。頁二五五，連鞭，誤作「臨邊」。頁三一二，蠘（梭子蟹）。頁三一四，蕹菜。頁三三四，䑛。頁三三六，㰟困，「困」誤「睏」。跍（蹲）。頁三四〇，擣。掊。頁三四一，拑。頁三四四，坫，誤作「站」。瞋。頁三四六，耍。頁三四七，剟（ts̀u ap 上入）。頁三四九，佼（gau 下平）。頁三五〇，嫍（hiau 下平）。頁六五七，甕菜，「甕」爲「蕹」之誤。

臺中市臺中港路和文心路交叉路口的陸橋欄杆，有二句警示標語：「交通要遵守，出門無憂愁。」第一句文義欠通，尊守甚麼交通？如把「通」換「規」，成爲「交規」，就通了。（這標語現已拆除）生人見面，互問貴姓？開口回答：「口天吳。」這就錯了，正確是：「口大吳。」或答：「木易楊。」也錯了，正確是：「木昜（音義同陽）楊。」「楊」字的右邊，是「昜」不是「易」；恰如同前文「疆埸」誤爲「疆場」。「疆場」的錯誤是「埸」字多了一畫變成「場」，「木易楊」是「昜」字少了一畫變成不成字的「楊」。有一個虛構的笑話：從前有一位私塾老師，到某鄉村教閩南語古文，將「島」（音倒〔臥〕）誤讀爲「跕」（ku下平、蹲）。三年後，換了另一位塾師，把「島」的音讀對了。不料引起鄉民大譁，說老師讀錯字，立即解聘。這塾師氣憤不過，找到前任塾師，責問你爲何將「島」讀「跕」？舊塾師笑著調侃說：「我一跕就是三年，汝敢（豈）倒有一個月？」臺胞有一個錯誤語彙講了一百二十一年：「青紅燈」。民國連橫臺灣通史說：「（在清臺灣巡撫劉銘傳主持下，）臺北至基隆（鐵路）以（光緒）十七年（公元一八九一）十月開車，臺北至新竹則至十九年（公元一八九三）正月告竣。」（注四六）「紅綠燈」一詞應當隨火車開始就有的，可是到目前爲止，臺胞口裡還在說「青紅燈」，筆者聽了極爲難過。「青」和「綠」是兩種截然不同的顏色，臺胞也知道甚麼叫「綠豆」，並不會誤說「青豆」。正確的臺語亦應該如同國語說「紅綠燈」或「綠紅燈」。如果以甲午戰敗臺灣割讓日本（光緒二十一年、公元一八九五），日人逐漸引進汽車起纔有「青紅燈」，到現在最少也在百年左右。可歎這個錯誤，勢將永遠錯下去，除非靠政府在各種新聞媒體長久宣導改正一番。臺胞還有一句錯誤的說話：「出社會。」「出」是「離開」的意思。離開家庭去當和尚、尼姑，稱爲「出家人」。故正確該說「入社會」。此外，「看（平聲）成」，誤寫「牽成」。「割包」，誤寫「刈（音義、割草或斬殺）包」。「大家恭喜」，誤寫「大家恭禧」。「依倚」，誤寫「依偎（身靠身）」。「麻餈」，誤寫「麻糬」。「肉羹」，誤寫「肉焿」。「枵（iau上平、肚餓）」，誤寫「飫（音畏、過飽）」。「滷肉飯」誤寫「魯肉飯」。金門種田人必用的「潳桶」，金門縣政府出版的金門民俗文物誤寫「粗桶」。太武山「鄭成功弈棋處」石碑，「弈」誤爲「奕」。希望金門縣政府能予改正。

臺灣社會上常見的錯字，流行最廣的要算「槍」字。幾乎每天的各大報紙、電視臺、雜誌都在使用。殊不知戲臺上唱戲者手上拿的長長尖尖木頭作的傢伙，纔叫「槍」（見明王三聘古今事物考卷六）；現在警察、歹徒、軍隊應用的特殊鋼鑄成的武器，須寫「鎗」纔是。以外，「一味」誤作「一昧」。「要姦」誤作「雞姦」。「一飛翀天」誤作「一飛沖天」。「禮義之邦」誤作「禮儀之邦」。「飛黃騰踏」（見清胡鳴玉訂譌雜錄卷五）誤作「飛黃騰達」。「床第」誤作「床第」（訂譌雜錄卷十）。「豐富」誤作「豊（音義同禮）富」。最不該的，寫作臺灣通史的連橫，在他的另一著作臺灣語典卷一，把「姦」誤寫爲「幹」，還解釋一番。

上面談的是字寫錯；以下且說字音誤讀。筆者親耳聽過幾位大學國文教授，把「左傾

(ㄑㄧㄥ)」說成「左傾(ㄑㄧㄥˇ)」，「國(ㄍㄨㄛˊ)文」說成「國(ㄍㄨㄛˊ)文」，教人十分納悶。民國八十九年三月十六日晚九時，環球有線電視「挑戰李敖」節目中，李氏與名教授陳鼓應對談，陳氏竟出口將「混淆(ㄧㄠˊ)」誤說「混淆(ㄒㄧㄠˊ)」。常聽人講話，「比比(ㄅㄧˋㄅㄧˋ)皆是」，誤說「比比(ㄅㄧˇㄅㄧˇ)皆是」。漢書哀帝紀：「日月亡(無)光，五星失行，郡國比比地動。」「比比」，意為「每每」。「斤斤(ㄐㄧㄣㄐㄧㄣ)計較」，誤說「斤斤(ㄐㄧㄣˋㄐㄧㄣˋ)計較」。爾雅釋訓：「斤斤，察也。」臺灣每到選舉時期，各方面出現頂多的字眼是「當(ㄉㄤˋ)選」，實為「當(ㄉㄤ)選」之誤。廣韻下平聲十一唐：「當，主也。」有「擔當」、「承當」之意。念「當(ㄉㄤˋ)」，與「儅」同，是「質當」(把貴重物品押到當鋪裡去)，如同現在大學生最怕老師把他的科目「當掉」，即「不及格」；正好和「落選」相同。曾聽到社會人士在電視上談話，說「勉強(ㄑㄧㄤˊ)」如何如何，實為「勉強(ㄑㄧㄤˇ)」之誤。談到選美，就說某某小姐得到「后冠(ㄍㄨㄢ)」，實是「后冠(ㄍㄨㄢˋ)」之誤。數年前，歌手陳今佩在電視上演唱後，回答主持人的話中，竟說「鍛(ㄉㄨㄢˋ)羽而歸。」「鍛」是「鎩(ㄕㄚ)」的誤讀。民國八十九年七月十九日晚七時中華電視臺新聞報導，主播李四端把「貪婪(ㄌㄢˊ)」誤說成「貪婪(ㄌㄢˊ)」。社會上很多人誤將「獎券(ㄑㄩㄢˋ)」說成「獎卷(ㄐㄩㄢˋ)」。

有一個流行很廣的閩南語語音誤讀，即把「寂(音籍)寞」誤說成「寂(音淑)寞」，包括許多出名臺語歌曲。筆者連聽幾十年，尚未發現有人說對或唱對。錯誤的原因，在於「寂」字下半部有一個「叔」字，於是照念「叔」字的音。臺中市區有一個修理玻璃的工人，天天以汽車巡迴街巷廣播，將「修理紗（ㄒㄝ）窗」，誤說成「修理沙（ㄕㄚ）窗。」不但如此，民國九十一年元月五日晚，歌手洪榮宏、蔡幸娟在電視上合唱名曲四季紅，有二句「秋天月照紗窗，雙人相好有所望。」其中的「紗」字，也唱成「沙」。其他經常聽到的誤音，舉不勝舉。例如，「消耗（ㄏㄠ上去聲）」，說成「消耗（ㄇㄠˋ）」。「呼籲（音裕）」，說成「呼育」。「應（ㄧㄥ）該」，說成「應（ㄧㄥˋ）該」。「校（音較）正」，說成「效正」。「壯年組（音祖）」，說成「壯年租」。「成分（ㄈㄣ下去聲）」，說成「成分（ㄈㄣ）」。「保障（音衆）」，說成「保彰」。「公寓（音遇）」，說成「公宇」。「會（音燴）計」，說成「會（ㄏㄨㄟ下去聲）計」。「ㄚ（音阿）頭」，說成「了頭」。

國語的音誤，亦是不少。例如，曹操（ㄘㄠ）字孟德，故「操」字應讀去聲，而誤說為「操（ㄘㄠ）」。連帶應該說「操行（ㄘㄠˋ ㄒㄧㄥˋ）」。而民國八十九年六月十日晚電視「大陸尋奇」節目中，主持人熊旅揚誤說「修行（ㄒㄧㄥˊ）」。漢書項籍傳：「富貴不歸故鄉，如衣（ㄧˋ）錦夜行。」「衣」作動詞「穿」用，故應讀去聲，許多人誤讀平聲（名詞）。「土著（ㄓㄨˋ）」，誤說「土著（ㄓㄨㄛˊ）」。「令（ㄌㄧㄥˋ）人悲傷」，誤說「令（ㄌㄧㄥˊ）人悲傷」。「唱和（ㄏㄜˋ）」，誤說「唱和（ㄏㄜˊ）」。「論（ㄌㄨㄣˊ）語」，誤說「論（ㄌㄨㄣˋ）語」。「參差（ㄘㄣ ㄘ）不齊」，誤說「參差（ㄘㄢ ㄔㄚ）不齊」。「暴（ㄆㄨˋ）露」，誤說「暴（ㄅㄠˋ）露」。「去（ㄑㄩˇ）除」，誤說「去（ㄑㄩˋ）除」。「處（ㄔㄨˇ）女」，誤說「處（ㄔㄨˋ）女」。「間（ㄐㄧㄢˋ）諜」，誤說「間（ㄐㄧㄢ）諜」。「挑撥離間（ㄐㄧㄢˋ）」、「合作無間（ㄐㄧㄢˋ）」亦是。「人質（ㄓˋ）」，誤說「人質

（ㄓˊ）」。「鼓吹（ㄔㄨㄟˋ）」，誤說「鼓吹（ㄔㄨㄟ）」。

國語流行歌曲方面。嚴華、周璇合唱天長地久，「女紅（ㄍㄨㄥ）辛苦」，嚴華誤唱「紅」爲（ㄏㄨㄥˊ）。紫薇喜臨門說白：「眞是郎才女貌，天成佳（ㄐㄧㄚˋ）侶。」「佳」應說（ㄐㄧㄚ）。另外她唱的小時候，有「唱個汾河灣，你扮那薛平貴，我學做王寶釧。」筆者案：京戲汾河灣是薛仁貴、柳迎春，武家坡纔是薛平貴、王寶釧，弄錯戲齣，作詞者不知是誰。姚莉白蘭香，「蜜蜂忙著釀（ㄋㄤˋ）蜜糖。」誤唱「釀」爲（ㄌㄤˊ）。姚蘇蓉愛神的箭，「少男的心惆悵（ㄔㄤˋ）。」誤唱「悵」爲（ㄓㄤˋ）。楊燕王昭君，「前塵舊夢，空惆悵（ㄔㄤˋ）。」亦誤唱「悵」爲（ㄓㄤˋ）。蔡琴我有一段情，「只能懷抱七弦（ㄒㄧㄢˊ）琴。」誤唱「弦」爲（ㄒㄩㄢˊ）。

臺語流行歌曲方面。民國許常惠編臺灣福佬系民歌中，許丙丁作詞六月茉莉，「六月茉莉眞正美，身邊無君上克虧。」「美」應作「媠」，「克」爲「喫」之誤。陳達儒作詞、蘇桐作曲農村歌，「炎天赤日頭，悽慘日中午。有時踏水車，有時就搜草。日頭那落山，工作即有息。有時歸身汗，忍著寒甲熱。稻仔快快大，阮的生活就快活。」「午」爲「晝」之誤。「那」爲「若」之誤。「息」應作「歇」。「甲」爲「佮」之誤。「阮」爲「吾」之誤。筆者案：臺胞喜用「阮」字代表「我」、「我的」、「我們」、「我們的」，「阮」字和實際語音既不相符，意義更完全無關，是不懂得字如何寫拿來充數的，當用「吾」字纔是。汪仕明唱彰化調，「花園看景緻。」「緻」應作「致」。汪仕明唱臺北調，「第一熱鬧人知影。」閩南語絕不說「熱鬧」，應說「鬧熱」。五更鼓調，「甲君相好有所望，恰好小種泡冰糖，手拔門悶心頭酸。」「甲」爲「佮」之誤。「恰」爲「較」之誤。「悶」爲「門」之誤。陳冠華、張桂子合唱車鼓調桃花過渡，「桃花可比木桂英，也敢對阮哥哥纏。」「木」爲「穆」之誤，「阮」爲「吾」之誤，「哥哥」爲「膏膏」之誤。陳冠華唱崁仔腳調，「要做生利都一圖？要想少年黑貓某。」「利」爲「理」之誤。「都」爲「著」之誤。「圖」爲「途」之誤。「黑」爲「烏」之誤。宜蘭調丟丟銅仔，「鹽菜甕。」「鹽」爲「鹹」之誤。臺灣北部民謠天黑黑，「兩人相打弄破鍋。」「黑黑」爲「烏烏」之誤。「打」應作「拍」。「鍋」爲「鼎」之誤。卜卦調，「要問仙祖做生意，妳若添油二百四，包領大賺錢。」「意」爲「理」之誤。「妳」爲「汝」之誤。「賺」爲「趁」之誤。

民國林二、簡上仁合編臺灣民俗歌謠中，葉俊麟作詞、洪一峰作曲淡水暮色，「男女老幼塊等待，嚮對海面去。」「塊」應作「得」。「嚮」爲「響」之誤。李臨秋作詞、鄧雨賢作曲望春風，「開門該看覓。」「該」應作「佮」或「加」。此外，「心內彈琵琶。」筆者聽了數十年，「琵」都誤唱「疑」音，應唱「疲」音纔對，包括鄧麗君在內。李臨秋作詞、林二作曲半暝行，「半刻也都拼，空想費心成，勝過你。」「都」爲「著」之誤。「成」爲「情」之誤。「你」爲「汝」之誤。吳合正作詞著忍耐，「怨嗟嘆孤單，咱站世間是暫時，災難那到也袂辭。」「嗟」應作「切」。「站」爲「坫」之誤。「袂」應作「未」。周添旺作詞曲河邊春夢，「舉頭一下看，遊賞彼當時，實情和實意，將阮來放離，乎我若想起。」「舉」爲「撟」之誤。「彼」應作「許」。「和」爲「佮」之誤。「阮」爲「吾」之誤。

「乎」應作「給」。張邱東松作詞曲燒肉粽，「出業頭路無半項，那無本錢做未動，要做小來又無賺。」「出」爲「卒」之誤。「那」爲「若」之誤。「賺」爲「趁」之誤。陳達儒作詞、蘇桐作曲雙雁影，「鴻雁那會即自由？秋天那來阮憂愁。」「即」應作「這」。「那」爲「若」之誤。「阮」爲「吾」之誤。鄭志峰作詞、許石作曲南都之夜，「彼當時在公園內，像牛郎甲織女。」「彼」應作「許」。「甲」爲「佮」之誤。李臨秋作詞、王雲峰作曲補破網，「破甲這大孔，誰人知阮苦痛？尋傢司補破網。悽慘阮一人，走叨藏？枯不利終罔振動，舉鋼針接西東。」「甲」爲「到」之誤。「阮」爲「吾」之誤。「司」爲「私」之誤。「叨」應作「著」。「枯不利終」爲「姑不二將」之誤。陳達儒作詞、姚讚福作曲心酸酸，「放阮孤單守家門，乎阮等無心酸酸，風冷情冷是無秧。」「阮」爲「吾」之誤。「乎」應作「給」。「秧」爲「央」之誤。周添旺作詞曲西北雨，「日頭過半埔，出門無疑誤，渥甲規身淡糊糊。」「埔」爲「晡」之誤。「誤」爲「悟」之誤。「渥」應作「沃」。「甲」爲「到」之誤。「淡」爲「湛」之誤。林金波塡詞、黃國隆編曲三聲無奈，「一時貪著阿君仔美，目屎四滴垂。」「美」應作「媠」。「滴」爲「淋」之誤。車鼓短劇桃花過渡，「手拿珊瑚仔伊都等待君，提渡船，也敢對阮糕糕纏，阿伯戇想伊都阮袂著。」「拿」應作「提」。「提」爲「撐」之誤。「阮」爲「吾」之誤。「糕糕」應作「膏膏」。「袂」爲「未」之誤。恆春民謠思想起，「李阿花那獻白阿伊都無香味，放捨那大某伊都可憐代。」「那」爲「若」之誤。「捨」應作「撒」。「代」爲「戴」之誤。（注四七）涼傘調農村酒歌，「歹運碰著您這些夭壽，歹生氣啦，日時作喰，汗流甲閃滴，甲阮地假細意，打拼做式頭，講故說天，愈講愈有字，總無按呢生，知影上蓋好。」「生氣」應作「受氣」。「喰」為「穡」之誤。「甲」為「到」之誤。「甲阮」為「佮吾」之誤。「意」為「膩」之誤。「打」應作「拍」。「式頭」為「穡頭」之誤。「故」應作「古」。「呢」為「爾」之誤。「蓋」為「介」之誤。

恆春民謠臺東調，「路頭生疏呀不識人。」「識」應作「別」。以外，不在林氏書中的名曲，陳達儒作詞、郭玉蘭作曲南都夜曲，「惦在路頭，酒醉亂亂顛。」「惦」為「坫」之誤。

洪乾祐

二〇〇二年四月一日於臺中市

附　論臺灣的水土氣候

筆者經常喜看電視氣象報告，每每羨慕英國、日本等國家的良好氣候。筆者於一九七八年七月底到美國亞利桑那州立大學土桑市(Tucson City)進修，當時臺灣的氣溫高達攝氏三十六度，渾汗如雨，酷熱無比。但飛機一降落美國舊金山，走出機場，正當黃昏，不只不熱，還感覺冷了起來，大約氣溫攝氏十八度左右。進了旅館，穿著西裝外衣，還覺得冷。第二天又乘機抵達土桑市，雖然也熱，但因極乾燥，所以比較起來，仍是臺灣熱得多。英國、日本我沒有去過，僅從電視上得知這兩國的夏天溫度，遠比臺灣低。氣候酷熱對人體不利；可是上天如此加惠給英、日，眞可謂得天獨厚了。

民國二十六年，上海中華書局出版外交大辭典，其中「鴉片戰爭」條說：清道光二十年(公元一八四〇)六月底，英國海軍指揮官伯麥上校(Colonel Gotdon Bremer)率領軍艦十六艘，大砲五百四十尊，武裝汽船四艘，運輸船二十七艘，陸軍四千人，七月四日艦隊駛至舟山群島，攻陷定海。八月，駛入渤海，進迫北河。英國兵士水土不宜，病疫甚多，死四百餘人。筆者案：六至八九月間，正當夏秋之交，中國浙江以北一帶海上的氣候，不致太熱；而英兵竟然死亡數百人，可證明水土氣候對人的重大影響。

記得朱子語類裡曾說我國「南人多病。」這就是由於南方的地氣濕熱有害，不及北方的乾爽宜人。史記賈誼傳：「賈生既辭往行，聞長沙卑溼，自以壽不得長。」唐杜甫夢李白詩：「死別已吞聲，生別常惻惻。江南瘴癘地，逐客無消息。」「瘴」是一種濕熱之氣，可使人致病；「癘」是一種惡氣，故「瘴癘」是足以奪人性命的溼熱惡氣，古人早有這種眞知灼見。

中共學者徐曉望說：「所謂『瘴氣』，就是山區的濃霧。蓋因閩中山區氣候濕潤，每到夜間，氣溫下降，空中水分便會凝聚爲濃霧。這種濃霧潮濕陰冷，對人體健康極爲有害。人在濃霧中行走，冷霧會無聲無息地侵入人體，破壞人的體內平衡。于是，人體抵抗力下降，各種細菌、病毒侵入，疾疫發生。古代福建以疾病聞名于世，考其原因，其一，福建潮濕溫熱的氣候，有利于微生物生長；其二，福建春夏之間氣候多變，乍暖還寒，人容易得病；其三，福建山區多有濃霧，于是，病毒、細菌等微生物等乘機入侵，造成人類患病。元、明、清時期，福建與海外各地往來加強，許多無名瘟疫也傳入閩土，導致人口大批死亡。」（注四八）

筆者案：徐氏的話相當可靠。筆者是金門人。金門屬於亞熱帶海島型氣候，因接近大陸，具大陸性，夏天最高溫度超過攝氏三十二度的機會不多，冬天約攝氏十度左右，全年不見霜雪，濃霧也少。因島四周有海環繞，海水能調節氣溫，不像閩南和臺灣日夜常有極大的溫差；加上濕度又低，故對人體維持健康甚爲理想。我有幾位同學，在民國三十四、五年間到內地集美鄉集美學校讀書，當地的水土氣候本來就不好，又因無自來水而食用溪流之水，故多被病毒侵害，終於生病，退學回金門。福建如此，臺灣則更厲害幾倍。

連橫臺灣通史說：「或曰：『臺灣』原名『埋冤』，爲漳、泉人所號。明代漳、泉人入臺者，每爲天氣所虐，居者輒病死，不得歸，故以『埋（筆者案：埋閩南語音臺）冤』名之，志慘也。其後以『埋冤』爲不祥，乃改今名。」（注四九）案：「臺灣」二字無意義；故最初名「埋冤」當屬可靠。

清阮旻錫說：「辛丑，順治十八年，海上稱永曆十五年（公元一六六一）正月，賜姓（鄭成功）議取臺灣，進兵。諸將雖不違阻，俱有難色；宣毅後鎭吳豪曾到其地，力言港淺大船難進，且水土多瘴癘。賜姓遂有臺灣，改名東寧。令兵丁俱各屯墾。初至，水土不服，疫癘大作，病者十之七八，死者甚多。」（注五〇）（筆者案：此段文字，亦載於國防研究院版清史補編八鄭成功載記一及商務版民國余宗信明延平王臺灣海國紀。）又說：「（同年）二月二十二日午時，自（金門）料羅灣放洋。四月初一日天明，賜姓至臺灣外沙線，是日，由鹿耳門登岸。十二月，守臺灣城（荷蘭）夷長揆一等乞以城歸賜姓。壬寅，康熙元年，海上稱永曆十六年（公元一六六二）五月初八日，國姓招討大將軍殂於東寧，年三十有九。」（注五一）筆者計算鄭成功入臺灣，總共時間只有一年一個月，就病死了。固然在他死前不久，遭逢一件令他憤怒氣悶的事：世子鄭經在廈門和乳母私通生子，命人到廈門殺世子及其母董夫人，諸將又不奉命。但筆者認爲，他的死因，實在是對臺灣水土氣候不服所致。

官至唐王聿鍵的浙東巡撫副都御史金門人盧若騰，極受鄭成功的敬重。其殉衣篇詩（自注：爲許爾繩妻洪氏作）說：「妾爲君家數月婦，君輕別妾出門走。從軍遠涉大海東，向妾叮嚀代將母。驚聞海東水土惡，征人疾疫十而九。猶望遙傳事未眞，豈意君訃播人口！」「海東」即指臺灣。當時洪氏的丈夫許爾繩從軍來臺，亦是不多久死於水土氣候不服。

廈門志作者清周凱於「道光十六年丙申（公元一八三六）遷臺灣道。十七年丁酉（公元一八三七）七月三十日，以疾卒於官，年五十有九。」（注五二）入臺時間，不過一年左右。筆者案：這又是一件死於臺灣水土不服的確證。

胡適於民國四十七年年底，由美國紐約市回臺北南港就任中央研究院院長，他的祕書胡頌平在七十二年底出版胡適之先生晚年談話錄，記述至胡氏於五十一年二月廿四日在中研院蔡元培館第五次院士會議上，心臟病突發逝世，四年多時間中生活言行的點點滴滴。筆者那時還未進入大學求學，但自早喜愛閱讀胡氏的書和聆聽他的演講。一次在南海路中央圖書館，一次在徐州路臺大法學院，印象深刻。在中央圖書館講完後，步出講堂，一位建國中學的學生拿著胡氏的著作請他簽名，他立刻答應簽著，我在旁邊觀看，他平易近人，絲毫沒有大學者的架子。他的座車在附近一直發不動，他向身邊送行的人笑著說：「老爺車！老爺車！」他逝世後，我也曾到市立殯儀館瞻仰他的遺容。

胡頌平說：「（胡）先生說：『臺灣的熱天又是那麼長，實在太熱了！』」（注五三）筆者從書報雜誌，得知胡氏患有心臟病。在美國要回國時，檢查身體，醫生對他說：「胡先生，你的身體是透支的！」胡氏回答說：「是的。我還要繼續透支！」（指經常晚上讀書寫文章到天亮）筆者的看法，他如果久住在美國的溫帶氣候中，可能會多活幾年。偏偏來到這舉世聞名的「瘴癘地」冒險。他的心臟病突發死亡，殺手正是臺灣的水土氣候！

還記得報紙報導：名影星王元龍於民國四十多年間，來臺灣拍戲，坐車南下，到了斗六，忽然病倒，雙腿僵硬不能站立，不久即逝世。次日報紙指他是年輕時風流所引起。筆者想，但為甚麼他自中共三十八年占有大陸起，就長期居住香港，而在香港不會發作？於此可見還是臺灣的水土氣候作祟。

筆者於民國五十二年就讀臺大政治系，上過薩孟武政治學的課，也喜歡讀他的文章，覺得風趣幽默、乾淨俐落。他曾說：「臺灣寒潮一來，就冷得令人戰慄；而太陽出來，又如夏天，誰人能夠忍受？大陸的冷是乾冷，臺灣的冷是濕冷。」（注五四）筆者平日看電視時，很留意氣象預報。一九九九年九月十五日晚有線電視報導，說花蓮的濕度為一〇〇，可怕！我們所感受的氣溫有二種：溫度計上的溫度與體感溫度。臺灣的濕度如此之高，所以大熱天如果氣溫三十六度，再加很高的濕度，實際的體感溫度應以攝氏四十度以上計算，纔是合理。在中國的大陸性氣候（金門應納入），夏天的熱，感覺上是「熱在周圍」，原因就在濕度低；臺灣夏天的熱，感覺上是「黏在身上」，原因就在濕度高。在大陸，冬天可曬太陽，覺得溫暖可愛；在臺灣，冬天的太陽曬不得，我曾一試再試，會叫人頭暈冒汗受不了。

筆者求學臺大政治系一年級時，美國人天主教神父郝繼隆(Rev. Albert R.O'Hara 1907 —

1983)教社會學。他因精通中文，曾指導過名影星葛里哥萊畢克(Gregory Peck)在某影片中所須要講的中國話。他上課亦用中國話講。他說，許多美國人時常向他訴苦：「住在臺灣，每天無緣無故累得要死。」高濕度黏身，能大量消耗體內的維他命，那得不累？雖也有冬天的睡眠，但身體等於沒有休息。這便是水土氣候作怪。筆者又看報紙，某年夏天，臺北舉行「瓊斯杯籃球賽」，許多美國黑人球員抱怨表示：「無法忍受這裡的酷熱氣候。就是住在旅社的冷氣房間裡，也不舒服。臺灣眞是一個『美麗的火爐』！」

筆者青年時代，在故鄉金門後浦，受教於閩南語古文塾師陳明德。某次他提起：清朝時代，大陸有一官員奉命調職臺灣，其家眷亦隨同上任。不多久，其母親告訴她兒子說：她年紀已經六七十歲，來臺後突然月事又至，萬分驚訝。因斷定臺灣是一個淫亂之地，不可居住。她要兒子仍留此，而把媳婦和孫兒女帶回大陸。陳師說，這就是臺灣地氣炎熱，少年男女易於早熟。後來筆者看書報說，在印度，曾有女子九歲，月事已來潮，作了母親。更有人評論臺灣說：「花不香，鳥不啼。男無情，女無義。」事實上確是如此。筆者從金門遷臺多年，在山林中，很少聽到鳥隻啼叫；進入花店，群花也不大香。在大陸上，經常聽見雲雀在空中高鳴，走近玉蘭花邊就聞到濃烈的香味。

筆者的父母是清末民初的印尼華僑，旅居在赤道上的印尼十數年。父母都說，比較起來，印尼夏天沒有臺灣炎熱。岳父客居菲律賓幾十年，也說臺灣的夏天比菲律賓熱。嫂嫂曾住在新加坡數月，回來說，在臺灣，住在房屋的頂樓，夏天太陽的熱氣會由屋蓋往下烤，相當難受；但在距離赤道不遠的新加坡，同樣的屋頂不會烤人。筆者於民國四十五年四月間，因病自金門來臺就醫，在松山機場一下飛機，立刻感到炙熱的氣流由四面逼來，熱不可耐。到達住所，趕快脫下在金門尚穿在身上的幾件厚衣。一星期後，體重減輕了幾公斤。

筆者從民國四十七年五月遷來臺灣，迄今九十一年四月，已滿四十四個年頭。這四十四年中，對臺灣的冬天毫無印象。雖然冬季有時也冷，恰如同冷氣機吹著冷氣罷了，因爲室外的樹木花草仍舊青翠繁茂，蒼蠅、蚊子、螞蟻處處出現。若在金門，秋天起，所有的蒼蠅、蚊子全數死光，螞蟻蟄居穴中，花草樹木枯黃脫葉，根本不能相比。仔細觀察臺灣的氣候多年，瞭解陽曆三月中旬左右，熱天來到，直到十一月中旬左右，夏季總共八個月。秋天一個月，十一月中旬左右至十二月中旬左右。冬天二個月，十二月中旬左右至次年二月中旬左右。春天一個月，二月中旬左右至三月中旬左右。（請特別注意「左右」二字）屏東、恆春一帶則四季皆夏。筆者在臺灣居住了四十四年，始終無法適應這樣酷虐的水土氣候。但又無處可去。要返回故鄉，諸多大問題，不能解決。不知何時何日，能夠脫離臺灣水土氣候的摧殘？有時在冬天，亦會無故覺得滿身不舒服，那裡不舒服又說不出。全年最顯著的感覺，就是胃不消化，又非醫藥所能爲力。讀者你如果在臺灣出生，本地的水土氣候對你不發生問題。倘若你是外省人又身體不健康，卻能完全適應臺灣的水土氣候，那眞是天大之幸。

附　注

注　一：張著中國古音學第一章導言引清段玉裁六書音韻表音韻隨時代遷移說。
注　二：同上書第十六章第二節引清黃以周禮書通故六書通故三。
注　三：同上書第十八章第五節引民國章炳麟音理論。
注　四：竺著聲韻學第十講第一節切韻音的性質引民國陳寅恪從史實論切韻。
注　五：同上書引民國黃淬伯關於切韻音系基礎的問題。
注　六：同上書引民國王力漢語史稿。
注　七：王著實用聲韻學第二章第二節聲韻學之範圍。
注　八：董著中國語音史第一章引論。
注　九：見同上書。
注一〇：林著語言學論叢閩粵方言之來源四閩粵方言之重要。
注一一：竺著聲韻學第一講第四節拾漢字借音。
注一二：同上書拾貳同族語言。
注一三：同上書第十講第二節貳由外語的漢字借音和漢語中的外語對音擬構。
注一四：同上書第四講我國的語言和方言陸閩南語。
注一五：中國古音學第十四章第四節江君古音有四聲之說。
注一六：竺著聲韻學第四講第三節漢語的方言。

注一七：陳著直齋書錄解題卷三。
注一八：陳著陳三五娘研究陳三五娘故事與潮戲。
注一九：錢著十駕齋養新錄卷五孫炎始爲翻語。
注二〇：顧著日知錄卷十九文章須有益於天下。
注二一：同上書著書之難。
注二二：沈著夢溪筆談卷二十二謬誤。
注二三：日知錄卷二十一郭璞賦誤。
注二四：王著野客叢書卷五王維詩誤。
注二五：同上書高適詩誤。
注二六：日知錄卷二十一陸機文誤。
注二七：同上書李太白詩誤。
注二八：焦著焦氏筆乘卷一太白詩誤。
注二九：同上書卷四杜詩誤。
注三〇：胡頌平著胡適之先生晚年談話錄。
注三一：筆乘卷三禹錫誤用事。
注三二：郎著七修類稿卷二十四辯證類韓文失處。
注三三：同注三〇。

注三四：筆乘卷一師古注誤。
注三五：陳著捫蝨新語下集卷一東坡用事多誤。
注三六：十駕齋養新餘錄卷下歐公誤用不識撐犁。
注三七：筆乘卷四東坡誤用事。
注三八：高著緯略卷八陽關三疊。
注三九：王著商周制度考信㈢祭祀制度的演變。
注四〇：黃著殷禮考實宗廟與祭祀。
注四一：遠東版胡適文存第一集卷二。
注四二：胡適之先生晚年談話錄民國五十年九月五日。
注四三：胡著金門憶舊八生活保證金軍眷安置。
注四四：胡適之先生晚年談話錄民國五十年三月廿二日。
注四五：同上書五十年十一月十四日。
注四六：連著臺灣通史卷十九郵傳志。
注四七：見章炳麟章氏叢書新方言二：「（詩）大雅（文王）：『上天之載。』（毛）傳：
『載，事也。』今福州猶謂事為載，讀如戴，古音載本讀如戴也。」
注四八：中共福建教育出版社出版徐著福建民間信仰源流第二章第二節福建古代的瘟神崇拜。
注四九：臺灣通史卷一開闢紀。

注五〇：阮著海上見聞錄卷二。
注五一：見同上。
注五二：見廈門志附載「福建臺灣道周公墓誌銘。
注五三：胡適之先生晚年談話錄民國五十年九月廿三日。
注五四：薩著學生時代臨別旅行。

凡例

一、本書分爲十八章，共收錄閩南語字、詞三百二十六條。本書諸多參酌近現代閩南語學者的著作，謹在此致謝。

二、各章名及各條目依首字筆畫多少排列。筆畫相同的，以康熙字典部首順序排列。

三、本書注音，多參考民國丁邦新臺灣語言源流。但聲調的調號不用聲韻學的符號，而以平、上、去、入四聲再分上下。依重修臺灣省通志語言篇，舉「東」字爲例：東（上平）、黨（上上）、湅（上去）、督（上入）、同（下平）、黨（下上）、洞（下去）、毒（下入）。一併於此表謝意。

四、凡提到作者及其著作名稱，必標明其時代與其全稱，以增強讀者閱讀的印象，有助於記憶或省去自行再翻他書考查。

五、本書書末附有筆畫索引，排列方式同前，查閱極便。

第一章　人事

工課（kaŋ 上平　ke 上去）——工作。

明樂韶鳳洪武正韻：「工，事任也。」清朱駿聲說文通訓定聲：「工，假借爲功。」春秋公羊高公羊傳成公元年傳，東漢何休解詁：「巧心勞手以成器物曰工。」書皐陶謨：「無曠庶官，天工人其代之。」僞孔傳：「曠，空也。位非其人爲空官。言人代天理官，不可以天官私非其才。」書益稷：「苗頑弗即工，帝（舜）其念哉！」春秋管仲管子問：「問男女有巧伎能利備用者幾何人？處女操工事者幾何人？」清林則徐豫東黃河淩汛安瀾摺：「遵照舊章，於正月下旬興工。」以上數則，「工」有「工事」之意。

唐杜甫屏跡詩：「年荒酒價乏，日併園疏課。」宋書梁沈約自序：「時營創城府，功課嚴促。」觀上面兩則，「課」有「事程」之意。

閩南語「做工課」指一切事物的著手進行，即「做工作」，是日常的說話。

勼（Kíu 下平）——吝嗇。

說文：「勼，聚也。讀若鳩。」段注：「（爾雅）釋詁曰：『鳩，聚也。』（春秋左丘明）左傳作『鳩』，古文尚書作『逑』，莊子作『九』。今字則『鳩』行而『勼』廢矣。」民國楊樹達積微居小學述林卷四：「書堯典云：『共工方鳩僝功。』左傳襄公二十五年云：『鳩藪澤。』『鳩』皆『聚』字之義，字本皆當作『勼』；『鳩』爲鳥名，無『聚』義也。此二文又假『鳩』爲『勼』，亦許君（愼）所本也。」

閩南語稱人生性「吝嗇」、「小氣」、「過儉」爲「勼」，是意義的引伸。民國連橫臺灣語典卷一：「勼，儉也。又吝也。例：勼儉，勼凍。」

弔（吊）脰（tiau 上去　tau 下去）——懸繩自縊。

明梅膺祚字彙：「吊，俗弔字。」廣韻無「吊」字，故其造字當在宋朝以後。元關漢卿竇娥冤第四折：「受盡三推六問，弔拷綳扒。」明馮夢龍警世通言第三十七卷萬秀娘仇報山亭兒：「萬秀娘移步出那腳子門來，後花園裡，就身上解下抹胸（掩胸衣），看著一株大桑樹上，掉頭過去，欲待把那頸項伸在抹胸裡自吊。」明湯顯祖牡丹亭禦淮：「叫開城，下弔橋。」清黃六鴻福惠全書刑名部人命下驗各種死傷法：「人于家中弔死，移屍外掛著，亦有兩痕；原痕紫有血痕，移痕白無血痕。」

說文：「脰，項也。」廣韻去聲五十候：「脰，項脰。」梁顧野王玉篇：「脰，頸也。」春秋左丘明左傳襄公十八年：「晉周綽及之，射殖綽中肩，兩矢夾脰。」西晉杜預注：「脰，頸也。」昭明文選卷八司馬相如上林賦：「箭不苟害，解脰陷腦。」唐李善注引魏張揖：「脰，項也。」唐韓愈元和聖德詩：「取之江中，枷脰械手。」

閩南語「弔脰」即「懸繩自縊」，臺胞有時戲言爲「縛肉粽」，實在有失厚道；如同另一句閩南語謂人死葬於土中爲「去土州賣鴨蛋」，同樣俏皮。

支載未著（tsi 上平　tsai 上去　bue 下去　tiau 下平）——支持不住。

爾雅釋言：「支，載也。」廣韻上平聲五支：「支，支持也。」梁顧野王玉篇：「支，持也。」春秋左丘明國語周語下：「天之所支，不可壞也。」三國吳韋昭注：「支，拄也。」西漢劉向編戰國策楚策一：「（楚）地方五千里，帶甲百萬，車千乘，騎萬匹，粟支十年。」西漢劉安淮南子齊俗訓：「金之性沈，託之於舟上則浮，勢有所支也。」隋王通文中子事君：「大廈將傾，非一木所支也。」後漢書蘇竟傳：「天之所壞，人不得支。」

廣韻去聲十九代：「載，運也。」明張自烈正字通：「載，承也。」易大有九二爻辭：「大車以載，有攸往，无咎。」魏王弼注：「任重而不危。」三國志魏書王基傳：「臣聞古人以水喻民，曰：『水所以載舟，亦所以覆舟。』」唐李白懷仙歌：「巨鰲莫載三山去，我欲蓬萊頂上行。」

玉篇：「未，猶不也。」清朱駿聲說文通訓定聲：「未，語助之詞，與非、弗同意。」論語子罕：「可與共學，未可與適道；可與適道，未可與立；可與立，未可與權。」孟子公孫丑下：「今既數月矣，未可以言與？」此處「未」可當「不會」解，等於臺胞新造字「𣍐」。

廣韻去聲九御：「著，立也。定也。」明梅膺祚字彙：「著，黏也。」禮記樂記：「樂著大始，而禮居成物。樂也者，聖人之所樂也。而可以善民心，其感人深，其移風易俗，故先王著其教焉。」鄭玄注：「著之言處也。著，猶立也。」

綜合上述「支載未著」，意即「支持不住」。例如，體力有限，卻要肩負重物，必定會被壓倒或受傷。又如，古今中外，一些小國弱國，竟敢和大國強國交戰，當然要打敗仗，以致賠款割地。

在閩南語，這個「著」字，如「牛廏」、「馬廏」、「豬廏」，叫「牛著」、「馬著」、「豬著」。金門有一句俗語說：「同著牛，相知氣力。」世俗多誤寫爲「椆」字。學者亦不能免。民國連橫臺灣語典卷三：「豬欄曰椆。凡樹柵養畜皆曰椆。(北宋丁度)集韻：『音沼，密也。』平定臺灣方略有『牛椆溪』，屬嘉義。」筆者案：「密」與「廏」何干？牛椆溪的「椆」自始即寫錯了字，連氏據誤字而武斷稱「凡樹柵養畜皆曰椆。」民國高賢治、馮作民譯日本鈴木清一郎臺灣舊慣習俗信仰第一編七：「把豬圈叫『豬椆公』，把牛圈叫『牛椆公』。」「椆」字亦誤。還有，臺灣話謂學生考上學校叫「考著」，落榜叫「考未著」，「著」在此是「黏」的意思。

卯（bau 上上）——財物全數歸一己所得。

清梁同書直語補證：「凡剡木相入，以盈入虛，謂之筍；以虛入盈，謂之卯。故俗有筍頭卯眼之語。」福建通志福建方言志言動作第八：「以虛受盈，謂之卯。」閩南語的使用，在金門，買者見賣者剩有貨物一大批，壓低其售價，全數買入，叫作「卯」（baut 下入）。在臺灣，凡財物歸一人所有，也叫「卯」。此二「卯」的意義，正符合直語補證中的「以虛（本來空無一物）入盈（全數歸一己所得）」的原義。

幼呰（iu 上去　tsĩ 上上）——幼弱。

說文：「幼，少也。」清朱駿聲通訓定聲：「按幺，子初生；子初生之形，表軟弱之意。加力者，初生軟弱無力之意。」爾雅釋言：「幼，稚也。」北宋邢昺疏：「（西漢揚雄）方言云：『稚，年小也。』」東漢劉熙釋名釋長幼：「幼，少也。言生日少也。」明宋濂篇海類編：「幼，弱也。」禮記曲禮上：「人生十年曰幼。」漢書孔光傳：「（王）莽奏白太后，（平）帝幼少，宜立師傅。」

廣韻上聲四紙：「呰，窳也。」史記貨殖列傳：「（楚、越）地勢饒食，無飢饉之患，以故呰窳偷生，無積聚而多貧。」劉宋裴駰集解引東漢應劭：「呰，弱也。」民國章炳麟新方言釋言：「今浙西海濱之人謂物楛窳亦曰呰。」民國連橫臺灣語典卷四：「幼呰，猶幼弱也。」

閩南語固然有「幼呰」一詞，特指人年紀尙幼，身心發育尙未成熟，格外需要父母或大人保護。單一「幼」字亦是此意。但「呰」仍可獨用，可泛指一切初生不久的生物還在幼小階段，含有「幼弱」的意思在內。

皮（pî下平）——有耐心地死纏希望獲得某事物。

說文：「皮，剝取獸革者謂之皮。」清王筠釋例：「言『剝取』者，以字從『又』（手）也。言獸革者，人謂之膚。獸謂之皮。」梁顧野王玉篇：「皮，強取也。」明宋濂篇海類編身體類皮部：「皮，獸革。」

因爲皮革性質柔韌，耐拉、耐磨、耐扭，引伸其義移用於人事，則成了「有耐心地死纏希望獲得某事物」。明蘭陵笑笑生金瓶梅第三十七回：「夜晚些，等老身慢慢皮著臉對他說。」「皮」字的意義，閩南語和國語相同。

舁（i:下去）——從事。

說文：「舁，舉也。」廣韻去聲七志：「舁，舉也。羊吏切。」

此字意義引伸，有「從事」意，閩南語特別指從事賭博或競賽方面的事情。

依倚（i:上平　ua上上）——依靠。依賴。

說文：「依，倚也。」廣韻上平聲八微：「依，倚也。」魏張揖廣雅釋詁三：「依，恃也。」書無逸：「君子所其無逸，先知稼穡之艱難，乃逸。則知小人之依。」僞孔傳：「先知之，乃謀逸豫，則知小人之所依怙。」詩小雅采薇：「駕彼四牡，四牡騤騤。君子所依，小人所腓。」毛傳：「騤騤，彊也。」唐孔穎達疏：「君子之所依乘，戍役小人之所避患。」論語述而：「依於仁。」魏何晏集解：「依，恃也。」史記司馬相如列傳：「長卿故倦游，雖貧，其人材足依也。」唐溫庭筠江南曲詩：「花開子留樹，草長根依土。」

說文：「倚，依也。」廣韻上聲四紙：「倚，依倚也。於綺切。」廣雅釋詁四：「倚，依也。」又：「因也。」明梅膺祚字彙：「倚，恃也。」明張自烈正字通：「倚，恃也。」易說卦：「昔聖人之作易也，幽贊於神明而生蓍，參天兩地而倚數。」東晉韓康伯注：「幽，深也。贊，明也。」孔穎達疏：「鄭玄亦云：『天地之數備於十，乃三之，以天兩之以地，而倚託大演之數五十也。』」書君陳：「無依勢作威，無倚法以削。」僞孔傳：「無倚法制以行刻削之政。」老子五十八章：「禍兮福之所倚，福兮禍之所伏。」楚辭戰國宋玉招魂：「彷徉無所倚，廣大無所極些。」朱熹集註：「倚，依也。」漢書西域傳下：「兩昆彌畏之，親倚都護。」唐顏師古注：「倚，依附也。」唐白居易動靜交相養賦：「靜兮動所倚。」

「依倚」一詞，國語和閩南語都在使用，是「依靠」、「依賴」的意思。閩南俗語還有「無依無倚」一句話，多形容孤兒或單身老人的無人可依靠。臺灣舊流行歌曲，鄭志峰作詞、楊三郎作曲秋怨：「講阮有兄也若無，無人通偎靠。」其中「阮」爲「吾」之誤。「偎」爲

「倚」之誤。廣韻上平聲十五灰：「偎，愛也。」又兼是「身貼身」，僅適合用於嬰兒靠貼在母親身上或夫妻、情侶相貼靠纔可，其餘不適合。又如陳芬蘭主唱孤女的願望：「阮就是無依偎可憐的女兒，自細漢著來離開爸母的身邊。」「阮」與「偎」錯誤同前。

囥（kŋ̀上去）——收藏。

北宋丁度集韻：「囥，藏也。」中國歌謠資料滬諺外編山歌：「小姑嫌少心不愿，爺娘面前說長短。說得嫂嫂私底囥一碗，廚裡不見一只紅花碗。」

民國章炳麟新方言卷二：「（魏張揖）廣雅（釋詁二）：『亢，遮也。』（春秋左丘明）左傳（昭公元年、太叔曰：）：『（游）吉不能亢身，焉能亢宗？』（西晉）杜（預）解：『亢，蔽也。』案爾雅，蔽訓微，謂隱匿之也。則亢亦有遮使隱匿之義。今淮西、淮南、吳、越，皆謂藏物爲亢。」

周禮夏官服不氏：「賓客之事則抗皮。」鄭玄注：「鄭司農云：『謂賓客來朝，聘布皮帛者，服不氏主舉藏之。』」清翟灝通俗編雜字：「抗，今猶呼藏物爲抗。」

筆者案：依前述所引，是「囥」、「亢」、「抗」三字通用。閩南語凡收藏物品，皆稱爲「囥」。重修臺灣省通志語言篇頁三四五、六〇一（客家語）都列有「囥」字。

成（tsiấ下平）——成全。完成。

說文：「成，就也。」廣韻下平聲十四清：「成，畢也。就也。」梁顧野王玉篇：「成，畢也。」書益稷：「簫韶九成，鳳皇來儀。」僞孔傳：「韶，舜樂也。雄曰鳳，雌曰皇。備樂九奏，而致鳳皇。」唐孔穎達疏：「鄭（玄）云：『成猶終也。』」詩周南樛木：「樂只君子，福履成之。」毛傳：「成，就也。」論語顏淵：「子曰：『君子成人之美，不成人之惡。小人反是。』」朱熹集註：「成者，誘掖獎勸以成其事也。」三國志魏書田疇傳：「是成一人之志，而虧王法大制也。」清李汝珍鏡花緣第一回：「都催百花仙子即刻施行，以成千秋未有一場勝會。」

閩南語「成」字，意思有二層：一是父母小心養育呵護小兒女，至於長成；二是兒女長大成人，父母必須善盡一己之力，幫助兒女完成婚事，父母的責任纔算終了，這就是俗語所說的：「有命通（可）生，著（須）有命通成。」如果父母早死，不及完成以上兩種責任，則在雙方皆是遺憾終生的事。舊臺灣流行歌曲鄭恆隆作詞曲、鳳飛飛主唱阿娘的心：「細漢苦心佮（kak 上入、和）汝成，教汝講話教汝行。」最可表現做母親的人「成囝」的深意。另外，寫毛筆字時，一筆連續完成；如覺得某筆畫需要再描一下，亦叫作「成」。

私踦（Sai 上平　kia 上平）——個人私得的財物。

明張自烈正字通：「私，對公而言謂之私。」古文尚書周官：「以公滅私，民其允懷。」唐孔穎達疏：「以公平之心滅己之私欲。」春秋左丘明左傳昭公五年：「爲政者不賞私勞，不罰私惡。」唐元稹箭鏃詩：「為盜則當射，寧問私與官？」宋史杜範傳：「夫致弊必有原，救弊必有本，其原不過私之一字耳。」

魏張揖廣雅釋詁四：「婍（自注：丘知〔切〕），盈也。」

合「私」與「婍」一處，即是閩南語常說的「私婍」，例如在家庭中，吃、穿、住等都靠父母；但自己在外面所得的全部利益，卻歸其個人所有。

走趉（tsau 上上　tsuat 下入）——不符。不全。不足。

「走」為「背離」、「誤差」、「失卻」之意。南宋陳亮又乙巳春書之二：「使知千塗萬轍，卒走聖人樣子不得。」明沈德符萬曆野獲編絃索入曲：「若單喉獨唱，非音律長短而不諧，則腔調矜持而走板。」清吳敬梓儒林外史第四十九回：「我朝二百年來，只有這一樁事是絲毫不走的。」

西漢揚雄方言第十三卷：「趉，短也。」西晉郭璞注：「蹶趉，短小貌。」廣韻入聲十七薛：「趉，倔趉，短貌。職悅切。」魏張揖廣雅釋詁二：「趉，短也。」梁顧野王玉篇：「趉，吳人呼短物也。」民國章炳麟新方言釋言：「今江、淮、浙西於物之短者稱為短趉趉，或曰禿趉趉。」

「走趉」是閩南語，意為「不符」、「不全」、「不足」、「相差」。民國連橫臺灣語典卷四：「走趉，猶不足也。」閩南語又稱「仍然一樣」為「無較（k‘a 上平）趉」。

佮（kat上入）——合。和。與。

說文：「佮，合也。」清王筠釋例：「是合、佮義同音異。通力合作、合藥及俗語合夥，皆佮之音義也。今無復用佮者。」廣韻入聲二十七合：「佮，併佮聚。古沓切。」梁顧野王玉篇：「佮，合取也。」

於閩南語中，「佮」是日常用語。一是「佮意」，即是「合意」。例如男女相親、購物等，看了中意或同意，世俗多誤爲「甲意」。二是「和」或「與」，例如說：「明日下晡兩點鐘，我佮汝去超級市場買物件。」臺語戲齣歌謠，新竹竹林版英臺出世歌：「一山過了又一山，東風吹來冷佮寒。就將包袱拍開看，外衣提給姑娘㨉（披）。」三是「加以」，同上書愛玉自歎歌：「精神佮看無半項，僥倖眠床又空空。棘心蚊罩無愛放，否（壞）命孤孤吾無尪。」四是「合夥」，例如「合夥作生意」，叫「相佮（音鴿）做生理」。臺語多說「公家做生理」。金門有俗語說：「佮字奧（難）寫。」意謂人合夥作生意很難，因爲人多有私心，常意圖侵吞別人的股本而起爭執，連至親好友也會翻臉成讎。

閩南語「佮」常會不知寫或誤寫。舊臺語流行歌曲民國周添旺作詞曲河邊春夢：「實情和實意，可比月當圓。」「和」應作「佮」。那卡諾作詞、楊三郎作曲望汝早歸：「汝要甲阮離開彼一日，也是月要出來的時。」其中「甲阮」爲「佮吾」之誤。「彼」應作「許」。

拍失衰（pák上入　sit上入　sue上平）——冒失地作出對未來不吉利的言行。

廣韻入聲二十陌：「拍，擊也。」東漢劉熙釋名釋姿容：「拍，搏也。以手搏其上也。」魏張揖廣雅釋詁三：「拍，擊也。」東漢古詩爲焦仲卿妻作：「舉手拍馬鞍，嗟歎使心傷。」唐劉禹錫竹枝詞：「山桃紅花滿上頭，蜀江春水拍山流。」北宋蘇軾念奴嬌赤壁懷古詞：「亂石穿空，驚濤拍岸，捲起千堆雪。」

說文：「失，縱也。」段注：「縱者，緩也。一曰，捨也。在手而逸去，爲失。」廣韻入聲五質：「失，錯也。縱也。」增修互註北宋丁度禮部韻略：「失，遺也。」易比九五爻辭：「王用三驅，失前禽。」戰國荀卿荀子當國：「如是則人有失合之憂，而無爭色之禍矣。」唐楊倞注：「失合，謂喪其配偶也。」西漢戴德大戴禮記禮察：「鄉飲酒之禮廢，則長幼之序失。」唐杜甫憶昔詩二首之二：「齊紈魯縞車班班，男耕女織不相失。」

廣韻上平聲五支：「衰，小也。減也。殺（音賽、遞減）也。」又六脂：「衰，微也。」北宋丁度集韻：「衰，寖微也。」論語微子：「鳳兮鳳兮，何德之衰！」北宋邢昺疏：「（楚狂、接輿）知孔子有聖德，故比孔子於鳳。但鳳鳥待聖君乃見（現）。今孔子周行求合諸國，而每不合，是鳳德之衰也。」春秋左丘明左傳襄公二十九年：「爲之（季札）歌小雅，曰：『美哉！思而不貳，怨而不言，其周德之衰乎！』」西晉杜預注：「衰，小也。」秦呂不韋呂氏春秋去宥：「人之老也形益衰。」東漢高誘注：「衰，肌膚消也。」杜甫垂老別詩：「人生有離合，豈擇衰盛端。」

在閩南語，「拍」有「使得如何如何」之意。舊臺灣流行歌曲，陳達儒作詞、郭玉蘭作曲南都夜曲：「姑娘溫酒，等君驚拍冷。」「驚拍冷」，害怕因久等使熱酒變冷。「衰」在閩南語是「倒楣」。「拍失衰」一詞，流行於金門地區，當亦是自閩南內地傳來，意爲「冒失地作出對未來不吉利的言行」。筆者未留意臺灣有無此語。例如，金門有一個笑話，說有一位出口多不吉利話的人，某次在親友結婚酒席上，朋友先提醒他不可亂講話，他卻說：「我知道，今日是娶新娘，也不是死人出山，我那會胡說！」第二次，親友新居安梁請客，他又在座。朋友再提醒，他不高興地說：「今天是『上梁』，也不是『進槓』（出葬時供扛抬用的大圓木桿架在靈柩上），我那會胡說！」第三次，親友小兒慶周歲，他又來吃筵席，反而一句話不說。酒席終了客散，纔向主人說：「以前我都失言，所以今天從頭到尾我沒有講話；不過將來這孩子如果有甚麼三長兩短，絕對和我不相干！」現在社會上流行，親友遷居新屋，禮物不可贈送時鐘，因語音「送鐘」和「送終」同音。又如，養狗不可養二隻，因兩隻犬成爲「哭」字。這些都應該避免，否則就是「拍失衰」的典型例子。

民國連橫臺灣語典卷二：「嚇衰，猶不祥也。嚇呼赤。俗謂猝遇不祥曰嚇。衰謂衰耗。」連氏爲臺南人，或者臺南有這說法。

空椊（kaŋ 上平 sŋ 上上）——事情。

說文：「空，竅也。」段注：「今俗語所謂孔也。」廣韻上平聲一東：「空，空虛。」北宋丁度集韻：「椊，剡木相入也。」清翟灝通俗編雜字引程子語錄：「枘鑿者，椊卯也。」

榫卯圓即圓，榫卯方則方。」榫頭是凸出的末端，榫眼是凹入的空洞，以榫頭（實）揷入榫眼（虛），則接著牢固而器具成。

閩南語稱「事情」爲「空榫」，即「以虛受盈」意義的引伸。民國連橫臺灣語典卷四：「空榫，謂計謀也。」有時亦叫「各項機會」爲「有空無榫」。

𨑨⿺辶月（tît上入　tô下平）——遊玩。

閩南語「遊玩」有音無字。於是擬詞的人很多，所擬的詞有「七桃」、「敕桃」、「彳亍」、「躑躅」、「佚陶」、「𨑨⿺辶月」等六種。逐一檢討如下。

「七桃」和「敕桃」純爲擬音，意義則不通或無從索解。

彳亍，說文：「彳，小步也。」廣韻入聲二十三昔：「彳，說文云：『小步也。象人脛。』丑亦切。」北宋丁度集韻：「彳，足下齊。」東漢張衡舞賦：「蹇兮宕往，彳兮中輒。」說文：「亍，步止也。」廣韻入聲三燭：「亍，彳亍。丑玉切。」明梅膺祚字彙：「亍，小步也。」昭明文選卷六西晉左思魏都賦：「喬雲翔龍，澤馬亍阜。」唐李善注：「說文曰：『亍，步也。』」明張自烈正字通：「亍，左步爲彳，右步爲亍，合之，則爲行字。」由以上諸書解說看，「彳亍」等於「足行路之貌」，可引伸爲「散步徘徊」，即是「遊玩」的一種方式。再自廣韻的反切切音讀，語音亦甚近於閩南語。

躑躅，廣韻入聲二十二昔：「躑，躑躅，行不進也。直炙切。」梁顧野王玉篇：「躑，躑躅，不能行。」唐慧琳一切經音義卷十四：「躑躅，猶徘徊也，不進也。」西晉陸機文賦：「始躑躅於燥吻，終流離於濡翰。」唐杜甫醉歌行詩：「乃知貧賤別更苦，吞聲躑躅涕淚零。」說文：「躅，蹢（躑）躅也。」廣韻入聲三燭：「躅，躑躅。直錄切。」集韻：「躅，跡也。」逸周書卷九太子晉：「師曠東躅其足，曰：『善哉！善哉！』王子曰：『太師舉足何驟？』師曠曰：『天寒，足躅是以數也。』」晉孔晁注：「東躅，踏也。」清王念孫雜志：「『東躅』二字義不可通。『東』當為『束』字之誤也。束躅，謂數以足踏地而稱善也。」以上如合「躑躅」二字一起，含有「行不進」、「徘徊」之義。如加以引伸，「遊玩」之意亦可成立。

佚陶，民國連橫臺灣語典卷四：「佚陶，謂遊樂也。集韻：『佚，夷質切。與逸通。』漢書李廣傳：『而其士亦佚樂。』（唐顏師古）註：『佚，閒豫也。』禮（記）檀弓（下）：『人喜則斯陶。』詩王風（君子陽陽）：『君子陶陶。』（毛）傳：『陶陶，和樂貌。』」連氏的說法於意義上大體妥當，只是「佚」字的讀音和閩南語有距離。

𨑨迌，玉篇：「𨑨，近也。陟栗切。」又：「迌，詆誘（僻誕）也。他沒切。」中華學術院中文大辭典：「迌，狡猾也。」合「𨑨迌」為一詞，最早見於清朱飲山千金譜（又名詩法纂論）一書，一名千金譜錄要。日本小野湖山校。可見此書於清初傳入日本。見日本諸橋轍次大漢和辭典。現今以「𨑨迌」為「遊玩」意，當自此始，後來並通用於閩南、臺灣地區。筆者手邊沒有千金譜作核對，甚覺可惜。

綜合上列六詞，含義各有短長，筆者贊成「迌迌」二字作爲「遊玩」的閩南語。實際上它已通行於臺灣一段很長的時間。「迌迌」的意義又有引伸，包括一切正當與不正當的人、事、物。例如臺語稱「游手好閒、不務正業」者爲「迌迌阿」。從事賭博與男嫖女、女嫖男亦可叫作「迌迌」。郭金發主唱臺灣流行歌曲迌迌人的目屎：「迌迌人的運命永遠未（袂）快活，目屎啊目屎啊爲何流未煞？」

奓盤（tsía上平　puâ下平）——爭論。

廣韻下平聲九麻：「奓，張也。」北宋丁度集韻：「奓，開也。」明宋濂篇海類編通用類大部：「奓，推開也。」戰國莊周莊子知北遊：「神農隱几闔戶晝瞑，婀阿甘日中奓戶而入，曰：『老龍死矣！』」唐陸元朗釋文：「奓，（西晉）司馬（彪）云：『開也。』」南宋樂備比同彥平謁希顏千里詩：「他時訪戴不必見，竟須奓戶呼此翁。」

明張自烈正字通：「盤，盤曲。」昭明文選第七卷西漢司馬相如子虛賦：「其山則盤紆岪鬱，隆崇嵂崒。」唐李善注：「（西晉）郭璞曰：『隆崇，竦起也。』」唐秦韜玉織錦婦詩：「合蟬巧間雙盤帶，聯雁斜銜小折枝。」南宋范成大四十八盤詩：「若將世路比山路，世路更多千萬盤。」明吳承恩西遊記第五十三回：「船頭上鐵纜盤窩。」

閩南語有「奓盤」一詞，意指人雙方或多方爲某事物「爭論」不休，恰如推轉盤曲之物，來回不停，或至難於止息，亦沒有結果。民國連橫臺灣語典卷四：「奓盤，謂爭言也。奓，推開也；盤，旋轉也。謂事之交涉，愈推愈轉而無歸者也。」

度晬（ㆦ下去 tse 上去）——嬰兒出生周年之慶。

明梅膺祚字彙：「度，過也。」楚辭西漢劉向九歎惜賢：「年忽忽而日度。」東漢王逸注：「度，去也。」晉書沮渠蒙遜載記：「人無競勸之心，苟為度日之律。」說文新附：「晬，周年也。」清鄭珍新附考：「爾雅（釋詁）：『卒，盡也。（筆者案：釋詁又作：『卒，終也。』釋言作『卒，既也。』）四時周則歲盡，故詩（豳風七月）曰：『何以卒歲？』俗加日為周年之稱，至廣韻始訓為『周年子』。今皆名子周歲為晬。蓋非古矣。」廣韻去聲十八隊：「晬，周年子也。」

北齊顏之推顏氏家訓卷二風操：「江南風俗，兒生一期，為製新衣，盥浴裝飾，男則用弓矢紙筆，女則刀尺鍼縷，並加飲食之物，及珍寶服玩，置之兒前，觀其發意所取，以驗貪廉愚智，名之為試兒。親表聚集，致讌享焉。」南宋謝維新合璧事類：「周歲陳設晬盤，又名試兒。」南宋孟元老東京夢華錄卷五育子：「生子百日置會，謂之百晬。至來歲生日，謂之周晬，羅列盤琖於地，盛果木、飲食、官誥、筆研、算秤等、經卷、針線、應用之物，觀其所先拈者以為徵兆，謂之試晬，此小兒之盛禮也。」筆者案：中國文化大學版法國謝和耐(Jacques Gernet1921—)南宋社會生活史、馬德程譯第四章第二節出生，曾引用南宋吳自牧夢粱錄「拈周試晬」，但略去「至來歲得周」，致文意誤為「生子百日」之事。

明馮夢龍喻世明言第十卷滕大尹鬼斷家私：「光陰似箭，不覺又是一年。重陽兒週歲，整備做晬盤故事。裡親外眷，又來作賀。」可證明上自北齊，下至明朝，嬰兒周年慶一直被保持。民國薩孟武(1897—?)中年時代故鄉風俗小孩誕辰：「到了小孩週歲，於祖宗神龕之前，放一藤製的巨盤，將世上所有的東西，擺了無數，叫小孩去抓，以預卜小孩以後的志向。大約筆墨擺在前面，希望小孩抓起筆墨。在科舉時代，人們要飛黃騰達，非用筆墨不可。但是筆墨雖擺在前面，而小孩所抓的未必是筆墨。」薩氏是福州人，他此處的記述，是指清末光緒二十三年左右，仍保有「小兒抓週」的風俗。筆者出生於民國二十一年（公元一九三二），次年慶周歲，已沒有「抓週」，地點在金門。

日本人鈴木清一郎在日據時代於臺灣任職，走遍全省，實地調查，一九三三年寫了臺灣舊慣習俗信仰一書，後由高賢治、馮作民譯爲中文，其中第二編「做週歲」說：「在『做週歲』這天，爲了預卜嬰兒一生的事業，就把下列十二種東西擺在正廳的神壇上，把嬰兒抱到旁邊，讓他隨意抓其中的一樣東西，這就叫做『抓週』或『抓福』，又稱『試兒』：書、筆、墨、雞腿、豚肉（上二種健康能吃）、算盤、戥、銀、柴橚（聰明）、蔥（聰）仔、田土（農）、包仔（擦嘴、去臭留香）。『抓週』只限於男孩，女孩則沒有這種規矩。」這書所載，因包括「舊慣」，故不知道到底在民國時代還有無「抓週」。民國吳瀛濤臺灣民俗第四章生育度晬：「嬰兒周歲，俗稱『度晬』。是日，敬神拜祖，而以紅龜粿贈親朋鄰右，並開宴請客。外家，古時送長衫、馬褂、碗帽，或金手鍊、金腳鍊等金飾；今則送現代衣類及金戒子，以為賀禮。生女，亦祝周歲，惟較簡單。」

怨切（uan 上去 ts'ek 上入）——怨歎之極。怨恨。

說文：「怨，恚也。」又：「恚，怒也。」廣韻去聲二十五願：「怨，恨也。」梁顧野王玉篇：「怨，恨望也。」魏張揖廣雅釋詁四：「怨，恨也。」春秋左丘明國語周語下：「財亡民罷（疲），莫不怨恨。」秦呂不韋呂氏春秋侈樂：「（音）樂不（快）樂者，其民必怨，其生必傷。」東漢高誘注：「怨，悲。」東漢王符潛夫論夢列：「大寒之夢，使人怨悲；大風之夢，使人飄飛；此謂感氣之夢也。」北史魏孝武帝紀：「此處彷彿華林園，使人聊增悽怨。」唐白居易楊柳枝二十韻詩：「樂童翻怨調，才子與妍詞。」

漢書霍光傳：「光聞之（莽子忽言無法得武帝遺詔封光等三人有功事），切讓（責）王莽（非篡漢之王莽）。」唐顏師古注：「切，深也。」北史袁充傳：「每欲征討，充皆預知之，乃假託星象，獎成帝意，在位者皆切患之。」文明小史第二十回：「有兩個初次出門，思家念切。」

閩南語有「怨切」一詞，但世俗都寫作「怨嗟」。玉篇：「嗟，嗟歎也。」廣雅釋詁二：「嗟，吟也。」詩周南麟之趾：「麟之趾，振振公子，于嗟麟兮！」禮記樂記：「長言之不足，故嗟歎之。」清王念孫疏證：「鄭（玄）注云：『嗟歎，和續之也。』是古謂吟為嗟歎。」可見「嗟」是發聲贊美或悲歎，故「怨嗟」亦可通，意為「怨歎」。但「嗟」終不及

「切」來得深刻。民國臧汀生臺灣閩南語歌謠研究第四章收有歌謠一首：「韭菜花，十二欉，生吾姊妹皆成人。大的嫁福州，第二嫁風流，第三嫁海口，第四嫁內山。大的返來白馬掛金鞍；第二的返來金雨傘；第三的返來切半死，切甚代？切吾父母歹心肝，給吾嫁內山。」筆者案：其中「代」是「事情」，爲「戴（志）」之誤（見民國章炳麟新方言二）。但使用「切」而不用「嗟」，特別有見識。「歹」似當作「否」（pâi 上上、壞）較妥。

展（tian 上上）——炫示。表現。

三國魏曹植贈白馬王彪詩：「何必同衾幬，然後展慇勤？」三國志魏書杜恕傳：「此熊虎之士展力之秋也。」三國志蜀書龐統傳劉宋裴松之注：「龐士元非百里才也。使處治中別駕之任，始當展其驥足耳。」唐張九齡奉使道中作詩：「展力慚淺效，銜恩感深慈。」明湯顯祖牡丹亭拾畫：「到了觀中，且安置閣兒上，擇日展禮。」清譚嗣同秦嶺詩：「誓向沙場爲鬼雄，庶展懷抱無蹉跎。」

閩南語使用「展」字，贊美或反諷都可以。例如，「展伊大力」、「展伊有錢」、「展伊人諳（tsue 下去、多）」等都是。重修臺灣省通志語言篇頁五九九亦收有客家語「展」（tien 上上、表現）。

敆（敆）（kap 上入）——會合。結集。裝訂。

說文：「敆，合會也。」段注：「見（爾雅）釋詁。今俗云『敆縫』。」廣韻入聲二十七合：「敆，合會也。古沓切。」明宋濂篇海類編人事類攴部：「敆，合會也。併也。集也，亦合也。」西漢揚雄太玄經玄吉：「下敆上敆。」東漢宋衷注：「敆，猶合也。」

閩南語保存使用「敆」字有二種情形：合夥作生意，稱爲「相敆做生理」，臺語說「公家做生理」。其次是將書頁以鐵釘或紗線訂集一處，成爲一本書，叫作「敆册」。

清黗（tsʻiŋ上上 tʻun下平）——年終家屋大掃除。

「清」有「使清潔」意。昭明文選卷二東漢張衡西京賦：「迾卒清候，武士赫怒。」唐李善注：「清候，清道候望也。」北史儒林傳上：「帝於是服袞冕，乘碧輅，陳文物，備禮容，清蹕而臨太學。」宋史衛膚敏傳：「並令增陴浚湟，徙民入城爲清野計。」

說文：「黗，黃濁黑也。」段注：「謂黃濁之黑也。」廣韻上平聲二十三魂：「黗，黃黑色也。」又上聲二十一混：「黗，黑狀。」魏張揖廣雅釋器：「黗，黑色。」梁顧野王玉篇：「黗，黃濁色。」

由以上字書所解釋，得知「清」意爲「清除」；「黗」意爲「黃黑色」，引伸而有「不潔」的含義。閩、臺的民俗，在農曆十二月下旬，必須進行一年一度的家屋裡外大掃除，名爲「清黗」；「黗」特別指廚房中銑鐵鍋外底部的煙垢，引伸爲「凡污穢不潔之物」，諸如蛛網塵灰等等。照民俗，十二月二十四日（金門爲二十三日）「送神」上天報告善惡，二十五日爲「天神下降」來調查，前此「清黗」須要完成（金門可在二十四日、臺灣須在二十四日下午）。以免天神不滿意。民國連橫臺灣語典卷二：「掅黗，煙煤曰黗。俗以臘月下旬掃除廚下，謂之掅黗。（魏張揖）博雅：『掅，捽（摩）也。』」連氏說有二缺點：一是清除塵穢，不是用摩，而是須用力掃刮；二是「清黗」包括家屋的上下內外、櫃桌床椅，不只廚房而已。

民國吳瀛濤臺灣民俗第一章清黗：「清黗，或謂筅黗，即謂清掃煤煙之意。送神後，乘此諸神昇天述職不在期中，每戶舉行大清潔。此因俗信，諸神神位平日不便輕易移動及清潔，爲免觸犯，乃於諸神昇天後，始有此舉，而將奉致神像之神明廳等處清潔，含有掃除家中一切晦氣之意。惟是年，家有不幸者，不舉行送神，又禁忌清黗。不然，俗信將對死人作祟，或謂煤煙將入故人眼中，忌之。」臺北稻田版楊天厚、林麗寬金門歲時節慶臘月圖一四六：「除舊布新的年終大掃除『採塵』。」筆者案：「採塵」爲「清黗」之誤。

祭獺（tsə上去　t́uak 上入）——欺侮。肆意浪費。

說文：「祭，祭祀也。」清徐灝段注箋：「無牲而祭曰薦，薦而加牲曰祭。渾言則有牲無牲皆曰祭也。」廣韻去聲十三祭：「祭，享也。祀也。薦也。」論語八佾：「祭如在，祭神如神在。」南宋陸游示兒詩：「王師北定中原日，家祭毋忘告乃翁。」

說文：「獺，水狗也，食魚。」廣韻入聲十二曷：「獺，水狗。」梁顧野王玉篇：「獺，如貓，居水食魚也。」明張自烈正字通：「獺，形如小狗，頭似鮎，青黑色，長尾，四足，亦有白色者，水居食魚，一名水狗。」

禮記月令：「（孟春之月）東風解凍，蟄居始振，魚上冰，獺祭魚，鴻雁來。」北宋陸佃埤雅：「獺獸，西方白虎之屬，似狐而小。取鯉魚於水裔，四方陳之，進而弗食，世謂之祭魚。」明李時珍本草綱目：「（北宋）王氏（安石）字說云：『正月、十月，獺兩祭魚，知報本反始。』」

依上所引述，知獺殺魚後四處羅列，如祭祀之狀，但並不吃。多殺生命，近於遊戲。此義引伸於人事，即具有「欺侮」、「肆意浪費」之意，經常爲閩南語所應用。清翟灝通俗編卷十六：「今謂被侵漁曰遭踏，應作獺。（北宋）鄭文寶南唐近事：『張崇帥廬州，索錢無厭。嘗因燕會，一伶假爲死者，被遣作水族，冥司判云：「焦湖百里，一任作獺。」』俗謂侵漁爲作獺也。」（唐張鷟）朝野僉載：「王熊爲澤州都督，百姓歌曰：『前得尹佛子，後得王癩獺。見錢滿面喜，無錢從頭喝。』此亦遭獺獺字之證。」南宋楊萬里（廷秀）詩：「懊惱遊人作撻春。」清惲敬大雲山房雜記：「作蹋猶作踐、作藉耳。」

以上祭獺、遭踏、作獺、遭獺，音同義同的有四種，義同音異的有作踐、作藉二種。另有蹧蹋，同於前四種。民國連橫臺灣語典卷四：「蹧躂，猶蹂躪也。一爲侮辱，一爲暴殄。」合前總共八種。

紩（䘺）（tī下去）——以鍼（針）線縫。

說文：「紩，縫也。」段注：「（說文）黹下云：『鍼縷所縫衣也。』縫下云：『以鍼紩衣也。』凡鍼功曰紩。」廣韻入聲五質：「紩，縫紩。」西漢揚雄方言第四：「楚謂無緣之衣，曰襤；紩衣，謂之褸。」梁顧野王玉篇：「紩，納也。」春秋晏嬰晏子春秋內篇諫下：「身服不雜綵，首服不鏤刻，且古者嘗有紩衣攣領而王天下者。」西漢史游急就篇二：「鍼縷補縫綻紩緣。」唐顏師古注：「納刺謂之紩。」後漢書王符傳：「或裁切綺縠，縫紩成幡。」北宋梅堯臣巧婦詩：「莠茶時補紩，風雨畏漂搖。」

字又作「䘺」。古豔歌行：「兄弟兩三人，流蕩在他縣。故衣當誰補？新衣當誰䘺？」後漢書崔駰傳附崔寔：「且濟時拯世之術，期於補䘺決壞，板柱邪傾。」北宋司馬光資治通鑑漢桓帝元嘉元年：「補䘺決壞。」元胡三省注：「此䘺釋補縫也。（西漢韓嬰）韓詩云：『破襖請來䘺。』是其義也。」

舊時農業社會，包括全中國，除了富貴之家，人身上穿的衣服，都是自製。穿破了，就用小布塊以鍼線縫補，叫作「紩」（䘺）。所以俗語說：「笑爛不笑補。」「新三年，舊三年，縫縫補補又三年。」時至今日，大概在大陸上偏僻貧窮地區還有人穿縫補的衣服以外，有中國人的地方，破了就丟棄，再也沒有人縫補衣服了。

覓（bai下去）——物色。尋找合適對象。

廣韻入聲二十三錫：「覓，求也。莫狄切。」魏張揖廣雅釋詁一：「覓，視也。」梁顧野王玉篇：「覓，索求也。」三國志魏書管輅傳：「招呼婦人，覓索餘光。」晉書武帝紀：「是猶欲登山者涉舟航而覓路，所趨愈遠，所向轉難。」南宋辛棄疾永遇樂京口北固亭懷古詞：「千古江山，英雄無覓，孫仲謀處。」清曹雪芹紅樓夢第三回：「無故尋愁覓恨，有時似傻如狂。」歸納諸書字意，「覓」是「尋求」。

據廣韻，「覓」當讀入聲，閩南語變為去聲是音變。民國李鴻禧在臺灣有線電視上開一節目，取名「講看嘜」，以評論時事。筆者案：「嘜」原無此字，是英文(mark)的音譯，意為「嘜頭」或「商標」，用在「講看」後面，於義不合。「講看嘜」意為「說說看」的臺灣話。但「嘜」字不妥，當用「覓」（試看）為宜。重修臺灣省通志語言篇頁二四〇有「覓」音，但字不會寫。

訬（吵、謅）（tsa̋上上）——吵鬧。

說文：「訬，擾也。」段注：「（說文）手部曰：『擾，煩也。』今俗語云炒夾（鬧）者，當作此字。」清朱駿聲通訓定聲：「今蘇俗謂讙呶曰炒鬧，即此訬（擾）字。」廣韻上聲三十小：「訬，擾也。」清桂馥札樸鄉里舊聞鄉言正字雜言：「煩擾曰訬。」漢書敘傳下：「魯恭館室，江都訬輕。」唐顏師古注：「訬，謂輕狡也。」南史宋宗室及諸王傳上廬陵孝獻王義眞：「以義眞輕訬，不任主社稷。」明馮惟敏海浮山堂詞稿卷二：「鬧訬訬，甜言美語枉徒勞。」

民國章炳麟章氏叢書新方言二：「（春秋左丘明國語）周語（中）：『戎狄，冒沒輕儳。』（三國吳）韋（昭）解：『儳，進退上下無列也。』案輕狡譟擾謂之訬，亦謂儳擾，與無列義相引伸。儳之言毚也。（詩）小雅（巧言）：『躍躍毚兔。』（毛）傳：『毚兔，狡兔也。』訬之言㲋也。說文：『㲋，似兔青色而大。』兔性狡猾，又進退輕剽無列。故儳、訬皆取其聲。今通謂小兒輕狡譟擾爲訬。浙西或別言㲋，湖北謂之亂儳。」

廣韻上聲三十一巧：「吵，聲也。」北宋丁度集韻：「訬，輕也。或从口。」董永變文：「人生在世審思量，暫時吵鬧有何妨？」清曹雪芹紅樓夢第三十一回：「碧痕、秋紋、麝月等衆丫環見吵鬧，都鴉雀無聞的在外頭聽消息。」清吳敬梓儒林外史第二十八回：「正說著，只見那辛先生、金先生和一個道士，又有一個人，一齊來吵房。」

廣韻上聲三十一巧：「謅，相弄。」集韻：「謅，聲也。或从少。」明梅膺祚字彙：「謅，相擾也。」朱熹朱子語類中興至今日人物上：「（李）光性剛，雖暫屈，終是不甘，遂與秦檜謅。秦所判文，光取塗改之。」

福建通志福建方言志言動作第八：「擾曰謅。」閩南語「訬」（吵、謅）常用，凡人多嘴雜熱鬧之地或發生噪音，使人不得安寧，都叫作「訬」。

逗相共（tau 上去　sã上平　kaŋ 下去）——幫忙。

明張自烈正字通：「逗，物相投合曰逗。」梁蕭琛詠鞞應詔詩：「抑揚應雅舞，擊節逗和音。」清文康兒女英雄傳第三十三回：「又怕將來逗不上茄栒筍兒。」人們衣服上有「子母扣」，閩南語叫「逗鈕」，取其一凹一凸相和合。故閩南語又稱已婚男女通姦爲「逗著」。

廣韻下平聲十陽：「相，共供也。」明樂韶鳳洪武正韻：「相，交相也。」易咸彖辭：「柔上而剛下，二氣感應以相與。」詩大雅行葦：「戚戚兄弟。」毛傳：「戚戚，內相親也。」唐孔穎達疏：「相者，兩相之辭。」

說文：「共，同也。」廣韻去聲三宋：「共，同也。皆也。渠用切。」史記高祖紀：「天下共立義帝，北面事之。」唐李商隱無題詩：「春心莫共花爭發，一寸相思一寸灰。」

綜合上列「逗相共」三字，閩南語「幫忙」的意思自明。有事請人幫忙，亦常說「逗骹（腳）手」。

靪（tiam 上平）——修補鞋子。赤腳踏到砂粒等。

說文：「靪，補履下也。」南唐徐鍇繫傳：「今履底下以線爲結，謂之靪底，是補履下也。」廣韻下平聲十五清：「靪，補履下也。」魏張揖廣雅釋詁四：「靪，補也。」清王念孫疏證：「靪之言相丁著也。」

在舊時的農業社會，一切以勤儉爲本。故一般民衆穿在腳上的都是布鞋，鞋底也是多重粗布，用線縫成，稍講究的纔用皮底，而且家家自作。鞋店有，但不多。不論鞋面鞋底壞了，都捨不得丟棄，自己修補或請製鞋師父修補。古時皮靴極少。現代人穿用的皮鞋由西洋傳入，於是亦有了皮鞋店。初期，皮鞋穿壞了須請師父修補，閩南語稱他「靪鞋師父」。直到民國六十多年間，臺灣全省各地還能找到「靪鞋師父」。現在，皮鞋穿破就丟進垃圾桶，無人再去修補了。

其次，人長久腳穿鞋襪，一旦赤腳走路，踏到小小的砂粒，都會覺得刺痛難當，這亦叫作「砂靪骹」。

插（tsák 上入）——上賭注。干預。

說文：「插，刺內也。」段注：「內者，入也。刺內者，刺入也。」廣韻入聲三十一洽：「插，刺入。」梁顧野王玉篇：「插，刺入也。」秦呂不韋呂氏春秋貴卒：「（戰國吳起）拔矢而走，伏尸插矢而疾言曰：『群仙亂王。』」南史王儉傳：「斜插簪，朝野慕之，相與放效。」北宋蘇轍萬蝶花詩：「美人欲向釵頭插，又恐驚飛鬢似鴉。」南宋楊萬里道傍店詩：「青瓷瓶插紫薇花。」

閩南語中，兩人進行賭博，第三者下賭注於其中的一方，勝時可獲照注賠錢，敗時連同賭主之注通通被吃，叫作「插」。在現代的多種比賽如拳擊、籃球、足球等，場內外的觀衆可互相下賭注於任何一方，勝得款，敗賠錢，亦叫「插」。

凡干預他人的談話或事情，也稱爲「插」。南宋陳造再次韻答許節推詩：「宦途要處難挿手，詩社叢中常引頭。」清曹雪芹紅樓夢第九十一回：「也有想挿在裡頭做跑腿兒的。」其用法正與閩南語相同。

揞蓋（am 上平　kám 上去）——掩蓋事情不使人知。

西漢揚雄方言第六：「揞，滅也。荆、楚曰揞。」魏張揖廣雅釋詁四：「揞，藏也。」清王念孫疏證：「揞，猶揜也。方俗語有侈斂耳。廣韻（上聲四十八感）：『揞，手覆也。』覆亦藏也。今俗語猶謂手覆物爲揞矣。」元喬吉南呂一枝花私情：「儹（聚）科，鬭喊，風聲兒惹起如何揞？」

說文：「蓋，苫也。」「苫，蓋也。」二字互訓。爾雅釋器：「白蓋謂之苫。」西晉郭璞注：「白茅苫也。今江東呼爲蓋。」梁顧野王玉篇：「蓋，掩也。覆也。」春秋左丘明左傳襄公十四年：「乃祖吾離被苫蓋，蒙荆棘，以來歸我先君。」唐孔穎達疏：「被苫蓋，言無布帛可衣，唯衣草也。」戰國商鞅商君書禁使：「故至治，夫妻交友不能相爲棄惡蓋非，而不害於親，民人不能相爲隱。」楚辭戰國屈原九章悲回風：「萬變其情，豈可蓋兮。」清王夫之宋論太祖：「一事之得，不足以蓋小人；一行之疵，不足以貶君子。」

由上述古書所引，意義引伸，「揞蓋」爲「掩蓋事情不使人知」的意思已明，經常在閩南語中應用。但閩南亦有俗語說：「事欲人不知，除非己莫爲。」又說：「雞蛋密密也有縫。」故最祕密的事情，無論如何掩蓋，終必被人所知曉。

翕（hip 上入）——密蓋。室內通風不良。

說文：「翕，起也。」段注：「但言合則不見起，言起而合在其中矣。翕以合者，鳥將起必斂翼也。」清朱駿聲通訓定聲：「翕，假借爲闔。」爾雅釋詁上：「翕，合也。」北宋邢昺疏：「翕者，斂合也。」西漢揚雄方言第三：「翕，聚也。」廣韻入聲二十六緝：「翕，合也。許及切。」魏張揖廣雅釋詁三：「翕，聚也。」易繫辭上：「夫坤，其靜也翕。」魏王弼注：「翕，斂也。止則斂其氣。」書皐陶謨：「翕受敷施。」僞孔傳：「翕，和也。能合受三六之德而用之，以布政施教。」

以上古書解釋「翕」字，意義大體上是「止聚閉合」。閩南語保存古字古音，將某物密蓋起來，不使通氣，叫作「翕」。例如從前家家製作黃豆醬、黑豆豉，先把黃豆、黑豆煮熟過，放在籔箕上披匀，然後蓋上厚布，不令透風。數天後，豆全部發綠黴，再晾曬太陽後，加鹽水入缸，過一時期，就成了好吃的豆醬、豆豉。其次，古時住的三合院或四合院，房室通風情形良好，人整天在其中不覺得氣悶不適。現在都市中人們都住公寓，窗戶少，隔間又多，時常發生通風不良，使人呼吸氣悶，這亦稱爲「翕」。更有照顧嬰兒不小心，將棉被蓋住臉孔，以致嬰兒窒息而死，叫做「活活翕死」。還有，閩南語稱「攝影」爲「翕像」，即巧妙地利用膠片，藉光線的幫助，把人的形貌吸收複印在紙上。重修臺灣省通志語言篇頁六〇三，亦列客家語「照像」爲「翕像」。

訹（sut 下入）——誘騙。

說文：「訹，誘也。」段注：「按（春秋左丘明國語）晉語（二）：『里克、丕鄭告公子重耳曰：「子盍入乎！吾請爲子鉥（誘導）。」』此假鉥爲訹也。（西漢賈誼）鵩鳥賦：『怵迫之徒兮，或趨東西。』（三國魏）孟康曰：『怵，爲利所誘怵也。』此假怵爲訹也。」廣韻入聲六術：「訹，謏（誘）怵，誘也。」漢書韓安國傳：「今大王（梁孝王）列在諸侯，訹邪臣浮說，犯上禁，橈明法。」唐顏師古注：「訹，誘也。」新唐書張嘉貞傳：「（玄宗）帝幸太原，（嘉貞弟）嘉祐以贓聞，（張）說訹嘉貞素服待罪。」宋史岳飛傳：「淮西之役，（張）俊以前途糧乏訹飛，飛不爲止。」南宋陸游高僧獻公塔銘：「予嘗觀古高僧，窮幽闡微，能信踐之，不爲利訹，不爲勢橈。」

民國連橫臺灣語典卷一：「訹，以言誆人也。」閩南語應用「訹」字與古書是「誘導」的意義稍有不同，而是「誘騙」、「拐騙」之意。例如，「許個少女給人訹去，以致淪落花間。」

貺（hiŋ 下去）——贈送禮物。

說文新附：「貺，賜也。」爾雅釋詁上：「貺，賜也。」北宋邢昺疏：「貺者，惠賜也。」廣韻去聲四十一漾：「貺，賜也。與也。」詩小雅彤弓：「我有嘉賓，中心貺之。」鄭玄箋：「貺者，欲加恩惠也。王意殷勤於賓，故歌序之。」朱熹集傳：「此天子燕有功諸侯，而錫以弓矢之樂歌也。中心貺之，言其誠也。」儀禮士昏禮：「吾子有惠，貺室某也。」鄭玄注：「貺，賜也。」春秋左丘明左傳昭公六年：「（魯）季孫宿（武子）如晉，拜莒田也。晉侯（平公）享之，有加籩。武子退，使行人告曰：『小國之事大國也，苟免於討，不敢求貺。』」西晉杜預注：「貺，賜也。」楚辭戰國屈原九章悲回風：「惟佳人之永都兮，更統世以自貺。」朱熹集註：「佳人，原自謂也。都，美也。更，歷也。統世，謂先世之垂統傳世也。自貺，謂己得續其官職也。」

北宋高承事物紀原卷一天貺：「（宋眞宗）祥符元年六月六日，天書降兗州。二年五月八日詔曰：『其六月六日，天書降泰山日，宜令設醮。』四年正月，以六月六日爲天貺節。」清桂馥札樸卷五覽古貺：「說文無貺字。而見於左傳者凡六、七處。（隱十一、僖十五、文四、成十二、昭六、定九、襄十）杜注並云：『貺，賜也。』」

閩南語至今常用「貺」字，國語除文言文外，說話絕不用。但閩南語只用作一般的「贈送」，絲毫無「賞賜」的意思在內。新竹竹林版山伯征番歌：「先生看命今完畢，梁母紅包送給伊。油飯雞酒滿滿是，油飯捧去貺厝邊。」

趒（tio下平）——人遇急事而四處奔波求解決之狀。

說文：「趒，雀行也。」清徐灝段注箋：「此謂人之躍行如雀也，與足部『跳』音義同。」清王筠釋例：「若云雀行。專指雀之行，則非許君（愼）之意。雀能躍，不能步，人跳似之，故雀行仍指人。」

閩南語裡，人遭逢重大緊急之事，一時間找不出辦法解決而乾著急奔跳，叫做「趒」，和單純的「跳」含義不同。

構人怨（kɔ上去 laŋ 下平 uan 上去）——言行惹人討厭。

廣韻去聲五十候：「構，合也。成也。古候切。」魏張揖廣雅釋詁三：「構，成也。」詩小雅四月：「我日構禍，曷云能穀（善）？」鄭玄箋：「構，猶合集也。言諸侯日作禍亂之行，何者可謂能善？」孟子梁惠王上：「抑（齊宣）王興甲兵，危士臣，構怨於諸侯，然後快於心與？」荀子勸學：「邪穢在身，怨之所構。」唐楊倞注：「構，結也，言亦所自取。」西漢劉安淮南子覽冥訓：「魯陽公與韓構難，戰酣日暮。」東漢高誘注：「構，結也。」史記燕召公世家：「（燕）將軍市被圍（燕噲）公宮，攻子之，不克。因構難數月，死者數萬，衆人恫恐，百姓離志。」

說文：「怨，恚也。」廣韻去聲二十五願：「怨，恨也。」廣雅釋詁四：「怨，恨也。」梁顧野王玉篇：「怨，恨望也。」詩邶風擊鼓序：「擊鼓，怨州吁也。」唐孔穎達疏：「怨者，情所恚恨。」論語述而：「（子貢）入曰：『伯夷、叔齊何人也？』（孔子）曰：『古之賢者也。』曰：『怨乎？』曰：『求仁而得仁，又何怨？』」梁皇侃義疏：「怨乎者，怨恨也。」春秋左丘明國語周語上：「邵公曰：『昔吾驟諫（厲王），王不從，是以及此難（流於嶢）。今殺王子（宣王），王其以我爲懟而怒乎？夫事君者，險而不懟，怨而不怒。』」三國吳韋昭注：「怨，心望也。」戰國墨翟墨子尙同上：「是以人是其義，以非人之義，故交相非也。是以內者父子兄弟作怨惡，離散不能相和合。」淮南子時則訓：「行優游，棄怨惡，解役罪。」

國語說「到處惹人討厭」，閩南語說「構人怨」。「構」寫作「遘」亦可以。爾雅釋詁下：「遘，遇也。逆也。見也。」春秋列禦寇列子黃帝：「逆物而不慴。」唐陸元朗釋文：「心不欲見而見，曰逆。」故作「遘人怨」，亦通。

稱采（tsʻiŋ 上去　tsʻai 上上）——隨意。

「稱」讀去聲。廣韻去聲四十七證：「稱，愜意。又等也。昌孕切。」明張自烈正字通：「稱，適物之宜也。」易繫辭下：「巽稱而隱。」朱熹本義：「巽稱物之宜，而潛隱不露。」春秋左丘明國語晉語六：「（范文子）曰：『唯厚德者能受多福。無德而服者衆，必自傷也。稱晉之德，諸侯皆叛，國可以少安。』」三國吳韋昭注：「稱，副也。副晉之德，而爲之宜。諸侯皆叛，不復征戰，還自整修，則國可以少安。」周禮考工記輿人：「輿人爲車，輪崇，車廣，衡長，參如一，謂之參稱。」鄭玄注：「稱猶等也。」禮記禮器：「禮不同，不豐不殺，蓋言稱也。」鄭玄注：「謂各當其宜。」荀子禮論：「貧富輕重，皆有稱者也。」唐楊倞注：「稱，謂各當其宜。」漢書刑法志：「凡爵列官職，賞慶刑罰，皆以類相從者也。一物失稱，亂之端也。」

爾雅釋詁：「采，事也。」清朱駿聲說文通訓定聲：「采，假借爲事。」書堯典：「帝（堯）曰：『疇咨若予采？』」僞孔傳：「采，事也。復求誰能順我事者？」

由以上諸古書的引證，得知「稱」是適宜、適當、妥當；「采」是事情。故「稱采」即「得事之宜」，也就是「隨意」。以往許多閩南語著作，所擬字詞都不精當。如民國連橫臺灣語典卷二：「襯采，爲『請裁』之轉音，謂隨便。」筆者案：襯采、請裁，二詞皆錯誤。其中「采」字雖然對，而「襯」字根本不合理。「稱采」對人對己都可講；「請裁」對自己說則不通。國語中絕無「稱采」一詞，唯有閩南語保存古義。

遣損（Kian 上去 sŋ 上上）——閩南民間巫術之一，能爲人造福或降災。

說文：「遣，縱也。」段注：「（說文）糸部曰：『縱，緩也。一曰舍（捨）也。』」廣韻上聲二十八獮：「遣，送也。縱也。去演切。」梁顧野王玉篇：「遣，去也。」南宋毛晃增注禮部韻略：「遣，逐也。」又：「發也。祛也。」漢書孔光傳：「（成帝傳）太后從弟子傅遷在左右尤傾邪，上（哀帝）免官遣歸故鄉。」後漢書光武帝紀上：「輒平遣囚徒，除王莽苛政，復漢官名。」東漢王符潛夫論賢難：「及太子（景帝）問疾，帝（文帝）令吮癰，有難之色。帝不悅而遣（逐）太子。」晉書王濬傳：「吾始懼鄧艾之事，畏禍及，不得無言，亦不能遣（除）諸胸中，是吾褊也。」

說文：「損，減也。」廣韻上聲二十一混：「損，減也。傷也。」玉篇：「損，減少也。」明梅膺祚字彙：「損，失也。」又：「貶也。」明張自烈正字通：「損，傷也。」民國張相詩詞曲語辭匯釋卷三：「損，猶壞也。」荀子大略：「君子進則能益上之譽而損下之憂。」晉書杜預傳：「事爲之制，務從完牢。若或有成，則開太平之基。不成，不過費損日月之閒，何惜而不一試之！」宋史文天祥傳：「痛自貶損，盡以家貲爲軍費。」南宋陳亮問答上：「子孫之不能皆賢，則有德者一起而定之，不必其在我，謂無損（害）於天下之公也。」

閩南語有「遣損」一詞，是一種民間巫（祕）術。對人對事，都可應用。更有正反二面：正面的「遣損」在爲人造吉利，例如從前嫁女時，母親在女兒口中點蜜，繼含「鉛（緣）錢」，使女兒嫁到夫家後，能說話甜蜜，受人愛聽，與夫婿全家人投緣。反面的「遣損」，和某人結讎，可到城隍爺面前咒罵，請神加禍對方。數十年前在金門後浦，筆者有一位宗兄洪秉暄得罪繼母，結婚後繼母到冥紙店購買一尊紙製合於其繼子的生肖替身「本命」，暗中用針於心臟部位刺連在秉暄的睡床頂蓋上，日夜咒罵。婚後只十天，秉暄於鼓浪嶼港阿後游泳溺死。筆者曾以「相愛應是別離時」爲題，寫成短篇小說。

民國連横臺灣語典卷二：「遣損，即禳災。謂禱告鬼神遣去其損也。（明樂韶鳳洪武）正韻：『遣，除也。損，害也。』」不過連氏只說反面，正面則未說。

日本鈴木清一郎臺灣舊慣習俗信仰第二編結婚之卷：「如果陪嫁行列，在途中和他家的陪嫁行列相遇，就成爲『喜衝喜』，就是必然有一家由吉變凶而遭逢災難。就立刻讓雙方新娘換插頭上的花簪，特別稱之爲『換花』（以討吉利）。還有送嫁行列如果碰到送喪行列，也認爲是大不吉，這就叫做『凶衝喜』，也是一般人們所最忌諱的。還有，寡婦改嫁時，必須徒步走到半路上再坐轎。有的寡婦還在上轎的地方丟下一件自己平日所穿的衣服。因爲假如不這樣作，前夫的靈魂就會跟隨而去。先走一段路的用意，就是讓前夫的靈魂發生錯覺。」（民國高賢治、馮作民譯）其中的解脫法，卽是「遺損」。

橫逆（hiŋ 下去 git 下入）——蠻橫無理欺人。

「橫」讀去聲。廣韻去聲四十三映：「橫，非理來。戶孟切。」春秋列禦寇列子黃帝：「橫心之所念，橫口之所言。」東晉張湛注：「橫，放縱也。」孟子離婁下：「有人於此，其待我以橫逆，則君子必自反也。」東漢趙岐注：「橫逆者，以暴虐之道來加我也。」荀子修身：「橫行天下，雖困四夷，人莫不貴。」唐楊倞注：「橫行，不順理而行也。」史記吳王濞傳：「文帝寬，不忍罰，以此吳日益橫。」後漢書彭寵傳「交質連橫」唐李賢注：「以威力相脅曰橫。」南宋陸游送曾學士赴行在詩：「向來酷吏橫，至今有遺螫。」清黃遵憲夜起詩：「千聲檐鐵百淋鈴，雨橫風狂暫一停。」

廣韻入聲二十陌：「逆，亂也。宜戟切。」東漢劉熙釋名釋言語：「逆，遻也。遻，不從其理則生殿遻，不順也。」梁顧野王玉篇：「逆，不從也。」魏張揖廣雅釋詁三：「逆，亂也。」古文尚書太甲下：「（伊尹告於太甲：）有言逆于汝心，必求諸道。」僞孔傳：「人以言咈違汝心，必以道義求其意。」詩魯頌泮水：「既克淮夷，孔淑不逆。」唐孔穎達疏：「僖公以此兵衆伐淮夷而勝之，其士卒甚順軍法而善，無有爲逆者。」朱熹集傳：「逆，違命也。」春秋左丘明左傳昭公四年：「慶封惟逆命，是以在此。」西晉杜預注：「逆命，謂性不恭順。」禮記仲尼燕居：「勇而不中禮，謂之逆。」孔穎達疏：「逆謂逆亂。」荀子非十二子：「行辟而堅，言辯而逆，古之大禁也。」楊倞注：「逆者，乖於常理。」

「橫逆」一詞，孟子已使用，其意義正如趙岐所釋「以暴虐之道來加我」，也就是「蠻橫無理欺人」，至今閩南語裡亦有此詞。但橫逆之事終必天怒人怨，難於持久。有俗語說：「常將冷眼觀螃蟹，看你橫行到幾時。」

親情（tsʻin 上平　tsiã 下平）——親戚。

說文：「親，至也。」段注：「（說文）至部曰：『到，至也。』到其地曰至，情意懇到曰至。父母者，情之最至者也，故謂之親。」廣韻上平聲十七眞：「親，愛也。近也。」魏張揖廣雅釋詁三：「親，近也。」

說文：「情，人之陰氣有欲者。」清徐灝段注箋：「發於本心謂之情。」秦呂不韋呂氏春秋誣徒：「人之情愛，同於己者。」東漢無名氏古詩爲焦仲卿妻作：「今日違情義，恐此事非奇。」

閩南語稱「親戚」爲「親情」。俗語有「內親外戚」一語，禮記曲禮上：「故州閭鄉黨稱其孝也，兄弟親戚稱其慈也。」唐孔穎達疏：「親指族內，戚言族外。」與「內親外戚」相合。唐白居易新樂府井底引銀瓶詩：「豈無父母在高堂，亦有親情滿故鄉。」正是唐朝人叫「親戚」爲「親情」的證據。民國魏益民臺灣俗語集與發音語法頁四八列「親(chiân)」，「親」與「戚」相配，似誤。

禮數（le上上 sɔ上去）——禮貌。禮品。

說文：「禮，履也。所以事神致福也。」段注：「見禮記祭義。周易序卦傳：『履，足所依也。』引伸之，凡所依皆曰履。」廣韻上聲十一薺：「禮，（東漢劉熙）釋名曰：『禮，體也，得其事體也。』」禮記曲禮上：「夫禮者，所以定親疏、決嫌疑、別同異、明是非也。」春秋左丘明左傳僖公三十年：「晉侯（文公）、秦伯（穆公）圍鄭，以其無禮於晉，（重耳流亡過鄭，鄭文公不禮之。）且貳於楚也。（鄭文公曾助楚擊晉）」禮記表記：「無禮不相見也。」唐孔穎達疏：「禮，謂贄幣也。」晉書陸納傳：「及受禮，唯酒一斗、鹿肉一柈（盤）。」古今小說蔣興哥重會珍珠衫：「婆子清早備下兩盒禮，與他做生。」

左傳莊公十八年：「（周惠）王命諸侯，名位不同，禮亦異數，不以禮假人。」孔穎達疏：「其禮各以名數爲節，是禮亦異數也。」西漢揚雄太玄經玄掜（擬）：「數爲品式。」晉武帝華林園集詩：「不常厥數。」注：「數，猶禮也。」昭明文選卷五十九梁沈約齊故安陸昭王碑文：「軍麾命服之序，監督方部之數。」唐李善注：「數，猶等差也。」清畢沅續資治通鑑宋太宗端拱二年：「遼制，惟帝及太后行再生禮，休格得行之，異數也。」

「禮」與「數」合用爲「禮數」，兼指禮貌和客人見主人的禮品，意義仍等於「禮」。「禮數」一詞爲閩南語所常用，含意與國語完全相同。此外又有「禮路」，意同「禮數」。中共新文藝作家老舍（舒慶春）惶惑（四世同堂）一：「老人自幼長在北平，耳習目染的和旗籍人學了許多規矩禮路：兒媳婦見了公公，當然要垂手侍立。」據此，是北京話亦有「禮路」的說話，竟然與閩南語相合，雖然發音有異。

鍼（針） 㡀（tsiam 上平　tsi 上上）——女工鍼線縫紉之事。

說文：「鍼，所以縫也。」段注：「縫者，以鍼紩（縫）衣也。（說文）竹部『箴』下曰：『綴衣箴也。』以竹爲之，僅可聯綴衣。以金爲之，乃可縫衣。」廣韻下平聲二十一侵：「針，針線。鍼，上同。」南宋戴侗六書故：「鍼，芒鐵所以引線縫紉也。」

說文無「針」字。唐慧琳一切經音義卷六十四：「鍼，俗作針。」明宋濂篇海類編珍寶類金部：「針，縫器。」

春秋左丘明左傳成公二年：「楚侵及陽橋，孟孫請往賂之，以執斲、執鍼、執紝，皆百人，公衡爲質，以請盟。」西晉杜預注：「執鍼，女工。」莊子人間世：「挫鍼治繲（故衣），足以糊口。」唐成玄英疏：「挫鍼，縫衣也。」北齊顏之推顏氏家訓風操：「男則用弓矢紙筆，女則用刀尺鍼縷。」明何景明擣衣詩：「裁以金翦刀，縫以素絲鍼。」

東漢繁欽定情詩：「何以結中心？素縷連雙針。」北周庾信對燭賦：「燈前桁（衣架）衣疑不亮，月下穿針覺最難。」唐李白冬歌詩：「素手抽針冷，那堪把翦刀？」

說文：「黹，鍼縷所紩衣。」清王筠句讀：「『衣』蓋衍文或『也』字之譌。又案：黹字之形，當以刺繡爲專義。」爾雅釋言：「黹，紩也。」西晉郭璞注：「今人呼縫紩衣爲黹。」北宋邢昺疏：「謂縫刺也。鄭（玄）注（周禮）司服云：『黼黻希繡。』希讀爲黹，謂刺繡也。」

國語與閩南語皆有「鍼黹」一詞，所含意義相同，即「女工鍼線縫紉之事」。清翟灝通俗編服飾鍼黹：「黹音近指，俗云鍼指，實當爲鍼黹。」元王實甫西廂記張君瑞鬧道場雜劇楔子：「小字鶯鶯，年一十九歲，鍼黹女工，詩、詞、書、算，無不能者。」明馮夢龍醒世恆言第八卷喬太守亂點鴛鴦譜：「那珠姨、玉郎都生得一般美貌，男善讀書，女工針指。」清黃六鴻福惠全書刑名部詞訟：「婦人不能鍼黹。」

殰（tut 下入）——墮胎。

說文：「殰，胎敗也。」廣韻入聲一屋：「殰，殤胎。」明梅膺祚字彙：「殰，未及生而胎敗也。」禮記樂記：「胎生者不殰，而卵生者不殈（裂）。」鄭玄注：「內敗曰殰。」漢書匈奴傳：「前此者，漢兵深入窮追二十餘年，匈奴孕重墮殰，罷（疲）極苦之。」唐顏師古注：「孕重，懷任（妊）者也。墮，落也。殰，敗也。」清毛奇齡吳徵君德配傅孺人墓誌銘：「孺人悉主亡，哭泣稽顙不少休。或勸以身解，不應，已而殰。」

閩南語「殰」是「故意人工墮胎」，和古書上的「自然胎敗」不同。閩南語「自然胎敗」稱爲「流（lau 上去）胎」。

糴（tiak 下入）——買米穀。

說文：「糴，市（買）穀也。」廣韻入聲二十三錫：「糴，市穀米。徒歷切。」魏張揖廣雅釋詁三：「糴，買也。」梁顧野王玉篇：「糴，入米也。」北宋丁度集韻：「糴，關中謂買粟曰糴。」春秋左丘明左傳莊公二十八年：「冬，饑。臧孫辰告糴于齊。」唐孔穎達疏：「買穀曰糴。」西漢韓嬰韓詩外傳二：「糴貴民饑，道有死人，寇賊並起。」北齊顏之推顏氏家訓治家：「（北）齊吏部侍郎房文烈，未嘗嗔怒，經霖雨絕糧，遣婢糴米，因爾逃竄，三四許日，方復擒之。」元馬端臨文獻通考市糴考均輸市易和貨：「中書云：『物帛至陝西擇省樣不合者貿之，糴糧儲於邊，期以一年畢。』」元佚名陳州糶米第一折：「我們明知這個買賣難和他做，只是除了倉米，又沒處糴米，教我們怎生餓得過！」清吳敬梓儒林外史第十一回：「不多時，老嫗糴回，往廚下燒飯去了。」

閩、臺地區，在米論斤買賣以前，都是用斗量的。所以凡是人民要到街上米店買米，都是說：「我去米店糴幾斗米。」數十年後的目前，除了極少數例外，米不只不以斤、斗買賣，並改以塑膠袋裝好一包包的，論包出售。

糶（t'io 上去）——賣米穀。

說文：「糶，出穀也。」廣韻去聲三十四嘯：「糶，賣米也。他弔切。」魏張揖廣雅釋詁三：「糶，賣也。」梁顧野王玉篇：「糶，出穀米也。」戰國韓非韓非子內儲說下：「韓昭侯之時，黍種嘗貴甚，昭侯令人覆廩，吏果竊黍種而糶之甚多。」史記貨殖傳：「夫糶，二十病農，九十病末。」唐司馬貞索隱：「言米賤則農夫病也。若米斗直九十，則商賈病。末謂逐末，即商賈也。」元馬端臨文獻通考市糴考常平倉租稅：「古今言糶糴斂散之法，始於齊管仲、魏李悝；然管仲之意，兼主於富國；李悝之意，專主於濟民。」北宋高承事物紀原卷一官米：「宋朝會要曰：『（眞宗）天禧元年三月，以京十四場糶米，令每場日加至五百石。』令諸倉糶米，疑自此始。」唐聶夷中詠田家詩：「二月賣新絲，五月糶新穀。醫得眼前瘡，剜卻心頭肉。我願君王心，化作光明燭。不照綺羅筵，遍照逃亡屋。」宋史韓絳傳：「知成都府，張詠鎭蜀日，春糶米，秋糶鹽。」明史李棠傳附曾翬：「河南歲饑，計開封積粟多，奏請平糶，貧民賴以濟。」

舊時閩南地區的農民商民賣米，用斗計量，而不用稱秤論重，叫作「糶」或「糶米」。以斗量米有技巧，將斗裝滿米後，使用「斗斠（kai上去）」（竹枝做的短棒）把斗面高出的米推平。斗不得動搖，否則米粒會下蝕，必須再添，糶米者必蒙受損失。

閃烺（朗）（si 上上 nã 上去）——閃電。

西漢司馬相如大人賦：「貫列缺之倒景（影）兮，涉豐隆之滂濞。」東漢服虔注：「列缺，天閃也。」宋孫穆雞林類事：「（西漢揚雄）方言：『電曰閃。』」唐顧雲詩：「金蛇飛狀霍雲過。」「霍雲」，指「電光」。

北宋丁度集韻：「爁烺，火貌。」明張自烈正字通：「烺，明也。與朗通。」唐柳宗元答韋中立論師道書：「是故不苟爲炳炳烺烺，務采色，夸聲音，而以爲能也。」明歸有光嘉靖庚子科鄉試對策五道第四問：「其大勳光宣炳烺于天地之間。」

國語只說「閃電」，閩南語則叫「閃烺」。陰天時有了閃電，不一定會下雨；如下雨中加閃電，則雨常會增大。重修臺灣省通志語言篇頁四四五，客家話天文氣象有「□烺」，自注：「閃電。」但「閃」字卻不寫出。

激雨（kit 上入 hɔ下去）——天色加風勢氣溫變化，正醞釀下雨。

唐玄應一切經音義卷四：「激，發也。」意即「激發」。東漢王充論衡雷虛篇：「夫雷之發動，一氣一聲也。折木壞屋，亦犯殺人；犯殺人時，亦折木壞屋。獨謂折木壞屋者，天取龍，犯殺人，罰陰過，與取龍吉凶不同，並時共聲，非道也。激氣雷鳴。」同書龍虛篇又說：「夫盛夏太陽用事，雲雨干之。太陽火也，雲雨水也，水火激薄則鳴而爲雷。」王充所說的「激薄」，即是「激盪」。在他的時代，當然不知道雷雨的發生是由於空中的陰陽電相擊，雲層的水汽遇溫度降低而下雨。故古人都歸因於天地間的「氣」或水火相激。三國魏曹植寶刀賦：「扇景風以激氣。」南宋姜夔點絳唇詞：「雁燕無心，太湖西畔隨雲去。數峰清苦，商略黃昏雨。」「商略」即「做作醞釀」之意，等於閩南語的「激」。今天氣象臺的天氣預報，也認爲山區的雨勢會比平地下得大，這一點卻被姜夔說對了。

第三章 生物

土隱（tʻo下平 uən 上上）——蚯蚓。

蚯蚓一名曲蟺。屬環節動物門，貧毛綱。體呈暗褐色，長約二百公厘，直徑約八公厘，環節約百餘，環帶在第十四、十五及十六三個環節上；剛毛在各環節上，排列成環狀。消化管由口起，終於後端的肛門。血管系甚發達，血液由背血管前進。在消化管兩側，有弓狀血管數對，繞過消化管而連於腹面的血管。弓狀血管壁有伸縮性，能作節律性的收縮，故稱爲心臟。神經系亦甚發達。

說文：「螾，側行者。」段注：「（周禮）考工記：『卻行，仄（側）行。』鄭（玄）曰：『卻行，螾衍屬。仄行，蟹屬。』與許（愼）異。今觀蚯蚓實卻行，非側行，鄭說長也。漢巴郡有朐忍縣，以此蟲得名。丘、朐，一語之轉也。」廣韻上聲十九隱：「螼，蚯蚓也。吳、楚呼爲寒螼。」梁顧野王玉篇：「螼，寒螼，即坵蚓。」荀子勸學：「螾無爪牙之利、筋骨之強，上食埃土，下飲黃泉，用心一也。」唐楊倞注：「螾與蚓同，蚯蚓也。」後唐馬縞中華古今注卷下蚯蚓：「一名蜜蟺，一名曲蟺，善長吟於地中。江東謂之歌女，或謂鳴砌，亦呼爲蹇蚓。」

蚯蚓爲很多動物所喜食，如雞、鴨、鵝、火雞等。水中的魚類尤其愛食，故蚯蚓最常被人類用作釣餌。蚯蚓遭活活地穿進釣鉤中，不久死亡，連帶魚類不只吃不到，自己反而上鉤而爲人類所食。

蚯蚓的最大特點，就是能鑽進土中，在泥中行進，翻鬆泥土，故爲農業上的益蟲。閩南語稱爲「土隱」，亦能長久隱身於土中。明許仲琳封神傳描寫殷、周之際的神怪故事，中有奇人土行孫，能在地中行走，一日可行千里。此書第五十二回和八十七回，對土行孫皆有詳細生動的描寫。

大唳（tua下去　le上去）——蟬。

蟬屬節肢動物門，昆蟲綱，有吻目，同翅亞目。前後翅薄膜透明，形狀相同，翅脈堅硬，靜止時翅疊爲屋頂狀，觸角針狀。單眼三，複眼二。雄蟬腹部有鳴器，雌蟬則無，名爲啞蟬。夏、秋間出現，在林中吸食樹汁。幼蟲居泥土中，自幼蟲化蛹到成蟲，期間頗長。有寒蟬、茅蜩、蟪蛄、蜋蜩等數種。

說文：「蟬，以旁鳴者。」段注：「（周禮）考工記梓人文。鄭（玄）云：『旁鳴，蜩蜺屬。』（唐賈公彥）義疏云：『蟬鳴在脅。』」西漢戴德大戴禮記夏小正：「寒蟬鳴。寒蟬也者，蝭蟧也。」詩大雅蕩：「如蜩如螗，如沸如羹。」毛傳：「蜩，蟬也。」唐孔穎達疏：「（爾雅）釋蟲云：『蜩蜋、蜩螗。』舍人曰：『皆蟬也。方語不同，三輔以西爲蜩梁，宋以東爲蜩。』」西漢揚雄方言卷十一：「蛥蚗，楚謂之蟪蛄。」戰國莊周莊子逍遙遊：「朝菌不知晦朔，蟪蛄不知春秋。」唐成玄英疏：「蟪蛄，夏蟬也。夏生秋死，故不知春秋也。」釋蟲西晉郭璞注：「夏小正傳曰：『蜋蜩者，五彩具。』」西晉崔豹古今注問答釋義：「牛亨曰：『蟬名齊女者何？』答曰：『齊王后忿而死，尸變爲蟬，登庭樹嘒唳而鳴，王悔恨。故世名蟬曰齊女也。』」唐李商隱韓翃舍人即事詩：「鳥（杜鵑）應悲蜀帝，蟬是怨齊王。」

蟬一般爲黑色，較蚩爲大，鳴聲傳得遠，金門人稱爲「大唳」。「唳」是「叫鳴」。蟬不止種類多，亦遍布於全世界。筆者童年時代，在金門，夏天曾和朋友爬樹捉蟬，蟬驚覺飛去，還被澆了一身蟬尿。後來用竹竿，頂端以竹枝編一圓環，纏滿蜘蛛網，再用來抓蟬，只在樹下偷偷輕舉接近，乘勢一罩，果然蟬被蛛網纏住不能飛。後來進入臺灣大學求學，人坐在總圖書館裡讀書，座位靠近窗口，鄰旁的許多樹上都歇滿了蟬，鳴聲很大，聒噪不堪。

田蛜（tsʻan 下平　ni 上平）——蜻蜓。

西漢揚雄方言第十一：「蜻蛉，謂之蝍蛉。」西晉郭璞注：「大足四翼蟲也。江東名爲狐黎，淮南人呼蟟蛜。」

蜻蜓屬節肢動物門，昆蟲綱，蜻蛉目。體長約七、八公分，夏秋間黃昏時，多群飛水邊或草地上，捕食昆蟲，性活潑高飛。與蜻蛉的飛行有定處者不同。複眼大接近或分離，前額上部有黑橫紋，胸部兩邊綠色，腹部黑褐，翅透明赤褐色。雌的常以尾點水，產卵於水中。

秦呂不韋呂氏春秋精諭「海上之人有好蜻者」東漢高誘注：「蜻蜓小蟲細腰四翅，一名白宿。」西晉張華博物志：「五月五日，埋蜻蜓頭下西向戶下，埋至三日不食，則化成青珍珠。」唐陳子昂南山家園詩：「蛺蝶憐紅葉，蜻蜓愛碧濤。」唐杜甫曲江詩：「穿花蛺蝶深深見，點水蜻蜓款款飛。」唐張又新三月五日汎長沙東湖詩：「湖光迷翡翠，草色酬蜻蜓。」

閩南語不叫「蜻蜓」，而稱「田蜱」。在草地、溪面、水田、池塘水上最常见。初看时好像停空不飞，其实是翅膀扇动速度极快，人眼看不见，它的最美妙姿势，就是以尾点水。

炎埔蚻（iam下去　pɔ上平　tsʿe下平）——蟬的一種，體較小。

廣韻上平聲五支：「蚻，蟲。似蟬。」梁顧野王玉篇：「蚻，蟲也。」蟬有數種，體型大小都有，顏色亦不相同。蚻體小，褐綠色，夏、秋之時，多喜停歇在蘆葦或菅草的葉上叫鳴。因爲炎熱的夏天草叢之地最多，故閩南語名此蟬爲「炎埔蚻」，當是茅蜩。參閱本類「大喉」條。

胡螓（hɔ下平　sin下平）——蒼蠅。

蒼蠅屬節肢動物門，昆蟲綱，雙翅目，家蠅科。體灰黑色，頭黑，複眼紅色，胸部背面有四條直紋，兩側生剛毛，腹部藍色，尾端亦有剛毛，夏季產卵於腐物中。此外又有體型大的，體金色；次大的作藍綠色。但不論大小，閩南語一律稱爲「胡螓」。

北宋丁度集韻：「螓，蟲名，似蟬而小。」詩衛風碩人：「螓首蛾眉，巧笑倩兮。」毛傳：「螓首，顙廣而方。」南宋羅願爾雅翼蟲類：「閩人謂大蠅爲胡螓，亦螓之類。」福建通志福建方言志言動物第十二：「蠅曰胡螓。（西晉崔豹）古今注（魚蟲）云：『閩人謂之胡螓。』」

民國翁國樑漳州史蹟十六斷蛙池：「民間傳說：在南宋（光宗）紹熙時，朱子知漳州府事，公餘常在府學旁邊那幾間人家送給他的民房，來作解注的消遣地。原是要這裡比較肅靜些，那知道這裡的蛙聲徹夜的叫，擾得神思不靖。他便想到韓愈祭鱷魚文的故事來，也就作了一篇祭蛙文，預備很多死的胡螓，叫差役賫到池邊祭之。翌日，不但蛙聲沒有斷過，反而叫得更厲害。朱子非常憤怒，便用紙翦成許多紙枷，親往投之。從此蛙聲斷絕。漳州府志：『斷蛙池原名麗藻池，在府學東南，相傳爲朱子在此改註，以蛙聲鳴鬧，作字投之。至今夏月無蛙聲。』聞蛙詩一首今尚傳：『兩檻盛怒鬥春池，群吠同聲徹曉帷。等是一場狼藉事，更無人與問官私。』（自注：見朱文公文集卷九頁十）」

秫（tsut 下入）——糯米。

說文：「秫，稷之粘者。」段注：「（清程瑤田）九穀考曰：『稷，北方謂之高粱，或謂之紅粱。其粘者黃、白二種，所謂秫也。秫爲黏稷，而不黏者亦通評爲秫。而他穀之黏者，亦假借通稱之曰秫。陶淵明使公田二頃，五十畝種秫，稻之黏者也。（西晉）崔豹古今注，所謂「秫爲黏稻」，是也。』」魏張揖廣雅釋草：「秫，稉也。」清王念孫疏證：「秫爲黏稷，稉爲黏稻，二者本不同物，故經傳言『秫』，無一是黏稻者。但以稉、秫俱黏，故後世稱『稉』者亦得假借稱『秫』。」北宋沈括夢溪筆談辯證一：「今酒之至醨（薄）者，每秫一斛不過成酒一斛五斗。」

基上所引證，得知「秫」在中國北方是指高粱，南方纔指有黏性的稻米。凡閩南（含臺灣）人舊時過年時蒸年糕，無不用黏稻，叫作「秫米」，絕沒有用高粱的。其他如製作粽子、麻餈以及一切有餡的糕點，也一律使用秫米。

蚼蟻（kau上上　hia下去）——螞蟻。

爾雅釋蟲：「蚍蜉，大螘（蟻）。小者螘。」唐陸元朗釋文：「螘，俗作蟻。」西漢揚雄方言第十一：「蚍蜉，齊、魯之間，謂之蚼蟓；西南梁、益之間，謂之玄蚼；燕謂之蛾蛘。其場，謂之坻，或謂之垤。」民國馬光宇校釋：「（清戴震）疏證，蛘作蛘，意謂讀如蟻。」魏張揖廣雅釋蟲：「玄蚼，蛘螘也。」梁顧野王玉篇：「蚼，蚍蜉。」楚辭戰國宋玉招魂：「赤螘若象，玄蠭若壺些。」東漢王逸注：「螘，蚍蜉也。」唐白居易問劉十九詩：「綠螘新醅酒，紅泥小火爐。」「綠螘」是美酒的別稱。

中華版中華大字典：「按蟻有赤、白二種。赤蟻又分公蟻、后蟻、工蟻三種。與蜜蜂正同。后蟻本有翅，惟與公蟻配合後自斷之。白蟻爲一種蠹蟲，甚則蝕金類。長成有翅能飛，又名飛蟻。」白蟻極可怕，能毁人木造房屋。

閩南語稱「蚼蟻」，不叫「螞蟻」。螞蟻過的是一種有組織的社會生活，很像人類。公蟻、后蟻不事工作，主要任務爲生產後裔。工蟻幾乎日夜出入蟻窩，不停覓食，將食物運回窩中儲存。遇有食物，小的就咬著走，大的則用拖，能單獨拖走體重四十倍的食物；再重者則衆工蟻合拖，實爲動物中力氣最大的。凡同伴不作工或殘病，則予殺死，當作食物。與不同群種的螞蟻常發生戰爭，只有戰死或重傷，絕無退縮。戰爭結束，清理戰場，把所有敵我屍體咬回巢中，充作食糧。

稃（ㆦ上平）——麥皮。

說文：「稃，穭也。」「穭，穅也。」南唐徐鍇繫傳：「稃，即米殼也。草木華（花）房爲柎，麥之皮爲麩，音義皆同也。」爾雅釋草：「秠，一稃二米。」北宋邢昺疏：「稃，皮也。」詩大雅生民：「誕降嘉種，維秬維秠。」毛傳：「秠，一稃二米也。」唐陸元朗釋文：「稃，麤（粗）糠也。」南宋范成大上元紀吳中節物詩：「撚粉團欒意，熬稃腷膊聲。」自注：「抄糯穀以卜。」明羅貫中水滸全傳第二十五回：「我前日要糴些麥稃，一地裡沒糴處。」

從前，閩南內地產小麥，所得的麥皮，叫做「稃」。中國北方所產的較爲大宗，裝袋行銷各處，可用來餵飼家畜如豬、雞、鴨等，金門即是如此。大概臺灣（不產小麥）亦是一樣，可能再拌合米糠給家畜吃。「稃」的形狀薄薄的一小片，和人類頭部所生的頭皮屑十分類似，故閩南語也把頭皮屑稱爲「頭稃」。

菅（kuã 上平）——茅草。菅草。

菅是禾本科，多年生草本，莖高三尺至六、七尺不等，葉細長，尖端，多毛。秋季時莖頭葉腋開花，褐色，小穗由四雄花、一雌花構成，排列爲圓錐花序，穎內具有長芒，苞葉長而尖。

說文：「菅，茅也。」明李時珍本草綱目：「茅有白茅、菅茅、黃茅、香茅、芭茅數種。菅茅只生山上，似白茅而長。秋抽莖開花，成穗如荻，花結實尖黑，長分許，粘衣刺人。其根短硬，如細竹絲，無節而微甘，亦可入藥。」詩陳風東門之池：「東門之池，可以漚菅。」唐孔穎達疏引（三國吳）陸璣曰：「菅似茅而滑澤無毛，根下五寸中有白粉者柔韌宜爲索，漚（久浸）乃尤善矣。」春秋左丘明左傳成公九年：「君子曰：『詩曰：「雖有絲麻，無棄菅蒯（草可編席、鞋）；雖有姬姜，無棄蕉萃（憔悴）；凡百君子，莫不代匱（欠缺）。」』」西晉杜預注：「逸詩。」漢書賈誼傳：「其視殺人，若艾草菅然。」唐顏師古注：「菅，茅也。」

菅草的生命力很強，如同蘆荻，遍布於全世界。金門人稱爲「大菅」，葉較細窄者叫作

「芒阿」，它的葉雙邊有細鋸，極爲鋒利，人不小心觸到即被割傷。明淩濛初拍案驚奇第十一卷：「所以說，爲官做吏的人，千萬不要草菅人命，視同兒戲。」清黃六鴻福惠全書：「獄卒仇家之人，草菅人命。」因爲菅草是一種低賤不起眼的植物，故「草菅人命」一詞成爲俗語。

蛇（tʻe下去）——海蜇。水母。

廣韻去聲四十禡：「蛇，水母也。一名蟦。形如羊胃，無目，以蝦爲目。除駕切。」梁顧野王玉篇：「蛇，形如覆笠，常浮隨水。」昭明文選卷十二西晉郭璞江賦：「璅蛣腹蟹，水母目蝦。」唐李善注引南越志：「海岸間頗有水母，東海謂之蛇。正白，濛濛如沫，生物有智識，無耳目，故不知避人。常有蝦依隨之，蝦見人即驚，此物亦隨之而沒。」唐劉恂嶺表錄異卷下：「廣州謂之水母，閩謂之蛇。其形乃渾然凝結一物。有淡紫色者，有白色者。大者如覆帽，小者如碗。腹下有物如懸絮，俗謂之腳，而無口眼。」

明張自烈正字通：「蜇，江蜇，即海蛆。味鹹，可生啖。俗呼海蜇，亦曰蜇皮，以其似皮也。」清吳敬梓儒林外史第二十八回：「帶著一個走堂的，捧著四壺酒、四個碟子來：一碟香腸，一碟鹽水蝦，一碟水雞腿，一碟海蜇，擺在桌上。」

閩南語稱水母爲「蛇」，不叫「蜇」。臺灣和金門亦產蛇，曬乾後如同一張薄皮。切碎後，可配合豬肉和蔬菜炒熟來吃，氣味不濃卻特殊，齒感爲脆韌；亦可醃些鹽，佐米飯吃。

筆者青年時代在金門海邊游泳，人浸沒於海水中，忽然腳上某部位感覺一片痠痳刺痛，原來即是被水母附著吸血，趕緊用手撥去，水母也游走了。

著（tiau 下平）——牛馬羊豬等家畜的窩廄。黏附不脫。

明張自烈正字通：「著，安土不遷，謂之地著，今曰土著。」史記西南夷傳：「其俗或土著，或遷徙。」安土不遷，即是「居住於當地」，當地，即「處所」。民國連橫臺灣語典卷三：「豬稠，豬欄曰稠。凡樹柵養畜者皆曰稠。（北宋丁度）集韻：『（稠）音迢，密也。』平定臺灣方略有『牛稠溪』，屬嘉義。」筆者案：連氏所引集韻，「稠」意為「密」。但「密」與「廄」實毫無關係，「樹柵養畜」，和「密」亦絕不相干。平定臺灣方略本身自始不懂得（tiau 下平）的音是那一個字，拿「稠」字充數，錯誤已極，連氏不能辨而盲從罷了。

集韻：「著，附也。」唐玄應一切經音義：「著，相附著也。」周禮天官「典婦功」鄭玄注：「書其賈（價）數而著其物。」清孫詒讓正義：「書其賈數，以附著其物之上。」明梅膺祚字彙：「著，麗也。黏也。」「麗」亦是連、繫、附著的意思。

閩南語中，凡黏接已斷或不同物品在一起而穩固不再脫落，都叫作「著」。又，臺胞稱學生投考學校被錄取，亦叫「著」，意即名字上榜，不遭排除。新竹竹林版英臺罰紙筆看花燈歌：「粱兄全然聽未曉，腹內敢這無蹊蹺？若要拆白真見笑，擱置心內擋未著。」「擋未著」，即「擋不住」。又新編雪梅思君歌：「五條手巾繡客鳥（喜鵲），骹（腳）瘦手軟坐未著。僥倖爲君汝割𠕇，三頓無食不知枵（餓）。」「坐未著」，「坐椅子坐不住」。

滸苔（hɔ上上　tʃi下平）——海苔。

說文：「汻，水厓（邊）也。」清王筠釋例：「經傳皆作滸。」爾雅釋水：「滸，水厓。」廣韻上聲十姥：「滸，水岸。」詩王風葛藟：「綿綿葛藟，在河之滸。」毛傳：「水厓曰滸。」唐李白丁督護歌：「萬人鑿磐石，無由達江滸。」依上數說，「滸」是「水邊地」，仍可指海水淺的地方。

閩南（金門）語稱海苔爲「滸苔」。海苔屬綠藻類，石蓴科。體略呈圓形，邊緣甚縐縮，無孔，高約九至十公分，色黃綠。三月間繁生於滿潮線附近波浪平靜的巖石上。金門產於島四周淺海的石上，海水退潮時採收。臺灣普遍產於八尺門、八斗子、石門、老梅、野柳等地。日本人嗜食海苔。在金門，清明節和冬至，居民喜製食春捲。把曬乾的滸苔在銑鐵鍋中加少許花生油炒熟，入口酥脆，拿一些滸苔勻鋪在春捲皮上，一可吸收春捲菜的湯，免致很快濕破皮，二可增加春捲的美味。重修臺灣省通志語言篇頁三二五，「滸苔」的「滸」不會寫。

蒝荽（gan下平　sui上平）——香菜。

蒝荽又名胡荽，原產於東歐。傘形科，胡荽屬。一年生草本，二、三回羽狀複葉，根生者更細裂，互生。夏、秋之際，梢頭開花，複傘形花序，花瓣、雄蕊均五片，子房下位，果實圓形而有香氣。可佐菜和入藥，通稱香菜。

廣韻上平聲六脂：「葰（荽），胡荽，香菜。（西晉張華）博物志曰：『（西漢）張騫西域得胡荽。』晉陸翽鄴中記曰：『（前趙）石勒改胡荽爲香荽。』」案：廣韻誤陸翽爲勒之姪石虎。梁顧野王玉篇：「荽，胡荽，香菜。」後魏賈思勰齊民要術種葱：「葱中亦種胡荽，尋手供食，乃至孟冬。」明李明珍本草綱目：「八月下種，初生，柔莖圓葉，葉有花歧，根軟而白。冬季採之，香美可食，亦可作菹，道家五葷之一。立夏後，開細花成簇，如芹菜花，淡紫色。五月收子，子大如大麻子，亦辛香。」

莀荽漢朝纔有，以後全中國都種植。臺灣亦有，多切碎生食，撒在食物的表面上一起吃。對食物的口味嗜好，各人不同。此菜雖名香菜，筆者則十分害怕，認爲是「臭菜」；有時吃臺南擔仔麵或餛飩湯，賣的人隨手抓一把撒下，我則叫苦不迭，很麻煩地用筷子一一夾除。因此菜味極辛烈，不愼咬到殘留的一小段，趕緊吐出。又如臭豆腐，逐臭之徒甚喜吃；我則遠避之唯恐不及。重修臺灣省通志語言篇頁三一七，「莀荽」二字不會寫。

蝲蝺（la 下平　gia 下平）——長腳蜘蛛。

「蝲」和「蝺」如果單字使用，意義都是「蠍子」。若二字連用要代表蠍子，卻從來沒有這樣的用法。正好閩南語中，有一種蜘蛛，生了十枝腳，左右各五枝，而腳都很長，稱爲

「蜊蟜」，應可成立。重修臺灣省通志語言篇頁四四二，客家話亦叫作「蜊蟜」，可作為閩南語的佐證。

檨阿（suan下去　a上平）——芒果。

「檨」為果子的一種，稱為芒果，又名檨果。中華版中華大字典：「檨，果名。清一統志：『有香檨、木檨、肉檨三種。』按即芒果，產熱帶地。今閩、廣多有之。形如豬腰，夏熟。」現在臺灣亦盛產，閩南語叫「檨阿」。較早時期所產，體積小如鵝蛋，但其味甚香濃；近來接合外來品種改良，體積較大，汁多，但不香。泰國、菲律賓亦多產，並製成果乾，行銷臺灣。重修臺灣省通志語言篇頁三一七作國語的「芒果」，實屬錯誤，臺語應稱「檨阿」（省通志不會寫），纔是正確。

⿱艹幹（稈、秆）（kuãi上上）——衆草及穀菜之莖。

說文：「⿱艹⿰𠦝禾，禾莖也。或从幹。」「稈，禾莖也。从草旱聲，（春秋左丘明）春秋傳曰：『或投一秉（把）稈。』」「秆，稈或从干。」段注：「昭公廿七年左傳曰：『或取一編菅焉，或取一秉秆焉，國人投之。』此以二句合為一句耳。」廣韻上聲二十三旱：「⿱艹幹，衆草莖也。」梁顧野王玉篇：「⿱艹幹，草莖也。」

比較說文「⿱艹⿰𠦝禾」、「稈」、「秆」和廣韻「⿱艹幹」，雖可通用，但釋義的寬狹，自然以廣韻的「薢」爲最廣。世上的五穀與蔬菜，原本都只草類。從人類發現五穀和蔬菜可供吃以養生，纔又另造穀、菜等字來使用，並廣加種植，以與草區別。

閩南語裡「薢」字的使用很廣闊，凡是穀物和莖葉類蔬菜的莖，都叫做「薢」，如「蕹菜薢」、「芹菜薢」、「菠薐菜薢」等皆是。

雞僆（ke 上平　lua 下去）——少雌雞未生蛋者。少女。

爾雅釋畜：「未成雞，僆。」西晉郭璞注：「今江東呼雞少者曰僆。」北宋邢昺疏：「雞之稍長未成雞者，名僆。」廣韻去聲三十二霰：「僆，雞未成也。」以上古書的釋義，都一致以爲「僆」就是小雌雞雖稍大而尚未生蛋。但「僆」字和這些解說有二缺點：一是，字从人旁，而與人類毫無關係；二是，「僆」字沒有區別雌雄。難道說，小公雞亦可叫「僆」嗎？

筆者案：另有「媆」字，若代替「僆」，比較合理。說文：「媆，好（美）貌。」段注：「此謂柔耎之好也。」亦就是雌性的柔嫩、美好、美麗。一般動物分雌雄，都是雄的體型較大而武勇有力，雌的柔小秀氣。雞類如此，人亦一樣。故閩南人（特指金門）玩笑稱少女爲「雞僆（媆）」，原因就在美麗秀嫩，又還未生育，使人看起來感覺可愛。

鵏啁阿（pɔ上平　tiu 上平　a 上平）——鷚。雲雀。

說文：「鷚，天鸙也。」段注：「（爾雅）釋鳥：『鷚，天鸙。』（唐陸元朗）釋文曰：

『鶏，字又作鷚。』（梁顧野王）玉篇：『鷭，天鸙也。』（西晉）郭（璞）云：『大如鷃雀，色似鶉，好高飛作聲。今江東名之天鷚。』」清郝懿行爾雅義疏：「今此鳥俗謂之天雀，高飛直上，鳴聲相屬，有如告訴，或謂之告天鳥。」明梅膺祚字彙：「鶻，鶻鵰也。」鶻鵰又名鷚。

鷚即世所稱雲雀，金門叫作「鶻嗎阿」，因它喜好飛得很高，鳴聲持續不斷，臺灣亦有此鳥。數十年前在金門，先父生前曾養飼在籠子裡，掛在家屋二樓的陽臺，啼聲清脆婉轉，如同唱歌，還會轉喉換調，極爲悅耳。籠中有横伸的圓木條供它歇立，籠的兩邊向內，一邊懸著一小瓷壺粟粒，一邊是一壺清水。籠底鋪沙以承糞便，二天換沙一次。晚上籠外放下蚊罩，預防蚊子咬傷它的眼皮。每逢清明節來到，全家到太文山山坡祭掃先祖父母的墳墓，在山路中，就聽到空中自由來去的無人飼養的雲雀在鳴叫，飛得極高，那時小孩子的我眼睛好，舉頭仔細目覓，還看得清楚。在臺灣，都市中太吵鬧，不容易聽見或看見。清明節時，上臺北觀音山祭掃先父的墳塋，從來亦沒有聽到或看到雲雀。

蟺蝍（蜋）（sian下去　laŋ下平）——壁虎。蜥蜴。守宮。

蜥蜴又名石龍子，屬爬蟲類。體形似蛇，但有四足，皮有細鱗，長四、五寸。口吻短而厚，兩眼分離頗闊。頭頂有小眼，名顱頂眼。四肢皆有鉤爪，尾細長，易斷。雄體青綠色，背面有黑色直紋數條。雌色淡褐，體側各有直紋一條。棲在草叢或房屋牆壁間，捕食蚊蠅，至冬則休眠。

說文：「蜥在草曰蜥蜴，在壁曰蝘蜓。」爾雅釋魚：「蠑螈，蜥蜴；蜥蜴，蝘蜓；蝘蜓，守宮也。」北宋邢昺疏：「在草澤中者名蠑螈、蜥蜴，在壁者名蝘蜓、守宮也。」西漢揚雄方言第八：「蜥蜴，秦、晉、西夏謂之守宮，或謂之蠦蝘。南陽呼蝘蜓。其在澤中，謂之蜥蜴。南楚謂之蛇醫，或謂之蠑螈。」漢書東方朔傳：「武帝置守宮盂下，令朔射之。朔曰：『臣以爲龍，又無角；謂之爲蛇，又有足；跂跂脈脈，善緣壁，是非守宮即蜥蜴。』」北宋蘇軾儋州上元過子赴便君會詩：「臥看月窗蟠蜥蜴，靜聞風幔落蛜蝛。」西晉張華博物志戲術：「蜥蜴或名蝘蜓，以器養之以朱砂，體盡赤。所食滿七斤，治擣萬杵，點女人支體，終年不滅，惟房室事則滅，故號守宮。」南宋祝穆事文類聚：「漢武帝時，以端午日取蜥蜴，置之器，飼以丹砂，至明年端午，搗之以塗宮人臂，有所犯，消沒；不爾則如赤痣，故得守宮之名。」本草守宮：「恭曰：『蝘蜓又名褐虎，以其常在屋壁，故名。守宮，亦名壁宮。飼朱點婦人，謬說也。』」

蜥蜴的閩南語歷來無字可寫，筆者擬爲「蟺螂」。蟺、螂二字，單一字不能成詞，故合二字作蜥蜴的閩南語稱呼。案「蟺」是「蜿蟺」，義爲蚯蚓，或作爲「曲折宛轉」解。「螂」爲「螳螂」，亦很少單字使用。因此筆者所擬「蟺螂（蜋）」一詞應可成立。

⿰虫墨婆（bet 下入　po 下平）——蝙蝠。

蝙蝠屬脊椎動物，哺乳類，有胎盤類，翼手類，食蟲類，蝙蝠科。是飛行的小獸，頭小而略扁，吻鈍，耳殼短闊，呈三角形，常略向內曲齒，有門牙、犬牙、臼齒等三種，皆小而銳。後肢細短，有鉤爪。前後肢連尾間皆張飛膜。體暗色柔毛，胸骨隆起，其鼓動飛膜的肌肉強大，略似鳥類。視力雖鈍，但耳殼、口吻、飛膜等的觸覺則甚敏銳。白天隱入巖洞廢屋等處，常以後肢鉤爪倒懸於他物而睡。昏暮時飛翔空中，捕食蛾蚊及他種夜飛的昆蟲。產於寒地者，入冬則須冬眠。

說文：「蝙，蝙蝠，服翼也。」西漢揚雄方言第八：「蝙蝠，自關而東，謂之服翼，或謂之飛鼠，或謂之老鼠，或謂之僊（仙）鼠。自關而西，秦、隴之間，謂之蝙蝠。北燕謂之蛾蠼。」廣韻入聲二十五德：「蠼，蟙蠼蟲，即蝙蝠。」魏張揖廣雅釋鳥：「飛鼠，蚮蠼也。」北宋丁度集韻：「蠼，蟲名，齊人呼蝙蝠為蟙蠼。」明張自烈正字通：「蠼，俗蠌字。」

閩南語不叫「蝙蝠」，而稱為「蠼婆」。這種形狀如同老鼠的動物，猙獰怪異，有些討人厭；但夏天黃昏時成群飛旋穿梭空中捕食蚊、蛾，速度很快，卻從來不曾失手或互撞，倒是人類的益蟲而又佩服它們猶如身上裝有雷達的靈敏。西方人傳說，蝙蝠會乘人熟睡時，吸食人血，頗為神祕而恐怖。

第四章　各　業

討海（to 上上 hai 上上）——以獲取海產爲生。

說文：「討，治也。」廣韻上聲三十二晧：「討，治也。」北宋王洙類篇：「討，求也。」南宋毛晃增注禮部韻略：「討，探也。」明樂韶鳳洪武正韻：「討，尋也。」晉書衛恆傳：「（東漢師宜官）或時不持錢詣酒家飲，因書其壁，顧觀者以酬酒，討錢足而滅之。」西晉陸機文賦：「或因枝以振葉，或沿波而討源。」唐李白江山望皖公山詩：「但愛茲嶺高，何由討靈異？」元關漢卿竇娥冤：「想竇娥是個少年寡婦，那裡討這藥來？」元曲鴛鴦被：「他促眉生巧計，問口討便宜。」

閩南語「討海」，即「以獲取海產爲生」。海中的動植物，大自鯨魚，小至魚、蝦、海藻，近在沿海，遠到巨洋，無非獵殺撈網刮取以生利。人類從漁獵時代起，至今日工業社會，無不如此，而且將永遠如此，實爲人性殘忍的最佳證明。民國連橫臺灣語典卷三：「討海，即出漁也。謂以海爲田也。」

掠龍（liak 下入　liŋ 下平）——按摩。按摩業。

廣韻去聲四十一漾：「掠，笞也。治也。」北宋王洙類篇手部：「掠，榜也。」北宋丁度集韻：「掠，榜也。」禮記月令：「毋肆掠。」鄭玄注：「掠，謂捶治人。」劉宋劉義慶世說新語方正：「（夏侯玄）考掠初無一言。臨刑東市，顏色不異。」北宋蘇軾子姑神記：「何氏之生，見掠於酷吏，而遇害於悍妻，其怨深矣！」

閩南語稱「按摩」或「按摩業」爲「掠龍」。案：閩南語戲稱人背的脊椎骨爲「龍船骨」。前釋「掠」字，意爲「重重捶打」，但用在此，卻是「輕打柔捏」。替人按摩或按摩業者，多用雙手柔抓輕拍受按摩者的全身，不只脊椎骨而已，使血液暢流，筋骨爽快。

補鼎（po 上上　tiã 上上）——修補鍋子。

說文：「補，完衣也。」段注：「既袒則宜補之。引伸爲凡相益之稱。」西漢史游急就篇卷二：「鍼縷補縫綻紩緣。」唐顏師古注：「修破謂之補。」梁顧野王玉篇：「補，治故也。」禮記內則：「衣裳綻裂，紉箴（針）請補綴。」秦呂不韋呂氏春秋順說：「田贊衣補衣，而見荆王。」東漢高誘注：「補衣，弊衣。」西漢劉向新序刺奢：「衣弊不補，履決不苴（縫）。」唐白居易狂吟詩：「補綻衣裳愧妻女，支持酒肉賴交親。」南宋葉適葉嶺書房記：「補樓船器甲之壞，以虞寇至。」皇明文則：「（明）鄭曉五忠傳川中補鍋匠，亦不知何許人，往來夔（州）、（重）慶間，爲補鍋，皆呼爲老鍋匠。」

說文：「鼎，三足兩耳，和五味之寶器也。」玉篇：「鼎，器也，所以熟食者。」明王三聘古今事物考卷七鼎：「史記曰：『黃帝採首山之銅，鑄鼎于荊山。』此鼎之始也。」鼎有多種用途：烹飪、傳國、紀功、殺人、焚香等。今日寺廟前最常見專供插香的鼎。在古代，鼎等於有足的鍋。另外有一種無足的叫「鑊」。不論鼎和鑊，都可用來將人煮死，稱爲「烹」。唐柳宗元懲咎賦：「進與退吾無歸兮，甘脂潤乎鼎鑊。」唐封演封氏聞見記卷八孟嘗鑊：「青州城南佛寺中，有古鐵鑊二口，大者四十石，小者三十石。又有一釜，可受七八石，似瓮而有耳。相傳云：『是孟嘗君家宅，鑊釜皆是孟嘗君之器也。』（肅宗）至德初，胡寇南侵，司馬李伾毀其大鑊以造兵仗；其小鑊及釜，僧徒懇請得免；至今鑊燒長明燈，釜以貯油。」南宋文天祥正氣歌：「鼎鑊甘如飴，求之不可得。」

到了後世，閩南人使用類似鑊的淺腹銑鐵鍋煮物，但名稱仍沿用「鼎」而不變。雖到今日，有的「鼎」已改用不鏽鋼，名稱卻沒有改。舊時的人儉省，銑鐵鍋或鐵鍋破了洞，捨不得丟棄，於是社會上產生了一種專門「補鼎」的工匠師父，鎔鑄金屬，爲人補鍋。直到民國五十多年時，臺灣全省各處還有人從事補鍋，並沿途叫：「補鼎續火喲！」於是許多家庭主婦都拿破「鼎」來補。「補雨傘」在清朝很流行，但消失比補鍋早。

撟罾（kia 上上　tsan 上平）——手舉竹柄四角形魚網下水捕魚。

說文：「撟，舉手也。」段注：「引伸之，凡舉皆曰撟。古多假矯爲之。（東晉）陶淵明（歸去來辭）曰：『時矯首而遐觀。』（東漢）王逸注楚辭曰：『矯，舉也。』」清徐灝注箋：「舉手爲撟之本義。」清朱駿聲通訓定聲：「爾雅釋獸：『人曰撟。』謂人體倦眠輒欠伸舉手以自適。」史記扁鵲倉公列傳：「目泫然而不瞚（瞬），舌撟然而不下。」唐司馬貞索隱：「撟，舉也。」漢書揚雄傳上：「仰撟首以高視兮，目冥眴（眩）而亡（無）見。」唐顏師古注：「撟，舉也。」

說文：「罾，魚網也。」段注：「（顏）師古曰：『形如仰繖（傘）蓋，四維而舉之。』」徐灝注箋：「罾爲方制，以曲竹交四角而中繫長繩，沈於水中取魚。」清王筠句讀引（西晉周處）風土記：「罾，樹四柱而張網于水中，如蜘蛛之網，方而不圓。」魏張揖廣雅釋器：「罾，網也。」戰國莊周莊子胠篋：「鉤餌網罟罾笱之知多，則魚亂於水矣。」楚辭戰國屈原九歌湘夫人：「鳥何萃兮蘋（水草）中？罾何爲兮木上？」史記陳涉世家：「乃丹書帛曰：『陳勝王。』置人所罾魚腹中。」南宋陸游入蜀記第三：『漁人依石挽罾，宛如畫圖間所見。」明劉基郁離子螇螰：「乃使人蒐于山，羅于林，罾于澤，得羽毛鱗介之生者萬。」明天然痴叟石點頭乞丐婦重配鸞儔：「怎奈此女乃旱地上生長，扳不得罾，撒不得網，又搖不得櫓，已是不對腔板。」

舊時在閩南地區及臺灣，一年四季中，都有漁民手握竹木柄帶有四角形魚網的「罾」，走入淺海或淡水湖池中，下半身浸在水裡，將網沉進水中，讓魚蝦游進，然後舉起。上岸把所捉的漁獲放在水桶裡後，又再走入水中繼續撈捕。這種打魚方法，叫作「撟罾」。此類打魚的優點，不需要具備大本錢的漁船或整天浮蕩於竹筏上，只是收獲不能很多罷了。

賣雜細（bue 下去　tsat 下入　se 上去）——販賣家庭小件用品者。

說文：「賣，出物貨也。」廣韻去聲十五卦：「賣，說文作『賣出物也。』」周禮地官司市：「掌其賣儥（買）之事。」漢書食貨志下：「貴則賣之，賤則買之。」唐聶夷中咏田家詩：「二月賣新絲，五月賣新穀。」

說文：「雜，五采相合也。」段注：「所謂五采彰施於五色作服也。引伸爲凡參錯之稱，亦借爲聚集字。」廣韻入聲二十七合：「雜，集也。」魏張揖廣雅釋詁四：「雜，廁也。」梁顧野王玉篇：「雜，糅也。」劉宋呂忱字林：「雜，衆也。」唐慧琳一切經音義卷二：「雜，考聲：『參也。』」易繫辭下：「若夫雜物撰德，辯是與非。」唐孔穎達疏：「言雜聚天下之物，撰數衆人之德，辨定是之與非。」後魏賈思勰齊民要術養羊：「秋毛緊強，春毛軟弱，獨用太偏，是以須雜。」唐玄宗諭河南河北租米折留本州詔：「租米所入，水陸運漕，緣腳錢雜必甚傷農。」北宋徐鉉稽神錄廬山賣油者：「汝子恆以魚膏雜油中，以圖厚利。」

說文：「細，微也。」清朱駿聲通訓定聲：「細者，絲之微也。」廣韻去聲十二霽：「細，小也。」廣雅釋詁三：「細，小也。」書旅獒：「不矜細行，終累大德。」僞孔傳：「輕忽小物，積害毀大，故君子愼其微。」春秋左丘明左傳襄公二十九年：「（吳公子季札曰：）『美哉！其細已甚，民不堪也，是其（鄭國）先亡乎！』」西晉杜預注：「譏其煩碎。」東漢蔡邕衣箴：「帛必薄細，衣必輕煖。」南宋高觀國御街行賦轎：「藤筠巧織花紋細。」

舊時在閩南地區，包括臺灣，有一種小販，挑著一擔長方形豎立的木廚櫃，四面裝有玻璃防塵雨，櫃中出售家庭日用小百貨，手搖小鼗鼓作訊號，到處兜賣，舉凡針、線、鬆緊帶、梳子、刷子、篦子、杯、匙、碗、筷、小刀、翦刀、胭脂、口紅、香粉、髮油、牙膏、牙刷、四色牌等等，應有盡有。較大的用兩輪車子，前有二直木桿，有一條繩子連結車子，放在肩上拉著走。這類小販因為所買細雜，故稱為「賣雜細」。這行業閩南地區不知何時消失。在臺灣，筆者親見到民國六十年左右，還出現在大街小巷，向婦女兜售。自大小百貨業、超級市場興起，就被淘汰了。

𥴊阿店（kam 上上　a 上平　tiam 上去）——雜貨店。

字書無「𥴊」，而有「箕」字。說文：「箕，簸（箕）也。」清王筠句讀：「依（梁顧野王）玉篇補『箕』字。今語猶然。」西漢史游急就篇卷三：「簁、箄、箕、帚、筐、篋、簍。」唐顏師古注：「箕可以簸揚。」詩小雅大東：「維南有箕，不可以簸揚；維北有斗，不可以挹酒漿。」唐孔穎達疏：「其南則有箕星，不可以簸揚米粟；維此天上其北則有斗星，不可以挹𣂷（取）酒漿。」東漢李尤箕銘：「箕主簸揚，糠秕乃陳。」元王禎農書卷十三：

「竿頭擲穀一箕輕，忽作晴空驟雨聲。」

農器中有竹製簸箕，圓形，直徑約二尺，平底而密，周圍有緣邊一寸高的圍欄。古人將米在石舂臼中舂好後，分批放置在簸箕裡，在風前用雙手舉箕高簸，米糠穀殼被風吹走，米粒仍留在箕中。「簸」是依照閩南語造的字。「簸壺」亦是竹器的一種，大小如簸箕，但較深，約二至三寸，用來裝放各種產品，如米粉、冬粉、麵乾、筍絲、金針、木耳、蠔乾、魚乾、蝦米、麵線等，擺列在雜貨店的板桌上，供顧客選買。此外，米類、豆類、麵粉等則成袋開口置於地上。古時的土產雜貨店都是這樣擺設的。因爲滿店皆是簸壺，故稱爲「簸阿店」。另外，小販挑著生豬肉、牛肉、羊肉、生魚、蝦、螃蟹等，亦是用簸壺裝放，一擔雙頭，簸壺底下爲籮筐，可多裝貨。其中一頭的簸壺上放置刀、砧板、稱秤、捆包用的乾藺草及紙袋等，以便給顧客帶走。

第五章　身體

尻川（ká 上平　tsŋ́ 上平）——臀部。

說文：「尻，脾（髀）也。」段注：「按（東漢劉熙）釋名以『尻』、『臀』爲二。漢書：『結股腳，連脽（臀）尻。』每句皆合二物也。『尻』，今俗云『溝子』是也；『脽』，今俗云『屁股』是也。析言是二，統言是一。」廣韻下平聲六豪：「尻，說文：『脽也。』苦刀切。」魏張揖廣雅釋親：「尻，臀也。」民國章炳麟新方言釋形體：「今山西平陽、蒲、絳之間謂臀曰尻子，四川亦謂臀爲尻子。」戰國莊周莊子達生：「祝宗人元端以臨牢筴，說彘（豬）曰：『白茅，加汝肩尻乎雕俎之上，則汝爲之乎？』」戰國韓非韓非子說林下：「三撫其尻，而馬不踶（踢）。」以上所引據，「尻」皆指臀部。

說文：「川，貫穿通流水也。」廣韻下平聲二仙：「川，釋名曰：『川者，穿也，穿地而流也。』」廣雅釋水：「川，坑也。」山海經北山經：「倫山有獸，如麋馬，其川在尾上。」以上說「川」，指空間能通水流。

民國連橫臺灣語典卷三：「尻川，穀道曰尻川。（北宋丁度）集韻：『（尻，）丘多切。』）（梁顧野王）玉篇：『（尻，）髖（髀）也。』楚辭（戰國屈原）天問：『崑崙縣圃，其尻安在？』（東漢王逸）注：『尻，脊骨盡處。』人排洩糞便，即在「尻」的肛門；「川」即排洩道。「尻川」即指整個臀部。在閩南語，不說「臀部」，而說「尻川」。

尾脽骨（be上上　tsui上平　kut上入）——脊椎骨的末端。

說文：「脽，尻也。」「尻」即臀部。魏張揖廣雅釋親：「臀謂之脽。」黃帝素問六元正紀大論：「感于寒，則病人關節禁固，腰脽痛。」漢書東方朔傳：「結股腳，連脽尻。」唐顏師古注：「脽，臀也。」北宋蘇軾書韓幹牧馬圖詩：「先生曹霸子弟韓，廄馬多肉尻脽圓。」

人類的背部中央有骨柱，通稱脊椎，由總數三十三個短骨重疊組成。自上而下，七椎骨叫頸椎，其次十二椎骨叫脊椎（胸椎），再次五椎骨叫腰椎，又次五椎骨叫薦椎，最後四椎骨叫「尾椎」。明張自烈正字通：「脽，屍骨也。」亦就是「尾椎骨」，又名「尾尻骨」、「尾骶骨」。說文：「屍，髀也。」段注：「髀者，股外也。此云髀者，專言股後。屍者，人之下基。」清朱駿聲通訓定聲：「按屍即今臀字。從尸下兀居坐於几，會意。人體居坐於床几之處，是即臀也。」

依照法國自然科學家拉馬克(Lamarck Jean Baptiste Pierr Antoine 1744—1829)和英國生物學家達爾文(Charles Robert Darwin1809—1882)所提倡的進化論(Evolutionism)，謂世界生物都

是由進化來的，由同生異，由簡趨繁，由下等而高等。人類的體型體質與猿猴最爲接近，如果人類是自猿猴進化而來，猴尚有尾，猿已無尾，可見猿的進化比猴高。但到今日，人類尚留有「尾脽骨」，就是明證。因交感神經關係，我們如試以手抓搔尾脽骨，即有尿意的感覺。

姕屄（tsi上平　bai上平）——女人生殖器。

說文：「姕，婦人小物也。詩曰：『婁舞姕姕。』」段注：「即移切。小物，謂物之瑣屑者。今人用『些』字，取細微之意，即『姕』之俗體也。（詩）小雅賓之初筵文，婁舊作屢，今正，姕姕，詩作傞傞。（毛）傳曰：『傞傞，不止也。』」清嚴可均校議：「物當作弱，形近而誤。」遼僧行均龍龕手鑑：「姕，婦人好貌也。」廣韻上平聲五支：「姕，婦人貌。」北宋丁度集韻：「姕，妓姕，女容。」福建通志福建方言志言身體第五：「女陰曰姕。」

說文：「也，女陰也。」明梅膺祚字彙：「屄，女人陰戶。」明張自烈正字通：「屄，女人陰戶。」「也」是象形字，作語詞用爲假借字。「屄」是會意字。

胳下空（孔）（kok上入　e下去　káŋ上平）——腋下。肢窩。

說文：「胳，亦（腋）下也。」段注：「亦、腋古今字。兩肱迫於身者，謂之亦，亦下謂之胳。」清王筠句讀：「（魏張揖）廣雅（釋親）：『胳謂之腋。』渾言之；許（愼）析言之。」梁顧野王玉篇：「腋，肘腋也。」戰國莊周莊子秋水：「子獨不聞夫埳井之鼃乎？謂東海之鱉曰：『吾樂與！赴水則接腋持頤，蹶（跌於）泥則沒足滅跗。』」唐成玄英疏：「腋，臂下也。頤，口下也。」清郭慶藩集釋：「（清）盧文弨曰：『赴疑是仆字。』（西晉）司馬（彪）云：『滅，沒也。跗，足跗也。』」

閩南語稱「腋下」爲「胳下空」，「空」與「孔」同。

⿱大長（䠷）（lo 上去）——高個子。長人。

廣韻上聲三十二晧：「⿱大長，長也。他浩切。」中華版中華大字典：「⿱大長，按六朝、隋、唐俗字。合大、長爲『⿱大長』，猶不、正爲『歪』、大、坐爲『⿱大坐』（穩），故廣韻、玉篇惟『長』一訓。舊以『套』爲本字，誤。」

廣韻去聲三十七號：「䠷，長貌。那到切。」魏張揖廣雅釋詁四：「䠷，長也。」春秋老子弟子文子上仁：「先王之法，不掩群而取䳍䠷（長貌），不涸澤而漁，不焚林而獵。」

閩南語中，稱呼身材高的人都叫「⿱大長（䠷）的」，臺灣話亦相同。上引中華大字典，謂「⿱大長」字產生於六朝、隋、唐，正可說明閩南語來自以上各時代的可靠性。

𡳞朘（lan 下去　tsiau 上上）——男人生殖器。

明梅膺祚字彙：「𡳞，閩人謂陰也。力刃切。」福建通志福建方言志言身體第五：「男陰曰屚。」

南唐徐鉉說文新附：「朘，赤子陰也。」段注：「（唐陸元朗）釋文引說文，子和反，又子壘反。」春秋老子第五章：「未知牝牡之合而朘作，精之至也。」

嘴䫌（tsúi 上去 pè 上上）——面頰。

嘴亦可寫作喙、觜，指人或鳥類的口。南齊書劉休傳：「覆背（背後）騰其喉唇，武人厲其觜吻。」昭明文選卷九西晉潘岳射雉賦：「當味（鳥口）值胸，裂膆（喉）破觜。」清曹雪芹紅樓夢第七回：「看見周瑞家的進來，便知有話來回，因往裡掀嘴兒。」廣韻去聲五寘：「䫌，䫌䪼，面貌。出新字林。」北宋丁度集韻：「䫌，（劉宋呂忱）字林：『䪼䫌，面貌。』」

閩南語稱面頰爲「嘴䫌」。如果二人吵架，一方打對方的耳光，叫「搧嘴䫌」，又叫「撥（sai 上平）嘴䫌」；臺語叫「拍嘴邊」；國語叫「打耳光」，文言文叫「批頰」。唐書李正己傳：「李正己，高麗人。（肅宗）寶應中，以軍候從討史朝義。時回紇恃功橫，諸軍莫敢抗。正己欲以氣折之，與大酋角逐，衆士皆牆立觀，約曰：『後者批之。』既逐而先，正己批其頰。」宋史呂夷簡傳：「（仁宗）郭后以怒尙美人，批其頰，誤傷帝頸，帝以爪痕示執政大臣。」新竹竹林版英臺留學歌下本：「（山伯）就罵士久死奴才，惡言亂語不應該。若更（音擱）提起這層戴（事），嘴䫌汝會給我撥。」被人打耳光，算是一種莫大的屈辱，古今都一樣。

頭稃（tâu下平　pɔ̀上平）——頭皮屑。見本書第三章生物「稃」條。

頷頣（am下去　kun上上）——頸項。

西漢揚雄方言第十：「頷，頤，頷也。南楚謂之頷，秦、晉謂之頷，頤其通語也。」亦即下巴的後部。黃帝素問瘧論：「陽明虛，則寒慄鼓頷也。」唐王冰注：「氣不足則惡寒戰慄而頤頷振動也。」唐白居易馬上作詩：「蹉跎二十年，頷下生白鬚。」

說文：「頣，頰後也。」段注：「頰後，謂近耳及耳下也。」清蒲松齡日用俗字疾病：「對口偏生頰頣下。」清許槤洗冤錄詳義釋骨坿引揣骨新編：「頣即頰車之尾，其形如鉤，控于耳前，名曰曲頰。」

就以上字書「頷」、「頣」二字的字義看，下巴後部和耳下的部位，正好是人的脖子、頸部，故合「頷頣」二字自可代表人的頸項；而讀音亦相近，可以成立無疑。

骹（kʰa上平）——腳。小腿。脛骨近足處。

說文：「骹，脛也。」段注：「脛，膝下也。凡物之脛皆曰骹。口交切。」爾雅釋畜：「四骹皆白驓。」西晉郭璞注：「骹，膝下也。」昭明文選卷二東漢張衡西京賦：「青骹摯於耩下，韓盧（黑犬）噬於緤（繫犬繩）末。」唐李善注：「青骹，鷹青脛者。摯，擊也。耩，臂衣。」南宋金盈之新編醉翁談錄卷六：「因禮拜頓悟伸骹，悔和尚幾成彈指。」清陳奐王石臞（念孫）先生遺文編次序：「先生時有骹耎之疾，侍者扶以行。」以上「骹」是指小腿。

廣韻下平聲五肴：「跤，脛骨近足細處。骹，上同。」南宋戴侗六書故：「骹，脛近足者。」明梅膺祚字彙：「骹，近足細於股者。」北宋梅堯臣潘歙州話廬山詩：「坐石浸兩骹，炎膚起芒粟。」北宋蘇軾次韻袁公濟謝芎椒詩：「河魚潰腹空號楚，汗水流骹始信吳。」以上「跤（骹）」是指小腿下端接近足的部位。

閩南語中，「腳」和「骹」雖可通用，但當以「骹」字接近實際的口語。

齞牙（giaŋ 上去　ge 下平）——暴牙。

說文：「齞，張口現齒也。」段注：「（世皆作『口張齒現』，）依（昭明）文選注訂。」清王筠釋例：「與（說文）齔下說異者，彼謂故使之然，此則生而脣不掩齒也。」廣韻上聲二十七銑：「齞，開口見齒。研峴切。」王筠注解最爲精切；「齞」是有意開口現齒；「齞」是閉口齒亦露出，正符合閩南語的「齞牙」；甚至可以糾正說文和廣韻釋義的不當。昭明文選卷十九戰國楚宋玉登徒子好色賦：「登徒子則不然；其妻蓬頭攣（病）耳，齞脣歷（疏）齒。」暴牙對人來說，相當難看以外，門牙又不能咬合，吃物不便；古人毫無辦法，現代醫術已可矯正。

第六章　時空

下昏（e 下去　hŋ 上平）——晚上。今晚。

廣韻上聲三十五馬：「下，後也。」詩大雅下武：「下武維周，世有哲王。」鄭玄箋：「下，猶後也。」春秋左丘明國語周語下：「以有胤在下，守祀不替其典。」三國吳韋昭注：「下，後也。」北宋王安石上時政疏：「自秦以下，享國日久者，有晉之武帝，梁之武帝，唐之明皇。」清吳敬梓儒林外史第一回：「在下半個月後，下鄉來取。」中國湖北四川辭書出版社漢語大字典：「下，當某個時間或時節，如，眼下、時下、刻下。（清曹雪芹）紅樓夢第七回：『趁著他家有年下送鮮的船，交給他帶了去了。』」就「晚上」說，解釋「下」是「眼下」等的意義，勝於前述的「後」。

說文：「昏，日冥也。」段注：「冥者，窈也；窈者，深遠也。鄭（玄三禮）目錄云：『士娶妻之禮，以昏爲期，因以名焉。必以昏者，陽往而陰來。』」東漢劉熙釋名釋天：「昏，損也，陽精損滅也。」詩陳風東門之楊：「昏以爲期，明星煌煌。」西漢揚雄太玄經裝：「裝于昏。」晉范望注：「昏，日入也。」昭明文選卷五十六梁陸倕新刻漏銘：「夫自天觀象，昏旦之刻未分。」唐李善注引五經要義：「昏，闇也。旦，明也。日入後漏三刻爲昏，日出前漏三刻爲明。」唐杜甫茅屋爲秋風所破歌：「俄頃風定雲墨色，秋天漠漠向昏黑。」元馬致遠天淨沙秋思：「枯藤老樹昏鴉，小橋流水人家。」

閩南語「下昏」，即「晚上」或「今晚」。臺語叫「下昏暗」、「暗冥」。新竹竹林版英臺留學歌上本：「就叫下女錢來算，四個來歇一下昏。杭州路頭還眞遠，所以這早要出門。」下本：「就罵士久睏癖否（p'ai 上上、壞），這頭不睏拋過來。下昏共汝分鋪界，一人一位纔應該。」又山伯探英臺歌：「下昏有汝通做伴，返去著倖我孤單。今著講話坐較晏，做詩桌頂有墨盤。」

即馬（tsit 上入　ma 上上）——此刻。現在。現時。

爾雅釋詁下：「即，尼也。」西晉郭璞注：「尼者，近也。」南唐徐鍇說文繫傳：「即，猶就也。」廣韻入聲二十四職：「即，今也。」梁顧野王玉篇：「即，今也。」清王引之經傳釋詞卷八：「即，猶今人言即今也。」詩衛風氓：「匪來貿絲，來即我謀。」鄭玄箋：「即，就也。」春秋左丘明左傳僖公二十四年：「蒲城之役，君命一宿，女（汝）即至。」西晉杜預注：「即日至。」漢書高帝紀：「項伯許諾，即夜又去。」

馬屬哺乳綱，馬科，食草。頭小面長，耳殼直立，頸上緣及尾有長毛。四肢強健，每肢各有一蹄。其齒隨年齡而升，故相馬必先看齒。種類甚多。性溫馴而善走，能負重遠行。蒙古及我國新疆爲名馬產地，外國以阿剌伯產者爲佳。說文：「馬，怒也。武也。象馬頭髦尾四足之形。」周禮夏官廋人：「馬八尺以上爲龍，七尺以上爲騋，六尺以上爲馬。」玉篇：「馬，武獸也。」易屯六二爻辭：「屯如邅如，乘馬班如。」唐孔穎達疏：「屯是屯難，邅是邅迴。如是語辭也。（唐張弧僞）子夏傳云：『班如者，謂相牽不進也。』」春秋管仲管子形勢解：「馬者，所乘以行野也。」唐杜甫前出塞詩九首之六：「射人先射馬，擒賊先擒王。」唐韓愈左遷至藍關示姪孫湘詩：「雲橫秦嶺家何在？雪擁藍關馬不前。」

馬是古人最穩妥便捷的交通工具，從此處到彼處，不論遠近，都可迅速到達。爲向對方表示很快就來，國語都說「馬上來」。閩南語「即（就）馬」意思是「我現在立刻騎馬就來。」於是語意引伸，「即馬」便成了「此刻」、「現在」或「現時」的意思。民國孫洵侯臺灣話攷證頁四二，擬「即馬」爲「今也」、吳在野河洛閩南語縱橫談頁二四二擬爲「即也」；前一說，「今也」二字的讀音完全不對；後一說，「也」字的音也錯誤。連橫臺灣語典卷二：「今嗎，謂此時也。今呼簪，嗎爲助辭。」說法則甚牽強。

連鞭來（lian下平　pĩ上平　lai下平）——馬上就來。

廣韻下平聲二仙：「連，續也。」魏張揖廣雅釋詁二：「連，續也。」戰國莊周莊子讓王：「太王亶父居邠，狄人攻之，因杖筴而去之。民相連而從之，遂成國於岐山之下。」唐成玄英疏：「因拄杖而去，民相連續，遂有國於岐陽。」禮記曲禮上：「拾級聚足，連步以上。」漢書朱雲傳：「既論難，連拄五鹿君。」西晉潘岳悼亡賦：「聽輸人之唱籌，來聲叫以連續。聞冬夜之恆長，何此夕之一促！」唐杜甫春望詩：「烽火連三月，家書抵萬金。」清孔尚任桃花扇哭主：「（副淨）連請數次，袁老爺正在江岸盤糧，黃老爺又往龍華寺拜客，大約傍晚才來。」

說文：「鞭，驅也。」廣韻下平聲二仙：「鞭，馬策也。」梁顧野王玉篇：「鞭，馬策也。」春秋左丘明左傳哀公二十七年：「馬不出者，助之鞭之。」莊子馬蹄：「前有橛飾之患，後有鞭筴（策）之威。」成玄英疏：「橛，銜也。帶皮曰鞭，無皮曰筴，俱是馬杖也。」唐李白贈友人詩三首之二：「廉夫惟重義，駿馬不勞鞭。」唐柳宗元鞭賈：「馬相踶，因大擊，鞭折而爲五六。」

爾雅釋詁上：「來，至也。」廣韻上聲十六咍：「來，至也。及也。還也。」玉篇：「來，歸也。」易雜卦：「萃聚而升，不來也。」東晉韓康伯注：「來，還也。」詩邶風終風：「莫往莫來，悠悠我思。」論語學而：「有朋自遠方來，不亦樂乎。」清曹雪芹紅樓夢第一回：「忽見那廂來了一僧一道。」

「連鞭來」是閩南語，意爲「馬上就來。」古人最迅捷的交通工具是馬，遇有急事，雙方相約最快見面，便鞭著馬快跑。如嫌馬跑得不夠快，就連續揮鞭打馬，馬皮肉痛又能會主人之意，便飛奔向前跑。民國連橫臺灣語典卷二：「連鞭，猶急遽也。（唐蘇鶚）杜陽雜俎：『上東幸，觀獵於田，不覺日暮；令速鞭，恐閿夜。』速鞭，即連鞭也。」

驛頭（iak下入　t́au下平）——火車站。

說文：「驛，置騎也。」段注：「言騎以別於車也。馹爲傳車，驛爲置騎，二字之別也。」清朱駿聲通訓定聲：「（置騎）即孟子（公孫丑上）之置郵，所謂遽也。馹爲傳車，驛爲馬騎。」清錢坫斠詮：「（驛，）置騎之所曰驛。」廣韻入聲二十二昔：「驛，驛馬。」元熊忠古今韻會舉要引南宋毛晃增韻：「驛，傳舍也。」明樂韶鳳洪武正韻：「驛，置騎。今之遞馬也。」秦呂不韋呂氏春秋士節：「齊君聞之，大駭，乘驛而自追晏子。」後漢書馬援傳：「前別冀南，寂無音驛。」唐李白爲吳王謝責赴行在遲滯表：「今大舉天兵，掃除戎羯。所在郵驛，徵發交馳。」新唐書百官志一：「凡三十里有驛，驛有長，舉天下四方之所達，爲驛千六百三十九。」清沈雄古今詞話詞辨下竝蒂芙蓉：「政和中，大晟樂府告成，蔡京以晁次膺薦於徽宗，乘驛赴闕。」就以上所引資料看，「驛」可作「驛馬」，亦可作「驛站」。

說文：「頭，首也。」西漢史游急就篇卷三唐顏師古注：「頭者，首之總名也。」「頭」爲一種後綴助詞，用在「驛」之後，「驛頭」有「總車站」的含意。清翟灝通俗編語詞：「頭，頭亦助詞也。即人體言：眉曰眉頭，鼻曰鼻頭，舌亦曰舌頭。器用之屬，即如鉢頭，把頭，用之尤甚多也。」

清顧炎武日知錄卷二十九驛：「漢書高帝紀：『乘傳詣洛陽。』師古曰：『傳若今之驛。古者以車，謂之傳車。其後又單置馬，謂之驛騎。』竊疑此法春秋時當已有之。如，『楚子乘馹會師于臨品』、『祁奚乘馹而見范宣子』、『楚子以馹至於羅汭』、『子木使馹謁諸王』。『楚人謂游吉曰：「吾將使馹奔問諸晉而以告。」』國語：『晉文公乘馹，自下脫會秦伯于王城。』呂氏春秋：『齊君乘馹而自追晏子，及國之郊。』皆事急不暇駕車，或是單乘驛馬。而注疏家未之及也。（明）謝在杭（肇淛）五雜俎曰：『古者乘傳，皆驛車也。史記：「田橫與客二人，乘傳詣洛陽。」注：「四馬高足爲置傳，四馬中足爲馳傳，四馬下足爲乘傳。」然左傳言：「鄭子產乘遽而至。」則似單馬騎矣。（唐陸元朗）釋文：「以車曰傳。」子產時相鄭國，豈乏車乎？懼不及，故乘遽，其爲驛馬無疑矣。如鄭當時、王溫舒皆私具驛馬，後患其不速，一概乘馬矣。』

古時的「驛站」，專供大小官吏及公務人員在長途上往來的休息站，可在此處住宿休息，明日再走。交通工具，最快就是「驛馬」，其次是「驛車」。舊時福建內地亦是一樣，清代時臺灣開始設立，故創造「驛頭」一詞使用。臺灣比閩南地區早有火車與鐵路，因而沿用古代的名稱「驛」，再加「頭」字，意思爲「火車站」。但「驛頭」的名稱唯有高雄市保留，全省各火車站都沒有這種稱呼。高雄人並稱「後火車站」爲「後驛」，筆者即曾一度住過「後驛」地區。推究高雄人保留「驛頭」的古名稱，是民性較北、中部爲保守的原故。

第七章 起居

坫（tiam 上去）——置。在。

說文：「坫，屛也。」段注：「（北宋）陳氏（祥道）禮書曰：『坫之別凡有四：論語（八佾）曰：「邦君爲兩君之好，有反坫。」此反爵之坫也。記（禮記明堂位）曰：「崇坫康圭。」此奠玉之坫也。記（禮記內則）又曰：「士於坫一。」此庋（藏）食之坫也。（儀禮大射禮：）「大射將射，工遷於下東坫之東南。」此堂隅之店也。爾雅曰：「垝謂之坫。」（西晉）郭（璞）云：「坫，端也，在堂隅。」』按端本作墆，高貌也，以土爲之，高可屛蔽，故許（愼）云『屛也。』其字俗作店。（西晉）崔豹（古今注）曰：『店，置也。所以置貨鬻物也。』」廣韻下平聲三十一侵：「坫，權安厝（置）也。」

南宋程大昌演繁露卷二坫：「論語『反坫』也者，乃是藉爵之器。兩邦君酬酢飲已，而反置爵其上，是名爲坫也。（北宋）沈存中（括）記：『國初人有用「反坫」爲「屛」者。』沈以爲誤，其下文又有『塞門』，塞門，屛也；不應重以屛出也。案許氏說文云：『坫，屛也。』不知許氏別有據否？亦恐許誤。」

「坫」專供放置物品用。後意義引伸，人站立或行走的地方，亦可稱為「坫」。亦可作動詞用，故閩南語說，凡人站立行走於某處，叫作「坫」。新竹竹林版山伯英臺賞百花歌：「英臺就叫山伯哥，咱來花園得（在）迌迌。坫這歇困好不好？骹（腳）骨這瘦要如何！」民國二十年代臺語流行歌曲陳達儒作詞郭玉蘭作曲南都夜曲：「惦在路頭，酒醉亂亂顛。」「惦」為「坫」之誤。重修臺灣省通志語言篇頁三四四「坫」寫作「站」，亦誤。

門楔（mŋ下平　kʻia下去）——門兩旁豎木。門柱。

說文：「門，聞也。」段注：「聞者，謂外可聞於內，內可聞於外也。」東漢劉熙釋名釋宮室：「門，捫也。在外為人所捫摸也。」廣韻上平聲二十三魂：「門，問也。聞也。」梁顧野王玉篇：「門，人所出入也。又在堂室曰戶，在於宅區域曰門。」唐慧琳一切經音義卷十四引字書：「一扇曰戶，兩扉曰門。」易同人初九爻辭：「同人于門，无咎。」唐孔穎達疏：「同人，謂和同於人。和同於人，在於門外，出門皆同，故云无咎也。」戰國韓非韓非子亡徵：「公婿公孫與民同門，暴慠其鄰者，可亡也。」唐李賀高軒過詩：「馬蹄隱耳聲隆隆，入門下馬氣如虹。」元羅本說唐第七回：「金甲、童環將一扇板門抬著叔寶，等候投文。」

爾雅釋宮：「棖謂之楔。」西晉郭璞注：「門兩旁木。」清郝懿行義疏：「（南唐徐鍇）說文繫傳云：『即今府署大門脫限者，兩旁斜柱兩木于橛之耑（端），是也。』」廣韻入聲十六屑：「楔，木楔。」唐韓愈進學解：「欂櫨侏儒，椳闑扂楔。」韓愈門人李漢注：「欂，一名枅櫨。侏儒，一名棁。椳，戶樞。闑，門橜。扂，關牡也。楔，門兩旁木。」

合「門」與「楔」爲「門楔」，古人又稱爲「棖」或「門棖」，就是門雙邊的直立木柱，即過年張貼春聯紅紙的地方。不過春聯開始於後蜀孟昶所寫：「新年納餘慶，佳節號長春。」韓愈時尚沒有。國語只說「門柱」，唯有閩南語保存古人「門楔」的稱呼。

隘（[戶+咼]）（et 下入）——空間狹小。人度量狹窄。

說文：「隘，陋也。」廣韻去聲十五卦：「隘，陜（狹）也。陋也。」魏張揖廣雅釋詁一：「隘，陋也。」詩大雅生民：「誕寘之隘巷，牛羊腓字之。」朱熹集傳：「誕，發語辭。隘，狹。腓，芘（庇）。字，愛。」禮記禮器：「晏平仲祀其先人，豚肩不揜豆，澣衣濯冠以朝，君子以爲隘矣。」鄭玄注：「隘，猶狹陋也。」春秋左丘明左傳昭公三年：「子之宅近市，湫隘囂塵，不可以居。」西晉杜預注：「湫，下。隘，小。」孟子公孫丑上：「伯夷隘，柳下惠不恭。」朱熹集註：「隘，狹窄也。不恭，簡慢也。」東漢王符潛夫論班祿：「臣養憂而不隘，吏愛官而不貪。」新唐書李密傳：「密兵多騎與長槊，而北薄山，地隘騎迮（迫），不得騁。」

說文：「[戶+咼]，屋迫也。」南唐徐鍇繫傳：「猶言擁遏也。」清王筠句讀：「屋中迫促，少所容也。」說文和徐、王二氏釋「[戶+咼]」都指「房屋狹小迫促」；但其意義引伸，仍可移用於人的度量狹窄而不寬宏。

閩南語指屋宇狹小及人性情狹窄，都叫作「隘」（阨）。金門謂房子狹小迫促，稱爲「隘楔（suek 上入）楔」。「楔」原是木器接榫處的小縫，爲怕脫榫，必须以「木楔子」釘入，纔能牢固。

闔（kʻak 下入）——門半掩。門雖關而不閂。

說文：「闔，門扉也。一曰閉也。」易繫辭傳上：「一闔一闢謂之變，往來不窮謂之通。」禮記玉藻：「閏月則闔門左扉，立于其中。」元陳澔集說：「今按闔門左扉者，左爲陽，陽爲正。以（閏月）非月之正，故闔左而由右。」楚辭西漢東方朔七諫謬諫：「欲闔口而無言兮。」注：「闔，閉也。」南宋陸游月下作詩：「徑幽螢闔開，池漲魚噞喁。」閩南語常說「門半掩」或「門雖關而不閂」爲「闔」，雖與前引古書的「闔」的釋義有出入，但在方言的意義上仍可通。

第八章 鬼神

上帝公（suon 下去 te 上去 kon 上平）——北極玄天上帝。

北宋高承事物紀原卷二眞武號：「（仁宗朝章得象）宋朝會要曰：『（眞宗）天禧二年閏四月，詔醴泉所立觀曰祥源。六年詔加眞武號，曰「眞武靈應眞君」。』」明王三聘古今事物考卷五眞武廟：「國朝，南京建北極眞武廟，北京建北極祐聖宮，俱三月三日、九月九日，太常寺官祭。」

南宋趙彥衛雲麓漫鈔卷九：「（眞宗）祥符間，避聖祖諱，始改玄武爲眞武。」群譚採餘：「朱晦庵（熹）云：『玄武，即烏龜之異名。龜，水族也，水屬北，其色黑，故曰玄龜。有甲能捍禦，故曰武，其實只即烏龜一物耳。北方七宿如龜形，其下有騰蛇、星蛇，水屬也，借此喻身中水火相交，遂繪爲龜蛇蟠虬之狀。世俗不知其故，乃以玄武爲龜蛇二物。』」

臺北木鐸版中國寺廟掌故和傳說太風眞武道場庵宮玲瓏：「五六百年來，武當山的宮觀群中到處可見的是眞武帝君的塑像，其中有的是石雕，有的是銅鑄，有的是童年打扮，有的是青年裝束，有的是正襟危坐，宛然是『得道』後的形象。道教則把眞武說成『古淨樂國王的太子，生而神猛，越東海來遊，遇天神授以寶劍，入湖北武當修煉，經四十二年而功成，白日飛升，威鎮北方，號玄武君。』（明成祖）朱棣取得帝位，竟自稱是眞武帝君轉世，妄圖藉此騙取老百姓的信任。爲此，他派了工部侍郎郭璡、隆平侯張信、駙馬都尉沐昕等，督率軍民三十餘萬，用十年以上時間，在武當山上修建起數以百計的美輪美奐、體制恢宏的宮觀庵宇，以顯示他的威勢。山上最大宮殿紫霄宮後面有個石洞，洞內有殿，殿中供著一個面容豐潤、神態飄逸的少年石像，道士們說是淨樂國的太子，這石洞也就被命名爲太子巖。據說太子在學道時，因意志不堅，欲出門還俗，但在山下途中，看到一位老嫗在水井旁邊磨鐵杵。太子問她磨杵作甚麼用？她回答說，要把杵磨成針。太子感悟，上山繼續修煉，卒成正果。道士們還替眞武帝君設計了一個成仙的地方，那就是南巖的飛升臺。石殿正式宮名叫『天乙眞慶宮』。殿內壁間環列五百鐵鑄靈官。飛升臺在石殿的西面。」

日本鈴木清一郎臺灣舊慣習俗信仰第三編歲時與祀典九玄天上帝與其傳說：「三月初三是玄天上帝的誕生祭典日，特別是屠宰業所舉行的祭典最爲盛大，很多人是當作保護小兒的神來崇拜此神。玄天上帝也稱上帝爺、上帝公、眞如大師、北極大帝等，也就是把北極星——北斗七星加以神格化。另按照傳說，古時有一個殺豬的屠戶，由於一生殺了很多豬，自認罪大惡極，深恐將來遭到惡報，於是就放棄屠宰業，翻然悔悟，進山修行。可巧這時來了一個仙人對他說：『某山現在有一個婦女在分娩，你趕快去救助！』於是他就趕緊跑到那座山上，果然看到觀音媽在那裡抱著嬰兒，這時觀音媽就對他說：『請你把這些髒東西給我收拾一下！』可是當他清除髒東西時，包著髒東西的袋子上，竟然出現『玄天上帝』四個字，他自己也化爲仙人升天。

臺南新化玉井庄的北極殿，是以玄天上帝爲主神的廟。據民間傳說，此神是個屠宰業者，後來自知罪孽深重，爲了贖罪就舉刀自殺，但是他剖腹而未死，不久就成神而升天了。他剖腹時都丟的大腸都變成蛇，其他臟腑則變成烏龜。上帝爺想要治這些蛇龜，爲此雙方發生打鬥，最後才拔刀來殺死蛇龜，這時蛇龜才投降，變成上帝爺的從臣。屠宰業者所以要舉行盛大祭典，似乎就是基於這種傳說。以玄天上帝爲主神的廟，在臺灣有一九五所，其中一七三所是在三月初三舉行祭典，其餘二二所改在三月初二或三月初四。」（民國高賢治、馮作民譯）

民國吳瀛濤臺灣民俗第二章祭祀玄天上帝：「傳說職守北天門，道士信其法力最強。其神像，左足踏龜，右足踏蛇，手執寶劍，民間傳說爲十八羅漢中之開心尊者，或曰北極星顯世。又說玄天上帝之臟腑及大腿，在地上化爲龜蛇，貽害人民，於是玄天上帝親自下凡收拾之，龜蛇自此忠於玄天上帝，人民也以龜聖公、蛇聖公從祀之。元末朱洪武起事時，曾逃避於玄天上帝之廟，深獲其護，因此倍加尊信。欲鎭火災，皆請此神。」

民國六十八年，筆者任教於彰化縣員林鎭員林家事商業職業學校，在操場上，抬頭可望見數百公尺外的一尊巨大的玄天上帝立姿神像，可見臺胞對玄天上帝十分崇信。臺北稻田版楊天厚、林麗寬合著金門寺廟巡禮第貳章金城鎭寺廟綜論第四節北鎭廟：「位於北門里中興街口，始建年代不可考，惟廟前『北鎮廟』牌匾中書有『道光丁未夏立』字樣，可見設廟年代應該不晚，民國七十三年重修。廟分前後兩殿，廟前有戲臺一座。主奉的玄天上帝共有三尊，分別是立姿的大上帝公（傳說神名劉長生）、坐姿的二上帝公和三上帝公，聖誕日均為三月初三日。『屏開太武千峰翠，座倚勾陳列宿環。』是廟門對聯。（筆者案：此石聯題字者為蔡君澤）大上帝公據說是早年由一位專攻神佛雕刻的師傅自唐山背負而來，此尊上帝公本為湖北省的武當山所雕製而成。」筆者案：從前我曾親身參拜此廟中的這一尊神像，雕工的精美為全金門古今神佛像第一。像高約二尺，全身金漆，神態威嚴肅穆，左手按劍，右手舉手作勢，腳踏龜蛇。凡每年陰曆四月十二日縣城隍出巡四境街道，信徒必扛抬這神像參加遊行，後面並有神附身的乩童跟隨。

土地公（tɔ上上　ti下去　kɔn上平）——土地守護神。

北宋高承事物紀原卷二社：「禮記（郊特牲）曰：『社祭土而主陰氣。』（春秋左丘明）左氏（傳昭公二十九年）曰：『共工氏有子曰句龍，為后土。』實始為社。漢書（郊祀志上）：『高祖十年春，有司請令縣常以春二月及臘祠稷以羊彘，民里社各自裁以祠。』蓋自三代以來，社稷為諸侯命祀。秦罷侯置守，故諸侯之職歸守、令，漢始以郡縣祠社稷也。」又同書后土：「按西漢祭天于甘泉泰畤，祭地于汾陰后土。後漢始定南北郊。然則汾陰后土，本漢祀地祇之所也。」

清翟灝通俗編神鬼土地：「孝經緯：『社者，土地之神。土地闊，不可盡祭，故封土爲社，以報功也。』按，今凡社神俱呼土地，惟塋旁所祀稱后土。」清俞樾茶香室叢鈔卷十五土地：「（北宋孫光憲）北夢瑣言云：『彭城劉山甫，自言外祖李公敬彝郎中宅，在東都毓才坊，土地最靈。』按此則今人所謂當坊土地者，唐時已有之矣。」又續鈔卷十九土地堂：「（北）宋張舜民畫墁錄云：『北人信誓兩界，非時不得葺理城堞。李允則知雄州，欲展城無由，因作銀香爐寘城北土地堂，一旦使人竊去之，遂大喧勃，蹤跡去來，辭連北疆，紛紜久之，因興工起築。』按今所在皆有土地堂，據此則宋時已然矣。」

日本鈴木清一郎臺灣舊慣習俗信仰第一編五臺灣移民與寺廟的建立：「這些從事農耕的移民，他們終年開墾土地，於是就建立土地公廟，當作自己土地的守護神奉祀。所謂『土地公』，就是福德正神，他被尊爲土地守護神，又被當作財神與福神崇拜。每當收割稻穀時，都要向土地公獻祭，焚燒金紙和線香膜拜，並感謝今年的豐收和祈求明年的平安。等到移民增多形成村落之後，就共同來祭祀土地公，有的更出錢出力興建大廟。」（民國高賢治、馮作民譯）民國吳瀛濤臺灣民俗第一章歲時二月土地公生：「農曆二月初二日，爲土地公誕辰。是日，商家多備牲醴，赴土地公廟祀拜，求商運興隆。初二日亦稱『頭牙』，一般家戶，備牲醴，燒土地公金，燃放爆竹，爲土地神慶壽，並同時拜地基主。拜畢，家人團食，謂『食頭牙』。商戶『做頭牙』尤盛，店主盛宴店員。」同書十二月：「臘月十六日稱『尾牙』，是日，各戶供牲醴祭土地公。因土地公爲商家守護神，商鋪之尾牙，爲求保佑新年利市，較之一般住家更盛大。牲醴中要用雄雞，此爲象徵生意昌盛之意。有一俗習，即於餐宴時，雇主將以餐食中之雞頭，特要置向將解聘之人，以爲表示。」民國廖毓文臺灣神話十九土地公：「今嘉義縣新港鄉南港村有一座土地祠，原有塑造神像，因爲過於靈驗，神像常常被人偷去奉祀，所以現在僅在壁上繪像供人膜拜。現在臺北市哈密街六十一號保安宮配祀的『土地公』是留著黑鬚，頭戴曲翅紗帽，衣袍執笏，儼然相似執掌朝綱的相臣。本省奉祀『土地』，不論祀廟或是人家，一律鄭重地把『土地』的神像裝在神龕，供奉在桌上。即如田頭田尾縱橫不過二三尺的小祠，不能排設神桌，也把神像放在石板或水泥的壇上奉祀。」

清周凱廈門志卷十五風俗記歲時：「二月初二日，街市鄉村斂錢演戲，爲各土地神祝壽，家造蠣房飯爲供。十二月十六日，商賈皆祭土神，牲醴極豐。」舊版金門縣志卷十三禮俗歲時：「二月初二日，街市鄉村歛錢演劇，壽土地神，稱爲頭牙。十二月十六日，商賈各豐其牲禮，以祀土神，晚宴親友，謂之尾牙。」

清趙翼陔餘叢考卷三十五韓昌黎爲土地神：「今翰林院及吏部所祀土地神，相傳爲唐之韓昌黎（愈），不知其所始。按（南宋洪邁）夷堅志：『湖州烏鎭普靜寺，本（梁）沈約父墓。約官于朝，嘗每歲一歸祭掃。其反也，梁武帝輒遣昭明太子遠迎之。約不自安，遂遷葬其父于金陵，而捨墓爲普靜寺。故寺僧祀約爲土地神。』又宋史徐應鑣傳：『臨安太學本岳飛故第，故飛爲太學土地神。』今翰林、吏部之祀昌黎，蓋亦倣此。」俞樾茶香室叢鈔卷十五彌衡爲土地神：「國朝景星杓山齋客談云：『吾杭仁和北鄉有瓜山土地祠，俗戲懼內者曰：

「瓜山土神夫人作主。」吾友盧書蒼經其祠，視碑始知為漢彌衡也。』禰正平為杭之土神已不可解，乃更有懼內之說，則更奇矣。」

明馮夢龍喻世明言第三十三卷張古老種瓜娶文女：「韋義方本合為仙，不合殺心太重，止可受揚州城隍都土地。」同書第三十八卷任孝子烈性為神：「過了兩月餘，每遇黃昏，常時出來顯靈。來往行人看見者，回去便患病，備下羹飯紙錢當街祭獻，其病即痊。忽一日，有一小兒牛皮街閒耍，被任珪附體起來。衆人一齊來看，小兒說道：『玉帝憐吾是忠烈孝義之人，各坊城隍、土地保奏，令做牛皮街土地。汝等善人可就我屋基立廟，春秋祭祀，保國安民。』說罷，小兒遂醒。當坊鄰右，看見如此顯聖，那敢不信？即日斂出財物，買下木植，將任珪墓地蓋造一所廟宇。」

筆者案：中國人自脫離漁獵時代，於是定居，開墾土地進行農耕，因土地能生長穀物維生，遂大感恩，至人群領袖確立，就祭祀社神，這便是祭祀土地的起始。換句話說，「土地」原為自然神，進而為人格神。據以上引述各書的內容看，傳說中確有許多德業高超的人，死後人們為他們建廟，被祀為「土地神」，受人景仰祭拜。閩南、臺、澎地區，亦承受這種風俗，除各民家大廳中塑像奉祀外，到處都有大小「土地公廟」，按其誕辰農曆二月二日，進行熱烈祭拜，有時並演戲酬神。

大道公（tai下去 to下去 kɔŋ上平）——保生大帝。

中共福建教育出版社出版徐曉望福建民間信仰源流第五章第四節大道公吳本：「大道公崇拜主要流行于閩南語系地區，泉州府的安溪縣、晉江縣、南安縣、同安縣，漳州府的海澄縣、龍溪縣、漳浦縣、長泰縣都有慈濟宮。據陳漢波統計，廈門市有吳眞人宮庵二十八座。又據吳幼雄調查，泉州城區有三四十座吳眞人廟。同安的白礁慈濟宮與海澄青礁宮被視爲吳本的祖廟，香火最盛。經過陳在正先生的詳細考訂，可知日據臺灣之前，臺灣已有一百三十座吳眞人廟。清代的白礁志略還說：由于吳眞人救護明太祖朱元璋和醫好文皇后疾病，被封爲『保生大帝』。該書記載：『明太祖與陳友諒鏖兵鄱陽湖，颶作，太祖舟將覆，神忽見雲端，旗旛森布，天遂反風得安。及即位金陵，洪武五年封眞君。成祖永樂間，文皇后患乳疾，國醫束手，神道服詣闕請示，后不欲見，但于門外懸絲以診之。后密令內侍系于貓，神曰：『非虎非熊，莫非貓乎？』后又令系于門環，神曰：『是金木性，非人脈也。』后驚異，因以系乳，神診之曰：『肝脈火長而血凝，乳患也，非灸不愈，請隔屏懸絲灸之。』遂瘳。太子嗣位，是爲仁宗，追思舊德，洪熙初（公元一四二五），晉封大帝。」同書又說：「上錄『鄱陽湖助戰』及『治愈文皇后乳疾』二則神話，都是僞造的。有關明太祖鄱陽湖大戰時遇風，在明代就廣泛流傳，但故事的主人是晏公，而不是吳本。這在明代（謝在杭）五雜俎一類的小說筆記中都有記載。晏公是鄱陽湖及贛江流域的水神。有關吳本給文皇后治乳疾的故事也是如此，這本是二徐眞人的故事。相傳明永樂時皇后生病，御醫無法治好，出榜徵求名醫。福州鰲峰下有一人名曾甲，揭榜應召，他自稱給文皇后開的藥是二徐眞人的仙方。文皇后病好后，在北京與福州鰲峰大蓋二徐眞人廟。有關曾甲與二徐眞人的事，在明實錄、（明陳子龍）明經世文編等明代史書中都有記載。吳本在永樂前後得封『保生大帝』一事是不可靠的，我們至今無法在明代官府史册中找到相應的記載，這一賜號應是閩南百姓的私謚。（嘉慶）臺灣縣志（卷五寺觀）：「鄭氏及諸將士皆漳泉人，故廟祀眞人甚盛，或稱保生大帝廟，或稱大道公廟，或稱眞君廟，或稱開山宮。」

徐氏同書又說：「據黃蹻東綜錄，同安縣白礁慈濟宮的手抄本藥簽共有一百八十四條，泉州花橋慈濟宮有藥簽一百條，海澄縣祖山紅滾廟亦有藥簽一百八十四條。臺灣曾將慈濟宮藥譜出版，取名爲玄光寶鏡人集，又名保生大帝濟世仙方，亦有一百多條。（自注：吳眞人學術研究論文集第二二頁）這些藥簽多爲唐宋古方，經中醫學者們的研究，這些藥簽來自宋代流行的醫書中，例如，華陀的中藏經，張仲景的傷寒論，孫思邈的千金方，嚴用和濟生方，李宗內外傷辨惑論，錢乙小兒藥證直訣等。據醫學家的考證，慈濟宮中許多藥方都是吳本死後才問世的。其中，最早的海澄紅滾廟簽譜是道光十七年（一八三七）刊本，更早的簽譜尚未發現。」

民國翁國樑漳州史蹟五三漁頭廟：「泉州府志：『花橋眞人廟，在府治善濟鋪，宋（高宗）紹興間建。神吳本，宋時同安人，業醫活人，（仁宗）景祐年開化，鄉人肖像祀之。明（成祖）永樂時，進封保生大帝。』龍溪縣志：『宋吳本，初母夢吞白龜乃孕。自幼不茹葷，學道雲遊，得三五飛步之術，誓以濟人接物爲念。沒而有靈，鄉人構祠祀焉。祠前嘗有泉湧，以洗病，無不癒者。（孝宗）乾道中，封慈濟眞人。』（原注：祠在青礁，今海澄地。）」

民國廖毓文臺灣神話六保生大帝：「保生大帝，或稱吳眞人，或稱大道公，或稱花橋公，或稱英惠侯，所稱雖然不一，可是大家都知道他是一個醫術高明的神。他姓吳名本，字華基，號雲衷，宋（太宗）太平興國四年（公元九七九）三月十五日，出生於福建省泉州府同安縣白礁漁村。他的祖先是春秋時代吳季札的後裔，吳滅亡後，子孫四散國內，其中一支派遷到河南省河北道的臨漳。他的父親吳通，母親黃氏，因爲迴避戰亂，再從臨漳南遷而入福建，在同安縣的瀕海地方白礁定居下來。

民間相傳他出生的時候，就很靈異。一說，他的母親一夜夢見北斗星君，前來投胎。出生當時，滿室異香，毫光燦爛，如同白日。一說，他母親在夢中吞入一隻白龜而生他。臺灣縣志說：他長大後，受室（婚）業醫，以活人爲心，按病投藥，遠近皆以爲神。他長大後，學道雲遊各地，學會了三五飛走之術，所以醫疾多有奇效。不論害病的人害的是甚麼病，他就以他家裡附近一口泉水，給病人服用，多年不治的奇疾，也一服見效。到了仁宗明道元年，大帝五十四歲的時候，漳州發生大飢荒，米珠薪桂，民不聊生。大帝呼籲說：『十日以內，必有米到，大家不要驚惶。』果然不出十天，漳州各澳都有大船載米入澳。翌年四月間，漳州一帶又發生惡性瘟疫，傳染全縣，死亡相繼。大帝聞訊，趕往漳州，施醫施藥，作法驅除瘟神癘鬼，於是瘟疫纔得絕滅。仁宗景祐三年（公元一〇三六）五月初二日，他就應（玉皇上帝）召自白礁升天而去，時正五十八歲。

宋室南移，宋高宗渡過揚子江的時候，曾看見大帝在雲端抵禦敵寇，始得平安過江。紹興二十一年（公元一一五一），就下詔命令地方官在大帝故鄉白礁建廟，奉祀大帝。至孝宗登位，乾道七年（公元一一七一）御賜一個匾額，題名『慈濟靈宮』，並賜諡爲『大道眞人』。明仁宗即位，秉承父（成祖）命，下旨把白礁的吳眞人廟改建爲一大宮殿，並賜龍袍一件，追封大帝爲『萬壽無極保生大帝』，命令地方官，春秋二季隆重致祭。

昔時同安縣人移往臺灣，就在各地建廟奉祀大帝。據民國四十八年臺灣省文獻委員會的調查，全省現有一四〇座保生大帝廟。其中臺南縣最多，有三十八座。其次嘉義縣，有二十一座。再次臺南市，有十九座。臺北市雖然有大同區哈密街六一號保安宮一座，但是廟宇規模之大，香火之盛，都很可觀。」

日本鈴木清一郎臺灣舊慣習俗信仰第三編一五：「又據另外的傳說，此神（保生大帝）俗名孫思邈，是唐朝的宮廷御醫，也是一位名滿天下的神醫。可巧有一條神龍化爲人身，要求孫思邈給他診治眼疾，他診斷之後說：『你並非人類，而是一條神龍，請你拿這些藥回去服用。』可是神龍拿起藥來剛一出門，就忽然化爲龍體升天。據說保生大帝還著作醫書傳世，所著內外科一共有十三册之多。臺北市大龍峒的保安宮，就是以保生大帝爲主神的廟宇，從祀有三十六軍將，配祀有註生娘娘、池頭夫人、五谷仙等。光緒二十三年（公元一八九七），臺北下新莊街發生瘟疫時，群醫束手無策，不得已就把此神迎來，據說隨著神輿的巡狩，瘟疫就立刻消滅。」（民國高賢治、馮作民譯）

民國吳瀛濤臺灣民俗第二章祭祀保生大帝：「另傳，保生大帝爲吳猛，武陵縣人。七歲至孝，名顯閭閻。少有異稟，曾以線牽引倒在地上的大榕樹。及長，任南海太守，宏通道術，渡江不藉舟，每以白扇劃水渡涉。其友曾有家人死亡，吳猛往弔時，憑法術救活，因而後人稱爲眞人。一日有一壯漢僞病，欲玩弄吳猛，吳猛對彼曰：『弄醫者難免死矣！』不料過後不久，此壯漢竟無病身亡。於是吳猛離鄉遊歷江湖，到處施醫德，入宮爲侍醫多年。後回泉州白塔，修道昇天。」

筆者案：以上詳引數家有關保生大帝的年里生平行事，亦有不同時代及姓名的說法。平心看來，仍當以北宋福建同安縣白礁人吳本較爲可信。他醫術高明，救人救世，死後被鄉人在白礁建廟奉祀。其餘傳說中他的多種神奇故事則是附會添加，不可靠。民國六十八年版金門縣志卷三第三章寺廟載：金門本島奉祀吳眞人的廟宇，有官裡仰峰宮，珠山大道宮，泗湖大道宮，古寧頭南山大道廟，安岐保安宮，湖美中堡寶寧廟，頂埔下保安廟，瓊林大道廟，小徑鏡山巖，溪邊順境宮，呂厝供奉宮，西園帝官宮，何厝清海宮，青嶼金山道殿。大嶝島陽塘顯明宮。其中古寧頭南山大道廟已廢。

文昌帝君（bun 下平　tsʻon 上平　te 上去　kun 上平）——主司讀書人功名之神。

日本鈴木清一郎臺灣舊慣習俗信仰第三編二月之卷五文昌帝誕生祭與五文昌：「二月初三是文昌帝的誕生祭日，舉人、秀才、書房教師以及一般讀書人，在這一天照例要齊集文昌廟，用牛和其他果品爲供物，舉行三獻禮的祭典。關於文昌帝，有種種說法。有的說是天神，有的說是人魂。史記天官書：『斗魁載匡六星，曰文昌宮：一曰上將，二曰次將，三曰貴相，四爲司命，五爲司中，六爲司祿。』至於人魂，他本名張亞，唐朝越州人氏，後來遷居到四川梓潼縣，曾作明麗浩蕩一文。其後篤信道教，把道教教義推廣到四川。死後人民感念其德，就在梓潼縣七曲山建廟，命名爲『清虛觀』，並且立碑上刻『梓潼君』，供人民膜拜。」（民國高賢治、馮作民譯）

民國吳瀛濤臺灣民俗第二章祭祀：「五文昌帝君，係合稱文衡帝、孚佑帝、文昌帝、朱衣帝、大魁星帝五帝，讀書人祀之。

關聖帝君，或稱關帝、關夫子、協天上帝、武聖君、文衡帝君、帝君爺、山西夫子、翊漢天尊、蓋天古佛、伏魔大帝，亦即關羽，俗稱關公、恩主公。據傳，元世祖忽必烈因鑑於有文聖的祭祀而尚無武聖，而敕封關帝爲武聖。關羽殉節後，顯聖於玉泉山，而聽寺僧普靜禪師說法，歸依佛教，自此佛教始祭拜關帝。佛徒又以爲關帝義氣足維護佛法，特奉爲『護法』。史載：『山東一人作春秋，山西一人讀春秋。』後者即指關公，故尊稱山西夫子，讀書人所祀的文教之神。關帝生前從事兵站，長於算數記帳，曾設簿記法，發明日清簿。又因商人應重信義，爲此祭之，以期信義之道。

孚佑帝君俗稱仙公，即八仙之一呂洞賓。儒教稱爲純陽夫子，道教稱妙道天尊，佛教稱文尼眞佛，係菩薩之一，雜教稱呂仙祖。除一般民間信仰之外，祀爲理髮之神。傳呂仙祖號純陽，名巖，字洞賓，唐代（德宗）貞元十四年（公元七九八）生於河中永樂縣，修練仙術成眞仙。因其權化奇跡靈驗，救濟衆苦，死後敕封孚佑帝君。

文昌帝君，文學之神，讀書人祀之。關於文昌帝君的神歷有兩說：一爲天神（文昌宮），一爲人傑。唐朝越州人張亞，後居四川省梓潼縣，歿後列祀文廟爲梓潼帝君。

朱衣聖君，考試銓敘之神。（筆者案：北宋趙令畤侯鯖錄：『歐陽（修）公知貢舉日，每遇考試卷，坐後常覺一朱衣人時復點頭，然後其文入格。始疑侍史，及回視之，無所見。因語其事於同列，爲之三歎。嘗有句云：「文章自古無憑據，惟願朱衣暗點頭。」』）

大魁星帝（魁星爺）。（筆者案：清顧炎武日知錄卷三十二魁：『今人所奉魁星，不知始自何年。以奎爲文章之府，故立廟祀之，乃不能像奎。而改奎爲魁，又不能像魁。而取之字形，爲魁舉足而起其斗。不知奎爲北方玄武七宿之一，魁爲北斗之第一星，所主不同，而二字之音亦異。今以文而祀，乃不于奎而于魁，宜乎今之應試而獲中者，皆不識字之人與？又今人以榜前五名爲五魁。漢書酷吏傳：「所置者皆魁宿。」游俠傳：「閭里之俠，原涉爲魁。」（唐顏）師古曰：「魁者，斗之所用盛，而杓之本也。」故言根本者皆曰魁。（明）趙宧光曰：「斗首曰魁，因借凡首皆謂之魁。」』（清黃汝成）注：（清）錢大昕（十駕齋養新錄卷十九）曰：『（史記）天官書：奎爲封豕，爲溝瀆。不云文章之府。宋初五星聚奎，說者謂孔子魯人，奎、婁爲魯分野，儒教當興之象，特史官附會之詞。學校祀奎星，雖非古禮，然新定續志學校門云魁星樓，爲一邑偉觀，其上以奉魁星。則是南宋已有之矣。奎爲西方之宿，而顧以爲北方玄武之宿，亦誤。』）」

筆者又案：舊版金門縣志卷十祠祀：「文昌祠在太武山巖左，明時建。文孚廟在小西門鄉，內祀文昌。奎閣在（後浦）塗山頭，道光十六年，監生林斐章捐銀千員創建。」

清俞樾茶香室續鈔卷十九魁星生日：「國朝施鴻保閩雜記云：『龍巖州士人，皆戒食蛙。七月七日，爲魁星誕，必買大者，祀而放之池中。初不甚解，後讀史記律書：「北至於奎。」（東晉）徐廣曰：「奎，一作畫，即蛙字也。」乃知因此而誤。』按七月七日爲魁星生日，他處未有聞。」

民國廖毓文臺灣神話七文昌帝君：「清初臺灣府學朱子祠後，有一座奎光閣，亦名文昌閣，上祀『梓潼帝君』及『魁星夫子』。這座廟是康熙三十一年至三十三年間，臺廈兵備道高拱乾手建，可能是臺灣最早建立的文昌廟。恆春縣志謂：『唐明皇西狩（四川），追封左丞。僖宗入蜀，封順王。』彰化縣志：『蓋以世所傳帝君之書，如陰陽文、感應篇、勸孝文、孝經解諸書，皆有裨於教化，不失聖人之旨，故學崇奉之，使日用起居皆有敬畏，非徒志科名者祀以求福也。』清代除各府縣學有奉祀外，各地讀書人所立書院也各有奉祀。平時各自定期集合，爲詩作文，互相砥礪。每逢佳節，即舉行『猜謎』、『登高』等等韻事。現在本省有二十五座廟宇主祀文昌帝君，有三座廟宇合祀五文昌。」

筆者案：臺灣現代已無科舉考試，但文昌帝君的香火仍然不衰，原因在於尚有各級學校的升學考。每屆考試季節來到，誠信的學生們依舊到廟中參拜，祈求文昌帝君保祐他們考試上榜，達到升學的願望。

乩童（ki上平 ton下平）——神的代言人。

說文：「叶，卜以問疑也。或作乩。」廣韻上平聲十二齊：「叶，字書云：『問卜也。』」北宋丁度集韻：「叶，一曰考也。或作乩，通作稽。」明方以智通雅：「乩與叶同。（唐杜佑）通典：『西國用羊卜，謂之跋焦，卜師謂之廝乩，後世稱扶乩，今猶盛行。』」中華學術院中文大辭典：「扶乩，製丁字形木架懸錐於直端，狀如踏碓之舂杵，承以沙盤，由兩人扶其橫兩端，依術延神至，則錐自動畫沙成文字，或與人詩詞唱和，或示人吉凶休咎，或爲人開藥方。事畢，神退，錐亦不動。此法謂之扶乩，亦作扶箕，又稱扶鸞。天祿識餘：『元末，河南輝縣百泉書院，有山長某，嘗集客，坐中一扶乩者術甚神，衆共肅禮之，使探神響。焚咒方半神已至，衆請名，乃判一詩曰：「相逢何必更知名？九里山前殺氣橫。不及淇泉數竿竹，風波靜處過平生。」衆瞿然曰：「神淮陰侯（韓信）耶？」曰：「然。」賡酬良久，始引去。』」

清俞樾茶香室叢鈔卷十四扶箕：「（北宋李昉）太平廣記引（北宋徐鉉）稽神錄云：『江左有支戩者，餘干人。正月望夜，時俗取飯箕，衣之衣服，插箸爲嘴，使畫粉盤，以卜。戩戲祝曰：「請卜支秀才他日至何官？」乃畫粉宛成司空字。』然則扶箕之術，唐世已行矣。宋岳珂愧郯錄載：『（徽宗）政和六年正月二十三日詔：「近來京師姦滑狂妄之輩，輒以箕筆，聚衆立堂號，曰天尊大仙之名，畫字無取，語言不經，竊慮浸成邪慝。可令八廂使臣，逐地方告示，毀撤焚棄。」按此即今所謂扶箕者。』扶箕之術，余雅不謂然。嘗言絕地天通，宜首禁此。不知宋時固嘗有禁也。」

以上所述「扶乩」，是請神以物畫沙成字詞，以獲得神所指示的吉凶。「乩童」，則是神靈附於乩童之身，開口說話，經過身旁助手的翻譯，而得神的指示。重修泉州府志風俗志同安縣：「惠安縣志云：『泉人頗惑於鬼神之說，宋安溪令陳宓詩云：「時人信巫紙多燒，病不求醫令自活。」』隆慶府志云：『居喪用浮屠，疾病求符禱。』惠安縣志云：『俗頗務鬼神機祥，有病則禱於神。鄉邨（村）之民病，則扶鸞擡神，或延巫覡噴油履火。』」中共徐曉望福建民間信仰源流第五章第一節元明清閩人的歷史與習俗引清施鴻保閩雜記卷七說：「降童，即降神也，閩俗又謂之打童，上下諸府皆有之，而下府尤盛，皆巫者爲之。云須自幼煉致一神，焚符則神附其身，刀鏃水火皆不能傷。凡有疾病或失物，輒迎致之，其巫衣履亦如恆人，惟以紅布抹額，至則據高座，禱者焚香燃燭，跪拜於下。少頃，巫起舞，散髮目瞪，則神來矣。左右二人急扶持之，隨自以小刀划舌噴血，作符焚室四方，凭人所問，信口作答，語皆不甚明了，左右二人，代爲傳述。將去，又自以小刀划舌噴血作符，疾病者或令焚灰和水飲，或令貼床幃上。失物者或令貼失處。或有所疑之人，令貼其人坐臥處。作符訖，其巫定坐如常時，則神去矣。巫有受謝者，有不受謝者。然余在閩久，常見有因病而禱，病仍不愈；因失物而禱，物仍不得；則其術亦不靈矣。」同書又引民國陳文濤閩話卷三說：「欲與下級神鬼通聲氣，則必打獞。獞有獞主赤膊紅褲，另一人謂之獞頭，以手捻訣，向獞主口隨喃喃念咒，俄頃，獞子自搖其頭，愈搖愈疾，辮髮皆散亂，口內始作痰涌聲，繼如夢囈，身則或滾地作觔斗無數，或跳躍左右踢。然后坐定置香案于旁，求者跪地數所願。神凭于獞主對求者問訊，一面嚼極旺之香火，口鼻皆冒煙縷縷。然每以利刀自划其舌，以舌血畫符十數紙，付求者，囑其如此如此。獞主醒，若一無知曉，舌割亦不覺痛矣。賽神時，神駕前每有三四獞主赤身前行，以針貫兩頤，流血隨涎而下，不顧也。」同書又引施鴻保閩雜記卷七說：「下府迎神，亦必降童將迎，某神則延煉某神之巫。先期至廟諏日。是日以高輿坐巫，數十人舁之。巫抹紅巾，著紅褲，露膊跣足，以白紙條作幡，長二三尺，插額間如盔纓然。亦或以白紙條作圈，戴頂上，長四五寸，如纓珞然。兩手一執劍，一執或紅或白小旗，向空而舞，時坐時立，時俯時仰，左右多人挾持之。沿街設供處，神轎上，請神居上座，巫亦下與旁坐。少頃，巫起舞，則以為神歆其祀，已醉飽矣。至回廟后，乃宴巫，酬之以金。」

日本鈴木清一郎臺灣舊慣習俗信仰第一編一六巫覡術士的法術：「所謂『童乩』，就是當神降臨時，代替神傳達神諭的人。例如玄天上帝、王爺（主要是朱王爺、溫王爺、池王爺）、太子爺、關帝爺、東嶽大帝、三仍夫人。古時每當到了這些神的祭典時，乩童就代表神對信徒發佈神諭，或通知王爺何時巡狩，或通知神佛要什麼祭典供品。所謂『跳童』，主要是因中魔或中邪而生病時，為了找尋病因和治療法，才請乩童行之。其方法，是把乩童所奉祀的神像，放置在病家的正廳神桌上，或在廟裡進行，供上茶三碗、酒五碗以及菜果、蠟燭、金紙等。由乩童準備令旗和神刀各一把，向神報告『請神』的目的（祈求治癒疾病等）。另有『豎桌頭』（判斷神諭的人）站在旁邊，一邊打小鼓一邊唸咒語，此外還有兩三人敲銅鑼。此時的乩童，已進入催眠的朦朧狀態，會不由自主的脫下衣服，圍上『肚兜』和『白裙』，手拿令旗和利劍，左右上下的飛舞，或前仰後合的跳躍，或用劍猛擊桌子。豎桌頭如果想要知道什麼，就可立刻問乩童，乩童就回囈語回答。」（民國高賢治、馮作民譯）

民國吳瀛濤臺灣民俗第八章俗信俗習觀童乩：「例如際會寺廟新祀神像舉行祭典，童乩就乘此人心與高采烈的氣氛應機而生，則表示自己已受神的宣託，而爲顯示靈驗，則在公衆面前故作各項奇異驚險的表現，如震抖全身，或用武器傷打一身直到流血；其法諸如破肩頭、坐釘椅、噴油、破頭、揷五針（把大針穿進口角、雙腕雙腿）、貫口針等等。其狀被髮半裸狂踊而行，五體血流淋漓。」

筆者數十年前在廈門見到迎神，確如上述閩雜記和臺灣民俗所說，乩童赤裸上身，立於八人扛檯的神轎轎桿上，口貫長針，隨神前行。在金門看到的更多。金門後浦東門池王爺，每遇老乩童死亡或需要一位新乩童時，就日夜不停地在廟裡敲打「童乩鼓」（即有柄的雙面鼓）和銅鑼；敲三下鼓，配一聲鑼。主事者焚香告池王爺早日得到。果然過了一星期左右，忽然有一個青年人自動跑跳而來，進入廟裡，雙眼半閉，頭猛搖不停。廟中「豎桌頭」的人員就聽他言語，得知即是池王爺所要的新乩童。然後擇日請神，其他舊乩童亦跳起，教導新乩童的一切動作方法等等。

最熱鬧的，就是每年陰曆四月十二日，後浦城隍爺誕辰大迎神遊行。金門全島著名神明都由當地信徒擡著神像前來參加，如新頭鄉蘇王爺、瓊林鄉保生大帝等齊到，並有二神的乩童。後浦四門的主神，東門池王爺、南門媽祖、西門關帝、北門玄天上帝也來，池王爺和上帝公亦有乩童。金門的乩童裝束，一律是上身赤裸穿肚兜，下身著黑褲，左手持寶劍、黑令旗，右手持線香三根。雙頤或用小短劍貫穿，或沒有。行進時，眼半閉，頭左右搖，右手持香不停揮動。身旁敲打鼓鑼。某年，保生大帝乩童在參加巡行當中，被路邊不潔的事物觸犯，右手立即把香捧向不潔處，換拿左手的寶劍向自己額頭猛砍，血流如注；助手即時用備好的紙符貼上，血流馬上停止。乩童本人平時行爲不檢，如嫖妓、賭博等，神附身時，口中不停責罵，雙手自打嘴巴。更有趣的，有一次，下後垵鄉的通化仙翁（俗稱白鬚公）乩童行至東門濁水溝邊時，竟然和池王爺宮裡的太子爺（李哪吒）乩童發生口角，繼而正欲動武。筆者時約十二歲，站在旁邊看得十分驚怕。好在雙方的人員趕緊上前各各扶住，不使事態擴大。白鬚公去後，太子爺口中還大罵不止，但筆者聽不懂他的說話。

到筆者成年時，某次家裡有數人生病，晚上請池王爺乩童和一名「豎（企）桌頭」來請問。他們二人都坐，「豎桌頭」燒了一些金紙，不久乩童就打了幾下哈欠，手持線香三根，頭上下快搖一陣，神已附身，然後問要請問何事？家人告訴原因，乩童通過翻譯回答指示。前後約經一小時事畢退神。家人不只奉上紅包二個，並煮點心給他們吃。

地基主（te下去　ki上平　tsu上上）——家屋土地最早的開拓者。

日本鈴木清一郎臺灣舊慣習俗信仰第一編七臺灣人的神明概念：「每一家住戶都有一個最早開拓者開基祖，臺灣人特別稱之爲『地基主』。但是開基祖在開拓建設住宅之後，有的不幸被其他遺民侵略霸占，有的由於某種因素而轉讓給他人，因此就認爲地基主的怨靈必然陰魂不散，如果不加以祭祀就會作怪。所以各戶在每月的初一和十五，都要準備酒菜、香燭、紙錢祭祀，特稱之爲『犒軍』。不過要先祭祀住宅附近的土地公，然後才能祭祀自宅的孤魂地基主，因爲土地公是地基主的地方官。本省人相信，如果這些幽鬼對他們作祟，就會使他們生病或難產，或其他種種不幸，因而對這些幽鬼恐懼得不得了。可是在另一方面，如果能對這些幽魂祈禱許願，有時不但能轉禍爲福，而且有使事業成功的靈驗，甚至能使賭徒賭博時贏錢。」（民國高賢治、馮作民譯）

民國吳瀛濤臺灣民俗第二章祭祀祀神地基主：「住宅的先住者，俗稱開基祖，因爲後來宅地被別人侵占或淪落別人居住，俗信應祀拜之，始免於惹禍，每於初一十五日拜土地公時另拜之。」

筆者案：金門島仍爲古時閩南移民的後裔居住，故亦有祭拜「地基主」的習俗，但日期爲陰曆每月的初二和十六，與臺灣稍有不同。

祖師公（tso上上　su上平　kon上平）——清水祖師。

日本鈴木清一郎臺灣舊慣習俗信仰第三編正月之卷二〇對擊退法軍有靈驗的臺北清水祖師廟與其沿革：「位於臺北市萬華貴陽街和長沙街之間的清水祖師廟，是以福建省泉州府安溪縣湖內鄉的清水巖爲本山，臺北的祖師廟並非正式分派，而是某一個私人在遷臺時當作守護神迎來的。主神的清水祖師像有七種形態，其中一種稱爲『蓬萊太祖』，由於顯靈時鼻子就掉下來，所以也叫『落鼻祖』。

原來是供在淡水一個姓翁的家裡。後來中法戰爭時，清陸軍提督孫開華，由於向祖師禱告而擊退法軍，於是乃奏請朝廷頒賜匾額，不得已後來就在艋舺興建這座祖師廟，才把這塊匾額正式懸掛在廟裡。廟中配祀的金面祖師，據說是清水祖師的弟子。除此之外，還配祀普庵祖師、文面祖師、文昌帝、關帝君、朱衣夫子、大魁夫子、金甲夫子、天上聖母、土地公等都是。每年的正月初六，都要舉行盛大的祖師誕生祭。」（民國高賢治、馮作民譯）

民國吳瀛濤臺灣民俗第二章祭祀祖師公：「祖師公有三代祖師、蓬萊太祖、顯應祖師、照應祖師、輝應祖師、普庵祖師、清水祖師等多種名稱，或謂係同一神。又由其面色可分爲金面祖師、烏面祖師、紅面祖師。祖師係宋代人，家貧受雇於寺廟，因不堪寺僧之虐待，獨自上安溪清水巖，面壁參神，得道昇天。巖中有石穴甚深，祖師曾將石穴所流出的白米施捨安溪人，所以安溪人在清水巖建廟祀之。又傳，祖師係福建永春州小姑鄉人，名陳應，自幼出家修道，法名普足，道成昇天。明朝（神宗）萬曆年間遇大旱，人民祈求清水祖師，尤有靈驗，於是香火盛行。

據傳，祖師生平爲一屠夫，因身心不淨，不能入道，乃自割腹，洗淨臟腑，以示清白。又傳，祖師有一兄嫂，因產後炊煮不便，請祖師代其勞，不料祖師並未去山裡拾柴，卻用雙足代柴生火，而煮完後，則從煙筒遁跡，故其神像臉色黝黑。

另傳，祖師係清溪縣蓬萊山僧普足，曾築室蓬萊山清水巖，居穴修道達十九年之久。其時有畬鬼亦居在穴中，曾把普足關住燻了七晝夜，可是他並沒有死。」

民國廖毓文臺灣神話清水祖師：「臺北市龍山區的清水祖師廟裡，有一篇清水祖師的傳記：『（祖師）幼出家於大雪院，長結庵於高泰山。聞大靜山明松禪師具圓滿覺，遂往師業之。道成業就，拜辭而還。用其師之言，勤造橋數十，以度往來。後移庵麻章，爲衆請雨，如期皆應。（宋神宗）元豐六年（西曆一〇八三），安溪大旱，村劉氏相與謀曰：「麻章上人，道行精嚴，能感動天地。」比請而至，雨即霑足。衆情胥悅，咸有築室請留之願，乃於張巖山，辟除蓄翳，翦拂頑石，成屋數架，名之曰「清水巖」，延師居焉。造成通泉橋、谷口橋。又十年，造成汰口橋。汀、漳時人，有災難皆往禱焉。』在他死後，鄉民就『運石瓷塔築寺於巖後，刻木爲像而祀之。』該篇傳記有記，祖師生於宋仁宗二十二年（慶歷四年、公元一〇四四），沒於（徽宗）建中靖國元年（公元一一〇一）五月十三日，享年六十五歲。計算起來，享壽僅有五十八歲而已。如果享年六十五歲，死於建中靖國元年無誤，那末生時當在仁宗景祐四年（公元一〇三七）了。

清代安溪人士遷移來臺，也各奉祖師的香火，爲他塑像建廟。現在本省有六十三座的祖師廟，臺南縣最多佔十九座，高雄縣次多佔十座，再次爲臺北縣、屏東縣各佔六座，其餘分佈於臺北、臺南、高雄三市，宜蘭、桃園、新竹、臺中、彰化、南投、嘉義、澎湖、花蓮等縣。其中臺北市長沙街的祖師廟規模最大，信者最多。該廟初建於（清高宗）乾隆五十五年（公元一七九〇）。

（清德宗）光緒十一年（公元一八八五），法艦騷擾淡水鎮，守將孫開華祈禱該神，果然該神現身於雲端助戰，法艦所射巨砲，紛紛墜地，不能開花。於是孫開華得指揮官兵義民擊退登陸的法軍，保衛國土。事後，孫開華奏稟朝廷，御賜匾額一面。」

中共徐曉望福建民間信仰源流第五章第五節清水祖師：「清代當地人李清芳說：『山之頂，有神甚靈，水澇旱乾，每禱輒應。以此歷千年，民之奔走奉事如一日也。』乾隆二十六年，新任縣令宋應麟『甫下車，近邑之父老，詢諸境內靈蹤奧跡，能出雲雨捍災患、有關民社者，衆咸以清水巖對。』（自注：楊浚清水巖志略卷三）有人說，普足雕像是沉香木制成，原在皇宮中，有人把它丟在御河裡，木頭自行漂至安溪。其實，元、明、清三代都建都北京，都城距福建數千里，皇宮的棄木無論如何都不會漂到安溪來。明代何喬遠所著覺亭記中記載了一個故事：清水巖有幾十個魔鬼爲害民間，普足約鬼鬥法，普足展帨如橋，魔鬼坐滿橋上，一會兒橋斷，許多魔鬼掉下深澗而死。未死的逃入石洞，被普足封鎖于洞中。很顯然，普足降鬼魅的故事，應是受三坪祖師故事啓發后編成的。民間還傳說：普足的雕像面孔黝黑，就是因爲他在與鬼鬥法時靜坐石穴，魔鬼以煙熏普足，普足安然無恙，但臉孔被熏黑了。乾隆二十年，安溪永安里教場尾村有一許姓子，年十四，同諸童在水湖山下割草。伊見山頂有人招呼上山，遂直登其巔，被一女鬼拉入古墓中端坐，不令其出。后有一人，面黑而長者，驅女鬼去，挈伊回來。

清水祖師還能幫助官軍抵御外寇。『光緒甲申（十年、公元一八八四），臺灣滬尾（淡水）之役，神明出陰兵助戰。洋人云：「但見山頭衣黑陰兵，最健勇，飛砲中之，裂開復合。」』（自注：清水巖志略卷四）清水祖師在泉州七邑也有許多崇拜者。清水祖師的主要職能是祈雨。元（文宗）天曆五年冬春，『福建大旱，泉城邑屬，皆設壇祈雨，俱無應驗。至三月十五日，幸安溪縣法師楊謹將祖師聖跡呈報，此神能代天行雨。府尊即具表差官簡較昊前來，恭請大師，十七日到巖。』（自注：清水巖志略卷末、卷三）結果，天即降下大雨。

清水祖師還是泉州一帶有名的預測之神，安溪祖師廟中有簽譜五十首，供百姓預測未來之用。總之，清水祖師是泉州百姓的保護神之一，他能驅鬼、祈雨、算命，幫助百姓解決生活中的許多問題。」

筆者案：上述各書所載清水祖師神蹟，其中只有福建民間信仰源流的說法較多保留，指出有一些是出於傳說或附會。即如最著名的幫助清軍對抗法軍，簡直令人無法相信。筆者的看法相同。民國六十八年版金門縣志卷三第三章寺廟：「太文巖寺，在舊所城北半里太文山上，與太武巖遙對，祀清水眞人，有祈多驗，明時建。前清光緒（五年）己卯重建，俗稱燕南宮。今廢。」筆者在青年時代曾登太文山一遊，約在民國四十三年間，見廟宇已傾倒成爲廢墟。另古寧頭南山清水廟、小金門東坑祖師公廟、青岐清水祖師廟皆奉祀清水祖師，但只有青岐廟尚存。

城隍爺（siŋ 下平 hoŋ 下平 ia 下平）——主管陰間政治之神。

說文：「城，以盛民也。」廣韻下平聲十四清：「城，城郭。」說文：「隍，城池也。有水曰池，無水曰隍。」詩大雅韓奕唐孔穎達疏引舍人：「隍，城池也。壑，溝也。東漢李巡：『隍，城池壑也。』」昭明文選卷一東漢班固兩都賦序：「京師修宮室，浚城隍，起苑囿，以備制度。」唐李善注引說文：「城池無水曰隍。」

清趙翼陔餘叢考卷三十五城隍神：「（清）王敬哉（崇簡）冬夜箋記，謂城隍之名見于易，所謂『城復于隍』也。（泰上六象辭）又引禮記（郊特牲）『天子大蜡八』，『水庸』居其七，水則隍也，庸則城也。以爲祭城隍之始。

固已然。未竟名之爲城隍也。按北史：『慕容儼鎮郢城，梁大都督侯瑱等舟師至城外，城中先有神祠一所，俗號城隍神，儼於是順人心禱之，須臾風浪大起，凡斷其荻洪鐵鎖三次。城人大喜，以爲神助，遂破瑱等。』隋書五行志：『梁武陵王紀祭城隍神，將烹牛，有赤蛇繞牛口。』是城隍之祀，蓋始於六朝也。

至唐則漸遍。（北宋姚鉉）唐文粹有李陽冰縉雲縣城隍記，謂：『城隍神祀典所無，惟吳、越有之。』是唐初尚未列于祀典。（唐）張曲江（九齡）集有祭洪州城隍神文；（唐）

杜甫詩有『十年過父老，幾日賽城隍。』之句；（唐）杜牧集有祭城隍祈雨文；則唐中葉各州郡皆有城隍。五代錢鏐有重修墻城隍廟碑記書。大梁（太祖）開平二年，歲在武辰，（清）顧寧人（炎武）謂以城爲墻，以戊爲武，蓋以朱全忠父名誠，曾祖名茂琳，故避其嫌名而改。（南宋）陸放翁（游）寧德縣城隍廟記（（清高宗）乾隆寧德縣志卷二），所謂『唐以來，郡縣皆祭城隍。』是也。宋史：『蘇緘殉節邕州，後交人入寇，見大兵從北來，呼曰：「蘇城隍來矣！」交人懼，遂歸。又范旺守城死，邑人爲設像城隍以祭。（南宋）張南軒（栻）治桂林，見土地祠，令毀之，曰：「此祠不經。自有城隍在。」或問：「既有社，莫不須城隍否？」曰：「城隍亦贅也，然載在祀典。」』是宋時已久入祀典也。（南宋）洪景盧（邁）夷堅志：『滑世昌所居應被火，而城隍救之。殿前程某部綱馬濟江，以不祭城隍神，而馬死過半。鄱陽城隍誕辰，士女多集廟下，命道士設醮。張通判之子病祟，乞路當可符法治之。俄有一金紫偉人至，路詰之曰：「爾爲城隍神，知張氏有鬼祟，何不擒捉？」朱琮妾以妻王氏妬，至于自刎，遂爲祟。朱請閣皂山道士禳之，道士牒付城隍廟拘禁。是時城隍之祀，一如郡縣有司官，與今制大略相同矣。』」

南宋王應麟困學紀聞卷二十雜識：「（北宋）歐陽修集古錄（跋尾卷七）：『（唐）李陽冰城隍神記云：「城隍神，祀典無之，吳、越有耳。」』按北齊慕容儼鎮郢城，城中先有神祀，俗號城隍神。（自注：見北齊書本傳）則唐以前已有之。」

南宋趙與時賓退錄卷八：「成都城隍祠，（唐文宗）太和中李德裕所建。（唐）李白作韋鄂州碑，謂：『大水滅郭，抗辭正色言于城隍，其應如響。』杜牧爲黃州刺史，有祭城隍祈雨文二首。它如（唐）韓文公（愈）之於潮，（唐）麴信陵之於舒，皆有祭文。而（唐）許遠亦有『智井鵷翔，危堞神護。』之語。今其祠幾遍天下，朝家或錫廟額，或頒封爵，未命者或襲鄰郡之稱，或承流俗所傳，郡異而縣不同。以余聞見所及，攷之廟額，封爵具者惟臨安府當後唐（愍帝）清泰元年，嘗封順義保甯王。（南宋高宗）紹興三十年封保順通惠侯，今封顯正康濟王。紹興府梁開平封崇福侯，清泰封興德保闉王，紹興初賜額顯甯，今封昭順靈濟孚祐忠應王。台州則鎭安廟順利顯應王，吉州則靈護廟威顯英烈侯，筠州則利貺廟靈祐順應顯正王，袁州則顯忠廟靈惠侯，建康之溧水則顯正廟廣惠侯，泉州惠安縣則靈濟廟靈安昭祐侯，紹武軍則顯祐廟神濟訓順侯，泰甯則廣惠廟靖惠孚濟侯，韶州則明惠廟善祐侯，成州則靈應廟英佑侯。有廟額而未爵命者，鎭江忠祐，甯國靈護，隆興顯忠，德安府威澤，楚州靈顯，和州孚惠，襄陽孚濟，汀州顯應，珍州仁貺，靜江嘉祐，慶元之昌國，邵武之建甯，皆曰惠應。前代錫爵而本朝未申命者，湖州阜俗安城王；處州龍泉縣廣順侯；鄂州城隍萬勝鎭安王；越州蕭山縣用郡城隍神，初命稱崇福侯。昭州立山縣爲蒙州時，封靈感王。台州五縣吳越時皆封以王爵。臨海曰興國，黃巖曰永甯，天台曰始平，仙居曰昇平，甯海曰安仁。其餘相承稱謂，如溫州富俗侯，處州仙都侯，臨安府錢塘縣安邑侯，臨安縣霸國侯王，興國軍高陵王，筠州新昌鹽城王，渾州定湘王，泉州明烈王，潼川興元安平將軍，漢州彭州安福將軍，卭州大邑縣安靜神，廣州羊城使者之類。

神之姓名具者，鎭江、慶元、甯國、太平、襄陽、興元、復州、南安諸郡，華亭、蕪湖兩邑，皆謂紀信。隆興、贛、袁、江、吉、建昌、臨江、南康，皆謂灌嬰。福州、江陰，以爲周苛。眞州、六合，以爲英布。和州爲范增。襄陽之穀城爲蕭何。興國軍爲姚弋仲。紹興府爲龐玉實。鄂州爲焦明。台州屈坦。筠州應智頊。南豐游茂洪。鎭溧水白季康。（北宋李昉）太平廣記載，宣州司戶死而復生，云見城隍神，自言晉桓彝也。（南宋孝宗）淳熙間，李異守龍舒，有德於民，去郡而卒，邦人遂相傳爲城隍神矣。」

明郎瑛七修續稿卷二周城隍：「先母嘗云：『吾外祖少時，親見城隍生日時，有黃冠爲神附體，言於衆曰：「予非舊神，予本省憲使周新也。誕乃五月十七日。上帝以予剛直，復命司杭。」之土時另塑其象，遷舊神於錢塘保安里，至今名爲小城隍廟，故以五月供獻於神。』按周廣東南海人，永樂中爲御史，巡按京師、福建。陞雲南、浙江按察使，處分大務，奏對詳審，廉明公直，鋤強伸枉，常理冤魂無主數事。在內名爲冷面寒鐵，在外稱爲神明。後爲權奸指揮紀綱之謗，上怒其言峻直，被害。予意剛直爲神固然矣，未必爲吾杭上神，恐流言之誣周公也。昨見彭參政所作公傳，末云：『上嘗見衣紅者立日中，問爲誰？應曰：「臣周新，上帝以臣剛直，命爲城隍。」云。』然後知外祖之言不誣。作傳者不知爲杭州之司命，因識之以傳於人耳。」

清顧炎武日知錄卷三城隍神：「鳳陽縣志：『（明太祖）洪武三年，乃釐正祀典，詔天下城隍神主，止稱某府城隍之神，某州城隍之神，某縣城隍之神。前時爵號，一切革去。未幾又令各處城隍廟內，屏絕閒雜神道。』此令一行，千古之陋習，爲之一變。惜乎今日之有司，多不達此，往往妄爲衣冠之像，甚者又爲夫人以配之。習俗之難移，愚夫之難曉，遂使皇祖明訓，託之空言，可罪也哉！」

清梁紹壬兩般秋雨盦隨筆卷二十三城隍：「禮（記郊特牲）：『天子大蜡八，伊耆氏始爲蜡。』（鄭玄）注：『伊耆，堯也。蜡神八，水庸居七。水，隍也。庸，城也。』由此推之，祀城隍，蓋始於堯時。城隍之有廟，則始於吳。太平府志云：『城隍廟在（蕪湖）府承流坊，（吳大帝孫權）赤烏二年（公元二三九）創建。』其後祀之者，則見於六朝，如北齊慕容儼。他如韓昌黎（愈）、張曲江（九齡）、李義山（商隱）、杜文貞，俱有祭城隍詩文。其封城隍爲王者，見於後唐廢帝清泰元年（公元九三五）。封城隍而及其夫人者，見於元文宗天曆二年。洪武初，詔天下府、州、縣建城隍神廟，封京城城隍爲帝。開封、臨濠、東平、和、滁爲王，府爲伯，縣爲侯。本朝查初白（愼行）先生言：「今江西城隍爲灌嬰，杭州城隍爲南海周公新，其他如粵省以（明）倪文毅（岳）爲城隍，雷州以陳馮寶爲城隍，英德以（西）漢紀信爲城隍。諸如此者，不可勝紀。按城隍乃主城郭之神，而世傳爲治陰間之事，則又見夷堅志。今七月二十四日，爲都城隍誕辰，相傳是日爲築城之始云。」

清俞樾茶香室叢鈔卷十六唐時城隍已主冥籍：「太平廣記引報應錄云：『唐洪州司馬王簡易，嘗得暴疾，夢見一鬼使，自稱丁郢，手報府牒，云：「奉城隍神命，來追王簡易。」則隨使者見城隍神，神命左右將簿書來檢畢，謂簡易曰：「猶合得五年活，且放去。」』是唐時城隍之神已主冥籍，如今世所傳矣。」

明馮夢龍喻世明言第四十卷沈小霞相會出師表：「馮主事爲救沈襄一事，京中重其義氣，累官至吏部尙書。忽一日，夢見沈青霞來拜候，道：『上帝憐某忠直，已授北京城隍之職。屈年兄爲南京城隍，明日午時上任。』馮主事覺來甚以爲疑。至日午，忽見轎馬來迎，無疾而逝。」

清蒲松齡聊齋志異卷一考城隍：「予姊夫之祖宋公，諱燾，邑廩生。一日病臥，見吏持牒，牽白顚馬來，云：『請赴試。』公言：『文宗未臨，何遽得考？』吏不言，但敦促之。公力疾乘馬而去，路甚生疏，至一城郭，如王者都。移時，入府廨，宮室壯麗，上坐十餘官，都不知何人，惟關壯繆可識。簷下設几墩各二，先有一秀才坐其末，公便與連肩。几上各有筆札，俄題紙飛下，視之，八字云：『一人二人，有心無心。』二公文成，呈殿上，公文中有云：『有心爲善，雖善不賞；無心爲惡，雖惡不罰。』諸神傳贊不已。召公上，諭曰：『河南缺一城隍，君稱其職。』公乃悟，頓首泣曰：『但老母七旬，奉養無人。』上一帝王像者，即令稽母壽籍。有長鬚吏，捧册翻閱一過，白有陽算九年。關帝曰：『不妨。令張生攝篆，九年瓜代，可也。』二公稽首並下。秀才握手，送諸郊野，自言長山張某，以詩贈別。公旣騎，乃別而去。及抵里，豁若夢寤，時卒已三日。母聞棺中呻吟，扶出半日，始能語。問之長山，果有張生於是日死矣。後九年，母果卒。營葬旣畢，浣濯入室而沒。」

清查繼佐魯春秋：「（明福王由崧）弘光元年乙酉（公元一六四五）夏六月，六合甲，

（清薙髮）令下，約所善江蛟同死，蛟中變，甲沈水。久之，蛟以新鄉薦爲竟陵令。甫謁城隍祠，見甲如其神，口作甲言，限七日對簿。果七日，蛟死。」

日本鈴木清一郎臺灣舊慣習俗信仰第三編歲時與祀典五月之卷一〇關於城隍爺的傳說與其例祭日：「從宋代起，一般人都祭祀城隍爺，明代初年更從首都擴展到郡縣，一律都要設壇供奉城隍爺。並且加封府城隍爺爲公爵，尊稱爲『威靈公』；州城隍爲侯爵，尊稱爲『綏靖侯』；縣城隍爲伯爵，尊稱爲『顯佑伯』。在北京管轄全國的叫『天下都城隍』。

城隍爺既然管轄陰陽兩界，所以經常派遣陰陽司、速報司或將軍等，到陰間和陽間巡視，以便偵察人民的善惡行爲，然後加以公平的賞罰。⑴文判官與武判官：所謂『文判官』，就等於法院的推事，負責調查人民品德的善惡和夭壽，作成判決書，或審理其他案件。所謂『武判官』，就是在文判官判決之後，負責執行犯人應得的罪行。⑵牛將軍與馬將軍：這兩位將軍本來都是閻羅王的部下，是站在陰陽間奈何橋兩端的守衛，假如有惡人從這裡經過，就把他們推到橋下淹死。⑶延壽司、速報司、糾察司、獎善司、罰惡司、增祿司：普通都把這六司合稱爲『六神爺』，他們的職務和官名相同。⑷謝將軍與范將軍：謝將軍就是謝必安，俗稱『八爺』；范將軍就是范無救，俗稱『七爺』；兩人都是負責押解犯人到法庭的。⑸三十六將：也就是三十六神將，都是主神的部下。

各地的城隍爺神像固然沒移動，但是神像所代表的神卻經常更換。出任城隍爺的資格，大致限於下列三種人：⑴普通在水中淹死的水鬼，不拉任何人下水作自己的替身，如此只要能滿三年以上，就可憑功德而被任命爲城隍爺。⑵凡是忠良、孝悌、有德之人，死後都可被任命爲城隍爺。⑶生前有學問有教養，從來沒有邪惡行爲的人，死後就有參加城隍考試的資格，及格後就可被任命爲城隍爺。」（民國高賢治、馮作民譯）

民國文蔚細說中國拜拜民間信奉冥神神誕：「五月十一日——都城隍爺誕辰。又稱府城隍爺、霞海城隍，俗稱城隍爺生。祭典亦從十一日午夜開始，而於十三日達最高潮，故一般皆誤以十三日爲誕辰日。臺灣省通志：『臺灣原視爲難治之特殊區域，尤不得不假借神道，補治化之不足。是故臺灣一入版圖，即於府治設府城隍廟。（清聖祖）康熙四十七年，設臺灣縣城隍廟。至康熙五十五年，諸羅縣繼臺灣縣而建斯廟。』臺北市歲時記：『霞海城隍誕辰，延平、建成、大同三區舉行盛大祭典。參加祀拜者數十萬人，迎神行列，蜿蜒三四公里。盛況熱烈，冠絕全省。十三日，神於九時許巡境，十番鼓樂，繼之以臺閣、綵亭、花擔、茶擔、儀衛、掌理印令司吏，最後方爲晃晃蕩蕩高視闊步之六十將，供護城隍爺神駕，巡視街頭。神輿之前，有載紙枷著皂裙女子十餘人，披髮、裸足、跟蹌往行，俗稱擒枷。又有手執掃帚，沿街清道者；故以利器椎刺皮肉者；持刀割舌使出鮮血者；據云皆係信士弟子虐身自懺之意。據霞海城隍廟沿革志稱：「我霞海城隍爺，明朝武宗正德間，賜以臨海門匾額，霞海即臨海門分廟。初因臨海門人有志，於明末清初，建廟於下應鄉，故改稱霞海城隍。（宣宗）道光年間，海內陳金絨竊奉來臺，初安於艋舺八甲庄，假店鋪爲祠廟。至（文宗）咸豐六年，乃召集海內派下，商建廟宇，於同年三月十八日興土，至九年三月一日落成。因爲海內派下所公建，故稱之爲霞海城隍廟。」』」

民國廖毓文臺灣神話城隍爺：「據民國五十三年末的統計，臺灣全省有二十九座的城隍廟，這是奉祀城隍爲主神的廟宇；此外，奉祀城隍爲副神的廟宇，似亦不少。清廷崇信『城隍』，有加無減，通令各省、府、縣建造城隍廟宇，並把祭祀列入祀典。地方官上任，要先卜日，親詣各該地的城隍廟，舉行就職奉告典禮，而後視事。每月初一、十五日，還要到城隍廟進香，舉行二跪六叩頭的大禮。十數年前，本省也有謠傳彰化名士賴和，死後做了高雄的城隍爺。按，賴和通稱『阿和阿仙』，以醫爲業，施醫施藥，救活無數貧民。生前行醫所得，資助本省政治、文化運動，因此被囚，得病死亡，享壽僅五十歲。死後葬在八卦山上，感念他的恩惠的人，經常到他墓前參拜。初傳他的墓上的草，可以治療百病，遂至墓草被人拔盡。」

中共徐曉望福建民間信仰源流第六章第二節福建的城隍崇拜：「閩中城隍崇拜起源很早，據八閩通志與三山志等書，福州在晉（武帝）太康年間，即有了城隍廟。不過，一直到五代、兩宋時期，福建的城隍崇拜才開始普及。

晚清時期施鴻保（閩雜記補遺卷五）說：『現在福建省城隍，言即前任浙江水師提督余步雲。按余字紫松，四川人，道光丁亥，以義勇隨楊武襄公遇春平喀什噶爾之亂，積功漸升。庚子（二十年、公元一八四〇）英夷犯浙，以失守寧波罪誅。』據這些資料，福建省城隍多由已故武將擔任，歷任者有（明）俞大猷、戚繼光、（清）施琅、吳英、余步雲。『（仁宗）

嘉慶末，吾鄉人盛傳李鶚齋方伯爲漳州府城隍神。問之漳人，皆言之鑿鑿。福建漳州械鬥最難治，鶚齋李公名賡芸，曾爲漳守。其始至，悉召鄉約里正至廨，公曰：「然則私鬥何爲者？歸爲我遍告鄉民，后更鬥者，吾必擒其渠，無悔！」已而有鬥者，立調官兵往捕，悉如所言。以是漳大治，至今婦孺皆能道之，其設而爲神也，宜哉。』（引同上書）在明、清時代的人看來，只要官員信守法令，政通人和，城隍神一定會降福于官員的。

金門島百姓也很看重城隍神。『夏仲（筆者案：下同。每年陰曆四月十二日。）迎城隍，日出巡，（稱「小迎」，限於城區。）間五歲一舉。（每三年一次稱「大迎」，範圍遍及島西各鄉村。此謂「五歲」，誤。）先期，鳴金鼓喧繞境內。至日，穿華極侈，閱游鄉村，狀飾人物執事，旌旆飛揚，音樂間作。人家置几櫝焚香紙甚恭。正神端坐輦上，輿神馳輦擁進，旋廟，設醮演劇極伙。』（引同上書卷二）可見，在當地人眼裡，爲城隍游神是一個重大節日。」

筆者案：讀以上所引各書，得知幾種情形：第一，城隍神信仰遍及全中國；第二，祭祀城池，始於周朝；建城隍廟，始於三國；祭祀城隍神，始於南北朝；第三，城隍神爲三級：京都、府（州）、縣，並得歷代皇帝的封爵；第四，城隍神由生前有崇高德業的人充任；第五，城隍神管理陰陽兩界的人魂善惡賞罰；第六，福建人拜城隍，到五代、兩宋開始普及；但「迎城隍遊行」不知確始於何時，直到現在，閩、臺地區仍保持不衰。

註生娘娘（tsu 上去　sĩ 上平　nu 下平　nu 下平）——授子之神。

日本鈴木清一郎臺灣舊慣習俗信仰第二編一出生之卷關於出生觀念與授子神註生娘娘：「南斗星主司出生，北斗星主司死亡，而授子神就是有名的『註生娘娘』，所以本省婦女幾乎都信仰註生娘娘，祈求她能讓自己生好的子女。臺北市萬華的『龍山寺』和大龍峒的『保安宮』，都奉祀有註生娘娘，信徒衆多，香火鼎盛。註生娘娘是位女神，在她身旁又配祀其他十二位女神，每位女神都抱著嬰兒。這十二位女神總稱爲『婆姐』（生育神），其中六位婆姐抱嬰兒的姿態很正，其他六位所抱的姿態卻歪歪斜斜；前者被稱爲『好婆姐』，後者則被稱爲『惡婆姐』。凡是到註生娘娘面前求子的婦女，都希望由好婆姐負責授子，於是就把自製的帽子或衣服給她們所抱的嬰兒穿上，祈求能保佑自己生一個這樣健美長命的孩子。」

同書第三編一九授子神註生娘娘誕辰祭與其迷信：「三月二十日，是授子神註生娘娘的誕生日。她們有時爲了獲得兒子，就攜帶供品到廟裡祭拜。還有很多未婚的婦女，爲了能嫁一個如意郎君，往往也向此神祭拜許願。註生娘娘很像臨水夫人（陳靖姑），也是主司婦女生產的神，不過信仰基礎遠比臨水夫人深厚，而且很多大寺廟幾乎都以此神爲配祀，但是以此神爲主神的廟幾乎沒有。還有，此神不僅主司授子、安產、良緣，而且能保護幼兒有健全的發育，因此就擁有更多的信徒。」（民國高賢治、馮作民譯）

民國廖毓文臺灣神話十八註生娘娘、文蔚細說中國拜拜中國人全年拜拜神誕譜，誤將註生娘娘和臨水夫人混爲一談。證據之一，大體上，註生娘娘是閩南人信仰的神，臨水夫人則是閩東閩江流域（福州一帶）人信仰的神。證據之二，註生娘娘聖誕是三月二十日（據鈴木清一郎臺灣舊慣習俗信仰頁三八一），臨水夫人則是正月十五日（據中共徐曉望福建民間信仰源流頁三四四）。證據之三，註生娘娘沒有甚麼傳說的生前故事，來歷很古但不清楚；臨水夫人出生於唐代宗大曆二年（公元七六七），福建古田縣臨水鄉人，名陳靖姑，父陳昌，嫁夫劉杞，是一位女巫，能降伏妖魔，並善於保護婦女兒童。因難產死於德宗貞元六年（公元七九〇），享年僅二十四歲。註生娘娘主要是供已婚婦女求子，亦能庇護婦女兒童，故世俗易與臨水夫人相混。

註生娘娘在臺灣很少有主祀的廟宇，都是配祀在全省各地的大寺廟中，其手下「十二婆姐」亦一起從祀。金門縣城後浦南門海邊有一座香蓮廟，專祀註生娘娘，右邊有「十二婆姐」，左邊有福德正神。始建年代不可考，筆者數十年前曾親至此廟，以廟貌判斷，應是清朝重修，民國七十五年再翻修。配祀而最著名的，當推後浦東門靈濟寺（觀音亭）內的註生娘娘，香火鼎盛。

媽祖（ma上上　tso上上）——天上聖母。

明郎瑛七修類稿卷五十天妃顯應：「天妃，莆田林氏都巡君之季女。幼契玄理，預知禍福。在室三十年。（北）宋（哲宗）元祐間，遂有顯應，立祠於州里。至（元世祖）至元中，顯聖於海，護海運，萬戶馬合法、忽魯循等奏立廟，號天妃，賜太牢。（明太祖）洪武初，海運風作，漂泊糧米數百萬石於落漈（自注：言水往不可回處），萬人號泣待死矣，大叫天妃；則風回舟轉，遂濟直沽。而後又封昭應德正靈應孚濟聖妃娘娘之號。自後海舟顯聖不一，四方受恩之人，遂各立廟，故今在處有之也。

吾杭（明成祖）永樂中，百戶郭保海運遭風，一旦晝如夕者，似三晝夜矣，舟人泣天，許以立廟。頃刻遂見天日。（憲宗）成化間，吾杭給事中陳詢，欽命往日本國，至大洋，風雨大作，舟將覆矣。陳禱天曰：『予命已矣，如君命何？』遠見二紅燈自天而下，若有人言曰：『救人不救船。』則燈至舟上，有漁舟數隻，飄泊而至，遂得渡登山。即語曰：『吾輩爲天妃所遣。此山自某地去，可幾日至廣東也，但多蛇難行。今與爾盒藥敷足，則無害矣。』已而果然。後入京領敕，又行，下舟時，夢天妃曰：『賜爾木，此回當刻我像，保去無虞也。』明日，有大木浮水而來，舟人取之，乃沉香，至今刻像於家。（世宗）嘉靖甲午（十三年），朝命給事中四明陳侃封琉球，開舟明日，颶風大作，柁折，舟將覆矣，舉船大呼天妃。但見火光燭船，船即少寧。明日有粉蝶繞舟飛不去，黃雀立柁食米。食盡，頃刻風又作，舟行如飛，徹曉至閩，午後入定海也。神實不可掩也。」

清趙翼陔餘叢考卷三十五天妃：「江、漢間操舟者，率奉天妃，而海上尤甚。（明）張燮東西洋考云：『天妃，莆之湄洲嶼人。五代時，閩都巡檢林願之第六女，生於（後）晉（高祖）天福八年（公元九四三），宋（太宗）雍熙四年（公元九八七）二月二十九日化去（筆者案：據此則享年四十五歲）後，嘗衣朱衣，往來海上，里人虔祀之。（徽宗）宣和癸卯（五年），給事中路允迪使高麗，中流遇風，他舟皆溺，神獨集路舟，得免。還奏，特賜廟號曰順濟。（南宋高宗）紹興乙卯（五年），海寇至，神駕風一掃而遁。封昭應崇福。（孝宗）乾道己丑（五年），加封善利。淳熙間，加封靈惠。（憲宗）慶元、開禧、（理宗）景定間，累封助順、顯衛、英烈、協正、集慶等號。』又（南宋洪邁）夷堅志：『興化軍海口林夫人廟，靈異甚著，今進爲妃云。』則在宋已封爲妃也。元史祭祀志：『南海女神靈惠夫人，至元中以護海運有奇應，加封天妃神號，積至十字，廟曰靈慈。祝文云：「年月日，皇帝遣某官致祭于護國庇民廣濟福惠明著天妃。」』又續通考云：『至元十五年，封泉州神女護國明著靈惠協正善慶顯濟天妃。二十五年，加封廣佑明著天妃。』是『天妃』之名，自有元始。（明）何喬遠閩書載妃生卒與張燮同。又謂：『生時即能乘席渡海，人呼爲龍女。昇化後，名其墩曰聖墩，立祠祀之。』（皇朝文獻）通考：『永樂中，建天妃廟，賜名宏仁普濟天妃宮，有御製碑。正月十五、三月二十三日，遣太常寺致祭。故今江湖間俱稱「天妃」。天津之廟，並稱「天后宮」。相傳大海中當風浪危急時，號呼求救，往往有紅燈或神鳥來，輒得免，皆妃之靈也。』張學禮使琉球記又云：『天妃姓蔡，閩海中梅花所人，爲父投海身死，後封天妃。』則又與張燮、何喬遠所記不同矣。吾鄉陸廣霖進士云：『臺灣往來，神跡尤著，士人呼爲媽祖。倘遇風浪危急，呼媽祖，則神披髮而來，其效立應。若呼天妃，則神必冠帔而至，恐稽時刻。媽祖云者，蓋閩人在母家之稱也。』」

日本鈴木清一郎臺灣舊慣習俗信仰第三編歲時與祀典三月之卷二〇天上聖母誕生祭與其傳說：「福建省興化府莆田縣賢良港，有個名叫林惟愨的人，娶王氏爲妻，生一男五女。宋太祖建隆元年（公元九六〇）三月二十三日，卻又生下一女。因爲生下來很久不會哭，所以就取名爲默娘。默娘自幼聰明穎悟，八歲時入私塾讀書，平日經常祭拜諸佛。十三歲時，來了一個道士，一眼就看出默娘秉賦特異，於是就授以玄微的妙理，默娘都能一一心領神會。十六歲時，她窺視附近的井，得一對神仙銅符，從此就通靈自在，或驅邪，或救世，經常顯靈。到了宋太宗雍熙四年（公元九八七）九月九日，默娘二十八歲，自己一個人渡海去賢良港中的湄洲嶼，登上嶼中的最高峰，在天樂的妙音伴奏下，慢慢消失在空中升天。由於她升天以後屢顯靈威，莆田縣一帶的人就建祠祭祀，稱她爲『通賢靈女』。後來人們又在湄洲嶼正式建廟。宋高宗封她爲『夫人』，宋光宗封她爲『妃』，清康熙帝封她爲『后』，從（清高宗）乾隆時代起更以正式祭典列爲官祭。

以前從大陸來臺灣的移民經常在海上發生海難事件。因此當他們從福建動身出發時，幾乎每個人都捧著媽祖神像，如此信徒就更加增多。臺灣的媽祖廟共有三〇七所。從湄洲嶼分香的叫『湄洲媽』，從同安縣分香的叫『銀同媽』，從泉州府分香的叫『溫陵媽』。

北港媽祖廟稱爲『朝天宮』，位於雲林縣北港鎮北港街光民里中山路一八四號。以天上聖母爲主神的媽祖，計有鎮殿媽、祖媽、二媽、副二媽、三媽、副三媽、四媽、五媽、六媽、樒郊媽、太平媽等。從祀有千里眼、順風耳，配祀有五文昌帝、三界公、神農大帝、黃帝、觀音佛祖、十八羅漢、註生娘娘、福德正神等。

（清仁宗）嘉慶年間，王得祿出任水師提督，責成掃蕩臺灣海峽的海盜，經過多年的苦戰，終於逐漸把海盜平定，他認爲這完全是得自天上聖母的保佑，因此在嘉慶十七年奉獻梵鐘一座。接著又奏請朝廷頒賜匾額，由嘉慶帝親書『神照海表』四字，封媽祖爲護國庇民天上聖母。（清德宗）光緒十三年二月，嘉義地方大旱時，於是信徒就把媽祖迎出，結果竟沛然降甘霖，光緒帝玉筆頒賜『慈雲灑濶』四個大字的匾額。」（民國高賢治、馮作民譯）

民國吳瀛濤臺灣民俗第二章祭祀天上聖母：「媽祖又稱媽祖婆，即閩語祖母之謂，係民間對此天上聖母之親切的稱呼。媽祖，相傳係五代末福建省都巡官莆田縣湄州鎭林惟懿的第六女，生於宋朝建隆元年三月二十三日，彌月不啼，因名之默娘。幼多異稟，長喜誦經禮佛。年十三，遇一道人，授以銅符祕訣。年十六，隨父兄渡河，舟覆，泅水救父，因以孝聞。後屢救人於水厄，善能驅邪救世，鄉里愛戴。年二十八，沒而爲救苦救難海神，靈爽昭著，歷代加封，宋、元、明封『天妃』，清封『天后』。」

民國廖毓文臺灣神話十天上聖母：「她的祖先，原居河南，代代都是顯宦。始祖林披一共生了九個兒子，聰明特達，在唐朝憲宗時代，各授州刺史，而受後人欽仰尊稱『唐九牧』。林愿爲人敦厚樸實，樂善好施，所以鄉里的人都尊稱他爲『林善人』，就是媽祖的生父。媽祖到了十三歲的時候，有一個老道士玄通把他所藏的玄微祕法，傳授給媽祖。媽祖得到銅符，潛心硏究，不久學得一身法術，能以符咒驅邪除鬼了。因此鄉里的人，都異口同聲的誇讚她爲『神女』。到了宋太宗雍熙四年，她二十三歲了，（筆者案：當爲二十八歲）那一年的九月初八日，她突然對家裡的人說，她最愛好淸靜的地方，而討厭喧喧擾擾的塵寰，恰好明天是『重九』，她老早就想去『登高』，所以先來和家裡的人告別。那知道媽祖上了湄峰，如履平地，衣袂飄飄，眨眼之間，鑽入雲端，仙樂驟起，笙歌嘹亮，雲中有許多仙童仙女，擁護著媽祖昇天而去了。

媽祖昇天了後，常常顯聖，降落人間，救護世上的人，如收除妖怪，保護航海，降雨救旱等等，錄不勝錄。宋代一再協助官軍，平定寇亂。在元代，一再保護漕運。在明一代一再保護欽差出國宣揚國威。在清一代一再庇佑清兵戡定臺灣。」

民國文蔚細說中國拜拜六對媽祖的敬仰：「在我們現在看來，所謂『羽化登仙』、『升天成佛』，只是一派神話，當然不足為信。料想當時她信佛入迷，登臨絕頂之後，當然有點神經錯亂，彷彿聽到有鈞天的音樂在迎接她，一時失足墜海，自然屍體也不見了。我們在閩、臺的居民，既然長日與海為伍，當然不免要在海上遇到危險；人到危急的時候，唯一的辦法就是求神保佑；如果得以脫險，便要歸功於神。到了清聖祖康熙十九年，提督萬正色征討廈門，因神助得勝；同二十三年救使汪楫出使琉球，因神助得渡；施琅征臺，在澎湖奏捷，亦有神助；於是又得進封為『護國庇民昭靈顯應仁慈天后』。時至今日，中國全國沿海沿江必定有天后宮、天妃宮。在琉球的那霸市和日本的茨城縣，也有明末清初建立的天妃宮。臺灣媽祖廟統計，合計三百八十座。」

中共徐曉望福建民間信仰源流第五章第二節媽祖：「清代天妃信仰進一步普及。據民國福建通志壇廟志的記載，清代閩中許多縣都設有天后宮，它們是：閩縣、侯官、長樂、福清、連江、羅源、莆田、仙游、晉江、南安、惠安、同安、安溪、龍溪、漳浦、海澄、南靖、長泰、詔安、南平、順昌、將樂、沙縣、尤溪、永安、建甌、建陽、崇安、浦城、松溪、政和、邵武、光澤、建寧、泰寧、長汀、寧化、清流、歸化、連城、上杭、武平、永定、霞浦、福鼎、福安、寧德、永春、德化、大田、龍巖、漳平、寧洋等五十三縣。在沿海各縣中，又以莆田、仙游二縣的天妃宮最多，除了莆田有三百十六座天妃宮外，據說仙游天妃宮也有上百座。湄洲島每年要舉行三次重要的祭賽活動，年首是『媽祖元宵』，意爲請媽祖欣賞元宵節。由於湄洲媽祖廟被視爲祖廟，所以，有還愿的信徒不遠千里趕到湄洲進香。當地百姓說，約從三月十五日起，進香客人便明顯多了起來，三月廿三日是高潮。這幾年來，從臺灣到湄洲進香的客人非常多，每年媽祖誕日都是人山人海，個別年份達到十萬人次。媽祖的忌辰是農曆九月初九，逢節日，附近各鄉前來燒香的人也不少。島上鄉民設臺唱戲，通宵達旦，前後熱鬧十來天。」同書第六章第四節媽祖信仰走向全國：「由于明、清以來閩商的足跡踏遍五洲四大洋，天妃信仰也傳向世界各地。林祖良編媽祖照片集，匯錄了日本、新加坡、馬來西亞、印度尼西亞、菲律賓等國天妃廟的資料，據說，美國、歐洲的華僑居住地區也都有天妃宮。」

同書第六章第四節：「天妃家鄉的莆田學者朱淛說：『夫人情窮蹙，則吁呼神以祈幸免。今夫楫扁舟，破巨浪，颶風簸揚，天地顚倒，何恃而能無恐？俗傳天妃之神能偃風息雨，出死入生，是以凡以海爲業者尤所敬信，有急則皈依焉。然風濤漂沒，葬于魚腹者何限也？幸而不死，則歸功天妃。互相誑誘，轉相陷溺。余考林氏生宋哲宗時，而海之有神則自古已然，豈至（哲宗）元祐后而始有耶？』（自注：明朱淛天馬山房遺稿、媽祖文獻資料第八七頁）清代史學家全祖望的筆法最爲尖銳：『自有天地以來，即有此海；有此海則有神以司之。林氏之女未生以前，誰爲司之？是一怪也。天之配爲地，今不以富媼爲伉儷，而有取于閩產，是二怪也。林氏生前固處子耳，彼世有深居重闥之淑媛，媒妁之流突過而呼之曰妃、曰夫人、曰娘，則有赬其面避之惟恐不速，而林氏受而不以爲泰，是三怪也。爲此說者，蓋出南方好鬼之人，妄傳其事。』（自註：清續文獻通考、媽祖文獻資料第二二七頁）」

筆者案：以上所引各家對「媽祖」的敘述，其享壽、生父名字、朝代等都有許多不同，很難斷定誰是誰非。最後引用的朱淛、全祖望說法，則於媽祖神蹟持否定態度。大致說，鬼神之事，信者信其有，不信者則不承認，亦是人之常情。筆者特別感覺奇怪的是，林默娘區區一女子，死而爲神，千年來由於朝廷民間的推波助瀾，竟使她享受如此鼎盛的香火，甚至超越觀音佛祖，令人感到十分意外。在臺灣，每年的「迎媽祖」，日夜相繼，不眠不休，信徒的崇信程度，近於瘋狂，故稱爲「猾媽祖」。全省數百座媽祖廟每年所獲得的信徒獻金，雖無人作詳盡統計，但當在百億新臺幣以上。

嶽帝爺（gat下入　te上去　ia下平）——五嶽大帝。

周禮春官大宗伯：「五祀、五嶽。」禮記王制：「天子祭天下名山大川，五嶽視三公，四瀆視諸侯。」史記武帝紀：「五嶽皆在天子之郡。」宋胡繼宗書言故事地理類五嶽：「東嶽泰山，西嶽華山，南嶽衡山，北嶽恆山，中嶽嵩山。按（東漢班固）白虎通巡狩云：『嶽之爲言捔。捔，功德也。蓋五嶽爲王者巡守所必至，所以巡視諸侯守地之功德，故皆以嶽名。』」北宋高承事物紀原卷二五嶽號：「又（北宋王溥）唐會要曰：『武后垂拱四年七月一日，封嵩嶽爲神嶽太中王萬歲。通天元年四月一日，尊爲皇帝。中宗神龍元年，復爲王。先天元年八月二十日，又封西嶽爲金天王。（玄宗）開元十三年，封太山爲天齊王。天寶五載正月，封中嶽爲中天王，南嶽司天王，北嶽安天王。』（王溥）宋會要曰：『（眞宗）大中祥符元年十月十五日，詔泰山天齊王加號仁聖天齊王。四年二月二十一日，加號西嶽曰順聖金天王。二十六日又詔加號中天王爲崇聖中天王。五月加上中嶽曰中天崇聖帝，東嶽曰天齊仁聖帝，南嶽曰司天昭聖帝，西嶽曰金天順聖帝，北嶽曰安天元聖帝。』」明王三聘古今事物考卷五禮義五嶽：「國朝詔革帝號，止稱曰東嶽泰山之神，立廟太安州。西嶽華山之神，立廟華陰。南嶽衡山之神，立廟衡州。北嶽恆山之神，立廟眞定。中嶽嵩山之神，立廟登封。每歲春秋仲月上旬，擇日致祭。」

清趙翼陔餘叢考卷三十五泰山治鬼：「後漢書烏桓傳：『其俗謂人死，則神遊赤山，如中國人死者魂遊岱山也。』三國志管輅傳：『輅謂其弟曰：「但恐至泰山治鬼，不得治生人。」』（三國）劉楨贈五官中郎將（曹丕）詩云：『常恐遊岱宗，不復見故人。』（三國）應璩百一詩云：『年命在桑榆，東嶽與我期。』（西晉張華）博物志：『泰山，天帝孫也，主召人魂。東方萬物始，故知人生命。』古樂府：『齊度遊四方，各繫泰山錄。人間樂未央，忽然歸東嶽。』是泰山治鬼之說，漢、魏間已盛行。」

南宋孟元老東京夢華錄卷六（汴京開封）十四日車駕幸五嶽觀：「正月十四日，車駕幸五嶽觀迎祥池，有對御，（自注：謂賜群臣宴也）至晚還內圍子。」清俞樾茶香室續鈔卷十九東嶽神姓：「國朝施可齋（鴻保）閩雜記云：『省城（福州）東嶽廟神，每年三月，出巡城內外各一日，頭踏（儀隊）上書東嶽泰山青府天齊王帝歲。歲蓋神姓也。五嶽眞形圖「東嶽姓歲名崇」，當由與歲字相近而誤。按閩人猶知東嶽姓歲，故誤爲歲字。若吾鄉則但執封神演義之說，且謂東嶽姓黃矣。』」同書東嶽五子：「（南）宋吳曾能改齋漫錄云：『京東相傳東嶽齊仁聖帝有五子，惟第三子後唐封威權大將軍，本朝封炳靈侯。哲宗元符二年六月，始詔四子長爲祐靈侯，次爲惠靈侯。第四子爲靜鑒大師，第五子爲宣靈侯。按今世俗止知有炳靈侯，餘子無聞焉。第四子不封侯，殆歸於釋氏者乎？』按（元馬端臨）文獻通考，後唐（明宗）長興三年，詔以泰山三郎爲威雄將軍。此云威權，疑誤。」清梁紹壬兩般秋雨盦隨筆卷七嶽廟對：「京師東嶽廟對云：『雲行雨施，不崇朝而遍天下；理大物博，祖陽氣之發東方。』汪文端公（由敦）所書，句則趙甌北（翼）先生所撰也。」

日本鈴木清一郎臺灣舊慣習俗信仰第三編歲時與祀典三月之卷二四東嶽大帝祭與其傳說：「三月二十八日，是東嶽大帝的祭日。所謂『東嶽大帝』，就是五嶽帝之一的泰山。此神是站在陰陽兩間的神，凡是在陽間作壞事而沒有被人發覺的，死後都由此神逮捕死者的靈魂押送地獄，所以本省人對此神都非常敬畏。宜蘭市的東嶽大帝廟，和臺南市的東嶽殿等，都是祭祀此神的廟宇，當天照例要舉行祭典。另說東嶽大帝是大歲眞人，俗姓崴，名諱崇其，在神農朝之世被封爲天都府君，漢朝時敕封爲泰山元帥。此外，東嶽、西嶽、南嶽、北嶽、中嶽，總稱爲『嶽帝爺』，把祂們當山神祭祀。」（民國高賢治、馮作民譯）民國吳瀛濤臺灣民俗第二章祭祀東嶽大帝：「五嶽帝之一的泰山，謂此神居於陰陽兩洞，掌人生死，及將現世作惡未敗露者送地獄，因此極受畏敬。」筆者案：臺灣舊慣習俗信仰所載俗傳東嶽大帝在神農世被封天都府君，但「地獄」之說來自佛教，釋迦牟尼的時代比孔子稍早，約當我國春秋末期，上距神農百萬年，怎可能發生關繫？實爲很大錯誤，故不可靠。

臺北稻田版楊天厚、林麗寬合著金門寺廟巡禮第二章第三節南門里寺廟與居民的歲時生活五嶽廟：「始建於清末，民國四十九、五十六年都曾重修。主奉五嶽大帝，三月二十八日聖誕。廟前楹聯：『帝德巍峨，五嶽權衡；神恩無私，作陽主宰。』東嶽泰山黃飛虎天齊仁聖大帝太靈蒼光司命眞君，西嶽華山蔣雄金天順聖大帝慶華紫光註生眞君，中嶽嵩山聞聘中天崇聖大帝黃元大光舍人眞君，南嶽衡山崇黑虎同天昭聖大帝素元耀魄大明眞君，北嶽恆山崔山安天玄聖大帝亢微洞淵無極眞君。」筆者在數十年前曾親身到此廟遊覽多次，廟貌小小的，坐北向南，香火亦不盛。現在看此書所記「嶽帝爺」的姓名，多取自明許仲琳毫無根據的神怪小說封神傳，極爲謬誤不可靠。

繫（he下去）——向鬼神拜託祈求。

說文：「繫，繫䊼（維）也。」廣韻去聲十二霽：「繫，縛繫。胡計切。」又同韻：「繫，易之繫辭。」史記孔子世家：「孔子晚而喜易，序彖、繫、象、說卦、文言。」唐張守節正義：「易正義云：『繫辭者，聖人繫屬此辭於爻、卦之下。』」說文的「繫䊼」，是「維繫」的意思；周易的「繫辭」，是「繫掛文字於爻、卦之下」的含義。

閩南、臺灣人有「繫神」的話，即信徒至神前，焚香膜拜，許願將來能夠如何如何，祈求神力保祐幫助實現，亦叫作「繫」。民國連橫臺灣語典卷一：「繫，約束也。（筆者案：此義見於梁顧野王玉篇）按臺語，『繫』與『禱』不同；禱僅祈求之心，繫有報酬之言。」連氏說雖亦可通，但較牽強。案：爲達到某目的向神祈求，自然含有「未來的報酬」在內；能達目的或不能達目的，要不要去報酬是信徒的自由。神要不要「受託」幫助或不幫助，亦由神主意。今解「繫」爲「約束」，等於對神的一種要脅賄賂。假如「繫神」請求幫助「搶劫」、「殺人」、「賭博」成功，則大大報酬；如此豈不等於神助人爲惡嗎？故現在常見到處有無數被信徒丟棄的各類神像，原因多是祈求「六合彩」或「賭博」失敗，因而丟棄神像洩憤；其實這正是「神明的靈驗」——不助人爲非作歹。

關帝爺（kuan 上平　te 上去　ia 下平）——關羽。

三國志蜀書關羽傳：「關羽字雲長，河東解人也。亡命奔涿郡。先主（劉備）於鄉里合徒衆，而羽與張飛爲之禦侮。先主爲平原相，以羽、飛爲別部司馬，分統部曲。先主與二人寢則同床，恩若兄弟。而稠人廣坐，侍立終日，隨先主周旋，不避艱險。先主之襲殺徐州刺史車胄，使羽守下邳城，行太守事而身還小沛。

（獻帝）建安五年，曹公（操）東征，先主奔袁紹。曹公禽羽以歸，拜爲偏將軍，禮之甚厚。紹遣大將顏良攻東郡太守劉延於白馬，曹公使張遼及羽爲先鋒擊之，羽望見良麾蓋，策馬刺良於萬衆之中，斬其首還，紹之將莫能當者，遂改白馬圍。曹公即表封羽爲漢壽亭侯。初，曹公壯羽爲人，而察其心神無久留之意，謂張遼曰：『卿試以情問之。』既而遼以問羽，羽歎曰：『吾極知曹公待我厚，然吾受劉將軍厚恩，誓以共死，不可背之。吾將不留，吾要當立效以報曹公乃去。』及羽殺顏良，曹公知其必去，重加賞賜。羽盡封其所賜，拜書告辭，而奔先主於袁軍。

從先主就劉表。表卒，曹公定荊州，先主自樊將南渡江，別遣羽乘船數百艘會江陵。曹公追至當陽長阪，先主斜趣漢津，適與羽船相値，共至夏口。孫權遣兵佐先主拒曹公，曹公引軍退歸。先主收江南諸郡，乃封拜元勳，以羽爲襄陽太守、盪寇將軍，駐江北。羽聞馬超來降，羽書與諸葛亮，問超人才可誰比類？亮知羽護前，乃答之曰：『孟起兼資文武，雄烈過人，黥（布）、彭（越）之徒，當與益德並驅爭先，猶未及髯之絕倫逸群也。』羽省書大悅，以示賓客。

羽嘗爲流矢所中，貫其左臂，後雖創愈，每至陰雨，骨常疼痛，醫曰：『矢鏃有毒，毒入于骨，當破臂作創，刮骨去毒，然後此患乃除耳。』羽便伸臂令醫劈之。時羽適請諸將飲食相對，臂血流離，盈於盤器，而羽割炙引酒，言笑自若。

二十四年，先主爲漢中王，拜羽爲前將軍，假節鉞。是歲，羽率衆攻曹仁於樊。公遣于禁助仁。秋，大霖雨，漢水氾溢，禁所督七軍皆沒。禁降羽，羽又斬將軍龐德。梁郟、陸渾群盜或遙受羽印號，爲之支黨，羽威震華夏。曹公議徙許都以避其銳，司馬宣王（懿）、蔣濟以爲關羽得志，孫權必不願也。可遣人勸權躡其後，許割江南以封權，則樊圍自解。曹公從之。

先是，權遣使爲子索羽女，羽辱罵其使，不許婚，權大怒。又南郡太守麋芳在江陵，將軍傅士仁屯公安，素皆嫌羽輕己。自羽之出軍，芳、仁供給軍資，不悉相救。羽言：『還，當治之。』芳、仁咸懷懼不安。於是權陰誘芳、仁，芳、仁使人迎權，而曹公遣徐晃救曹仁。羽不能克，引軍退還。權已據江陵，盡虜羽士衆妻子，羽軍遂散。權遣將逆擊羽，斬羽及子平于臨沮。

追謚羽曰壯繆侯。子興嗣。興字安國，少有令聞，丞相諸葛亮深器異之。弱冠爲侍中、中監軍，數歲卒。」

劉宋裴松之注：「典略曰：『羽圍樊，權遣使求助之，敕使莫速進，又遣主簿先致命於羽。羽憤其淹遲，又自已得于禁等，乃罵曰：「狢（番）子敢爾，如使樊城拔，吾不能滅汝邪！」權聞之，知其輕己，僞手書以謝羽，許以自往。』按呂蒙傳云：『（蒙）伏精兵於𦪇𦪇（船隻）之中，使白衣搖櫓，作商賈服。』以此言之，羽不求助於權，權必不語羽當往也。

蜀記曰：『權遣將軍擊羽，獲羽及子平。權欲活羽以敵劉、曹，左右曰：「狼子不可養，後必爲害。曹公不即除之，自取大患，乃議徙都。今豈可生！」乃斬之。』吳歷曰：『羽初出軍圍樊，夢豬嚙其足，語子平曰：「吾今年衰矣，然不得還！」』江表傳曰：『羽好左氏傳，諷誦略皆上口。』」

清趙翼陔餘叢考卷三十五關壯繆：「鬼神之享血食，其盛衰久暫，亦若有運數，而不可意料者。凡人之歿而爲神，大概初歿之數百年，則靈著顯赫，久則漸替。獨關壯繆在三國、六朝、唐、宋皆未有禋祀。考之宋史，宋徽宗始封爲忠惠公，大觀二年加封武安王。高宗建炎二年，加壯繆武安王。孝宗淳熙十四年加英濟王，祭於荊門當陽縣之廟。元文宗天歷元年，加封顯靈威勇武安英濟王。明（太祖）洪武中，復侯原封。（神宗）萬歷二十二年，因道士張通元之請，進爵爲帝，廟曰英烈。四十二年，又敕封三界伏魔大帝神威遠鎭天尊關聖帝君。又封夫人爲九靈懿德武肅英皇后，子平爲竭忠王，興爲顯忠王，周倉爲威靈惠勇公。賜以左丞相一員，爲宋陸秀夫；右丞相一員，爲張世傑。其道壇之三界馘魔元帥，則以宋岳飛代，其佛寺伽藍則以唐尉遲恭代。（明）劉若愚蕪史云：『太監林朝所請也。』繼又崇爲武廟，與孔廟並祀。

本朝（世祖）順治九年，加封忠義神武關聖大帝。今南極嶺表，北極塞垣，凡兒童婦女，無有不震其威靈者。香火之盛，將與天地長不朽，何其寂寥於前，而顯爍於後！豈鬼神之盛衰亦有數耶！

又按，（清）宋牧仲（犖）筠廊偶筆載：『（清）馮景所記「解州斷碑」一事，謂：「壯繆生辰，世皆以爲五月十三日，不知乃其子平生日也。（清聖祖）康熙十七年，解州常平村人于昌者，讀書塔廟，廟壯繆故居也。晝夢壯繆授以易碑二字，驚悟，適見濬井者得巨碑數段，昌合而讀之，乃記壯繆之祖考諱字生平。遂奔告州守王朱旦，朱旦因據碑作記：侯祖石磐公，諱審，字問之，和帝永元二年庚寅生，居解州常平村寶池里；卒于桓帝永壽三年丁酉，享年六十八。子諱毅，字道遠，桓帝（延熹）三年庚子（公元一六〇）六月二十四日生侯，（筆者案：關羽死於獻帝建安二十四年己亥〔公元二一九〕，得年六十歲。）侯長娶胡氏，靈帝光和元年戊午五月十三日生平，云云。」』然則侯之生，以六月二十四日也。亦見（清）吳青壇（震方）讀書質疑。

按東漢人尚無別號，今既名審字問之，則石磐乃別號，一可疑也；名審則字問之，名毅則字道遠，皆取論語、中庸之文，其時中庸雜在禮記中，何以兩代名字，恰用中庸、論語二書，二可疑也；壯繆尚有子曰興，碑既載其兄，何不載其弟？三可疑也；壯繆歿後，子孫在蜀解州故鄉尚屬魏、晉，此碑何時何人所立？並不附見，四可疑也。馮景所記，其信然耶？否耶？姑存之，以備一說。」

趙氏同書漢壽亭侯：「關壯繆斬顏良，曹操表爲漢壽亭侯，見三國志。先主即位勸進時勸進表，列名漢壽亭侯關羽，新亭侯張飛，更可證也。宋書：『王鎮惡以平劉毅功，封漢壽縣子，沈林子亦封漢壽縣伯。』南史：『蔡道恭，梁（武帝）天監中封漢壽縣伯。又劉悛以漢壽人邵榮與六世同居，特表其門。』是『漢壽』本地名，後人誤以『漢』字屬上，但稱『壽亭』，是以（南宋）洪容齋（邁）力辨其非。（清）王敬哉（崇簡）冬夜箋記，亦謂『漢壽』二字不宜拆用。吳青壇讀書質疑，並稱『漢壽縣在犍爲，史稱費禕被害于漢壽是也。』然青壇亦未詳考。按『漢壽縣』本有二：費禕被害之地，在蜀中；（西晉）郭璞爾雅註云：『有水從漢中沔陽縣南流，至梓童漢壽，此本廣漢葭萌縣，建安二十五年，蜀先主改名漢壽者。』曹操表封關公，則在建安五年，固無由預立此名。續漢郡國志：『武陵屬縣有漢壽，乃漢順帝時改名。』關公所封，蓋即此地。三國吳志有潘濬，武陵漢壽人。晉書有潘京，亦武陵漢壽人。是武陵之有漢壽明甚。惟（唐）劉禹錫有漢壽亭春望詩，自注：『在荊州刺史治。』名勝志亦云：『荊州有漢壽城，是曹操表封關羽處。』則似荊州又有一漢壽。按漢末武陵郡亦荊州所屬，然刺史治所，則不在此。此蓋後人因關公曾鎮荊州，而建城築亭，以誌遺蹟耳。

至世之稱『壽亭』，已非一日。（明李東陽）大明會典亦止稱壽亭侯。宋牧仲筠廊偶筆：『大內有壽亭侯印，九紐連環，四翡翠爛燃，傍有痕，似嵌寶石取去者。』牧仲之父文康公（權），嘗印取一紙云。又許觀東齋記事：『（南宋高宗）紹興中，洞庭漁人獲一印，方僅二寸，製甚古，紐有連環四，兩兩相貫，上有一大環總之，漁者以爲金，競而訟于官，辨其文，乃「壽亭侯印」四字，遂留長沙官庫。庫吏見印上時有光，怪白于官，乃送荊門玉泉寺關壯繆祠。淳熙四年，玉泉寺僧眞慈將獻之東宮，忽光焰四起，衆皆驚，遂不復獻云。』按紹興時所獲古印，已但稱『壽亭侯』，則知世俗之訛公本號已久矣。」

明郎瑛七修續稿卷四辯證類關漢壽：「桑榆漫志：『關侯聽天師召，使受戒護法。乃陳妖僧智覬、宋佞臣王欽若附會私言。至於降臣助兵諸怪誕事，又爲腐儒收册，疑以傳疑。』予以旣爲神將，聽法使矣；解州顯異，有錄據矣；諸所怪誕或黠鬼假焉，亦難必其無也。但傳公諡壯繆，乃爲不學者所疑。（繆）當讀爲穆，如秦穆、魯穆是也。諡法：『壯爲克亂不遂，穆爲執義布德。』此非神之行乎？玉泉顯聖，（明三國演義）羅貫中欲伸公冤，旣援作普淨之事，復輳合（北宋道元）傳燈錄中六祖以公爲伽藍之說。故僧家即妄以公與顏良爲普安侍者。殊不知普淨，公之鄉人，曾相遇以禮。而普安元僧，江西人，隔絕甚遠，何相干涉？是因伽藍爲監從之神，普安因人姓之同，遂認爲監壇門神侍者之流也，此特褻公之甚。」

清俞樾茶香室叢鈔卷十五關刀：「明包汝楫南中紀聞云：『荆門州南十五里，地名掇刀石，有關帝廟一所。帝所用大刀，插石竅上，搖之亦動，提之則不能拔。廟僧云：「重一百八十斤，桿圍可七八寸，刀脊甚厚，長約一丈四五尺許，色澤蒼紺，體式精緻雄壯。（明熹宗）天啓元年，黔中總兵張某，意欲取閱，辦牲禮拜祭，命健兒數十輩，百計取之，不能起。」』碑文稱：『帝過襄、樊間，掇刀於石，後人因山爲祠，塑像供奉。』按關帝之用刀，於本傳無考，余曾以爲疑。今觀此，則所用刀尚在人間，又鑿然不虛矣。

梁陶宏景刀劍錄云：『關某爲先主所重，不惜身命，自採都山鐵爲二刀，名曰萬人。及敗，投之水中。』按此似佩刀，非今所傳大刀也。」

俞氏茶香室續鈔卷十九關將軍圖：「（北）宋黃休復益州名畫錄云：『趙忠義者，德元子也。蜀王知忠義妙於鬼神屋木，遂令畫關將軍起玉泉寺圖。』按此，知五代時關像已盛行矣。」同書關夫子之稱起於明季：「國朝王夫之識小錄云：『湯義仍集於主考，但稱舉主某公。可見濫稱老師，萬曆中年後之末俗也。（明思宗）崇禎末年，乃有「夫子」之稱。尤可笑者，至於關侯與孔子同尊。』」同書卷二十二青龍偃月刀：「國朝羅天尺五山志林云：『邑無西門，築城之初，擬開西門，跨西山而下，抵金榜，將盤山爲道，得一大刀，有「青龍偃月」字，異之。且青烏（風水）家謂邑不利於西，可創關公廟以鎮之，遂奉刀廟中，神甚靈赫，周將軍（倉）亦時見威爽。』按羅天尺順德人，邑即順德也。余讀明包汝楫南中紀聞：『荆門州南十五里，地名掇刀石，有關公所用大刀插石竅上。』夫關公誠有一刀，刀一而已，安得有二？且『青龍偃月』之名出於演義，不足信也。」

俞氏茶香室三鈔卷十九關將軍：「唐段成式酉陽雜俎續集云：『（唐）武宗（會昌）之元年，戎州水漲，浮木塞江，刺史趙士宗召水軍接木，約獲百餘段，因併修開元寺。後月餘，有夷人逢一人如猴，著故青衣，云：「關將軍差來採木。今被此州接去，要須明年卻來取。」至二年七月，暴水至開元寺，鐵石像無一存者。』按此關將軍豈即蜀漢前將軍邪？」同書關帝：「國朝吳仰賢小匏庵詩話云：『元張師廉憲詩云：「張侯生冀北，關帝出河東。」關帝二字竟入詩，大奇。關公靈蹟，自隋始顯，歷宋、元加封爲王，至明萬歷十八年，封協天護國忠義帝。四十二年封三界伏魔大帝神威遠鎮天尊關聖帝君。自是始相沿有「關帝」之稱。』師廉不應用後世事，疑必元代已先封帝，今不可考矣。」

同書姚彬關王廟：「明劉侗帝京景物略云：『慈源寺東關廟，俗傳吳將姚彬盜關公馬，而獲廟塑縛彬像。公戎服作色，左顧彬彬，反面色不屈。侍將七人，怒色視聽，指歸乎彬。縛彬者仰公顏而色然受命。馬回望公，其色歎沫，人曰：「隋像也。」呼姚彬關王廟云。』國朝趙吉士寄園寄所寄云：『慈源寺東數百武，有關王廟，相傳即元崇恩萬壽宮。殿中塑像，甚古，作姚彬被縛狀，殆元時舊塑。寺僧云：「彬初爲黃巾賊將，貌類關公，其母病，思食良馬肉。彬知公所騎赤兔最良，因投麾下，竊赤兔以逃。關吏察其音不類河東，執以歸公。彬忼慨請死，臨刑忽大哭，公問之，則以與母永訣，故乃釋之。」按姚彬事甚奇。即非隋塑，亦必元塑。是相傳有此事，由來久矣。較之演義中事實，或轉可據也。惟余考（清德宗）光緒新修順天府志，內城、南城亦有姚彬廟，是京師此廟不止一處矣。』」

清王士禎池北偶談卷二十三談異關壯繆現身：「袁太常密（景星）言順治丙申（十三）年五月二十二日，關壯繆忽現身廣東韶州府西城上，身凭女牆，以右手捋髯。時方亭午，鬚眉面目，歷歷可睹。廿三日、廿八日，復現。舉城官民，奔走禮拜。總督尚書李棲鳳，親詣廟祭焉。」

清翟灝通俗編卷二十：「劉、關、張桃園結義劇，據三國志關羽傳：『先主與羽、飛二人，寢則同床，恩若兄弟。而稠人廣坐，侍立終日。』世俗由此敷演。至秉燭達旦劇，則前無所據，見（明胡應麟）少室山房筆叢，駁之最詳。秉燭達旦劇，元尚仲賢所撰也。關漢卿單刀會劇，見三國志魯肅傳，有『但諸將軍單刀俱會』之語。月下斬貂蟬劇，見（明楊愼）

升庵外集：『世傳呂布妻貂蟬，史傳不載。（唐）李賀長吉呂將軍歌：「榼榼銀龜搖白馬，傳粉女郎大旗下。」似有其人也。』元人有關公斬貂蟬劇，事尤悠謬。然（三國志蜀書）羽傳（劉宋裴松之）注稱：『羽欲娶布妻，啓曹公。公疑布妻有殊色，因自留之。』則亦非全無所自。按原文，關羽欲娶乃秦氏（宜祿）婦，不得借爲貂蟬證也。」

清胡鳴玉訂譌雜錄卷五漢壽亭侯：「古有亭侯之封，乃侯爵之最下者。（後漢書）漢桓帝紀：『封單超等五人爲縣侯，尹勳等七人爲亭侯。』列傳中，爲亭侯者最多。亭有一字名者，如獻帝建安初，封曹操爲費亭侯是也。亭有二字名者，如靈帝以解犢亭侯入繼是也。又楚漢春秋：『高祖封許負爲鳴雌亭侯。』魏封蘇林爲安成亭侯，孟康爲廣陵亭侯，吳封韋昭爲高陵亭侯。關公之爲漢壽亭侯，即其類。亭曰漢壽，二字名也。史（桓帝）延熹十四年，費褘北屯漢壽。（蜀漢後主）景耀元年，詔漢中兵屯漢壽，是其地，今爲廣元縣，屬四川保寧府。世人稱爲壽亭侯，誤以漢字屬上。玉案：今世所傳三國志通俗演義，謂曹操始鑄壽亭侯印授公，公不受，及改漢字乃受。此說出自俚俗，豈足據哉！」

清梁紹壬兩般秋雨盦隨筆卷一武廟對聯：「關帝廟對集句，則『舊官甯改漢，遺恨失吞吳。』最道得壯繆心事出。其次則『漢家宮闕來天上，武帝旌旗在眼中。』『吳宮花草埋幽徑，魏國山河影夕陽。』俱渾成。『先武穆而神，大漢千古；後文宣而聖，山東一人，山西一人。』倫擬無慚，允當首屈。又『聖以武名名，剛毅近仁，於清任時和中，又增一席；學于古有獲，春秋卒業，在詩書易禮外，別有專經。』厚重莊矜，工力悉敵。京師前門外侯廟有一對云：『漢封侯，晉封王，有明封帝，聖天子非無意也；內有姦，外有虜，中原有賊，大將軍何以處之？』聞此一聯爲（明）左忠毅（光斗）劾魏奄（忠賢）所上。曾在武林門外見一對云：『此吳地也，試問孫郎有廟否？今帝號矣，何煩曹氏贈侯乎！』立意甚新，嫌其少莊雅氣。又許州有地曰辭曹處，有對云：『亦知吾故主尚存乎？從今後走遍天涯，再休言萬鍾千駟；曾許汝立功乃去耳，倘他日相逢歧路，豈敢忘杯酒綈袍？』全組織本傳語，別有機杼。」同書卷七武廟對：「西湖秋水觀祀武帝，在岳忠武廟之左，門對云：『德必有鄰，把臂呼岳家父子；忠能擇主，鼎足定漢室君臣。』（明）繆昌期手筆也。」

日本鈴木清一郎臺灣舊慣習俗信仰第三編歲時與祀典五月之卷一三武廟關聖帝君誕生祭：「他的尊號特別多，計有關帝爺、武聖帝君、山西夫子、帝君爺、關夫子、關壯繆、翊漢天尊、蓋天古佛、協天大帝、文衡聖帝、伏魔大帝等。關羽字壽長，後改雲長。出生於河東解良州常平村寶地里。爲人武勇絕倫，而且博學多能，喜讀易傳、春秋，尤其長於算術，據傳曾發明『日清簿』，就是現在本省商人所用的流水帳。隋（文帝）開皇二年封爲忠惠公。唐（高宗）儀鳳元年封爲伽藍神。宋（徽宗）崇寧元年封富眞君。元（文宗）天曆八年封武安英濟王，十六年又封輔正利濟昭忠侯。明萬曆四十二年封三界伏魔大帝，崇禎三年封眞元顯應昭明翊漢天尊。清（世宗）雍正三年封公爵。（高宗）乾隆三十一年封山西夫子。（仁宗）嘉慶十八年封靈佑。（宣宗）道光八年封忠義神靈佑仁勇威顯關聖大帝。受商人所崇拜的關羽，認爲他生前精於理財之道，尤其長於會計業務，並發明今天所通行的簿記法。這種簿記法設有原、收、出、存四項，是一種很清楚的記帳法，（筆者案：金門人稱爲『四骹（腳）帳』）所以才被尊爲商業神。」

臺北木鐸版中國寺廟掌故和傳統任平荊楚叢林玉泉冠首：「在鄂西當陽縣約三十里處，有一座玉泉山。玉泉山東麓有玉泉寺。玉泉寺的創始人，是汜水關鎮國寺的普淨禪師，與漢壽亭侯關羽是蒲州同鄉。據三國演義表述：關羽離開曹營，帶著劉備的兩位夫人過汜水時，汜水關守將卞善設計欲在鎮國寺宴請關羽之時，擊盞爲號，殺害關羽。幸得寺中僧人普淨告以密謀，關羽聞訊戒備，殺死卞善，得以脫難。劉備爲了感激普淨救弟之情，爲他修了一座廟宇，取名普淨庵。隋開皇年間，晉王楊廣在普淨庵舊址，爲我國佛教天台宗的創立者智顗大師建廟，並正式定名爲玉泉寺。

建安二十四年，關公失荊州後，敗走麥城，被呂蒙所害，葬於當陽縣城西北四華里處（即今關陵廟）。關羽被害後，陰魂不散，來到玉泉山上，大呼：『還我頭來！』普淨識得出是關公顯靈，遂以手中麈尾擊其尸曰：『雲長安在？』關公英魂頓悟，普淨說：『今將軍爲呂蒙所害，大呼「還我頭來！」然則顏良、文醜、五關六將等衆人之頭，又將向誰索耶？』於是關羽恍然大悟，稽首皈依而去。至唐德宗貞元間，人們又在此修築顯烈祠。後人題一聯於其廟云：『赤面秉赤心，騎赤兔追風，馳驅時，無忘赤帝；青燈觀青史，仗青龍偃月，隱微處，不愧青天。』」

中共徐曉望福建民間信仰源流第六章第三節福建的關聖崇拜：「閩人爲何要祭祀關聖？

首先，人們是把關聖當作勇猛無敵的戰神來祭祀的。其二，明、清閩人祭祀關帝，還因爲關帝是實踐儒家道德的典範人物。其三，基于閩人對神的特殊理解，人們也把關帝當作媽祖、清水祖師之類的保護神，他們認爲關帝會關心人間的一切事務，保佑他們諸事順利。」

民國廖毓文臺灣神話關聖帝君：「臺北市中山區有一座行天宮，香火鼎盛，那些信徒均稱該廟主神爲『恩主公』。所謂『恩主』是鸞堂的特殊用語，意思如基督教徒之呼稱基督爲『救主』。本省自古以來，最崇敬關聖帝君，甚至超越了道、儒、佛三教的界線。本省的關聖帝君的廟宇，創建年代很早，都在明鄭時代——距今三百多年前建立的，這些廟宇均集中在今臺南市。清代的臺灣祠廟，被編入祀典的，有孔子廟、關帝廟。現在全省存有一九三座的關帝廟，宜蘭縣最多，有十七座；苗栗、臺南二縣次多，各有十六座；其他各縣市都有三、四座。其中香火鼎盛的，除前記行天宮外，首推宜蘭礁溪鄉的協天廟了。」

筆者案：總結上列所引述，可信和不可信的都有。就三國志本傳看，關羽生前作人的特點，是忠、義二字；亦正因此，纔能贏得後世國人的敬仰。但他的缺點亦不少：自高自大，常看人不起，例如嫉妒馬超和鄙視孫權都是。假如他當時答應與孫權結爲親家，或者不致於父子一齊被殺害。又剛愎自用，性如烈火，據裴注，攻于禁時，拒絕孫權的幫助，並罵孫權爲「狢子」。假使那時能和孫權相結，這亦是蜀漢的政策——弱小的蜀、吳聯合以抗強魏；但他驕滿與昧於大體而不採取，收回荆州又正是吳的必得目標，故關羽終於敗亡。三國志吳書虞翻傳說：「呂蒙圖取關羽，關羽既敗，權使翻筮之，得兌下坎上，節，五爻變之臨，翻曰：『不出二日，必當斷頭。』果如翻言。（案虞翻通孟氏易）」筆者讀史至此，爲關羽十分感慨和痛惜。關羽不能善終，死後其「忠義」精神千古以來深得世人的愛戴，享受他神難比的盛大香火，垂於不朽，實爲身後意外之榮幸。

蘇王爺（so上平 uon 下平 ia 下平）——由金門出祖來臺的神祇。

臺北戶外生活版民國尤增輝鹿港三百年浯江煙雨：「龍山寺附近的金門巷九十二號，有座古色古香的木造廟宇建築，人稱『金門館』，又叫『浯江館』，是本省少數官建的王爺廟之一（專供清代駐臺水師朝拜之用），也是廟宇兼同鄉會館的場所（金門館全臺現僅有安平、鹿港、艋舺三處，爲昔時來臺的金門人士集會之所）。

鹿港金門館初建於（高宗）乾隆五十二年（西元一七八七），迄今廟火近二百年之久，奉祀福建省同安縣東南海中浯州嶼（現爲金門縣金湖鎭）『浯德宮』出祖的神祇。

奉祀的主神名爲蘇永盛，是唐朝浯恩主牧馬候陳淵的參謀，輔佐陳氏，開發海上孤島。陳、蘇在島上慘澹經營，生聚教訓，倡文治而備武功。時海盜常出沒騷擾，蘇將軍武功卓絕，屢敗匪患，海賊慍其威武，稱他爲蘇大王，而不敢再犯。後來因功封王，調升內地，浯人感念其德，建廟以垂永念，署名『浯德宮』，並以其麾下邱、梁、秦、蔡諸千歲配祀。

鹿港金門館初建時，廟宇狹窄，不敷衆用，來鹿定居的浯人許樂三氏，臨終懷念金門鄉土，乃遺命其子將其所居屋宅，薄賣改建，時爲（仁宗）嘉慶十年（西元一八〇五）。其後並有全臺水師暨鹿港船商捐助，規模始告確立。民國初年至十二年間，該館善信蔡承培、蔡世興父子曾組團回祖廟謁祖進香十餘次；抗日戰爭爆發之後，海道中絕始停。晚近由於年久失修，廟貌及香火逐漸趨於頹廢；幸有卓神保氏，熱愛鄉土，崇敬神恩，於民國六十四年組織管理委員會，倡議重修，奔走募捐，鹿港金門館恢復舊觀，指日可待。

館中重要文物爲『重建浯江館碑記』一方，刻有進士鄭用錫等勒石字樣；鄭用錫祖籍金門，在新竹建有『北郭園』，當時全臺出身金門人士中，以鄭氏地位最高，所以深得金門人士之擁戴。」

筆者案：上述鹿港三百年謂金門館的蘇王爺是由金門金湖鎮浯州嶼「浯德宮」出祖來臺。但據民國六十八年版金門縣志及臺北稻田版楊天厚、林麗寬合著金門歲時節慶二書所載，金門館的蘇王爺是由金門新頭鄉「伍德宮」分爐。故鹿港三百年的「浯德宮」當爲「伍德宮」之誤。另外，舊時的金門島又稱「浯州嶼」；分爐的蘇王爺即在新頭鄉，而不是另一金門轄的小島「浯州嶼」。

蘇王爺的名字和生平亦有異說：一是，即金門縣志所載唐時隨牧馬侯陳淵來金門開墾治民的蘇永盛；二是，金門縣志又引清趙新說，蘇王爺名碧雲，福建同安縣人，明熹宗天啓間移居金門，熟悉海道，海船多蒙指引平安；歿後，於海面屢著靈異。三是，臺北聯亞版民國文蔚細說中國拜拜引臺北市歲時記，謂蘇王爺不知爵里，姓蘇名妙，唐代宗廣德、大曆間官泉州刺史，多惠政；卒後，築祠以祀。距今約一百四十年前（約當清文宗咸豐年間），艋舺

萬安街王氏祖先由同安縣金門官一同，奉神像來臺。（筆者案：此神當即是今艋舺金門館所奉祀者）

鹿港三百年寺廟大觀附表，列鹿港的蘇王爺廟有四所：新宮里洽義堂，廟建於公元一九六八年。景福里景靈宮，廟建於公元一七二五年。龍山寺金門館，廟建於公元一八〇五年。玉順里奉天宮，廟建於公元一九六八年。這四所廟宇，爲部分鹿港民衆經常祭祀。

迄今爲止，金門縣的蘇王爺廟共有二十四座，或主祀，或配祀，爲全金門民衆所信奉。蘇王爺分爲大王、二王、三王、四王、五王。大王誕辰陰曆四月十二日，二王八月初二，三王十月初十，四王三月十四，五王七月十六。前述鹿港金門館爲大王，景靈宮爲三王。至於臺南市安平與艋舺金門館所祀，均爲大王。可謂香火歷久不衰。

聽香（tiã 上平　hiũ 上平）——竊聽他人談話以定自己事業運途吉凶。

閩南及臺灣風俗「聽香」，古人皆稱爲「鏡聽」。月令萃編：「元旦之夕，洒掃置香燈於竈門，注水滿鐺，置杓於水，虔禮拜祝，撥杓使旋，隨柄所指之方，抱鏡出門，密聽人言，第一句即是卜者之兆。」元伊士珍（一說明桑懌）瑯嬛記：「鏡聽咒曰：『並光類儷，終逢協吉。』先覓一古鏡，錦囊盛之，獨向神竈，勿令人見，雙手捧鏡，誦咒七遍，出聽人言，以定吉凶。又閉目信足走七步，開眼照鏡，隨其所照，以合人言，無不驗也。」明田汝成熙朝樂事：「除夕更深人靜，或有禱竈請方，抱鏡出門，窺聽市人無意之言，以卜來歲休咎。」

唐王建鏡聽詞：「重重摩挲嫁時鏡，夫婿遠行憑鏡聽。」就此詩看，是中國最遲在唐朝已有「鏡聽」的習俗。

清梁紹壬兩般秋雨盦隨筆卷一鏡聽：「崑山徐大司寇乾學昆季三人未第時，除夕相約鏡聽。乃翁偵知之，先走匿門外，俟三子之出，揖而前曰：『恭喜兄弟三人鼎甲！』諸子知翁之戲己也，不顧而走。則有二醉人連臂而來，甲拍乙之肩而言曰：『癡兒子！你老子的話是不錯的。』蓋以俳語相戲也。已而果應其言。又錢唐黃文僖公機未遇時，鏡聽，聞二婦人相語云：『家有二雞，明日敬神，宰白雞乎？宰黃雞乎？』其一曰：『宰黃雞可也。』機、雞同音，遂以爲讖。」（筆者案：黃機字次辰，清世祖順治時進士。聖祖康熙中，累進文華殿大學士，再任吏部，卒謚文僖。「大學士」即「宰相」。此處「宰」亦就是「宰相」，不得釋爲「殺」。）清俞樾茶香室叢鈔卷十元夕聽人言語：「（南）宋曾敏行獨醒雜志云：『江西人遇元夕，多以人靜時微行，聽人言語，以占一歲之所爲通塞。新喻李仲謙爲舉子時，是夕行于溪上，見漁者炬火捕魚，其一連呼曰：「裹大有！裹大有！」仲謙異之。其年秋試，更名大有，遂中選。』今人有所謂聽響卜者，殆即此邪？」

閩南人（包括臺胞）稱「鏡聽」爲「聽香」，亦不用鏡。公元一九三三年，日本人鈴木清一郎據實地調查所著臺灣舊慣習俗信仰第三編歲時與祀典正月之卷三七聽香：「正月十五日夜晚，有『聽香』的風俗。所謂『聽香』，就是先在神前燒香祭拜，再根據『擲筶』找一個好方向，然後拿起一個筶往這個方向走，途中或竊聽路人的談話，或佇立他家門前裝作無人而偷聽人家的談話。偷聽來的第一句話，要根據神前的擲筶加以判斷，以決定這一年的吉凶和運氣等。」同書八月之卷：「八月十五日的夜裏，也和正月十五日夜晚相同，都流行一種所謂『聽香』的風俗。」（民國高賢治、馮作民譯）民國吳瀛濤臺灣民俗第一章歲時正月聽香：「（元宵）是夕，夜闌更深，婦女間傳有聽香之俗。則先在自家神前，燒香點燭，擲筶占卜應走方向後，乃走往該方向，而於路上竊聽人語。以其入耳片語，回家再擲筶，判斷祈願某事之吉凶休咎，此即所謂『聽香卜佳婿』之類。譬如，卜占長壽，而其聽取之語，偶及『麵線』，則解為長生吉兆。」

清周凱廈門志卷十五風俗記：「上元，未字少女賽紫姑，俗乎東施娘。偷摘人家園蔬及春帖，遭詬罵，謂異日必得佳婿，亦古『鏡聽』之意。中秋，婦人拈香牆壁間，竊聽人語，以占休咎，俗謂之『聽香』。」民國六十八年版金門縣志卷三第三章歲時：「（正月）十五日，入夜，婦女賽紫姑，或拈香僻巷，竊聽人語，以卜休咎，名曰『聽香』，蓋即古『鏡聽』遺意。八月十五日，婦女拈香牆壁，竊聽人語，以卜休咎，與上元同。」可見金、廈的「聽香」風俗，和臺灣相同。

數十年前，筆者童年時，家母在某年的正月十五日夜半，為占卜在南洋從商的大哥運途如何，我還記得似遵照前引二書的方法去「聽香」，走過隔一條街巷的鄰居大門口偷聽，不料聽到主人頭一句話：「生理做到，倒到。」意思就是：「凡作生意，都是虧本倒閉。」後來得知南洋的消息，大哥的遭遇確是如此。

觀音佛祖（kuan 上平　im 上平　hut 下入　tso上上）——觀世音。

臺北啓明版佛學辭典：「法華經曰：『苦惱衆生，一心稱名，菩薩即時觀其音聲，皆得解脫，以是名觀世音。』舊云光世音、觀世音，略稱觀音。新云觀世自在、觀自在。觀世音者，觀世人稱彼菩薩名之音而垂救，故云觀世音。觀世自在者，觀世界而自在拔苦與樂。觀音有六觀音、七觀音乃至三十三觀音；但常稱之觀音，指六觀音中之聖觀音。如法華普門品之觀音、觀無量壽經之觀音是也。此是觀音之總體，是與西方彌陀四菩薩之最初法菩薩同體。顯教以爲阿彌陀之弟子，密教以爲阿彌陀之化身，與大勢至菩薩皆在阿彌陀佛之左右（觀音左、勢至右），而贊其教化，故稱彌陀之二脅士。梵號禮懺，則阿彌陀佛之本名爲觀自在王，觀依其本師之名而自稱觀自在王。依密教三輪身，則阿彌陀爲自性輪身，觀音爲正法輪身，馬頭明王爲教令輪身。依二輪身，則阿彌陀、觀音皆爲自性輪身，馬頭明王爲教令輪身。」

考觀音本作觀世音，唐人諱世字，故但稱觀音，後世遂沿用之。（明胡元瑞）莊岳委談曰：『今塑觀世音，無不作婦人相。考宣和畫譜，唐、宋名手寫觀音像甚多，俱不飾婦人冠服。（北宋李昉）太平廣記載，一仕宦妻爲神所攝，因作觀音奉焉，其妻尋夢一僧救之，得甦。則唐以前塑像亦不作婦人也。』元僧讚陋無識，以爲妙莊王女，可一笑也。」

清趙翼陔餘叢考卷三十四觀音像：「（明）胡應麟筆叢、王弇洲（世貞）觀音本紀，皆謂古時觀世音無婦人像，而歷引（唐釋道世）法苑珠林、太平廣記諸書以證之。（東晉安帝）義熙十一年，梁州刺史楊收敬以罪下吏，其友郭宣及父處茂同被桎梏，念觀世音經十日，夜夢一菩薩慰以大命無憂，俄而枷鎖自脫。張興妻繫獄，晝夜念觀音經，一沙門蹴之，曰：『起！起！』俄而枷脫，然戶閉無由出。又夢向沙門曰：『門已開矣！』果得出。王球在獄，念觀音經，夢一沙門以一卷經與之，又見一車輪，沙門曰：『此五道門也。』既覺，鎖皆斷脫。畢覽，隨慕容垂北征，陷敵，入深山失路，念觀音經。見一道人，法服持錫，示以途徑，遂至家。沙門法義得病，念觀音經，夢一道人，爲刳出腸胃，洗畢還納之，遂愈。又一仕宦妻，爲神攝去，因作觀音像，虔奉之，夢一僧救之得蘇。據此數事，當時夢見者，或沙門，或道人，明乎其非婦人像也。

王、胡二說固辨矣，然亦有不盡然者。南宋甄龍友題觀世音像云：『巧笑倩兮，美目盼兮。彼美人兮，西方之人兮。』（南宋）洪景盧（邁）夷堅志：『董性之母，素持觀音普門品經，忽病死，其魂呼救苦觀世音，恍若有婦人瓔珞被體，相好端嚴，以右手把其臂，挈之偕行，遂瘳。許洄妻孫氏臨產，危苦萬狀，默禱觀世音，恍惚見白氅婦人，抱一金色木龍與之，遂生男。』又壽涯禪師詠魚籃觀音詞，有『窈窕丰姿都沒賽，提魚賣，堪笑馬郎來納敗。』夷堅志：『徐熙載母程氏，虔奉觀音。熙載舟行將覆，呼菩薩名，得免。既歸，母笑曰：「夜夢一婦人，抱汝歸，果不妄。」』則觀音之爲女像，宋、元間已然。

不特此也。北史：『齊武成帝酒色過度，病發，自云「初見空中有五色物，稍近，成一美婦人，食頃變爲觀世音。」徐之才療之而愈。』由美婦人而漸變爲觀世音，則觀音之爲女像可知。又南史：陳後主皇后沈氏，陳亡後入隋，隋亡後過江，至毘陵天靜寺爲尼，名觀音皇后。爲尼不以他名，而以觀音爲名，則觀音之爲女像益可知。此皆見於正史者，則六朝時觀音已作女像。王、胡二公未深考也。又今世所持誦高王觀世音經，亦見北史盧景裕傳。景裕之敗也，繫晉陽獄，至心誦經，枷鎖自脫。又有人負罪當死，誦經千遍，臨刑刀折；主者以聞，赦之。此經遂甚行，號曰高王觀世音經，此經本景裕爲高歡開府屬時所譯者也。」

明郎瑛七修類稿卷四十七天竺觀音：「杭天竺觀音像，（後）晉（高祖）天福四年，僧道翊一夕見前澗有光，視之，得奇木，詢人不識也。因命匠者孔仁謙刻觀音大士像。今俗云沉香，非也。墨談以像爲兀朮取置燕之玉河鄉，建寺名觀音以奉。（杭州）志云匿井，恐墨談所考多眞。如金陵志公泗州僧伽眞身，亦爲取置北京慶壽寺爲聖容殿，可知矣。其慶大靈感之號，皆宋世所加。因其靈異，累朝所賜，士民樂施龍章、鳳輦、珠貝、金玉，設硃紅一小殿廚以貯。予幼時曾見大珠數顆，珊瑚樹大小二株，玻璃瓶、盞各一，瑤冠一頂。聞舊尚有玉觀音、玉鐘諸異寶，乃（明憲宗）成化間爲奸人王臣取去。今併所見者亦無矣。然其香火之盛，至今不替。」

清俞樾茶香室叢鈔卷十三莊王女：「（南）宋朱弁曲洧舊聞云：『蔣穎叔（之奇）守汝日，用香山僧懷晝之請，取唐律師弟子義常所書天神言大悲之事，潤色爲傳，載過去國莊王，不知是何國王，有三女，最幼者名妙善，施手眼救父疾。其論甚偉，然與楞嚴及大悲觀音等經頗相失。』按今世俗說，以觀世音爲妙莊王第三女。本此，但曰莊王，不言妙莊王。妙善乃其女之名，不知何以有妙莊之說也。」同書觀音心咒：「（北）宋王鞏聞見近錄云：『全州推母王氏，日誦十句觀音心咒。年四十九，疾篤，恍然見青衣人曰：「爾平生誦觀世音心咒，少十九字，乃曰：天羅神，地羅神。人離難，難離身。一切災殃化爲塵。」王疾尋愈。後至七十九。』按此十九字至今猶有持誦之者。惟十句心咒，未知云何。太平廣記載：『太原王元謨北征，失律，軍法當死。夢人曰：「誦觀世音千遍，可免。」乃授云：「觀世音，南無佛，與佛有因，與佛有緣，佛法相緣，常樂我情，朝念觀世音，暮念觀世音，念念從心起，念佛不離心。」』適得十句，豈即此邪？」同書觀音課：「明祝允明野記載：姚廣孝始見文皇（燕王）事，上問能卜乎？姚以吳語對曰：『會。』曰：『何術邪？』曰：『觀音課。』曰：『用課錢乎？』曰：『我自有。』即開襟，有太平錢五文，解奉於上。上祝旣，姚以一文錢擲之，徐復一擲，擲訖，語上曰：『殿下要作皇帝乎？』按觀音課今未知何術，用錢五文，則非占卦法也。」筆者案：我手上有一本臺中市創譯出版社民國五十八年版泰明子編奇門神術，第七篇孔明神卦，即是用銅錢五枚，卜時雙手內捧錢連搖數下，口念一段短短神咒，然後將錢一一自下而上排列，可得一卦。共三十二卦，正是周易六十四卦的一半。筆者曾試卜過，非常靈驗。今案，「孔明」自是假託，當是明人明周易者所創造。但俞氏說五錢非卜卦法，實爲錯誤。尚有諸葛神數一書，共三百八十四籤，即用周易三百八十四爻之法創作。卜法：任選三字，從左至右排列，依百位、十位、個位，算出數目，以此數目爲基，其後每加三百八十四，即得籤文一字，加到找不到字爲止。合得一段文字，就是答案，亦十分靈驗。

俞氏茶香室續鈔卷十七觀音大士傳：「元時，管夫人所撰觀音大士傳云：『觀音生於西土，諱妙音，妙莊王之季女也。將笄，王以三女覓贅婿，長妙因、次妙緣順旨，觀音以忤王被貶。後王病瘡瀕死，乃自幻形爲老僧，上奏非至親手眼不可療。王以二女爲至親，宣取之，俱不用命。僧云：「香山仙長濟度生靈，一啓口，必可得。」王使臣從仙長求，即自斷剜其兩手眼，付使臣持去，王服之而愈。往見仙長，果無手眼，籲叩天地求爲完之；少頃，仙長手眼已千數矣。於是敘父子之情極歡。勸王修善，王從之。』按此本唐僧義常所說。今見管夫人所撰傳，又記之，要是俗說非其實也。」

（昭明）文選（卷十八西晉成公綏）嘯賦（唐李善）注引靈寶經曰：『禪黎世界墜王有女，字姓音，生仍不言，年至四歲，王怪之，乃棄女於南浮桑之阿空山之中。女無糧，常日咽氣引月服精，自然充飽。忽與神人會於丹陵之舍、柏林之下，姓音右手題赤石之上，語姓音：「汝雖不能言，可憶此文也。」遣朱宮靈童下教姓音治弟之術，授其朵書八字之音，於是能言於山。出，還在國中，國中大枯旱，地下生火，人民焦燎，死者過半，穿地取水，百丈無泉。王怖懼，女顯其眞爲王仰嘯，天降洪水至千丈。於是化形隱景而去。』按此疑即妙莊王女之說所自來，姓音或即觀世音也。」

同書普陀山觀音大士現身：「國朝王士禎居易錄云：『滄州人張漢儒，至普陀謁大士，一老人曰：「欲觀大士乎？」張曰：「大士安得見？」曰：「但祈禱，當有所睹。」張與同輩十餘人，跪禱久之，忽見洞口有金光，果睹大士自石壁中出，惟見側面。又禱曰：「願睹正面。」大士即又背洞面海，去人咫尺，紺髮卷鬚，高顴隆準，衣綠色，半身在雲氣中不可見。衆歡喜稽首。倏入石壁去。老人云：「始亦以得遇大士現身，故捨身於此，供灑掃之役。」按此知世間所畫大士像殊未肖也。』居易錄又云：『長安薦福寺僧行美謁普陀山，與雲水僧見人雨中炷香潮音洞虔禱，願睹大士慈容。倏見洞中現五色光，光中有大士立像，旁有白鸚鵡像，貌莊嚴妙好，是女人身，他僧見者種種不一，久之乃沒。是大士現身亦無定像。』」

俞氏茶香室三鈔卷十七觀世音眞像：「國朝裘象坤觀音菩薩考略云：『據普陀山志所載，（清聖祖）康熙二十八年，南巡，菩薩見漁婦身，操舟過御前，並有問答之辭。因此發帑修建普濟、法雨二寺。』又載：『二十九年六月二十九日，定海鎭藍總戎偕僚屬謁梵音洞，見菩薩見身，大眉赤面，富有鬚髯，其衣則闊領方袍，迥非畫史所繪。』原注云：『（清高宗）乾隆二十一年，御書大悲心陀羅尼，照宋人寫本，每句之下，畫佛菩薩形像，第三十句「陀羅陀羅」下畫觀世音，見大丈夫身，狀貌類此。』」

明劉侗帝京景物錄云：『杭州天竺觀音像，晉天福年僧道翊得奇木以刻也。（南）宋（高宗）建炎四年，兀朮入臨安，航而北，僧智完率徒以從，至燕舍都城西南五里之玉河鄉，建寺奉之。成化丁酉，僧德顯修之，得石土中。金（世宗）大定十七年刻載。（金太宗）天會七年，梁王徙像甚悉。今寺所奉，乃又非晉像，豈（金哀宗）天興初曾顚沛于兵，抑（元順帝）至正末復崎嶇而北也？至今遊杭天竺者，僧仍指大士曰晉像，不知從此已四百八十二年矣。』

按此則晉像存亡已不可知矣。景物略又載稽山會館唐大士像云：『觀音銅身三尺，下刻「大唐（太宗）貞觀十四年，尉遲敬德監造。」舊供宣武門外晉陽庵，庵廢，移像受水塘建古佛庵供之。庵又廢，移稽山會館，即今浙紹興祠也。』（清德宗）光緒十一年，李蒓客慈銘改爲越中先賢祠，而此銅像又在。然京城古蹟考云並無『尉遲監造』字，則亦疑非故物矣。」

日本鈴木清一郎臺灣舊慣習俗信仰第三編歲時與祀典二月之卷一七觀音佛祖誕生祭與傳說：「二月十九日是觀音佛祖的誕生祭日。每到這一天，各信徒的家中都要作壽桃、壽麵、果子等，爲觀音佛祖上供，並且焚香祭拜。觀音佛祖也稱『觀音媽』或『妙善夫人』，因此六月十九日、九月十九日也是例祭日。關於觀音佛祖的傳說，是說興林國妙莊王，他的三公主名叫『妙善』。此女據說是慈帆古佛的化身，所以自幼就持齋而有佛性，長大以後決定不嫁，後來果然落髮爲尼，在白雀寺艱苦修行。不料爲此卻觸怒父王，而把她判處斬腳之刑。她的魂魄遨遊陰府，回陽之後在香山繼續修練，最後終於修得佛果。不久她就顯靈，濟度父母姊妹，使他們都獲得正果。」同書一八臺北龍山寺的沿革及其傳說：「臺北市萬華廣州街有座龍山寺，本寺是以觀音佛祖爲本尊，除彌勒尊者之外還供奉有很多其他佛像。本寺是福建省泉州府晉江縣安海鄉龍山寺的分派，光緒十七年前後曾回本山進香，民國五年三月又有廟祝吳福智奉觀音像一座回福建進香。」（民國高賢治、馮作民譯）

民國吳瀛濤臺灣民俗第二章祭祀觀音佛祖：「觀世音佛祖即觀世音菩薩，俗稱觀音媽。相傳廖宗王三女廖喜，自幼食素。及長大，父王勸其配嫁，惟說，因其食齋，一生不願出嫁。時起一陣無情風（或謂遠魔風），將之捲入天上。又傳，觀音為妙莊王三女妙禪。因長大不肯嫁，備受父王之刑罰。惟妙禪雖被刑，身不受傷，亦不痛苦。及後至山上獨住，時匪徒群起，要殺戮其父一家。妙禪因信仰釋迦，得其利妙，預知匪謀，乃告其父避難，救之。數百年後，觀音過地獄，遇當時匪徒，受衆鬼責苦，惻隱之心，油然而生，救之以佛教眞理，而度至西天云。」

民國文蔚細說中國拜拜中國人全年拜拜神誕譜觀音誕辰：「臺北市歲記：『據佛家傳說，觀音本為男子，號慈航尊者。一日，在大羅天宮賞玩勝景，坐於八寶蓮花中，展目四望，忽見東土衆生，貪迷酒色財氣，利鎖名韁，造染無邊惡業，六道輪迴，轉報不一，醉生夢死，脫骨如山，寃緣相報，永無了期。今乃周末之際，人心大變，殺戮姦淫，罪惡滔天。吾觀男子尚有知覺，略解三輪教理，明善窮源，但視女子，不明天理循環，甘自墮落。吾不如下世，脫化女身，以解五濁惡災，供作後世楷模。當即啓奏瑤池金母、無極天尊座前，立邀聖允，並派燃燈祖師照明行程，由東嶽、城隍、土地諸神接引，來至興林國投生。這時國后伯牙氏，正在夢中，忽覺太陽落於身懷，醒而有孕，不久生下公主，報與國王妙莊王知道。妙善自幼葷乳不食，及長，秉性善良，具有靈性，在白雀寺出家。後以得罪父王，被處絞刑。魂魄遊於地府，著令陽回，至香山再加修鍊，遂得昇天證果，是為觀音佛祖。』」

臺北木鐸版中國寺廟掌故和傳說第三章張崇發漁陽獨樂觀音永在：「（天津市郊外薊縣〔漁陽山〕）這獨樂寺內有一座巨大的觀音閣，高達二十三米。獨樂寺創建的具體年代，已很難考，盤山志說：『獨樂寺不知創自何代，至遼時重修。』大建築家梁思成考察後說：『寺之創立，至遲亦在唐初。』至今在觀音閣中，我們仍可看到清朝皇帝留下的手跡。『具足國成』匾和『普門香界』匾，就是（文宗）咸豐皇帝和乾隆皇帝所手書。觀音閣內供著泥塑觀音像，高十六米，造形精湛，形象端莊生動。唐（玄宗）天寶十四年（公元七五五）十一月，漁陽城裡發生了中國歷史上有名的『安史之亂』，獨樂寺竟被安祿山作爲叛唐誓師之地。據說，獨樂寺之名也是安祿山改的。」同書朱彬南方普陀鐘鼓分列：「南普陀寺在福建省廈門市五老山下。它的歷史可追溯到唐代，那時叫普照寺，是唐人陳肇創建的。南普陀在廈門市的東南方，緊靠廈門大學。山門前有座圍著石欄杆的放生池，放生池前邊是寬闊的草地，曾作過鄭成功的練兵場。南普陀的山門上掛著『南普陀』三個鎏金大字的黑匾，這字是清人吳鐵山所書。前殿也稱天王殿，四大天王塑像分列在殿兩側，中間供有彌勒佛和韋馱的塑像。天王殿的後邊是大雄寶殿。在大雄寶殿後邊的大悲殿，建築上更有特色，白石砌的殿基上原爲八角形的木建築，高二十米，頂部分爲三層簷垣，由下而上逐層向內收縮。大悲殿後是一座兩層樓的藏經閣，樓下爲講經說法的法堂，樓上收藏著上萬册佛經和大量文物珍品。在藏經閣後的懸崖上有一個一丈四尺的大『佛』字石刻，離『佛』字不遠處的一塊石上刻有『（明神宗）萬曆辛丑（二十九年）四月朔，三山陳第、宛陵沈有容同登茲山，騁望極天，徘徊竟日。』一九二四年，當時在佛學院講客的有著名愛國僧人弘一法師（李叔度）。南普陀是廈門八大風景區之一。清代有人讚詩：『五峰如五老，聳峙入煙霞。毓秀鐘龍像，叢林第一家。』」

民國廖毓文臺灣神話觀音佛祖：「觀音菩薩是在『普陀落迦山』修道成佛。三藏法師的西域記譯作『布咀洛迦山』，該書曾敘及『秣羅矩吒國』，說：『秣剌耶山東，有布咀洛迦山，山徑危險，巖谷欹傾，山頂有池，其水澄清，流入大河，周流遶山二十匝，入南海。池側有石天宮，觀自在菩薩往來精舍。』按『秣羅矩吒國』，在今印度的南隅。

浙江定海的普陀山，是大悲觀音菩薩的道場。因爲定海昔時曾稱南海，所以現在依然稱爲『南海普陀山』，其地在揚子江錢塘灣之外，是我國東南的屏障，海港的重地。據說自唐朝時代，有一個日本慧諤和尚，來到山西五臺山，看見一尊觀音菩薩的神像，清淨莊嚴，好像無上至寶。本想向該寺當家師傅商討，請回日本供奉，恐怕該寺當家師傅不允所求，就偷偷的把那尊神像拿走了。馬上束裝就道，買舟東渡。當他搭坐的帆船開到現在浙江定海縣海面的舟山群島，有一個叫做新羅礁的地方，忽然海洋中現出無數的鐵蓮花擋住去路，就引咎自慚的，對菩薩禱告說：『請菩薩指示去路，弟子當從菩薩所向。』禱罷，舟子放纜而行，竟在普陀山的潮音洞邊，安然停下。以上便是我國普陀山開山的來由，而慧諤和尚就成爲該山第一代的開山祖師了。」

明馮夢龍喻世明言第二十九卷月明和尚度柳翠：「法空長老道：『要知前世因，今生受者是；要知後世因，今生作者是。當初觀音大士，見塵世慾根深重，化爲美色之女，投身妓館，一般接客。凡王孫公子，見其容貌，無不傾倒。一與之交接，慾心頓淡。因彼有大法力故，自然能破除邪網。後來無疾而死，里人買棺埋葬。有胡僧見其塚墓，合掌作禮，口稱：「善哉！善哉！」里人說道：「此乃娼妓之墓，師父錯認了。」胡僧說道：「此非娼妓，乃觀世音菩薩化身，來度世上淫慾之輩，歸于正道。如若不信，破土觀之，其形骸必有奇異。」里人果然不信，忙劚土破棺，見骨節聯絡，交鎖不斷，色如黃金，方始驚異。因就塚立廟，名爲黃金鎖子骨菩薩。』」

筆者案：以上所引述各書的內容，非常詳盡，但其中亦出現許多不同的說法。最後喻世明言所載的故事，則比較特別而令人驚異。不管如何，觀音佛祖的奉祀遍於全中國，香火一如媽祖，鼎盛之極，可見國人崇信的程度。民國六十八年版金門縣志卷三宗教第三章寺廟：「靈濟寺，位於後浦東門，俗名觀音亭，祀觀音大士，配祀十八羅漢，建於宋末。元至正間，沿海寺宇遭廢，寺立毀。明初修建，（成祖）永樂年間，釋笑堂由太武巖移住該寺。（清宣宗）道光四年，毀於火。里人林俊元等勸捐重修。有重修靈濟寺匾記。」又案：金門的靈濟寺遠自宋朝建立，距今至少一千年以上，早於臺北市龍山寺的建於乾隆五年（距今約二百六十年）許多。

第九章　動　作

刉（kuit 上入）——劃傷。

說文：「刉，劃傷也。」段注：「錐刀畫曰劃。周禮士師職：『凡刉珥（衈）。』小子職作『珥祈』，肆師職作『祈珥』。（鄭玄云：）『用牲毛者曰刉，羽者曰衈。』禮記（雜記下）：『雍人舉羊升屋中，屋南面刲羊，血流于前門。夾室皆用雞，割雞門當門，夾室中室。』是刉衈之事也。許（愼）云『劃傷』者，正謂此禮，不主於殺之，但取其血涂祭而已。」廣韻上平聲八微：「刉，以血塗門。」又：「刲傷也。」昭明文選卷五西晉左思吳都賦：「所以挂扢而爲創痏，衝踤而斷筋骨。」「挂扢」即「刲刉」。

說文：「刉，一曰刀不利，於瓦石上刉之。」段注：「刉與厲不同者，厲於厲石；刉者，一切用瓦石硤（磨）之而已。」廣韻去聲十八隊：「刉，刉刀使利。」

在閩南語，「刉」前一義是「劃傷」，例如人不小心被尖銳物劃破皮膚；走山路時遭銳利的草木劃傷；清洗器物，以尖銳器向深凹處挖磨；皆是。後一義是「快磨數下」，音讀爲（huat 上入），特指菜刀略鈍，因急於用刀，就便在瓷碗底的碗框快磨三四下，顿时刀锋会利一点，家庭主妇在厨房以刀切肉鱼菜，多用此法。待很钝了，然後送去给磨刀工人以砺石磨利或钢锉磨利。

抈（mɔ上上）——手捧物。

北宋丁度集韻：「抈，持也。」臺灣話中，「抈」字用得最多，如，「抈西瓜」、「抈冬瓜」、「抈一袋米」、「抈物件」等皆是。但金門另有「抈壁邊」、「抈門邊」等，意為「以手扶壁或門板潛入」，這是特別的用法，臺灣也應該有。

剕（put上入）——以刀劈殺。

說文：「剕，擊也。」廣韻入聲八物：「剕，擊也。斫也。」魏張揖廣雅釋詁一：「剕，斷也。」春秋左丘明左傳昭公二十六年：「苑子剕林雍，斷其足。」唐孔穎達疏：「剕，謂以刀擊也。今江南猶謂刀擊為剕。」左丘明國語齊語：「剕令支，斬孤竹，而南歸。」三國吳韋昭注：「二國山戎之與也。剕，擊也。斬，伐也。」楚辭西漢劉向九嘆怨思：「執棠谿以剕蓬兮，秉干將以割肉。」東漢王逸注：「剕，斫也。」唐柳宗元桂州裴中丞作訾家洲亭記：「伐惡木，剕奧草。」清高詠臨江中秋分體各賦：「雄劍剕鐘爍紫電，北斗挂戶森長芒。」

「剕」現今國語除文言文外，已棄置不用。閩南語則常說，亦指「用刀劈殺」，對人對物都可以講。

抈（at上入）——折。

說文：「抈，折也。」段注：「（春秋左丘明國語）晉語（八）：『其爲本也，固矣。故不可抈也。』（三國吳）韋（昭）云：『抈，動也。』按依韋注，是謂此『抈』爲『抏』之假借字也。其本義則訓『折』。」清王筠釋例：「吾鄉謂兩手執草木拗而折之，曰抈。」廣韻入聲十月：「抈，折也。」西漢揚雄太玄經羨：「車軸折，其衡抈。」

民國章炳麟新方言釋言：「今人謂以手折物曰抈。」民國連横臺灣語典卷一：「抈，折也。（例）抈花。」王筠是山東人，章炳麟是浙江人，連横是臺南人，可證明「抈」到今尚爲方言所保存使用。閩南語更是常說，例如，「抈甘蔗」、「抈竹阿」等皆是。

𣦼（奴）（tsan下平）——刺入。

說文歺部：「𣦼，殘穿也。」段注：「殘穿者，殘賊而穿之也。」南唐徐鍇繫傳：「又所以穿也。」清徐灝解字注箋：「奴，凡有穿鑿亦曰𣦼（奴）。」廣韻上平聲二十五寒：「𣦼，穿也。」

「𣦼」字國語口語絕不使用，文字上用的亦極少。但閩南語保存其音與義，例如電宰興起以前，殺豬殺羊皆用尖利的屠刀刺入豬羊的咽喉，即稱爲「𣦼」；並以容器盛取血液，血流盡豬羊已死，然後割喉。意義引伸，正如徐灝所說「凡有穿鑿亦曰𣦼」。故用匕首利刀刺殺人，也叫作「𠬤」（奴）。

刲（kuit 上入）——割。殺。

說文：「刲，刺也。」清王筠句讀：「殺羊刺其耳下，異於他牲，故謂之刲。」廣韻上平聲十二齊：「刲，割刺。又作刲。」魏張揖廣雅釋詁三：「刲，屠也。」同書釋言：「刲，刳也。」北宋丁度集韻：「刲，割也。」易歸妹上六爻辭：「士刲羊无血，无攸利。」唐陸元朗釋文：「刲，刺也。」儀禮少牢饋食禮：「司馬刲羊，司士擊豕。」鄭玄注：「刲、擊，皆謂殺之。」禮記內則：「炮取豚若將（牂、牡羊），刲之刳之，實棗於其腹中，編萑以苴之。」元陳澔集說：「刲之刳之，殺而去其五藏也。萑，蘆葦之類。苴，裹也。」資治通鑑後唐明宗長興元年：「（董璋）令壯士刲其肉自啗之，（姚）洪至死罵不絕聲。」南宋朱熹再知泉州勸孝文：「不必剔肝刲股，然後有孝。」（見清高宗乾隆時重修泉州府志風俗志引）清紀昀閱微草堂筆記灤陽消夏錄二：「屠殺買去，如刲羊豕。」清蒲松齡聊齋志異連城：「自出白刃，刲膺授僧。」據以上諸書所述，「刲」有刺、割、殺三種意義。

本書本類另收有「刉」字，意為「劃傷」，閩南語和「刲」同音。比較起來，「刲」的含義較重而廣。

拂（**撌、柫**）（hut 上入）——打。

說文：「拂，過擊也。」段注：「（南唐）徐鍇（繫傳）曰：『擊而過之也。』」清朱駿聲通訓定聲：「隨擊隨過，蘇俗語謂之拍，與拭略同。」魏張揖廣雅釋言：「拂，搏也。」楚辭戰國屈原離騷：「折若木以拂日兮，聊逍遙以相羊。」朱熹集註：「拂，擊也。逍遙、相羊，皆遊也。」北史斛律金傳：「神武（北齊高歡）據鞍未動，金以鞭拂馬，神武乃還。」宋史郭從義傳：「從義善擊毬，易衣跨驢，馳騾殿廷，周旋擊拂，曲盡其妙。」北宋丁度集韻：「⿰扌費，擊仆也。楚謂搏擊曰⿰扌費。」晉書張載傳附張協：「蹴封豨，⿰扌費馮豕。」北周庾信哀江南賦：「硎谷摺拉，鷹鸇批⿰扌費。」清王闓運哀江南賦：「蒼鷹翼⿰扌費，圖南之志未窮。」

說文：「柫，擊禾連枷也。」段注：「（西漢揚雄）方言（第五）曰：『僉宋、魏之間謂之欇。』（漢書）王莽傳（中）：『必躬載柫。』（東漢劉熙）釋名曰：『枷，加也。加杖於柄頭以撾穗而出其穀也。』（清）戴先生（震）曰：『羅、連語之轉。今連枷之制與古同。』」方言第五：「自關而西，謂之棓，或謂之柫。」西晉郭璞注：「柫，打之別名也。」廣韻入聲八物：「柫，連枷打穀者。」明宋濂篇海類編花木類木部：「柫，擊也。」清趙翼陔餘叢考卷三十三連枷：「按（春秋左丘明）國語（齊語），管仲對桓公曰：『農之用，耒、耜、枷、芟。』（三國吳）韋昭注：『枷，柫也，所以擊草也。』則三代已有之。」

一九九二年十一月十一日晚間，中華電視臺播出美國人製作「太平洋風雲」影集中的「日本戰敗復興」，一九四五年麥克阿瑟元帥占領日本，日本農民尚在使用連枷。又，二次世界大戰期間，蘇俄農民亦使用。今新疆農民仍用連枷。至於是否皆出於中國所傳，則不能決定。梁宗懍荊楚歲時記：「五月間，相結伴爲相撍之戲，即搏也。」可見在南北朝時代，已使用「撍」字。

上列拂、撍、棉三字，前兩字本義即是「打」。只有「棉」原是器物名，後來纔引伸其意義爲「打」。閩南語用「拂」爲「打」的意思，極爲常用。如打人須「拂給伊半死。」「拂到給伊叫不敢。」「拂折伊的骹手。」只有國語用「拂」爲「打（擦拭）塵」之意。參閱本類「揔」字條。

㧒（au 上上）——使撓曲或摺疊。

南唐徐鉉說文新附：「㧒，手拉也。」廣韻上聲三十一巧：「㧒，手拉。於絞切。」梁顧野王玉篇：「㧒，㧒折也。」北宋丁度集韻：「㧒，戾也。」戰國尉繚尉繚子制談：「將已鼓而士卒相囂，㧒矢、折矛、抱戟利後發。」唐溫庭筠達摩支曲：「擣麝成塵香不滅，㧒蓮作寸詩難絕。」明陶宗儀輟耕錄㧒花：「南方或謂折花爲㧒花。唐元微之（稹）詩：『試問酒旗歌板地，今朝誰是㧒花人？』亦古樂府：『㧒折楊柳枝。』」清朝野史大觀清朝史料書麻城獄：「娘子未至期遽產，兒頸㧒，胞不得下。」清何紹基灘行詩：「山轉灘正㧒，灘吼風又作。」

閩南語多指「摺疊」爲「拗」。例如稱將鐵板、毛毯、皮革、紙張、布等「摺疊」成幾重爲「拗做幾拗」，故「拗」可兼作名詞及動詞。

抭（㨭）（hiat 上入）——抛擲。

魏張揖廣雅釋詁三：「抭，投也。」北宋丁度集韻：「㨭，擲也。或从穴。」廣韻入聲八物：「㨭，擲也。」民國連橫臺灣語典卷一：「抭，輕擲也。」

閩南語凡以手將物抛擲，皆稱爲「抭」（㨭），例如「抭石頭」、「抭刀劍」、「抭籃球」、「抭繡球招親」等是。

抯（摣、⿰虘又）（tsā 下去）——（以杓）挹取。

說文：「抯，挹。讀若樝梨之樝。」西漢揚雄方言第十：「抯、摣，取也。南楚之間，凡取物溝泥中，謂之抯，或謂之摣。」廣韻下平聲九麻：「摣，取也。張加切。抯，說文：『挹也。』側加切。」魏張揖廣雅釋詁一：「摣，取也。」唐玄應一切經音義：「摣，古文抯同。」

「抯」（摣）在閩南語中應用頗廣，凡用杓子取物，如「抯米」、「抯粉」、「抯糖」、「抯豆」、「抯砂」等皆是。

抳（tsĩ 上平）——以拳頭打人。

廣韻上聲四紙：「抳，拳加人也。側氏切。」現在國語稱「以拳打人」爲「揍」、「毆」、「打」。唯獨閩南語中保存古字古音，叫作「抳」。

奓（tsĩa 上平）——推開。

北宋丁度集韻：「奓，開也。」明宋濂篇海類編通用類大部：「奓，推開也。」戰國莊周莊子知北遊：「神農隱几闔戶晝瞑，婀荷甘日中奓戶而入，曰：『老龍死矣！』」唐成玄英疏：「奓，開也。亦排也。」南宋樂備比同彥平謁希顏千里詩：「他時訪戴不必見（晉王徽之訪戴逵），竟須奓戶呼此翁。」

現在國語說話多用「推」或「推開」，「奓」只保存在文言文中，口語已不使用。閩南語卻常說，例如，「兩個人動手冤家，奓來奓去。」「將門奓開，直行入去。」「奓」都是「推」的意思。

另有「奓盤」一詞，民國連橫臺灣語典卷四：「奓盤，謂爭言也。奓，推開也；盤，旋轉也。謂事之交涉，愈推愈轉而無歸著也。」「奓盤」意似國語的「爭論」，有時因達成共識而結束，有時則終無結果不歡而散。

挌（lak 下入）——擊。痛打。

說文：「挌，擊也。」段注：「凡今用格鬥字當作此。」廣韻入聲十九鐸：「挌，打也。盧各切。」又二十陌：「挌，擊也。鬥也。」東漢荀悅漢紀孝武紀六：「主人公挌鬥死。」後漢書光武紀：「叱奴下車，因挌殺之。」西漢焦贛易林訟之豫：「弱雞無距，與鵲挌鬥。」閩南語「挌」現仍使用於金門地區，意即「痛打」，例如說：「汝著（須）對伊的下腹尾加伊挌！」二人打架時，第三者從旁邊提醒其中的一方，要朝著對方的下腹部予以痛打。臺灣較少聽到。

敁（ka 上去）——敲擊。

廣韻上聲三十三哿：「敁，擊也。」閩南語「敁」常用，凡用鐵鎚或硬物敲打任何物品，都叫作「敁」。意義引伸，向人勒索財物，亦稱爲「敁」。國語通常說「敲」，不用「敁」的古音古字。

宎（ u 上平）——鑽穿。

說文：「宎，穿也。」廣韻入聲十六屑：「宎，穿貌。」梁顧野王玉篇：「宎，穿也。」閩南語凡以尖銳之器鑽穿任何物品，都叫做「宎」。舊時，兒童出口罵人粗話，父母就唬嚇說：「撟（拿）針來宎嘴甽（邊）！」火計乘店主不在意，將賣物的錢暗中侵吞，亦叫作「宎」。新竹竹林版英臺廿四送哥歌：「想著心肝宎宎鑽，著緊離開祝家莊。一人一位眞拍損，親像攜刀割心腸。」形容人的心情難過，如同錐子穿心，更見貼切。

迮（tsip 上入）——走迫。追逐。

梁顧野王玉篇：「迮，迫也。」北宋丁度集韻：「迮，一曰迫也。」明張自烈正字通：「迮，迫蹙也。」三國魏陳琳檄吳將校部曲文：「及又諸將校孫權婚親，皆我國家良寶利器，而並見驅迮。」昭明文選卷十六西晉陸機歎逝賦：「年彌往而念廣，塗薄暮而意迮。」唐李善注引聲類：「迮，迫也。」北宋蘇轍和子瞻沉香山子賦：「紛然馳走，不守其宅，光寵所眩，憂患所迮。」

閩南語用「迮」雖含有「迫」之意，但和古書稍有不同。金門話有「走相迮」，臺語作「走相掟」，意為一人在前跑，另一人在後追趕。有時獸類如虎、豹、獅、狗、貓、鼠等亦會互相奔跑追逐，或嬉戲，或廝殺，皆稱為「走相迮」。

捙（揤）（tiap 下入）——打。

廣韻入聲三十怗：「捙，打也。」金韓孝彥篇海：「揤，打也。」

「捙」或「揤」閩南語常講，毆打自己的親人、兒女或他人，都可說「捙」（揤）。國語則除字書保留這兩字外，語文上絕不如此使用。

捍（huã下去）——主持事業或生意。用手將物握牢。心情維持平穩。

廣韻上聲二十五潸：「捍，捍握搖動。」北宋丁度集韻：「扞，衛也。或作捍。」又：「捍攓，以手精擇物也。」禮記祭法：「能捍大患則祀之。」秦商鞅商君書賞刑：「千乘之國，若有以捍城者，攻將凌其城。」唐韓愈張中丞傳後敘：「守一城，捍天下，以千百就盡之卒，戰百萬日滋之師。」清全祖望小江湖梅梁銘：「程純公帥廂卒，欲以身捍之。」

由以上諸書所解意義的引伸，閩南語指以手將物握牢，叫作「捍」。凡作一個機關的領袖，或主持一家商行的商務，亦叫作「捍」。心理鎮定不受外界擾亂驚嚇的影響，稱為「心肝捍定」。新竹竹林版英臺廿四送哥歌：「三送梁哥出大廳，千言萬語叮嚀兄。自己心肝著捍定，不通為我費心情。」民國九十年十一月二十三日臺灣八大綜藝有線電視臺播放「我的音樂你的歌」節目中，女歌手曾心梅主唱臺語流行歌曲桃花鄉，字幕上有「心肝岸定，心肝岸定。」「岸」為「捍」之誤。

斛（kat上入）——以杓子舀水或取物。

廣韻入聲十四黠：「斛，斛取物也。」梁顧野王玉篇：「斛，抒（取）也。」北宋丁度集韻：「斛，斗取物也。」南宋趙叔向肯綮錄俚俗字義：「去水曰斛。」

國語一般都說「舀水」或「裝沙」，但閩南語卻說「斛水」、「斛沙」，當然「舀水」也常說。土產店裏更可說「斛米」、「斛豆」、「斛麵粉」，但以使用杓子為前提。臺灣每年都有颱風帶來的大雨，水常淹進屋裡，人們多應用杓子從門旁邊把地上的水舀起，潑到屋外去，叫作「科」。參閱本類「抯」字條。

迾（lia 上平）——遮。

說文：「迾，遮也。」段注：「禮記假列爲之，玉藻：『山澤列而不賦。』鄭（玄）云：『列之言遮列也。』漢書假迣爲之，禮樂志、鮑宣傳，（晉）晉灼云：『迣，古迾字。』（東漢張衡）西京賦：『迾卒清候』，（唐）李（善注）引禮記（鄭）注：『迾，遮也。』」廣韻入聲十七薛：「迾，遮遏。」北宋丁度集韻：「迾，車駕清道。」

漢書武五子傳昌邑哀王劉髆：「以王家錢取卒，迾宮清中備道賊。」唐顏師古注：「李奇曰：『迾，遮也。』（三國魏）鄧展曰：『令其宮中清靖，不得妄有異人也。』」清王先謙補注引清周壽昌說：「巡迾宮垣，清除中禁，皆以備匪人也。」昭明文選卷十四劉宋顏延之赭白馬賦：「進迫遮迾，卻屬輦輅。」李善注引東漢服虔通俗文：「天子出，虎賁伺非常，謂之遮迾。」西晉司馬彪續漢書輿服志上：「諸侯王法駕，官屬傅相以下，皆備鹵簿，似京都官騎，張弓帶鞬，遮迾出入稱（課）促。」以上所引古書，「迾」意多謂「阻止並清查惡人」。

閩南語用「迾」，意義亦是「阻止」，即「迾日」、「迾雨」、「迾風」，都是日常用語。這些「迾」字亦可稱「迾遮」。民國連橫臺灣語典卷四：「迾遮，猶掩蔽也。」

捾（kuã下去）——提。

廣韻入聲十三末：「捾，取也。」北宋丁度集韻：「捾，取也。」「捾」字有幾種意義，「取」只是其中的一種。在閩南語裡，「捾」就是「提」的意思，例如，「捾菜籃」、「捾包袱」、「捾手提包」、「捾一桶水」等。

掊（抔）（pò下平）——兩手將物捧高。

說文：「掊，把也。今鹽官入水取鹽爲掊。」段注：「掊者，五指杷之，如杷之杷物也。」戰國墨翟墨子非樂上：「今王公大人，雖無造爲樂器，以爲事乎國家，非直掊潦水折壤坦而爲之也。」漢書郊祀志上：「見地如鉤狀，掊視得鼎。」唐顏師古注：「掊，謂手杷土也。」後魏賈思勰齊民要術種瓜：「先臥鋤，耬卻燥土，然後掊坑，大如斗口。」新唐書食貨志三：「（文宗）太和初，歲旱河枯，掊沙而進，米多耗，抵死甚衆。」

說文：「抔，引堅（聚）也。詩（小雅常棣）曰：『原隰抔（裒）矣。』」段注：「堅各本作取，今正。堅義同聚。引堅者，引使聚也。（梁顧野王）玉篇正作『引聚也。』（詩小雅）常棣：『原隰裒矣。』（毛）傳云：『裒，聚也。』裒者，抔之俗。」禮記禮運「人情以爲田」鄭玄注：「田，人所抔治也。」唐孔穎達疏：「抔，謂以手抔聚。」

閩南語「掊」（抔）的用法和前述古書稍有不同，是「兩手將物捧高」。例如，舊時的木門，左右兩扇上下方各有一小塊圓形凸起的旋軸，上穿進門洞，下穿入門臼，以便開關。

但人不在家或半夜全家熟睡時，竊賊可用雙手從下方將門板使力提高，門下的旋軸即脫離門臼，整個門左右兩扇就可以完全卸下開啓了，以進內行竊，叫做「掊門」。金門還有一句罵人的粗話，指向有財勢的人拍馬屁爲「掊羼脬（pɔ̀下平　lan 下去　p'a 上平）」（雙手捧人睾丸），以討好人而得利，然亦鄙賤令人不齒。

捽（sut 上入）——抽打。

廣韻入聲十一沒：「捽，手捽也。」梁顧野王玉篇：「捽，擊也。」唐韓愈贈別元十八協律詩六首之六：「峽山遇颶風，雷電助撞捽。」清朝野史大觀清人逸事雙忠祠：「公即以首捽宏勳曰：『吾與若俱死矣！』」

閩南語使用「捽」字，意謂以繩索、竹枝、藤枝、皮鞭抽打，對人、獸、物都可。

掎（kē 下平）——拉住。抓住。絆住。纏住。

說文：「掎，偏引也。」詩小雅小弁：「伐木掎矣，析薪扡矣。」鄭玄箋：「掎（倚）其巔者，不欲妄踣之。扡謂觀其理也。」周禮春官翨氏：「翨氏掌攻猛鳥，各以其物爲媒而掎之。」鄭玄注：「置其所食之物於絹中，鳥來下則掎其腳。」荀子議兵：「掎契司詐，權謀傾覆，未免盜兵也。」唐楊倞注：「契讀爲挈；挈，持也。司讀爲伺。詐，欺誑也。」新唐書李晟傳附李聽：「鄭注掎其過，詔以太子太保分司東都。」北宋孫光憲北夢瑣言卷一：

「掎其小瑕，忘其大美。」後二則的「掎」，都有「抓住」意。

於閩南語，常說「掎蜘蛛絲」。閩、臺地區，夏天樹上多蟬，兒童爲要捉蟬，在竹竿頂端以竹枝作一圓圈，先到處纏除蜘蛛網，使網密布在竹圈上，然後舉著竹竿到處網蟬，一旦網到，蟬休想逃脫。閩南稱大蟬爲「大唳」，以上法捉，又稱爲「掎大唳」。

㧾（hut 上入）——打。

西漢揚雄方言第十：「南楚凡相推搏，曰㧾，或曰㧝。」廣韻入聲十一沒：「㧾，擊也。」魏張揖廣雅釋詁三：「㧾，擊也。」

國語多說「打」或「毆打」，唯閩南語保存古字古音，「打人」除說「拍人」外，亦謂之「㧾」。參閱本類「拂」字條。

捦（拎、擒）（k'ĩ下平）——急捉住。急攀住。

說文：「捦，急持衣䘳（襟）也。」段注：「此篆古假借作禽，俗作擒，作捦走獸總名，以其爲人所捦也。又按此解五字當作『急持也，一曰持衣䘳也。』乃合。」廣韻下平聲二十一侵：「襟，急持。捦，上同。」魏張揖廣雅釋詁三：「捦，持也。」唐玄應一切經音義卷十一：「三蒼云：『捦，手捉物也。』」宋金盈之新編醉翁談錄瑣闥異聞：「（唐文宗）開成初，宮中有黃虵，夜自寶庫中出，遊於階庭間，光彩照灼，不可捦捕。」元佚名元朝秘史卷五：「我若被捦，我說本是投降你的人。」

北宋丁度集韻：「捦，或从今。」北宋王洙類篇手部：「擒、扲，捉也。」明梅膺祚字彙：「扲，把也。」清洪秀全吟劍詩：「扲盡妖邪歸地網，收殘姦宄落天羅。」廣韻下平聲二十一侵：「擒，急持。」魏張揖埤蒼：「捦，捉也。今皆作擒也。」戰國韓非韓非子存韓：「是我兵未出而勁韓以威擒，強齊以義從矣。」明吳承恩西遊記第三十七回：「他都要撿占山場擒猛獸，摧殘林木射飛蟲。」

閩南語應用「捦」（扲、擒）字的意義和古書相同。例如，火車開始起行，速度很慢，遲來的乘客趕上，一面用手捉牢火車門邊，一面急足登上車去，叫作「捦」。又如，人站在高樓窗邊往外眺望，因重心不穩，人朝外傾，有墜樓危險；千鈞一髮之間，不覺立刻用手抓住窗簾，纔轉危爲安，亦叫作「捦」。又如商人販賣商品滯銷，連忙降低售價（在成本邊緣），吸引顧客前來搶購，免於以後大幅虧本，也稱爲「捦」。

「捦」在閩南語另一音讀（kā下平），意謂「提攜」或「混入」。前者如說：「這個青年，是我將伊從小捦到大。」後者如說：「我將一張五百塊的錢捦置幾張一百塊的內面。」

紾（tsun下去）——扭絞。

說文：「紾，紾轉也。」段注：「凡了戾曰紾轉，亦單呼曰紾。」（周禮）考工記：『老牛之角，紾而昔（錯）。』（東漢）鄭司農（衆）云：『紾讀爲抮轉之抮。』（西漢劉安）

淮南（子）原道訓：『（菱杼）紾抱。』（東漢）高誘注：『了戾也。』」廣韻上聲二十八獮：「紾，轉繩也。」孟子告子下：「紾兄之臂而奪之食，則得食。」朱熹集註：「紾，戾也。」淮南子原道：「蟠委錯紾，與萬物始終，是謂至德。」高誘注：「紾，轉也。」民國章炳麟商鞅：「跡鞅之進身與處交遊，誠多可議者；獨其當言，則正如檄榜而不可紾。」

閩南語使用「紾」字，完全如同孟子所說的「扭絞其兄的手臂」。手臂被人扭絞，自必疼痛難受。今日常見電視上的世界或日本的職業摔角比賽，扭轉對手的手臂是戰術的一招，一時間可令對手無法抗拒。又如我們把衣服洗乾淨時，常常用雙手將衣服扭絞，使水滴盡，再張開晾曬就容易乾，亦稱為「紾」。

舂（摏）（tsiŋ 上平）——以拳打人。

說文：「舂，擣粟也。」段注：「言粟以晐（該）他穀，亦言粟以晐米。」清朱駿聲通訓定聲：「舂，假借為撞。」廣韻上平聲三鍾：「舂，世本（作篇）曰：『（黃帝時）雍父作舂。（筆者案：清張澍輯世本作『杵臼』）』」明張自烈正字通：「舂，與衝通。」詩大雅生民：「或舂或揄，或簸或蹂。」史記淮南衡山列傳：「一尺布，尚可縫；一斗粟，尚可舂，兄弟二人，不能相容。」史記魯周公世家：「魯敗翟于鹹，獲長翟喬如，富父終甥舂其喉，以戈殺之。」劉宋裴駰集解引東漢服虔：「舂，猶衝。」東漢王充論衡量知篇：「穀之始熟曰粟，舂之於臼，簸其粃糠。」唐白居易潛別離詩：「深籠夜鎖獨棲鳥，利劍舂斷連理枝。」唐李賀猛虎行詩：「長戈莫舂，強弩莫抨。」清曹雪芹紅樓夢第二十二回：「彼時惠能在廚房舂米，聽了這偈，說道：『美則美矣，了則未了。』」上所引述，「舂」字由「舂（擣）粟」的意義引伸爲「撞」、「衝」、「擊」等。

廣韻上平聲三鍾：「摏，撞也。」元黃公紹古今韻會：「摏，擣也。」正字通：「摏，本借舂，俗加手。」春秋左丘明左傳文公十一年：「富父終甥摏其喉，以戈殺之。」西晉杜預注：「摏，猶衝也。」據上述，「摏」是「舂」的俗字，意義仍有撞、擣（打）、衝等。

現代機器碾穀未興起前，吃米等穀物也需要用手工在舂臼中擊打去殼，稱爲「舂米」。因「舂」有「打擊」意，故凡以拳頭打人，都叫做「舂」（摏）。從前金門有一句滑稽的俗語：「無舂會軟胸，無拍會軟肉。」簡直在慫恿人家打架。又拳腳交加打人叫「骹（腳）舂拳頭踢」。

揭（Kíok 上入）——用手撿起地上之物。用手整理散亂之物。

說文：「揭，高舉也。」廣韻入聲十七薛：「揭，高舉。」魏張揖廣雅釋詁一：「揭，舉也。」詩小雅大東：「維北有斗，西柄之揭。」唐孔穎達疏：「維北有斗，亦徒西柄之揭然耳。」西漢劉安淮南子精神訓：「揭钁臿，負籠土。」東漢高誘注：「揭，舉也。」東漢張衡思玄賦：「振余袂而就車兮，脩劍揭以低昂。」後漢書馮衍傳：「懷金垂紫，揭節奉使。」唐李賢注：「揭，持也。」唐杜牧池州送孟遲先輩詩：「我欲東召龍伯翁，上天揭取北斗柄。」

基上所引證，其意義引伸，閩南語謂從地上撿起任何物品爲「揭」，例如，「揭著錢」、「揭著金手指」、「揭著皮包」等皆是。挖拾久葬多年的先人遺骸換葬新地，叫「揭骨頭」。有時屋裡的物品亂放一團糟，動手整理使有次序而悅目，亦叫作「揭」。另外，要將物品裝進布袋或大塑膠袋，袋口張不開，請人幫忙張開袋口，也稱爲「揭」。重修臺灣省通志語言篇頁三三九注明「撿拾」之音（kiok 上入），但字不會寫。

投（ŋ 上去）——捶打。蓋（印）。

梁顧野王玉篇：「投，打投。」北宋丁度集韻：「投，捶也。」以上字書皆釋「投」爲「捶打」。

「投」在閩南語時常應用。例如，拍桌子叫「投桌」，蓋印章叫「投印」，人極度憤怒或悲傷以手自擊胸部叫「投心肝」等都是。亦可用於以拳頭捶擊人，叫「投給伊半死」。

揜（掩）（ã 上上）——以單手單臂取物或抱人靠於身。

說文：「揜，自關以東，取曰揜。」段注：「按許（慎）所據（西漢揚雄）方言蓋作『揜』，（唐）李善注（西漢司馬相如）子虛、上林賦引方言亦作『揜』也。今（魏張揖）廣雅（釋詁一）：『掩，取也。』字作掩。」廣韻上聲四十九敢：「揜，手揜物也。」穀梁傳昭公八年：「秋，蒐于紅，揜禽旅，御者不失其馳。」東晉范甯注：「揜取衆禽。」昭明文選卷八司馬相如上林賦：「捎鳳凰，捷鵷雛，揜焦明。」三國魏曹植七啓：「曳文狐，揜狡兔，捎鷫鷞，拂振鷺。」明楊愼南詔野史卷下：「備揜雉之網羅。」閩南語「揜」（掩）的用法，和上引古書稍有不同，是「以單手單臂取物靠於身」，例如，「揜一捆柴草」，「揜一粒籃球」，「揜一隻狗阿」，「揜著太太」等。重修臺灣省通志語言篇頁一二一曾列有「揜」字。

摻（tsan 上平）——以五手指抓物。

唐玄應一切經音義卷十五引東漢服虔通俗文：「手捉頭曰摻。」北宋丁度集韻：「摻，字統：『摻搣，俗謂之捉頭。』」

閩南語謂以五手指抓物，叫「摻」。例如女人打架，多用五指或十指抓住對方的頭髮，然後一手抓髮，一手擊打。拯救漂浮在水面上的溺水人，亦是一手抓起其頭髮，使面孔先離水中，有利於其呼吸，再拖回岸上施救，亦叫作「摻」。滿抽屜裡全是錢，搶劫者用五指抓起一大把就朝門外跑，亦稱爲「摻」。

斮（斫、剒、斵）（tsò 上去）——斬。

說文：「斮，斬也。」段注：「斬者，截也。截者，斷也。斫用衺（斜），斮、截用正。」廣韻入聲四覺：「斮，斬。」魏張揖廣雅釋詁一：「斮，斷也。」書泰誓下：「今商王受，斮朝涉之脛，剖賢人之心。」南宋蔡沈集傳：「（僞）孔氏（安國傳）曰：『冬月見朝涉水者，其脛耐寒，斫而視之。』史記（殷本紀）云：『比干強諫，紂怒曰：「吾聞聖人心有七竅。」遂剖比干，觀其心。』」公羊傳成公二年：「郤克曰：『欺三軍者，其法奈何？』（逢丑父）曰：『法斮。』」東漢何休注：「斮，斬。」楚辭西漢東方朔七諫：「悲楚人之和氏兮，獻寶玉以爲石。遇厲武之不察兮，羌兩足以畢斮。」新五代史漢臣傳史弘肇：「又爲斷舌、決口、斮筋、折足之刑。」

說文：「斫，擊也。」段注：「擊者，攴也。凡斫木、斫地、斫人，皆曰斫矣。」廣韻入聲十八藥：「斫，刀斫。」西漢枚乘七發：「龍門之桐，高百尺而無枝，使琴摯斫斬以爲琴。」史記孫子傳：「孫子（臏）度其（龐涓）行，暮當至馬陵。馬陵道狹，而旁多阻隘，可伏兵，乃斫大樹白而書之曰：『龐涓死于此樹之下。』」晉書范喬傳：「初喬邑人，臘夕盜斫其樹。」唐杜荀鶴山中寡婦詩：「時挑野菜和根煮，旋斫生柴帶葉燒。」唐韓愈答張籍詩：「回軍與角逐，斫樹收窮龐。」

明張自烈正字通：「剒，與斮通。」後漢書董卓傳論：「夫以刳肝剒趾之性，則群生不足以厭其快。」唐李賢注：「剒，斬也。」南史宋本紀下：「左右失旨，往往有刳剒斷截，禁中懍懍，若踐刀劍。」

梁顧野王玉篇：「剉，斫也。」劉宋劉義慶世說新語賢媛：「剉諸薦以爲馬草，日食遂設精食，從者皆無所乏。」魏書昭成子孫傳秦王觚：「收議害觚者高霸、程同等，皆夷五族，以大刀剉殺之。」

以上斮、斫、剒、剉四字的意義都是「斬」，並互可通用，皆指「斬人」為多。但在閩南語則絕不作殺人用，而多指「斮樹」、「斮柴」等使用，即國語的「砍樹」、「砍柴」。

犆（ta上去）——以工具撥開他物。

北宋丁度集韻：「犆，角挑也。」明宋濂篇海類編鳥獸類牛部：「犆，以角挑物。」後來意義引伸，在閩南語可應用於人事。例如，小孩玩球，球滾到床底下去，可用掃帚或竹竿伸進去，將球撥出來，叫做「犆」。小孩子鑽爬進去拿也可以，但會弄髒衣服。又比如，放風箏時，不愼風箏的繩子纏在空中的電線上，可用竹竿把風箏撥下來，並可免觸電，亦稱為「犆」。如放得太高纏住高壓電線，最好放棄不要，因為太危險了。

䁖（sa上平）——無意中看見。瞥見。

廣韻下平聲七歌：「䁖，偷視也。」北宋丁度集韻：「䁖，視之略也。」明宋濂篇海類編身體類目部：「䁖，偷視，亦作眇。」

閩南語「䁖」的應用近於集韻。在金門，凡人不經意看見某物，叫作「目䁖視」，例如，看見正在潛入屋裡行竊的小偷，或於不很注意時看見鬼魂出現等。

𨀁（pút上入）——跳。

說文：「𨀁，跳也。」西漢揚雄方言第一：「𨀁，跳也。」廣韻入聲八物：「𨀁，跳也。」

「𨀁」在現今國語已成死的文字而不用。閩南語卻常講，例如說：「伊著急到（ka上平）雙骹（腳）𨀁𨀁跳。」「許（hi上上、那）個嬰阿的坦迌物給別人搶去，哭到𨀁𨀁跳。」

剾（**鉋**、**刨**、**鏂**、**錿**、**𣃍**、**剢**、**𠟹**）（káu上平）——削。

廣韻下平聲十九侯：「剾，剾剜。」魏張揖廣雅釋詁四：「剾，（削）也。」北宋丁度集韻：「剾，剜也。或作鏂、𣃍、錿、剢。」明汪廷訥獅吼記冥遊：「你剾了他左眼，我打折他右手。」明張景飛丸記同宦思鄉：「嗟往事，痛如剾！」

廣韻去聲三十六效：「鉋，鉋刀治木器也。」梁顧野王玉篇：「鉋，平木器。」明張自烈正字通：「鉋，平木器，鐵刃，狀如鏟，銜木匡中，不令轉動。木匡有孔，旁兩小柄，以手反覆推之，木片從孔出，用捷於鏟，通作刨。」唐元稹江邊四十韻詩：「方礎荊山採，脩椽郢匠鉋。」清朱彝尊曹先生輓詩六十四韻：「舫爲蓴絲泊，廚看芡實鉋。」

玉篇：「刨，削也。」集韻：「刨，削也。」大清會典事例戶部：「又奏准，吉林開設燒鍋之人，與刨夫熟識，力能幫貼刨夫口糧，責成通融辦理。」

集韻：「剾，剜也。或作鏂。」
集韻：「剾，剜也。或作鎴。」
集韻：「剾，剜也。或作敺。」

西漢揚雄方言第十二：「刳，狄也。」西晉郭璞注：「狄，宜音剔。」玉篇：「刳，空物腸也。」集韻：「剾，剜也。或作刳。」易繫辭下：「刳木爲舟，剡木爲楫。」戰國莊周莊子天地：「夫道，覆載萬物者也，洋洋乎大哉！君子不可以不刳心焉。」西晉郭象注：「有心則累其自然，故當刳而去之。」唐李賀公莫舞歌：「漢王今日須秦印，絕臏刳腸臣不論！」廣雅釋詁四：「⿰俞刂，剜也。」玉篇：「⿰俞刂，剾也。」

以上剾、鉋、刨、鏂、鎴、敺、刳、⿰俞刂八字，字書明白解鉋是「平木器」，其他都是「用刀削」或「以刀割挖」。但意義仍可相通。閩南語對這些字的使用，多指以刀把木頭削去一片片薄薄的木片，使木頭歸於平坦。以及「剾去」食物如番薯、芋頭、蘋果、梨子的皮，和其他必須削皮纔吃的水果與植物，其削皮的動作皆稱爲「剾」。

跧（tsuè 下平）——兩手兩膝匍匐前進。

說文：「跧，卑也，絭也。」段注：「絭，當爲拳曲之拳。」廣韻下平聲二仙：「跧，屈也。伏也。」魏張揖廣雅釋詁三：「跧，伏也。」清王念孫疏證：「匐與伏通。說文：『匍，手行也。匐，伏地也。』（東漢劉熙）釋名（卷三釋姿容）云：『匍匐，小兒時也，伏地行也。人雖長大，及其求事盡力之勤猶亦稱之。詩（邶風谷風）曰：「凡民有喪，匍匐救之。」是也。』」昭明文選卷十一東漢王延壽魯靈光殿賦：「狡兔跧伏於柎側，猨狖攀椽而相追。」唐劉禹錫祭福建桂尙書文：「愕嫠鼓舞，強捍低跧。」以上古書對「跧」的釋義雖不完全一致，但都是「兩手兩膝著地屈伏」的意思。

閩南語使用「跧」字，多指舊時長輩喪禮時，晚輩在靈堂裡號哭並四體投地環繞靈柩爬行，叫作「跧」。或有重大案件，小百姓匍匐到達巡按大人面前，以哭訴冤情，亦稱爲「跧」。

髡（kue 上平）——剃去鬚髮。除去薄皮。罵人。

說文：「髡，鬄髮也。」清朱駿聲通訓定聲：「髡，从髟、元省聲，或不省。」民國容庚金文編引高景成說：「『兀』是『元』的初文，與『元』爲一字。」廣韻上平聲二十三魂：「髡，去髮。」唐慧琳一切經音義卷六十二引考聲：『髡，刑名，髡去其髮也。』北宋丁度集韻：「髡，去髮刑。」楚辭戰國屈原九章涉江：「接輿髡首兮，桑扈臝行。」朱熹集註：「接輿，楚狂也。被髮佯狂，後乃自髡。桑扈即莊子，臝行，謂赤體而行也。」後漢書東夷傳三韓：「其人短小，髡頭，衣韋衣，有上無下。」明朱孟震西南土記：「夫死則髡其頭，不再適。」

依上所引述，「髡」既是「剃去頭髮」，古代又是刑罰的一種，（今日犯人入獄亦剃髮，兵士則爲衛生。）閩南語稱理髮「修面」爲「髡面毛」、「髡嘴鬚」。並由此意義引伸，凡罵人或被罵，皆叫作「髡」。用刀刨去番薯、馬鈴薯、芋頭等的薄皮，也都稱爲「髡」。

劀（kuit 上入）——刮。削。

說文：「劀，刮去惡瘡肉也。周禮曰：『劀殺之齊。』」段注：「鄭（玄）云：『劀，刮去膿血。殺，謂以藥食其惡肉。』與許（慎）異。」明張自烈正字通：「說文，刮、劀分訓。（南）宋戴侗六書故，劀亦作刮，義通。」周禮天官瘍醫：「瘍醫掌腫瘍、潰瘍、金瘍、折瘍之祝藥劀殺之齊（劑）。」唐皮日休遇謗詩：「佞爲疕（腫）兮何去？姦爲疣（病）兮莫劀。」明宋濂鑽燧說：「取赤樹二尺中折之，一剜成小空，空側開以小隙，一劀圓，大與空齊，稍銳其兩端。」

在閩南語，例如用剛銳的鋼具刮去鐵器、銅器上的鏽，稱爲「劀」。人不小心，皮膚被銳器劃傷，亦叫作「劀」。日據時代，日本人命令金門農民種植罌粟，成熟後，用一種薄銳的小鐵刀割破罌粟苞，使漿（提煉後即鴉片）流出，亦稱爲「劀」，再行採集繳交金門政府。這種一枝有五刀片的小刀，叫作「鴉片劀」。

摳（kʻau 上平）——提升。引近。

說文：「摳，一曰摳衣。」段注：「（禮記）曲禮（上）曰：『摳衣趨隅。』摳，提也。

衣，裳也。」廣韻下平聲十九侯：「摳，摳衣，挈衣也。」魏張揖廣雅釋詁一：「摳，舉也。」北宋丁度集韻：「摳，褰裳也。」明張自烈正字通：「摳，曲指摳攬也。」漢書儒林傳王式：「（唐生、褚生）摳衣登堂，頌禮甚嚴。」清蒲松齡聊齋志異大力將軍：「見殿前有古鐘，使數人摳耳，力掀舉之，無少動。」民國曲守約中古辭語考釋摳衣聚足：「梁書袁昂傳：『摳衣聚足，顚狽不堪。』考摳衣，謂提裳也。而聚足即累足之意。」上列所解釋，「摳」多爲「提升」的意思。

閩南語使用「摳」字，有「引近」之意。古時駕駛帆船（今中國大陸仍在應用），逢到逆風，難以直航，必須左右來往迂迴，帆布降低，遂漸得到前進（引近），叫作「摳帆」。同理，舊時追求女人，亦不可貿然莽撞，需要有耐心，以各種方式向其討好，漸漸前進，得其歡心，越誘越近，終於擄獲，和帆船逆風「摳帆」類似，稱爲「摳查某（女人）」，此語現尚流行於金門、廈門及閩南地區。

摝（lɔk 下入）——搖動。振動。

廣韻入聲一屋：「摝，振也。」北宋丁度集韻：「摝，搖也。」周禮夏官大司馬：「三鼓摝鐸。」鄭玄注：「掩上振之爲摝。」唐賈公彥疏：「掩上振之者，以手在上向下掩而執之。」

在閩南語，進寺廟燒香求籤詩，雙手拿起籤筒，一陣振搖，筒口略向下，不久就有一枝竹籤落地，叫作「摝」。喝飲料時，怕玻璃瓶、鐵罐、紙盒內底部的飲料沉澱，開罐前常先把瓶子上下左右搖一搖，亦稱爲「摝」。重修臺灣省通志語言篇頁六〇八客家語「摝」音(luk 上入)。

斲(斵)(tɔk 上入)——砍斬。

說文：「斲，斫也。」廣韻入聲四覺：「斲，削也。」春秋管仲管子形勢解：「斲削者，斤力也。故曰奚仲之巧，非斲削也。」孟子梁惠王下：「匠人斲而小之，則(齊宣)王怒。」楚辭戰國屈原九章懷沙：「巧倕不斲兮，孰察其揆正？」戰國莊周莊子天道：「(齊)桓公讀書於堂上，輪扁斲輪於堂下。」周禮考工記弓人：「斲目必荼。」秦呂不韋呂氏春秋離俗覽：「然而以理義斲削神農、黃帝，猶有可非。」荀子王制：「農夫不斲削，不陶冶，而足械用。」南宋徐夢華三朝北盟會編卷二百三十六：「於是斲秦檜之棺而戮其屍。」明高明琵琶記伯喈彈琴訴怨：「這琴是我在先得此材於爨下，斲成此琴，故曰焦尾。」

「斲」在閩南語經常使用。臺灣的家庭主婦到菜市場買雞鴨或豬腳，常交代販賣人說：「順便斲做小塊。」意即將已脫毛的雞鴨或豬腳斬成許多碎塊，易於烹煮，省了回家後尚須麻煩自己處理。

截(tsuet 下入)——切。斷。

說文：「截，斷也。」段注：「(說文)斤部曰：『斷者，截也。』二篆爲轉注。」史記蘇秦列傳：「韓卒之劍戟，皆陸斷牛馬，水截鵠雁。」後漢書陸續傳：「母嘗截肉未嘗不方，斷葱以寸爲度。」晉書石季龍載記：「截脛剖心，脯賢刳孕。」劉宋劉義慶世說新語方正：「今猶俎上腐肉，任人膾截。」唐白居易太湖石詩：「削成青片玉，截斷碧雲根。」唐元稹酬樂天書懷見寄詩：「中有酬我詩，句句截我腸。」

閩南語裡，「截」是日常用語，如「截肉」、「截菜」等是。對照上引東漢、南朝時有「截肉」、「膾截」，可證明是標準的古語，現尚保存於金門。很奇怪的是，臺灣地區（或者鹿港、臺南有）竟然沒有人說「截」，都是說「切」，如「切肉」、「切菜」等。臺胞聽到「截」，惘然不知意義。臺語是閩南語的一支，或者是失傳了。除鹿港、臺南外，極可能臺中縣的大甲、清水、梧棲等地仍有人說「截」。

斡（uat 上入）——轉向。

說文：「斡，蠡柄也。」段注：「判瓠爲瓢以爲勺，必執其柄，則運旋在我，故謂之斡。」廣韻入聲十三末：「斡，轉也。烏括切。」魏張揖廣雅釋詁四：「斡，轉也。」楚辭戰國屈原天問：「斡維焉繫？天極焉加？」東漢王逸注：「斡，轉也。」朱熹集註：「斡，說文曰：『轂端沓。』則是車轂之內，以金爲筦，而受軸者也，維繫物之縻也。天極謂南北極天之樞紐，常不動處，譬則車之軸也。蓋凡物之運者，其轂必有所繫，然後軸有所加。故問此天之斡，維繫於何所？而天極之軸，何所加乎？」（筆者案：說文經韻樓原刻本「斡」

字下無「轂端沓」三字）史記屈原賈生列傳：「斡棄周鼎兮寶康瓠。」劉宋裴駰集解：「（三國魏）如淳曰：『斡，轉也。爾雅（釋器）曰：「康瓠謂之甈。」大瓠也。』」昭明文選卷十九西晉張華（茂先）勵志詩：「大儀斡運，天迴地游。」唐李善注：「大儀，太極也。斡，轉也。」劉宋謝惠連七月七日夜詠牛女詩：「傾河易迴斡，款顏難久悰。」北宋王安石杜甫畫像詩：「力能排天斡九地，壯顏毅色不可求。」北宋蘇轍祭司馬相如文：「一二卿士，代天斡旋，事棼如絲，衆比如櫛，治亂之機，閒不容髮。」南宋羅大經鶴林玉露天詩用字：「作詩要健字撐拄，要活字斡旋，斡旋如輪之有軸。」

上述所引古書，說「斡」義多為「轉」。閩南語亦有「斡旋」的話。車輛或人走路轉向，國語說「拐」，但閩南語必說「斡」。

踅（躠）（set 下入）——繞行。環行。

北宋丁度集韻：「踅，旋倒也。」明宋濂篇海類編身體類足部：「踅，旋倒。」元王實甫西廂記第四本第四折：「下下高高，道路曲折，四野風來，左右亂踅。」明蒼崫郭氏編雍熙樂府粉蝶兒蘇武牧羊：「羊角風踅地踅天，鵝毛雪撲頭撲面。」明朱權卓文君第二折：「碧天邊夕陽漸斜，疏林外昏鴉亂踅。」明施耐庵水滸全傳第四十九回：「顧大嫂一踅，踅下亭心邊去。」明羅貫中三國演義第六回：「（曹）操帶箭逃命，踅過山坡。」明蘭陵笑笑生金瓶梅第二回：「這婆子正開門，在茶局子裡整理茶鍋，張見西門慶踅過幾遍。」清劉鶚老殘遊記第二回：「(老殘)搖著串鈴滿街踅了一趟，虛應一應故事。」

廣韻入聲十二曷：「躠，跋躠，行貌。」集韻：「躃，蹩躃，旋行貌。」清周亮工書影卷五：「因強起跋躠過帝祠，欲投地，身不能屈。」清先著雨金行詩：「此時畏罪走蹩躠，迎神召符下甘澤。」「躃」和「躠」同形異體，二字當和「踅」通用。

閩南語「踅」(躃、躠)常用，如說：「每日透早，我出去公園運動，再散步踅幾圈，纔返來吃早頓。」署名江上老叟中國奇情小說第十二回：「樂和打聽喜家一門也去觀潮，清早便妝扮齊整，來到錢塘江口，踅來踅去，只找尋喜順娘不著。」是舊時的國語，亦使用「踅」字。

趖（so下平）——爬著走。終日無所事事到處慢行。

說文：「趖，走意。」段注：「今京師(北京)人謂日跌為晌午趖。」梁顧野王玉篇：「趖，走貌。」五代歐陽炯南鄉子詞十三首之七：「鋪葵席，豆蔻花間趖晚日。」(見後蜀趙崇祚編花間集)明湯顯祖南柯記閨警：「軍妻姥姥，這些外婆；軍餘舍舍，這些小哥；斗兒東唱到參兒趖。」清吳敬梓儒林外史第二十六回：「(王太太)又慢慢梳頭、洗臉、穿衣服，直弄到日頭趖西纔清白。」依以上這些古書的「趖」，按「半坐半走」的造字，都是「慢慢地走」的意思。

閩南語用「趖」字，除了指一些游手好閒、整天無所事事混日子的人外，是「慢慢爬著走」。金門人形容人一旦活到七、八十歲，再活不會太長，已經是「置（在）棺材邊趖」，意即等日子死亡。此外，臺南市有一種著名小吃，叫「鼎（鍋）邊趖」。

撅（kak 上入）——掌摑。打。

北宋丁度集韻：「撅，擊也。」新唐書褚遂良傳：「昔侯君集、李靖皆庸人耳，猶能撅高昌，纓（圍）突厥。」閩南語說「撅」，多謂「批頰」，叫「撅嘴酏」（pè 上上）」或「搧嘴酏」。「嘴酏」即「嘴邊」。

撒（sat 上入）——散布。捨棄。

說文無「撒」，而有「𣁋」，說：「𣁋，𥽿𣁋，散之也。」段注：「𥽿者衍字。本謂𣁋米，引申之，凡放散皆曰𣁋。」北宋丁度集韻：「𣁋，說文：『𥽿𣁋，散之也。』或作撒。」

三國志吳書潘濬傳劉宋裴松之注：「孫權數射雉，濬諫之，出見雉羽，手自撒壞。」劉宋劉義慶世說新語言語：「（謝安）兄（謝據）子胡兒曰：『撒鹽空中差可擬。』」唐韓愈月蝕詩：「星如撒沙出，攢集爭強雄。」北宋高承事物紀原卷九撒豆穀：「（西漢）京房之女適翼奉子，奉擇日迎之，房以其日不吉，以三煞在門故也。三煞者，謂青羊、烏雞、青牛之神也。凡是三者在門，新人不得入，犯之損尊長及無子。奉以爲不然。婦將至門，但以穀豆與草禳之，則三煞自避，新人可入也。自是以來，凡嫁娶者，皆置草於門閫內，下車則撒穀豆，蹩草於側而入。今以爲故事也。」明許仲琳封神傳第一回：「漫江撒下鉤和線，從此釣出是非來。」清吳敬梓儒林外史第十七回：「那人把匡大的擔子奪了下來，那些零零碎碎東西，撒了一地。」

集韻：「䊸，放也。或作撒。」元僧清珙詩：「望見險巇多退步，有誰撒手肯承當？」元施耐庵水滸傳第二回：「不想三拳眞箇打死了他，酒家須吃官司，又沒人送飯，不如及早撒開。」清文康兒女英雄傳第十八回：「顧先生也不破他的桿子，只把右腿一撒，左腿一踅，前身一低，紀獻唐那條桿子早從他脊梁上面過去，使了個空。」

上述解釋「撒」字，第一部分是「散布」。閩南地區風俗謂「撒鹽米」可以驅邪，至今沿用；日本人是「撒鹽」，多用於趕跑邪惡之人，及相撲比賽時選手撒鹽辟邪，都是此意。第二部分是「捨棄」，閩南語叫作「放撒」，意即「遺棄」，例如老人去世，等於「放撒囝孫」，使生者有無盡的哀思。或男人遺棄妻子兒女出走或另娶，亦叫「放撒」。世俗用字與臺灣歌謠都寫作「放捨」，比較不妥。

撓（la下去）——攪拌。扭傷。

說文：「撓，擾也。一曰捄也。」段注：「（說文）捄篆下曰：『一曰擾也。』是撓、擾、捄三字義同。」又「擾，煩也。」段注：「煩者，熱頭痛也。引伸爲煩亂之稱。」清朱駿聲通訓定聲：「撓，假借爲橈。」廣韻下平聲六豪：「撓，攪也。」魏張揖廣雅釋詁三：

「撓，亂也。」春秋左丘明左傳成公十三年：「夏四月戊午，晉侯（厲公）使呂相絕秦（桓公），曰：『（秦穆公）撓亂我同盟，傾覆我國家。』」左丘明國語晉語二：「抑撓志以從君，爲廢人以自利也。」三國吳韋昭注：「撓，屈也。」戰國莊周莊子駢拇：「自虞氏招仁義以撓天下也，天下莫不奔命於仁義。」唐陸元朗釋文：「撓，亂也。」荀子議兵：「以桀詐堯，譬之若以卵投石，以指撓沸。」秦呂不韋呂氏春秋高義：「（子囊）曰：『若是，則荊國終爲天下撓。』」西漢劉安淮南子說林：「使葉落者，風搖之；使水濁者，魚撓之。」明徐光啓農政全書農事營治上：「三四日去附子，以汁和蠶矢、羊矢各等分，撓令洞洞如稠粥。」

閩南語稱「泡牛奶、咖啡、糖」在一起爲飲料時的「攪拌均勻」爲「撓」，合於古書的「擾亂」。此外，凡須要「攪拌」纔能成其事物的，皆稱爲「撓」。「撓」用在人的四肢或身體某部位筋骨受到扭傷，則讀音爲（lau 上上），則合於古義的「屈曲」，參閱本書第十二章傷病「撓」字條。

撟（kia 上上）——舉。取。

說文：「撟，舉手也。」段注：「引伸之，凡舉皆曰撟。古多假矯爲之。（東晉）陶淵明（歸去來辭）曰：『時矯首而遐觀。』」（東漢）王逸注楚辭曰：『矯，舉也。』」清朱駿聲通訓定聲：「爾雅釋獸：『人曰撟。』謂人體倦眠輒欠伸舉手以自適。」西漢揚雄方言第二：「撟、捎，選也。自關而西，秦、晉之間，凡取物之上，謂之撟捎。」民國馬光宇校釋：「今人常謂取物曰捎者，是捎有選取之意。」廣韻下平聲四宵：「撟，舉手也。」又上聲三十小：「撟，說文曰：『舉手也。一曰撟擅也。』」魏張揖廣雅釋詁一：「撟，取也。」北宋丁度集韻：「撟，一曰舉手也。」史記扁鵲倉公列傳：「目泫然而不瞚（瞬），舌撟然而不下。」唐司馬貞索隱：「撟，舉也。」漢書揚雄傳上：「仰撟首以高視兮，目冥眴而無見。」唐顏師古注：「撟，舉也。」

國語僅說「舉」和「矯枉過正」。閩南語不說「舉」而說「撟」。如說：「撟薰（煙）枝請朋友食。」、「撟一塊椅頭阿給人客坐。」此外，凡拿、取、舉都可說「撟」，如「撟刀」、「撟鎗」、「撟匕鑽」、「撟掃帚」亦是。

磑（ue 上平）——磨。

說文：「磑，䃺也。古者（春秋魯）公輸班初作磑。」段注：「廣韻（去聲十八隊）云：『（磑，磨也。）世本曰：「公輸班作之。」』語必出世本作篇矣。班與般古通。」廣韻上平聲十五灰：「磑，磨也。」唐玄應一切經音義卷十四：「舂磨，（西晉）郭璞注（西漢揚雄）方言云：『磑即磨也。』」北宋丁度集韻：「磑，磨也。」南宋戴侗六書故地理二：「磑，合兩石琢其中爲齒相切以磨物曰磑。」明張自烈正字通：「磑，碎物之器。古公輸班作磑，晉王戎有水磑。今俗謂之磨。」西漢史游急就篇第三章：「碓磑扇隤舂簸揚。」揚雄太玄經疑：「陰陽相磑，物咸彫離，若是若非。」北齊書高隆之傳：「又鑿引漳水周流城郭，造治碾磑，並有利於時。」唐張喬送友人往宜春詩：「野橋喧磑水，山郭入樓雲。」資治通鑑後晉高祖天福二年：「皆命發其骨，磑而揚之。」元胡三省注：「磑，礳也。今日謂之磨。」北宋黃廷堅雙井茶送子瞻詩：「我家江南摘雲腴，落磑霏霏雪不如。」南宋陸游蝸廬詩：「有書懶讀吾堪愧，睡起何妨自磑茶。」以上所引，「磑」爲名詞「磨」，亦可作動詞「磨物」用。

現在國語名詞一般都說「石磨」，動詞爲「磨」。閩南語名詞爲「磨阿」，動詞則說較古的「磑」。數十年來由於機械發達，磨粉磨漿一切改由機器代勞，人工推「磨阿」已成絕跡，「石磨」也成了文化村的陳列品。

踈（tut 上入）——兩足交互蹂磨。用力搓擦器物使乾淨。

梁顧野王玉篇：「踈，蹂也。」秦李斯倉頡篇：「蹂，踐也。」東漢服虔通俗文：「踐穀曰蹂。古者蹂米之法與蹂禾異：蹂禾以足踐之，蹂米蓋以手重擦之。」明宋濂篇海類編身體類足部：「踈，蹂也。一曰踐也。」

「踈」的閩南語用法，例如今人淋浴洗足盤足底時，擦香皂後，兩足交互蹂踏磨擦，能除去足垢，稱爲「踈」。加銅油於銅器上，拿布巾不停地使力搓擦，不久銅器發亮如新，亦稱爲「踈」。舊時或將銅香爐、銅燭臺浸泡在洗米汁（有去污能力）三兩天，再取起用布巾使力擦拭，效果一樣，當然亦叫「踕」。

骲（敀）（pa下去）——以手掌擊打。

廣韻去聲三十六效：「骲，手擊。」梁顧野王玉篇：「骲，骲擊也。」北宋丁度集韻：「骲，手擊也。」

閩南語常說「以手掌打人頭部或面頰」爲「骲頭殼」或「骲嘴䣛（邊）」，特別是老師體罰頑皮學生，或父母教訓其子女不是時。

擘（扒）（pek上入）——以手將物分開。

說文：「擘，撝（裂）也。」段注：「周禮瓬人（鄭玄）注曰：『薜，讀如藥黃檗之檗，破裂也。』按薜乃擘之假借。（東漢張衡）西京賦云：『剖析豪氂，擘肌分理。』（唐）李善（注）引周禮（鄭玄）注作擘。今俗語謂裂之曰擘開。」廣韻入聲二十一麥：「擘，分裂。」魏張揖廣雅釋詁一：「擘，分也。」又釋言：「擘，剖也。」梁顧野王玉篇：「擘，裂也。」史記刺客列傳：「既至王前，專諸擘魚，因以匕首刺王僚。」漢書申屠嘉傳「屠嘉以材官蹶張」唐顏師古注：「今之弩以手張者，曰擘張；以足蹋，曰蹶張。」唐李白西岳雲臺歌送丹丘子詩：「巨靈咆哮擘兩山，洪波噴流射東海。」

廣韻入聲十七薛：「扒，擘也。」廣雅釋言：「扒，擘也。」清王念孫疏證：「擘，分也。扒之言別也。捌與扒同。」北宋丁度集韻：「扒，剖分也。或作捌。」「擘」在閩南語應用很廣，例如，「擘土豆」、「擘柑阿」、「擘弓蕉」、「擘蚶阿」等皆是。重修臺灣省通志語言篇頁三三八，列有「擘，分開。」

歕（pun下平）——以口吹風。

說文：「歕，吹气（氣）也。」廣韻下平聲二十三魂：「歕，吐也。又吹氣也。」魏張揖廣雅釋詁四：「歕，吐也。」清王念孫疏證：「歕與噴同。」梁顧野王玉篇：「歕，歕氣也。口含物歕散也。」穆天子傳卷五：「黃之池，其馬歕沙，皇人威儀；黃之澤，其馬歕玉，皇人壽穀。」昭明文選卷一東漢班固東都賦：「吐燗生風，欱野歕山。」唐李善注：「欱，啜也。歕，吹氣也。」北齊顏之推顏氏家訓涉務：「見馬嘶歕陸梁，莫不震懾。」北宋黃庭堅念奴嬌詞：「孫郎微笑，坐來聲歕霜竹。」元紀君祥趙氏孤兒第一折：「見孤兒頟顱上汗津津，口角頭乳食歕。」

舊時閩南各地雖已有電燈，但居民爲了省儉，晚上多點用有玻璃罩的煤油燈，臨睡或不用時，張口自玻璃罩上方吹氣，燈火就熄滅了，叫做「歕熄燈火」。金門俗語謂不干我事而惹來麻煩，叫「隔壁歕熄燈火」，意爲「不可能與我相干。」又取笑人有氣無力，叫「會呼雞，未（甪）歕火。」因爲呼雞和吹滅燈火口勢相同。重修臺灣省通志語言篇頁一四六，「歕」有音無字，不會寫。

檠（檄）（kiŋ 上平）——用以抵住旁物使不變形或傾倒。

說文：「檄，榜也。」段注：「（詩）秦風（小戎）：『竹閉緄縢。』毛（傳）曰：『閉（弓檠），紲（繫檠於弓）。緄，繩。縢，約也。』」說文：「榜，所以輔弓弩也。」朱熹集傳：「以竹爲閉，而以繩約之於弛弓之裡，檠弓體使正也。」廣韻下平聲十二庚：「檠，所以正弓。渠京切。」詩小雅角弓：「騂騂角弓，翩其反而。」唐陸元朗釋文：「檠，弓匣也。」唐孔穎達疏：「檠者，藏弓定體之器。」戰國韓非韓非子外儲說右下：「是以說在椎鍛平夷，榜檠矯直。」漢書蘇武傳附蘇建：「武能網紡繳（弋射之生絲縷），檠弓弩。」昭明文選卷六西晉左思魏都賦：「弓珧解檠，矛鋋飄英。」唐李善注：「金匱曰：『良弓非劶檠不張。』」明方孝孺深慮論三：「善治弓者，見其欹則檠之，使其調而已。」清王夫之宋論徽宗：「姦邪者，君子之所可施其檠括。」

上列所引古書，「檠」的意義多爲「矯正」。在閩南語的使用中，則是任何「抵住旁物使不變形或傾倒」之意。例如一道傾斜的牆壁，在未拆除重建之前，以木板木柱抵住牆身，可以使牆壁不再往下傾斜或傾倒，叫做「檠」。舊時爲防止歹徒強行侵入，除將門關妥後，門後又用粗大木條斜拄在門板上，以增加木門被衝撞而入的抵抗強度，亦叫作「檠」。甚至如幫助一個病弱的人行將傾倒，另一個人在旁邊緊靠將要跌倒的人支撐住，亦稱爲「檠」。

疃（tún 上上）——踐踏。蹂躪。

說文：「疃，禽獸所踐處也。詩（豳風東山）曰：『町疃鹿場。』」段注：「毛傳曰：『町疃，鹿跡也。』謂鹿跡所在也。」廣韻上聲二十四緩：「疃，（西漢）毛萇云：『町疃，鹿跡也。亦作畽。』北宋丁度集韻：「疃，說文：『禽獸所踐處。』或作畽。」北宋黃庭堅觀祕閣蘇子美題壁詩：「姑蘇麋鹿疃，風月有書堂。」明蒼嵒郭氏雍熙樂府粉蝶兒耍孩兒：「盤桓疃畔巒端路，見一箇繞倒㤼騷老夫。」「疃」字原是名詞，亦可用作動詞，即「踐踏」或「蹂躪」。

常聽到的閩南語，如一群兒童在草皮上踢足球，跑來跑去，即叫作「疃」。小兒踏在床上的毛毯棉被上玩耍，亦叫作「疃」。又如雞隻在草地上覓食，以足爪挖撥泥土，想得蟲吃，亦稱爲「疃」。

盪（ㄉ下去）——搖蕩清洗器物使淨。

說文：「盪，滌器也。」段注：「（說文）水部曰：『滌，洒也。』『洒，滌也。』此字从皿，故訓滌器。凡貯水於器中，搖動之去滓，或以碟垢瓦石和水吮漱之，皆曰盪。盪者，滌之甚者也。」廣韻上聲三十七蕩：「盪，滌盪搖動貌。」北宋丁度集韻：「盪，滌器。」漢書元后傳：「且羌、胡尚殺首子以盪腸正世，況於天子而近已出之女也。」唐顏師古注：「盪，洗滌也。」後魏賈思勰齊民要術塗甕：「以熱湯數斗著甕中，滌盪疏洗之。」北齊顏之推顏氏家訓序致：「習若自然，卒難洗盪。」劉宋鮑照隨恩被原疏：「浩澤盪汰，臣亦與焉。」唐杜甫行次昭陵詩：「指揮安率土，盪滌無洪鑪。」

在閩南語中，「盪」字的使用有二種。一種是清洗食器如碗、碟、盤、鍋時，爲怕不夠潔淨，已洗過一次，再以清水沖洗一次，洗鍋時還要邊洗邊兜圓形搖動，使水能洗得更週到，叫作「盪」；洗第二次時，叫作「汰」（tʻua 下去）。另一種是精味的湯食，如十全雞湯、四物雞湯，鍋底還剩些碎肉和少許的湯，不甘倒棄，反倒些白開水於鍋中，搖動幾下再全部倒進容器裡來吃，也叫作「盪」。至於衣服被單枕頭套再洗第二次，亦稱爲「汰」。

薅（Kau 上平）——拔。

說文：「薅，披田草也。」段注：「大徐（鉉）作『拔去田草。』（唐玄應）衆經音義作『除田草。』（唐陸元朗）經典釋文、（梁顧野王）玉篇、（唐張參）五經文字作『拔田草。』惟（南唐徐鍇）繫傳舊本作『披』不誤。披者，迫地削去之也。」廣韻下平聲六豪：「薅，除田草也。」詩周頌良耜：「其鎛斯趙，以薅荼蓼。」唐孔穎達疏：「趙是用鎛之事，鎛是鋤類，故趙爲刺地也。虞蓼是澤之所生，故爲水草也。茶亦穢草。」朱熹集傳：「薅，去也。」北魏賈思勰齊民要術水稻：「稻苗漸長，後須薅。」原注：「拔草曰薅。」清文康兒女英雄傳第二十五回：「師傅又錯了？師傅錯了，薅你師傅的鬍子好不好？」

閩南語「薅」字應用很廣，「薅菜」、「薅草」、「薅麥」、「薅甘蔗」等最常說。甚至罵人也說「薅頭絕種」的惡毒語。臺灣民間流行風俗，謂在農曆正月十五夜，未嫁少女到別人田裡，「偷嬦蔥，嫁好尪；偷嬦菜，嫁好婿。」

擲（擿）（te 上去）——投。拋。

廣韻入聲二十二昔：「擲，投也。」梁顧野王玉篇：「擲，同擿。」明梅膺祚字彙：「擲，投也。拋也。」後漢書呂布傳：「布嘗小失（董）卓意，卓拔手戟擲之。」三國志魏書袁紹傳劉宋裴松之注：「（三國吳）謝承後漢書：胡毋班與王匡書云：『（西漢）劉向傳曰：「擲鼠忌器。」器猶忌之，況今（董）卓處宮闕之內，以天子爲藩屏，幼主在宮，如何可討？』」晉書孫楚傳附孫綽：「（綽）嘗作天台山賦，辭致甚工，初成，以示友人范榮期，云：『卿試擲地，當作金石聲也。』」劉宋劉義慶世說新語容止梁劉孝標注：「（東晉裴啓）語林曰：『（潘）安仁至美，每行，老嫗以果擲之，滿車。』」唐杜牧阿房宮賦：「鼎鐺玉石，金塊珠礫，棄擲邐迤，秦人視之，亦不甚惜。」金董解元西廂記諸宮調卷八：「（崔）鶯鶯解裙帶，擲於梁。」

說文：「擿，投也。」段注：「今字作擲。」廣韻入聲二十二昔：「擲，投也。擿，上同。」明張自烈正字通：「擿，按此古擲字也。」戰國莊周莊子胠篋：「擿玉毀珠，小盜不起。」唐陸元朗釋文：「擿，義與擲字同。」史記刺客荊軻傳：「荊軻廢，乃自引其匕首以擿秦王，不中。」漢書史丹傳：「隤銅丸以擿鼓。」唐顏師古注：「擿，投也。」

閩南地區的人說話，「擲」（擿）字常用，如「擲石頭」，現尚流行於金門，但臺灣卻少聽到。此外，凡拋擲任何物品，皆稱爲「擲」。

摷（lio下平）——以刀橫割。以勺薄舀。

廣韻下平聲十八尤：「摷，斬刺。」閩南語使用「摷」字，如將生豬肉上的一層脂肪橫著切除，叫「摷」；把熟豬舌、豬肝橫著切片，亦是。又如將清水上面的一層薄薄的油污用勺子平推舀起，亦叫作「摷」。這些用法，和廣韻的釋義不相同。

瞷（na上去）——小視。

說文：「瞷，視也。」段注：「瞷，亦當爲臨視也。」廣韻去聲五十九鑑：「瞷，瞻也。」

「瞷」字現在國語只於文言文中纔見得到，口頭絕不使用。但閩南語保存古音，凡人在門外伸頭向內探看一下就走，叫作「瞷」。這一「瞷」，已達到其窺視的目的。有些人整天事情繁忙，沒有時間看報紙，只匆忙的拿起，看一下許多標題，內容少去注意，亦叫作「瞷」。

蹻（蹺、翹）（kiau上平）——舉腳。

說文：「蹻，舉足小高也。」段注：「（唐）玄應（一切經音義）引（東漢）文穎曰：

『蹻猶翹也。』又引三蒼解詁云：『蹻，舉足也。』按今俗語猶然。」清朱駿聲通訓定聲：「蹻，今多以翹爲之。」廣韻下平聲四宵：「蹻，舉足高。去遙切。」黃帝素問鍼解：「巨虛者蹻足。」唐王冰注：「蹻，謂舉也。」漢書高帝紀下：「大臣內畔，諸將外反，亡可蹻足而待也。」昭明文選卷九西漢揚雄長楊賦：「莫不蹻足抗首，請獻厥珍。」唐李善注引東漢服虔：「蹻，舉足也。」民國趙爾巽等清史稿樂志：「屈伸進反，輕蹻俯仰之節。」

廣韻下平聲四宵：「蹺，揭足。去遙切。」梁顧野王玉篇：「蹺，舉足也。」北宋丁度集韻：「蹺，舉趾謂之蹺。或作蹻。」清曹雪芹紅樓夢第七回：「你也不想想焦大太爺蹺起一只腿，比你的頭還高些。」清吳敬梓儒林外史第二回：「把腿蹺起一隻來，自己拿拳頭在腰上只管捶。」

廣韻下平聲四宵：「翹，舉也。」魏張揖廣雅釋詁一：「翹，舉也。」戰國莊周莊子馬蹄：「（馬）齕草飲水，翹足而陸，此馬之眞性也。」唐成玄英疏：「翹，舉也。」西漢劉安淮南子脩務訓：「（馬）跳躍揚蹏（蹄），翹尾而走。」東漢高誘注：「翹，舉也。」唐劉知幾史通雜說上：「昔孔子力可翹關，不以力稱。」

閩南語「蹻」（蹺、翹）常用，多表示舒服得意的姿勢，即人坐著，舉起一腿疊放在另一腿上面的「二郎腿」，叫作「蹻骹（腳）」。金門有一句俗語說：「蹻骹撚嘴鬚。」即人極爲適意自在的樣子。對照蹻、蹺二字的廣韻讀音，正好和今天的口語相符，故亦可證明閩南語的古。

鏟（剗）（tuã上上）——割削。

說文：「鏟，一曰平鐵。」段注：「謂以剛鐵削平柔鐵也。廣韻（上聲二十五潸）曰：『鏟，平木器也。』凡鏟削多用此字，俗多用剗字。」清徐灝注箋：「平鐵者，平木器之鐵也。」唐玄應一切經音義卷十六引秦李斯蒼頡篇：「鏟，削平也。」南宋戴侗六書故地理一：「鏟，狀如斧而前其刃，所以鏟平木石者也。」明宋濂篇海類編珍寶類金部：「鏟，損削也。」東漢王符潛夫論浮侈：「削除鏟靡，不見際會。」劉宋鮑照石帆銘：「乃剡乃鏟，既刳既斲。」新唐書高儉竇威傳贊：「古來賢豪，不遇興運，埋光鏟采，與草木俱腐者，可勝咤哉！」唐李紓故中書舍人吳郡朱府君神道碑：「國朝鏟邇代之弊，振中古之業。」唐孟郊求仙曲：「鏟惑有靈藥，餌眞成本源。」清包世臣藝舟雙楫贈余鐵香序：「及數經挫折，又遂鍛鏟鋒鋩，浮沉流俗。」

元王禎農書卷十三：「鏟，纂文曰：『養苗之道，鉏不如耨（拔），耨不如鏟。柄長二尺，刃廣二寸，以剗地除草。』此古之鏟也。今鏟與古制不同，柄長數尺，首廣四寸許。兩手持之，但用前進攛之，剗去壠草，就覆其根，特號敏捷。」

由以上所引據的資料，得知「鏟」有三種：鏟鐵、鏟木石、鏟草。第一種，筆者童年所見，是一種丁字形鋼器，兩手握柄，與橫鋼交叉的鋒利直鋼刀，可將固定的菜刀、水果刀、翦刀的刀鋒削薄，使其鋒利如新。第二種只有直柄，前頭鋒利，以削平木石。第三種是較長的直柄，前刃也較寬，用來除草除根。

在閩南語中，「鏟」多半用於農事，而且用的是鋤頭，不是鏟刀，特別是農民剷除旱田裡的草皮時，其動作則稱爲「鏟」。還有，每年清明節掃墓，亦要帶著鋤頭和鐮刀，將墳墓周圍的亂草清除，亦稱爲「鏟草」。臺灣所見，卻是有人攜帶刀鋤前來代勞，收取費用。

𦣝（tʻe 上平）——人半靠半臥。

北宋丁度集韻：「𦣝，臥也。一曰虎臥息微。」這個字，國語在文字與說話上已全不使用，唯有閩南語非但保存，而且口語常講。例如說：「路不愛行，坐計程車𦣝來。」即舒舒服服的「半靠半臥」狀態。金門有一句俗語形容古時的皇帝不喜聽朝，退朝後往內宮半躺臥，叫「癉（音善、疲累）癉𦣝後殿」。此外，我們日常在客廳沙發上半躺臥，亦稱爲「𦣝交椅」。

齧（kʻe 上去）——肉已吃盡連附在骨頭上的薄肉也不放過。咬吃。

說文：「齧，噬也。」段注：「（說文）口部曰：『噬，啗也。』（東漢劉熙）釋名曰：『鳥曰啄，獸曰齧。』」禮記曲禮上：「毋齧骨，毋反魚肉。」鄭玄注：「爲有聲響，不敬。爲已歷口，人所穢。」唐孔穎達疏：「毋齧骨者：一則有聲；一則嫌主人食不足，以骨致飽；三則齒之口脣可憎。毋反魚肉者，謂與人同器也，已齧殘，不可反還器中，爲人穢之也。」唐杜甫哀江頭詩：「輦前才人帶弓箭，白馬嚼齧黃金勒。」北宋李昉太平廣記卷三十四引傳奇：「門有金獸齧環，洞然明朗。」北宋蘇洵木假山說：「而其激射齧食之餘，或髣髴於山者，則爲好事者取去。」

閩南語最常用是「齧甘蔗」，吃甘蔗先要用齒咬去蔗皮，然後一口一口咬斷甘蔗，吃汁吐渣。從前金門的婚俗，男方須要送給女方數百斤連骨的生豬肉，女方只能收肉，豬骨必要剔起，還給男方；故俗語叫「肉給人吃，骨不給人齧。」新竹竹林版山伯探英臺歌：「士久就問祝小姐，吾（我們）置（在）杭州來到這。蜜糖不食齧甘蔗，怎樣無留吾的額？」

攦（li 上去）——撕。

北宋丁度集韻：「攦，折也。」戰國莊周莊子胠篋：「毀絕鉤繩而棄規矩，攦工倕之指，而天下始人有其巧矣。」唐陸元朗釋文：「攦，（晉）李（頤）云：『折也。』（西晉）崔（譔）云：『撕之也。』」北宋范仲淹四民詩工：「宜哉老成言，欲攦輸般指。」清王應奎箬包船紀事詩：「或爲矐（使失明）其目，或爲攦其肢。」

閩南語凡撕開或撕毀物品，皆稱爲「攦」，例如，「攦紙」、「攦皮」、「攦布」等是。

鑢（lu 上去）——磨擦。磨拭。

說文：「鑢，厝（一本作錯）銅鐵也。」段注：「厝者，厲石也。故以爲凡砥厲之字。厲銅鐵謂之鑢。」南唐徐鍇繫傳：「磨錯之也。」清王筠句讀：「錯有磨義。」廣韻去聲九御：「鑢，錯也。」魏張揖廣雅釋詁三：「鑢，磨也。」明梅膺祚字彙：「鑢，磨錯之器。」詩大雅抑：「白圭之玷，尚可磨也。」鄭玄箋：「玉之缺尚可磨鑢而平。」禮記大學：「有斐君子，如切如磋。」朱熹章句：「磋以鑢錫，磨以沙石，皆治物使其滑澤也。」唐徐堅初學記卷三十引劉欣期交州記：「鮫魚出合浦，長三尺，背上有甲，珠文，堅強可以飾刀口，又可以鑢物。」北宋王讜唐語林補遺：「（曹）紹夔食訖，出懷中錯，鑢磬數處，其聲遂絕。」「鑢」可磨物，故又引伸爲「修治品性」的意義；除前引大學外，如西漢揚雄太玄經大：「次二，大其慮，躬自鑢。」晉范望注：「自治其身。」

在日常生活中，閩南語對凡「磨擦」的事物都可叫「鑢」，例如用砂紙磨金屬器具，叫「鑢給金（亮）」；用濕布擦拭桌椅，叫「鑢椅桌」；用濕布使力洗地板叫「鑢土骹（腳）」；多天未洗澡，用毛巾施力洗身體，叫「鑢身軀」。

第十章 情狀

也無（ia 上上 bo 下平）——沒有（反問語）。

署名江上老叟中國奇情小說第十一回趙司戶千里遺音蘇小娟一詩正果，寫宋朝時錢塘（今浙江杭縣）名妓蘇盼奴、小娟姊妹，皆工詩書。盼奴結識太學生趙不敏，授湖北襄陽司戶，赴任，無力助盼奴樂籍除名，相思病死，盼奴亦相思病死。有浙江於潛縣商人誣盼奴、小娟曾受官絹費，告官。趙院判寄詩小娟示愛，欲助訴訟；小娟回詩說：「君住襄江妾在吳，無情人寄有情書。當年若也來相訪，還有於潛絹也無？」院判助小娟因而勝訴，並爲脫籍，結爲夫婦。

在此故事中，「還有於潛絹也無」的「也」是一個襯字，無義。這一句詩意思是說：「還會有於潛受絹款的事嗎？」正面的含義是「沒有」。閩南語一如吳語，「也無」二字常講。例如說：「遊覽車來也無？」意爲「遊覽車來了？還是沒有來？」

仆（趦、趴、踣）（pap 上入）——倒。

廣韻去聲四十九宥：「仆，前倒。」北宋丁度集韻：「仆，僵也。」清朱駿聲說文通訓定聲：「仆，前覆爲仆，後仰曰偃。」黃帝素問經脈別論：「度水跌仆。」唐王冰注：「仆爲身倒也。」東漢班固西都賦：「鉅石隤，松柏仆，叢林摧。」宋佚名王樹傳：「舉舟之人，興而復顛，顛而又仆。」明徐宏祖霞客遊記滇遊日記八：「今前樓之四壁俱頹，後閣之西角將仆。」

說文：「�，僵也。」段注：「此與（說文）足部之踣音義並同。」廣韻去聲五十候：「趙，僵也。」集韻：「仆，僵也。或作趙。」

集韻：「踣，說文：『僵也。』亦作𧿒。」明宋濂篇海類編身體類足部：「𧿒，亦作踣，斃也。倒也。」

說文：「踣，僵也。春秋傳曰：『晉人踣之。』」爾雅釋言：「斃，踣也。」西晉郭璞注：「前覆。」北宋邢昺疏：「前卻顛倒之名也。斃又謂之踣，皆前覆也。」春秋左丘明左傳襄公十四年：「譬如捕鹿，晉人角之，諸戎掎（偏引）之，與晉踣之。」西晉杜預注：「踣，僵也。」唐孔穎達疏：「前覆謂之踣，言與晉共倒之。」資治通鑑漢安帝延光元年：「頓踣呼嗟，莫不叩心。」元胡三省注：「踣，僵也，斃也。」

以上仆、趙、𧿒、踣四字，音義都相同，即「倒下」或「斃命」。在閩南語，如說：「伊行路中間忽然烏暗眩，歸個人仆落去。」「仆落去」等於「倒下去」。此外尚有「㱠」字，讀音亦同，但「斃命」的意思較重。

介（kai 上去）——特別。非常。甚。

魏張揖廣雅釋詁三：「介，獨也。」北宋丁度集韻：「介，特也。」春秋左丘明左傳昭公十四年：「養老疾，收介特。」唐孔穎達疏：「介亦特之義也。介特謂單身特立無兄弟妻子者。」戰國韓非韓非子外儲說左下：「夫介異於人臣，而獨忠於主。」民國梁啓雄注：「謂特立獨異於群臣之間。」史記陳餘列傳：「（張耳、陳餘）乃說武臣（武信君）曰：『將軍今以三千人下趙數十城，獨介居河北。』」劉宋裴駰集解：「（西晉臣瓚）瓚曰：『（西漢揚雄）方言（第六）云：「介，特也。」』」

「介」字在文獻上雖多釋爲「孤獨」，引伸之，即有「特立獨異於衆」的含義。閩南語中，特別是臺灣話，時常使用，例如，「介大」，「介諳（tsue 下去、多）」，此處「介」便是「非常」的意思。臺灣舊流行歌曲陳達儒作詞、陳秋霖作曲滿山春色：「心心相印，青春上界好，咱的愛情實在世間無。」「界」爲「介」之誤。

勻勻阿（un 下平　un 下平　a 上平）——慢慢。細心。

梁顧野王玉篇：「勻，齊也。」北宋丁度集韻：「勻，均也。」明宋應星天工開物乃粒稻工：「凡一耕之後，勤者再耕三耕，然後施肥，則土質勻碎。」唐柳宗元晉問：「敞兮勻勻。」

「勻」既是「齊均」，自然是細碎，不能很大而猛。疊用爲「勻勻」，更強調「齊均」，故閩南語稱「慢慢」或「細心」爲「勻勻阿」，「阿」爲語助詞，特別是走路或開車的時候，以免陷於危險。

必（pit 上入）——裂。

說文：「必，分極也。从八弋，八亦聲。」段注：「極猶準也。（說文）木部棟、極二字互訓。橦字下云：『帳，極也。』凡高處謂之極，立表爲分判之準，故云分極。引申爲詞之必然。」說文既說「从八弋」，又「八」字說：「別也。象分別相背之形。」因此更可作爲「裂」的注腳。

唐玄應一切經音義卷十九：「纂文曰：『必栗者，羌樂器名也。蓋必栗猶言別裂，其聲激楚，聽之如欲破裂也。』」唐慧琳一切經音義卷五十六：「必栗者，羌胡樂器名也。經文作篳篥也。」

在現代國語中，已沒有「必」是「裂」的意思存在，唯獨閩南語保存古音古義，都稱「裂」爲「必」。金門於農曆七月普度時有一種祭拜孤魂野鬼的表面裂開的麵糕，叫作「必頭粿」。臺灣也有，稱爲「發粿」。以外，凡是破裂或發生裂痕的任何物品，閩南語皆稱爲「必」。

未（𣍐）（bue 下去）——不會。

「未」是「勿會」二字的合音與合義。梁顧野王玉篇：「未，猶不也。未有不，即有也。」書秦誓：「惟古之謀人，則曰未就予忌。」民國屈萬里尚書釋義：「忌，讀如詩（鄭風大）叔于田『叔馬慢忌』之忌，語詞也。二句言古之謀人去予已遠，未能來就予也。」史記范睢蔡澤列傳：「人固不易知，知人亦未易也。」唐溫庭筠楊柳枝之八：「塞門三月猶蕭索，縱有垂楊未覺春。」民國蘇玄瑛淀江道中口占詩：「羸馬未須愁遠道，桃花紅欲上吟鞭。」上引各例，「未」可解爲「不」，亦可解爲「不會」。

「𣍐」是近年臺胞的新造字，合於六書中的「會意」，意爲「不會」，造得極好。臺灣舊流行歌，周添旺作詞、鄧雨賢作曲月夜愁：「心內眞可疑，想袂出，彼個人。」「所愛的伊，爲何給阮放袂離？」「夢中來相見，斷腸詩，唱袂止。」（據民國林二、簡上仁合編臺灣民俗歌謠頁一二四）筆者案：其中「袂」字，應作「未」或「𣍐」。「彼」應作「許」。「阮」爲「吾」之誤。

陳達儒作詞、姚讚福作曲心酸酸：「抹吃抹睏腳手軟啊，每日思君心酸酸。一時變心抹按算啊，秋風慘淡草木黃。」（據你歌企業股份有限公司伴唱錄影帶古早歌）案：「抹」應作「未」或「𣍐」。但據林二書中皆作「未」，則不誤。

陳達儒作詞、蘇桐作曲雙雁影：「鴻雁那會即自由！因何人生抹親像？秋天那來添憂愁。秋天月夜怨單身，規暝思君抹安眠。」（據你歌）案：「即」應作「這」。「抹」應作「未」或「𣍐」。「那」應作「若」。「規」應作「歸」。但據林二書，「未」、「歸」不誤。

江中清作詞曲春花望露：「空思夢想規瞑恨，抹得倒落床。抹見君怨嘆目睚紅，噯唷引阮病者重，害阮等規瞑。」（據林二書）案：「規」應作「歸」。「抹」應作「未」或「觔」。「阮」爲「吾」之誤。

企（跂）（kía 下去）——人站立。居住。

說文：「企，舉踵也。」段注：「踵者，跟也。企或作跂，（詩）衛風（河廣）曰：『跂予望之。』（禮記）檀弓（上）曰：『先王之制禮也，過之者，俯而就之；不至焉者，跂而及之。』」魏張揖廣雅釋詁四：「企，立也。」山海經海外北經：「（跂踵國）厥形雖大，斯腳則企，跳步雀踴，踵不閡地。」楚辭西漢劉向九嘆憂苦：「登巑岏以長企兮，望南郢而闚之。」東漢王逸注：「企，立貌。」唐柳宗元永州崔中丞萬石堂記：「皆大石林立，渙若奔雲，錯若置棊，怒者虎鬭，企者鳥厲。」民國章炳麟新方言二：「（西漢揚雄）方言（第七）：『企，立也。』今福州、廣州謂立爲企。」上引的「企」，皆是「站立」意。閩南語說「企」，即國語的「站立」。由「企」是「站立」的意思而引伸，閩南語稱「居住」爲「企」，並指所居住的家屋爲「企家厝」。

沒影（bo 下平 iã 上上）——不是眞的。

梁顧野王玉篇：「影，形影。」北宋王洙類篇彡部：「影，物之陰影也。」人或物的光線投射而成的陰影，陰影由實體來，故「影」當亦可指實物的本身。書大禹謨：「惠迪吉，從逆凶，惟影響。」僞孔傳：「吉凶之報，若影之隨形，響之應聲。」西漢劉安淮南子脩務：「吾日悠悠慙於影。」東漢高誘注：「影，形影也。」唐李白月下獨酌詩：「舉杯邀明月，對影成三人。」宋書謝靈運傳：「今影跡無端，假謗空設，終古之酷，未之或有。」清文康兒女英雄傳第二十六回：「就算我這話沒影兒，等我說句有影兒的姐姐聽。」

明馮夢龍喻世明言第二十二卷木綿菴鄭虎臣報冤：「（南宋賈）似道想起昔日獻詩規諫之恨，分付太學博士，尋他（鄭隆）沒影的罪過，將他黥配恩州。鄭隆在路上嘔氣而死。」由喻世明言使用「沒影」一詞來看，可知最遲在明朝時的語言裡，已有同於閩南語的「沒影」在通行。

虬（Kíu 下平）——蜷曲。縮小。吝嗇。

資治通鑑漢紀：「獻帝建安二十一年，中尉崔琰薦鉅鹿楊訓於（曹）操，操禮辟之。或笑訓希世浮僞，謂琰爲失所舉。操怒，收琰付獄，髡爲徒隷。前白琰者復白之云：『琰爲徒，對賓客虯須（鬚）直視，若有所瞋。』遂賜琰死。」元胡三省注：「虬須，卷鬚也。」唐杜甫送王砅詩：「次問最少年，虬髯十八九。」唐白居易江上逢王將軍詩：「虬鬢憔悴羽林郎，曾入甘泉侍武皇。」南宋趙汝适諸蕃志志國海上雜國：「波斯國在西南，國上其人肌理甚黑，鬢髮皆虬。」明劉侗、于亦正帝京景物錄：「一松虬，一亭小，立柳中。」

在閩南語，形容頭髮自然蜷曲卻不是由於電燙，叫作「虯毛的」。鬍鬚自然蜷曲，叫「虯鬚的」。人到老年，身材會降低縮小，被嘲笑爲「吃老倒虯（縮小）」。由蜷曲或縮小的意義引伸，凡人生性吝嗇小氣，視一錢如命的人，亦被譏爲「虯」或「虯到一錢拍十八結」。

走從（縱、⿺走从）（tsau 上上　tsɔŋ 下平）——爲急事到處奔波求援。

梁顧野王玉篇：「從，從從，走貌。」北宋丁度集韻：「從，從從，疾貌。」明張自烈正字通：「從，走貌。」昭明文選卷七西漢揚雄甘泉賦：「風縱縱而扶轄兮，鸞鳳紛其銜蕤。」唐李善注：「縱縱，疾貌。（晉）晉灼曰：『蕤，綏也。』」「縱縱」，漢書揚雄傳作「從從」，唐顏師古注：「從從，前進之意也。」

廣韻上平聲三鍾：「⿺走从，急行也。」集韻：「⿺走从，急行貌。」清范寅越諺卷下：「⿺走从，一舉步而上屋過牆。」

民國連橫臺灣語典卷三：「走從，猶急遽也。疾行曰走，惶恐而走曰從。」閩南語中確有「走從」一詞，形容「爲急事到處奔波求援」，例如，爲錢財、官司、救人、急事等都是。國語僅在古文或文言文中應用「從」或「⿺走从」這兩個字。

拄（tut 上入）——支撐。耐用。

北宋丁度集韻：「拄，掌也。」明樂韶鳳洪武正韻：「拄，掌也。支也。」西漢劉向戰國策齊策六：「大冠若箕，脩劍拄頤。」三國魏曹操陌上桑詩：「食芝英，飲醴泉，拄杖桂枝，佩秋蘭。」晉書王徽之傳：「（桓）沖嘗謂徽之曰：『卿在府日久，比當相料理。』徽之初無答，直高視以手版拄頰云：『西山朝來，致有爽氣耳。』」唐孟郊勸善吟詩：「藏書拄屋脊，不借與凡聾。」南宋陸游遊山西村詩：「從今若許閒乘月，拄杖無時夜叩門。」清曹雪芹紅樓夢第五十八回：「寶玉聽說，只得拄了一支杖，靸（拖）著鞋，走出院外。」

閩南語與國語相同，房屋老舊，有倒塌危險的，通常在屋蓋的椽的下方，用木柱支撐，叫作「拄」。以手支撐下顎，叫「用手拄嘴下斗」。老人使用手杖助行，叫「拄著拐阿行路」。公元二〇〇〇年，臺中市群健某有線電視臺作汽車廣告「一台車凸歸臺灣」，意為宣傳該牌汽車耐用。但「凸」則是十足的錯字，不懂得使用「拄」，「拄」意正是「支持」或「耐用」。

怗（tiam 下去）——沉靜不語。不喜活動。

廣韻入聲三十怗：「怗，安也。靜也。」魏張揖廣雅釋詁四：「怗，靜也。」梁顧野王玉篇：「怗，靜也。」北宋丁度集韻：「怗，怗滯也。」北史呂羅漢傳：「西戎懷德，土境怗然。」唐元稹高荷詩：「不學著水荃（草），一生長怗怗。」北宋王安石曹公行狀：「還故地而至者千人，後遂怗服，皆為用。」又，游土山示蔡天啓秘校詩：「幸哉同聖時，田里老安怗。」北宋李昉太平廣記卷四百五十六引廣異記：「又灌百斛，乃怗無聲。」清顧炎武天下郡國利病書江南十一武進縣志：「土人尙得怗其窟。」

閩南語中，形容人平時沉靜少言語，或不喜活動，叫作「怗」。金門故老傳說，明神宗時的會元許獬，不迷信鬼神。某次行路經過今縣城後浦東門香火鼎盛的觀音亭，在廟口用手指著觀音佛祖的神像說：「怗怗阿興，纔會久！」意即「慢慢興不要急躁。」金門人稱神明「靈驗」爲「興」，臺語叫「靈感」。新竹竹林版山伯英臺罰紙筆看花燈歌：「山伯英臺睏同房，倒無一塊眠床枋（板）。歸暝怗怗無振動，全無翻身若死人。」形容山伯怕睡性不好翻身過界受罰紙筆。「怗怗」即「不敢移動」。在臺灣，常聽見有人唬嚇別人或小孩說：「怗去！」意謂令對方閉口不准講話。許獬是金門後湖鄉人，數百年來後湖鄉不作佛事，或者正受他影響所致。

沖沖滾（ts'iaŋ 下平　ts'iaŋ 下平　kun 上上）——湯水在鍋中滾沸騰湧之狀。情勢熱絡。

說文：「沖，涌繇（搖）也。」中華版中華大字典：「滾，俗謂湯沸曰滾。」臺灣有一首童謠說：「一的炒米香，二的炒韭菜，三的沖沖滾，四的炒米粉，五的五將軍，六的乞食孫，七的分一半，八的爬梁山，九的九嬸婆，十的撞大鑼。」（見民國林二、簡上仁合編臺灣民俗歌謠頁九五）「沖沖滾」，即是形容鍋裡的滾湯水波騰湧的狀態。移用於人事，凡情勢熱絡，沖沖涌涌，也如同滾湯一般，騰沸萬狀。可惜臺灣世俗及書報雜誌，都誤寫爲「強強滾」，亟待改正。

肨（p'ɔŋ 上去）——隆起。豐滿。

唐玄應一切經音義卷三引魏張揖埤蒼：「肨脹，腹滿也。」廣韻去聲四絳：「肨，脹臭貌。」梁顧野王玉篇：「肨，肨脹也。」南宋宋慈洗冤錄溺水死：「水浸多日，屍首肨脹。」同書四時屍變：「遍身肨脹，口脣翻，皮膚脫爛。」

據以上各書所解釋，似乎「肨」字多用在反面或不良事物較多。但同一字，有時亦可指正面或美好的一方。例如閩南地區有一種甜糕點，長方形高高隆起，名為「肨高條（liau 下平）」，甚為美味可口。閩南語（臺灣話）贊美女人皮膚皙白、體態豐滿美麗，叫「白肉肨皮」。沙發椅稱為「肨椅」。重修臺灣省通志語言篇頁三五六列「肨，鼓漲。」

哈唏（hat 上入　hi 上去）——打哈欠。

「哈」是「張口發聲」。「唏」亦是狀聲字。清朱駿聲說文通訓定聲：「按唏，（西漢揚雄）方言（第）十三：『唏，聲也。』（魏張揖）廣雅釋訓：『唏唏，聲也。』」明湯顯祖邯鄲記死竄：「唏唏赫赫，戰兢兢把不住臺盤滑。」清曹雪芹紅樓夢第六十四回：「只聽見屋裡唏嚁嘩喇的亂響，不知是何物撒了一地。」

國語說「打哈欠」，閩南語叫「哈唏」。「唏」可釋為「歎氣」；人打哈欠，只是想睡，並沒有喜怒哀樂在內；不過打哈欠時人口中吐出了些氣，也很像在歎氣的樣子。

按怎（an 上去　tsuã 上上）——為何。

明梅膺祚字彙：「按，考也。據也。」西漢劉向戰國策秦策一：「周自知不救，九鼎寶器必出。據九鼎，按圖籍，挾天子以令天下，天下莫敢不聽。」漢書翼奉傳：「按成周之居，兼盤庚之德，萬歲之後，長爲高宗。」唐高適東征賦：「按山川之險阻，求天地之屯蒙。」據以上各書，「按」有「考查依照」之意。

明張自烈正字通：「怎，俗字，今人用爲語助辭，猶言『如何』也。（北宋）程（顥、頤）、（南宋）朱（熹）語錄中多用之。」「怎」，唐時多用「爭」。唐玄宗題梅妃畫眞詩：「霜綃雖似當時態，爭奈嬌波不顧人。」唐白居易題峽中石上詩：「誠知老去風情少，見此爭無一句詩！」南宋李清照聲聲慢詞：「這次第，怎一個愁字了得！」元關漢卿竇娥冤第三折：「頃刻間游魂先赴森羅殿，怎不將天地也生埋怨？」清吳敬梓儒林外史第三回：「范進道：『你奪我的雞怎的？你又不買。』」

「按怎」即「如何」，是閩南語日常口頭說話。新竹竹林版新雪梅思君歌：「薄情郎君無地看，耽誤吾身要按怎？人人嫁尪有尪伴，虧得我雪梅守孤單。」英臺罰紙筆看花燈歌：「目睭掠（liak 下入、向）兄金金看，戲弄梁哥千萬般。這爾眞情要按怎？無替吾想盡心肝！」李三娘汲水歌六集：「要來按怎敢許（hia 上上、那樣）緊？要返行到烏暗眩。路頭不知遠也近，路草又更認未眞。」又：「出來經過無幾工，要返按怎路無同？有啥怪物得（在）變弄？要來蹧蹋我一人。」

按爾（生）（an 上去　ni 上上　〔sĩ 上平〕）——這樣。如此。

禮記月令：「陳祭器，按度程。」元陳澔集說：「度，法也。程，式也。」「按」爲「依據」意。戰國商鞅商君書君臣：「明主之治天下也，緣法而治，按功而賞。」「按」是「依照」意。漢書揚雄傳上：「曲隊堅重，各按行伍。」唐顏師古注：「按，依也。」民國裴學海古書虛字集釋卷七：「爾，猶然也。」「然」即「如此」。明張自烈正字通：「生，語餘聲。（北宋歐陽修）六一居士詩話：『（唐）李白戲杜甫詩：「借問別來太瘦生，總爲從前作詩苦。」』太瘦生，唐人語也。至今猶以生爲語助，如『作麼生』之類是也。」南宋辛棄疾生查子詞：「歲晚太寒生，喚我溪邊住。」南宋楊萬里過五里逕詩：「野水奔來不小停，知渠何事太忙生。」故「生」字在此等處皆無義。

於閩南語，「按爾」是日常用語，意爲「照這樣」或「這樣」，加「生」字或不加都可以。新竹竹林版李三娘汲水歌五集：「感謝將軍有度量，按爾我著免悲傷。調查若是有去向，寄批報我說吉凶。」山伯探英臺歌：「看見啼哭喉就涛（tĩ 下去、滿），早來就免按爾生。爲汝煩惱致成病，暝來準日日準暝。」臺灣舊流行歌林天津作詞、許石作曲鑼聲若響：「較輸未講喉先鄭，全無疑那會安呢生。」其中「鄭」字誤，應作「涛」。「安」字可用。「呢」字亦誤，應作「爾」。此外世俗亦多誤作「按呢」，亟待改正。民國連橫臺灣語典卷二：「安仍，則如此。說文：『仍，因也。』」筆者案：「安」可通「按」；而「仍」則音義皆誤，不可取。

就讀音來說，臺灣全省多說「按爾」（an 上平　ne 上平），只有臺南和臺中縣大甲、清水、梧棲一帶說（an 上平　ni 上平）。「生」字幾乎從沒有聽到，而盛行於金門。金門有一句俗語說：「青盲，盲青。暝日將生。」（tsĩ 上平　mi 下平　mi 下平　tsĩ 上平　mi 下平　lit 下入　tsiũ 上去　sĩ 上平）「青盲」是「盲眼的人」，「暝日」是「日夜」，「將」是「從事」，「生」是語助詞。整句是說：「瞎眼的人，白天和晚上過的日子都是一樣的。」

涛（tĩ 下去）——水或液體滿盈。

說文：「涛，水暫益，且止，未減也。」清王筠句讀：「猶云不增不減耳。」清錢坫斠詮：「今滯字當用此。」廣韻上聲六止：「沚，（東漢劉熙）釋名曰：『沚，止也。』」同韻：「涛，上同（沚）。」詩召南采蘩：「于以采蘩？于沼于沚。」朱熹集傳：「沼，池也。沚，渚也。」

民國連橫臺灣語典卷一：「涛，水滿也。」閩南語凡水或液體將滿盈時，都叫作「涛」。例如，海水漲到最高潮，即稱爲「水涛」。又如車輛油箱添油將滿，亦叫「涛」。新竹竹林版愛玉自嘆歌：「想著棘心喉就涛，害吾守節年過年。這事無人做證見，誰知啇輅我親生？」英臺出世歌：「日月催迫緊如箭，英臺出世十四年。想著否（壞）命喉就涛，置（何）時會得出頭天？」喉頭塞滿，意即將要哭泣。

炰（烰）（pu下平）——以火燒食物或埋於熱灰中使熟。

說文：「炮，毛炙肉也。」段注：「炙肉者，貫之加於火。毛炙肉，謂肉不去毛炙之也。（詩小雅）瓠葉（毛）傳：『毛曰炮，加火曰燔。』（詩魯頌）閟宮（毛）傳曰：『毛炮豚也。』周禮封人：『毛炰之豚。』鄭（玄）注：『毛炮豚者，爓去其毛而炮之。』（禮記）內則（鄭玄）注曰：『炮者，以塗燒之爲名也。』（禮記）禮運（鄭玄）注曰：『炮，裹燒之也。』按『裹燒之』，即內則之『塗燒』。鄭意，詩、禮言『毛炮』者，毛謂燎毛，炮謂裹燒。毛公則謂連毛燒之曰炮；爲許（愼）所本。（小雅）六月、（大雅）韓奕，皆曰『炰鼈』，（鄭）箋云：『炰，以火熟之也。』鼈無毛，而亦曰炰，則毛與炰二事。鄭說爲長矣。『炰』與『缹』，皆『炮』之或體也。」漢書楊惲傳：「亨（烹）羔炰羊，斗酒自勞。」唐顏師古注：「炰，毛炙肉也。即今所謂『瀌』也。」西漢焦延壽易林賁之頤：「炰鼈膾鯉。」

烰，木材經燃燒以後變成木炭，可再度用來烤熟食物。格物粗談器用：「鐵鏽以烰炭乾擦則快。」明李時珍本草綱目火部炭火：「烰炭火，宜烹、煎、焙、炙百藥丸散。」

與「炰」、「烰」意義同而讀音不同的，有煨、爊。南宋戴侗六書故天文下：「煨，灰火中熟物也。」南宋陸游初夏野興之三詩：「糠火就林煨苦筍，密罌沉井漬青梅。」清王士禛寄盤山拙菴道人詩：「煨芋爐灰冷，懸燈雪屋寒。」北宋丁度集韻：「爊，煨也。」後魏賈思勰齊民要術脯腊：「其魚草裹泥封，煻（灰）火中爊之。」

在閩南語，「炰」（烰）是常用語。閩南與臺灣多產番薯和芋頭。舊時多用土灶，銑鐵鍋中煮物，燒的柴火成爲熱灰掉下在灶洞底部，將番薯或芋頭埋進其中，過一段時間，都熟了，然後邊吃邊撕皮，其芳香的滋味遠勝於在鍋裡煮熟的。

重修臺灣省通志語言篇頁五九一，載客家語「烳（烤）蕃薯」。筆者案：「烳」，梁顧野王玉篇：「烳，火貌。」此疑誤，當作「炰」（烰）。

牴（抵、觝）（tak 上入）——觸。

說文：「牴，觸也。」段注：「（說文）角部曰：『觸，牴也。』亦作抵、觝。」清桂馥義證：「漢書揚雄傳：『犀、兕之牴觸。』」廣韻上聲十一薺：「牴，角觸。」

清朱駿聲說文通訓定聲：「抵，假借爲牴。」山海經海外北經：「共工之臣曰相柳氏，九首，以食于九山。相柳之所抵，厥爲澤谿。」漢書武帝紀：「（元封）三年春，作角抵戲，三百里內皆來觀。」唐顏師古注：「抵，相抵觸也。」唐柳宗元辯文子：「其意緒文辭，叉牙相抵而不合。」

廣韻上聲十一薺：「牴，角觸。」「觝，上同。」西漢劉安淮南子說山：「熊羆之動以攫搏，兕牛之動以觝觸。」梁任昉述異記：「秦、漢間說，蚩尤氏耳鬢如劍戟，額有角，與軒轅鬭，以角觝人，人不能向。」南宋普濟五燈會元卷二十二：「（僧）問如何是和尚出身處？師曰：『牛觝牆。』」

閩南語裡，兩牛相鬥叫「牛相牴」。人的處境時運不濟，不如意事十常八九，叫「牴磕

（kʹap下入、撞）磕」。人走路不小心，足尖踢到高起處，叫「抵著」。

耍（sŋ上上）——遊玩。

金韓孝彥篇海：「耍，戲也。」明梅膺祚字彙：「耍，戲耍。」北宋周邦彥意難忘美咏：「長輩知有恨，貪耍不成妝。」元曲無名氏陳州糶米：「這幾日，只是吃酒耍子。」明吳承恩西遊記第一回：「一群猴子耍了一會，卻去那山澗中洗澡。」清吳敬梓儒林外史第二回：「好好到貢院來耍，爲甚這麼號咷痛哭？」

「耍」字是臺灣話，閩南地區極少聽見。重修臺灣省通志語言篇頁三四六，「耍」有音無字，不會寫。

秮（冇）（pã上去）——鬆軟。不堅實。

梁顧野王玉篇：「秮，禾不實。」北宋丁度集韻：「秮，禾不實。」民國陳修臺灣話大辭典：「冇，秮的俗字。粟不實曰冇粟。冇柴，軟質之木料。冇蟳，無膏脂之蟳。」民國連橫臺灣語典卷一：「冇，不實也。呼如怕。（清施鴻保）閩雜記有此字。」

笑咍咍（⿱殹口⿱殹口）（tsʹiou上去　hai上平　hai上平）——樂得笑不停。

說文：「笑，喜也。」廣韻去聲三十五笑：「笑，欣也。喜也。」唐玄應一切經音義卷二引劉宋呂忱字林：「笑，喜也。」南宋毛晃增韻：「笑，喜而解顏啓齒也。」論語憲問：「樂然後笑，人不厭其笑。」西晉郭璞遊仙詩：「靈妃顧我笑，粲然啓玉齒。」唐杜甫佳人詩：「但見新人笑，那聞舊人哭。」

南唐徐鉉說文新附：「咍，嗤笑也。」廣韻上平聲十三佳：「咍，笑貌。」北宋丁度集韻：「咍，笑聲。」楚辭戰國屈原九章惜誦：「行不群以巔越兮，以衆兆之所咍。」東漢王逸注：「咍，笑也。楚人謂相嗤笑曰咍。」晉書束晳傳：「束晳閒居，門人並侍。方下帷深譚，隱几而咍。」唐杜甫秋日荆南述懷詩：「休爲貧士歎，任受衆人咍。」唐皇甫湜吉州刺史聽壁記：「昔民嗷嗷，今民咍咍。」北宋王安石兼并詩：「法尚有存者，欲言時所咍。」明楊愼升庵外集卷十三：「玉女投壺，每投十枝，百二十梟，設有入不出者，天帝爲之咍噓。」清焦循劇說卷四：「使人讀之，忽焉咍噓，忽焉號呶。」閩南語、臺語「笑咍咍（咍咍）」常用，可惜臺語至今沒有人能寫出正確的字，俗皆誤作「笑咳咳」。

偆（tsˋun 上平）——剩餘。富厚。

說文：「偆，富也。」廣韻上聲十七準：「偆，厚也。富也。」

「偆」是閩南語保存古語的最佳證明，是每日用語，意爲一切事物的「有剩餘」。有相當財產叫「有偆一塊阿」。而國語早已滅絕，只在古文裡看得見。

停賺（賺）（tiŋ 下平　tã 下平）——錯誤。

南唐徐鉉說文新附：「停，止也。」東漢劉熙釋名釋言語：「停，定也，定於所在也。」是「停」有「定在某處」的含意。

說文新附：「賺，重買也。錯也。」清鄭珍附考：「知同謹按：買當作賣。重賣者，賣物得價倍於常值。重讀如字。猶買物出多資謂之重資重價。今人猶謂市利多得為賺錢，南北皆有此語。」廣韻去聲五十八陷：「賺，重買。佇陷切。」遼僧行均龍龕手鑑：「賺俗，賺正。」買賣本以欺價為手段，因此叫作「做生意賺錢」。

閩南語稱「錯誤」為「停賺」。顧客討價還價，生意人常對顧客說：「我的價錢公道啦！賺買無賺賣。」「賺買無賺賣」意謂作生意的人，行情比顧客正確而不發生錯誤，錯誤多來自顧客的傳聞不實。此外，兩個人正在一起交談，忽然有第三者插話，其中一個就說：「汝不通賺七賺八。」意謂怕插話會擾亂兩人談話的內容。

啥會（siã 上平　hue 下去）——甚麼。何事。何物。

民國章炳麟新方言釋詞：「故余亦訓何，通借作『舍』。孟子滕文公（上）篇：『舍皆取諸其宮中而用之。』猶言『何物』皆取諸其宮中而用之也。」「舍」同「啥」，即「甚麼」。

爾雅釋詁上：「會，合也。」魏張揖廣雅釋詁三：「會，聚也。」書禹貢：「雷、夏既澤，濰、沮會同。」唐孔穎達疏：「謂二水會合而同入此澤也。」唐柳宗元封建論：「德又大者，方伯、連率之類，又就而聽命焉，以安其人，然後天下會於一。」「會」既爲「會合」，「會合」必有雙方或多方，以便談論或成就何事。故世有「理會」一詞，可有二義：明羅貫中水滸傳第二回：「我莊上打起梆子，你衆人可各執槍棒，前來救應；你各家有事，亦是如此。遞相救護，共保村坊。如若強人自來，都是我來理會。」此處「理會」意即「處理」。清文康兒女英雄傳第四回：「所以公子除一般的受些風霜之外，從不曾理會得途中的渴飲飢餐那些苦楚。」此處「理會」意爲「知道」。

將「啥」與「會」合爲一詞，意爲「甚麼」、「何事」、「何物」的意義自明，故是閩南語日常講話。民國連橫臺灣語典卷二：「甚貨，亦疑問辭。『甚』呼如『成』，語氣較重。」筆者案：「甚」意和「啥」相同；但以「成」譬音則錯誤；「貨」字亦不通；故「甚貨」一詞不能成立。

淖（lo下平）——水混濁。

說文：「淖，泥也。」段注：「（秦李斯）倉頡篇云：『深泥也。』（劉宋呂忱）字林云：『濡甚曰淖。』按泥淖以土與水合和爲之，故淖引伸之義訓和。」說文解「淖」爲「泥」，「泥」中必含水，只是「泥」的成分遠比水多。「以土與水合和爲之」，水自然不會是清的。魏張揖廣雅釋詁三：「淖，濁也。」山海經海內經：「韓流取淖子，曰阿女。」

清畢沅注：「淖即濁字，古用淖也。」是「淖」與「濁」音義皆相通。

「淖」字閩南語常用，例如說：「做颱風了後，溪水淹了眞高，水也眞淖。」又如說：「查埔人放尿白淖，叫做下消病。」這些「淖」字都是「水混濁不清」之意。

許爾（hia 上上 ni 上上）——那麼的。那般的。

「許」是「如此」或「那樣」。梁徐陵玉臺新詠桃葉（答王團扇歌）：「團扇復團扇，持許自障面。」唐杜甫野人送櫻桃詩：「數回細寫愁仍破，萬顆勻圓訝許同。」唐杜荀鶴自江西歸九華詩：「許大乾坤吟未了，揮鞭回首出陵陽。」唐陳子良於塞北春日思歸詩：「我家吳會青山遠，他鄉關塞白雲深。爲許羈愁長下淚，那堪春色更傷心。」北宋蘇軾次韻答文與可見寄詩：「世間那有千尋竹，月落庭空影許長。」宋史楊萬里傳：「吾頭如許，報國無路。」南宋劉克莊沁園春詞：「天造梅花，有許孤高，有許芬芳。」清曹雪芹紅樓夢第五十一回：「六朝梁棟多如許，小照空懸壁上題。」

民國裴學海古書虛字集釋卷七：「爾，猶然也。」「然」即「如此」。「許」亦是「如此」。但意義相同的字可重疊使用，例如「仇讎」、「緩慢」等是。

在閩南語，「許」字亦常用。如，新竹竹林版英臺廿四送哥歌：「英臺這屏（邊）且放斷，來講山伯回家門。入厝梁母共囝問：『面色那會許青黃？』」又：「梁母聽著纔知苦，『英臺做事許胡塗！是囝戇目不別（識）虎，杭州未曉加偷摸？』」山伯探英臺歌：「無采給我得失望，敢騙吾來了戇工。汝若看錢許爾重，還敢掠我準戇人！」一般都用「許」；加強語氣時纔用「許爾」。

喫虧（Kik 上入 Kūi 上平）——吃虧。

南唐徐鉉說文新附：「喫，食也。从口契聲。」清鄭珍新附考：「說文：『齧，噬也。』即喫本字，从口猶从齒，契聲與㓞聲一也。唐人詩始見此字，蓋六朝以降俗體。」（筆者案：戰國莊周莊子天地中已有「喫詬」，鄭說誤。）廣韻入聲二十三錫：「喫，喫食。苦擊切。」梁顧野王玉篇：「喫，啖也。」明宋濂篇海類編身體類口部：「喫，飲也。」劉宋劉義慶世說新語任誕：「（羅）友聞白羊肉美，一生未曾得喫，故冒求前耳。」唐顧況行路難詩：「君不見擔雪塞井徒用力，炊砂作飯豈堪喫。」唐杜甫送李校書二十六韻：「臨歧意頗切，對酒不能喫。」古今小說新橋市韓五賣春情：「又喫了一盃茶。」以上所舉的例子，「喫」是吃、喝；又如「吸煙」亦可稱「喫煙」，「吸墨紙」也叫「喫墨紙」，這些都是「喫」的本義。

意義引伸，「承受」亦可稱「喫」。南宋羅大經鶴林玉露補遺卷二：「喫拳何似打拳時。此言雖鄙，實爲至論。」「喫拳」即遭人以拳頭擊打。北宋向鎬青玉案詞：「喫他圈檟（杖），被他拖逗。」「喫」亦是「受」。南宋邵雍擊壤集：「未喫力時猶有說，到收功處更何言？」「喫力」即「費力」，同爲「受」。

「喫虧」爲「受損」，仍是「承受」。唐杜牧隋苑詩：「卻笑喫虧隋煬帝，破家亡國爲何人？」新竹竹林版山伯探英臺歌：「聽妹得（在）講眞凝血，手對心肝一直搥。我要若知緊到位，就免今日這喫虧。」閩南語「喫虧」一詞極常用，但在文字上全誤爲「克虧」，這是世俗不懂得「喫」音讀「克」的緣故，應改正。舊臺灣流行歌林天津作詞、楊三郎作曲黃昏再會：「幾句情話不敢講出嘴，含情不吐最吃虧。」女歌手鳳飛飛主唱，電視字幕打「最吃虧」，口中卻唱「上克虧」。「克」爲「喫」之誤。另許丙丁作詞、佚名作曲六月茉莉：「好花難得成雙對，身邊無君上克開。」（據許常惠臺灣福佬系民歌頁六五）筆者案：「克開」爲「喫虧」之誤。

惴（tsúat 上入）——恐懼。

說文：「惴，憂懼也。」段注：「（爾雅）釋訓、毛傳皆曰：『惴惴，懼也。』許（愼）意懼不足以盡之，故增『憂』字。」廣韻去聲五寘：「惴，憂心也。」魏張揖廣雅釋詁一：「惴，憂也。」詩秦風黃鳥：「臨其穴，惴惴其慄。」毛傳：「惴惴，懼也。」「惴」說文段注：「慄當作栗，轉寫之誤也。古戰栗、堅栗皆作栗。」孟子公孫丑上：「自反而縮，雖褐寬博，吾不惴焉？」史記項羽本紀：「楚兵呼聲動天，諸侯軍無不人人惴恐。」漢書酷吏傳甯成：「然宗室豪桀，人皆惴恐。」唐顏師古注：「惴，戰栗也。人人皆戰恐也。」新唐書裴延齡傳：「時大旱，人情愁惴。」

「惴」字閩南語經常應用，例如說：「汝忽然間講起這個否（壞）消息，給我惴一下。」

「伊無出聲，洶洶走入來，給我惴一個半死。」「惴」字依廣韻原是去聲字，閩南語讀成入聲，此是聲調變化，不足奇怪。

滯（te 上去）——以布或漏水器除汁。

廣韻上聲十一薺：「滯，（魏張揖）埤蒼云：『滯，漉漉也。』」北宋丁度集韻：「滯，滴水。」民國連橫臺灣語典卷一：「滯，去汁也。」

國語除於古書或文言文有「滯」字外，白話文絕不使用，唯獨閩南語說話中保存。所有含水的物品，或以袋子包裝，如要除去其中的水汁，通常是使用較疏的布巾，並加重物壓在上面，使它慢慢滴水或滲水，稱爲「滯」。例如，舊時以白米、糯米磨漿製作粿皮或湯丸，都是用「滯」的方法，以便讓米漿變得更濃，纔不致過軟而不合用。

湛瀝漉（tam 下平　lit 下入　lɔk 上入）——濕漉漉。

魏張揖廣雅釋訓：「湛湛，露也。」詩小雅湛露：「湛湛露斯，匪陽不晞。」毛傳：「湛湛，露茂盛貌。」劉宋呂忱字林：「湛，投物水中也。」北宋丁度集韻：「浸，或作湛。」又集韻：「湛，漬也。」以上「湛」的三個意義：受露水灑霑，即必濡濕；投物水中，亦必濕濡；浸漬於液體裡，自然濕潤。

說文：「瀝，一曰：水下滴瀝也。」清朱駿聲通訓定聲：「按，滴、瀝疊韻連語，水聲。」昭明文選卷十二晉木玄虛（華）海賦：「瀝滴滲淫，薈蔚雲霧。」唐李善注：「說文曰：『瀝、滴，水下滴瀝也。』」

說文：「漉，一曰：水下貌也。」段注：「（西漢司馬相如）封禪文：『滋液滲漉。』後世言漉酒，是此義。」

集合「湛瀝漉」在一起，「濕漉漉」的意義自見。國語於文字或口語多用「濕漉漉」；而閩南語「湛瀝漉」是日常說話，特別是在颱風天或下雨時更掛在口邊。

焯（tot 下入）——火燃燒。

魏張揖廣雅釋詁二：「焯，爇也。」清王念孫疏證：「焯者，廣韻（入聲十八藥）：『火氣也。』焯與灼亦聲近義同。（西漢揚雄）太玄童：『錯蓍焯龜，比光道也。』」民國連橫臺灣語典卷一：「焯，火然也。詩大雅（雲漢）：『焯彼雲漢。』今作倬。」

閩南語，如新竹竹林版愛玉自嘆歌：「愛玉想著眞煩惱，一暗（夜）夫妻著來無。放撒哂輅手裡抱，給我想著心火焯。」「火焯」即指「火燃燒」，不論大火小火，都可如此說。「心火焯」意爲「心中焦慮難安」。

貯（te 上上）——裝。盛。存放。

說文：「貯，積也。从貝，宁聲。」南唐徐鍇繫傳：「當言『宁亦聲』，少『亦』字也。」

會意。」民國商承祚殷虛文字類編：「貯，（甲骨文）象內（納）貝于宁中形，或貝在宁下，與許（愼）書作貯，貝在宁旁意同。又宁、貯古爲一字。」廣韻上聲八語：「貯，居也。積也。」梁顧野王玉篇：「貯，盛也。」公羊傳僖公三年：「（齊）桓公曰：『無障谷，無貯粟，無易樹子，無以妾爲妻。』」漢書食貨志：「貯積諸物，及商以取利者，雖無市籍，各以其物自占。」後漢書左慈傳：「因求銅盤貯水，以竹竿餌釣。」南宋陸游冬夜讀書詩：「茆屋三四間，充棟貯經史。」明周履靖夷門廣牘益齡單：「銅器不可久貯酒，久則害人。」清蒲松齡聊齋志異賈奉雉：「僕適自念，以金盆玉椀貯狗矢，眞無顏出見同人。」

閩南語中，「貯」字用在「積聚」的意思較少，用在「盛裝」的意義較多。例如，「水缸貯水」、「米甕貯米」、「書包貯書」等是。民國連橫臺灣語典卷一：「底，裝置也。（春秋左丘明）左傳（昭公元年）：『底祿以德。』（西晉）杜（預）註：『底，致也。』」筆者案：連氏誤解杜注「致」之意；「致」是「引來」，而不能解釋爲「裝置」，連氏說誤。即「底」本字要解爲「裝置」，亦是十分勉強的。

跔（跼、趵、趜）（kiu 上平）——因天寒身體四肢不敢伸直。

說文：「跔，天寒足跔也。」段注：「（逸）周書太子晉（第六十四）：『師曠東躅其足，曰：「善哉！善哉！」太子曰：「太師何舉足驟？」師曠曰：「天寒足跔，是以數也。」』此許（愼）所本。」南唐徐鍇繫傳：「筋遇寒不舒也。」清朱駿聲通訓定聲：「蘇俗所謂『膀牽筋』。」廣韻上平聲十虞：「跔，手足寒也。」梁顧野王玉篇：「跔，不伸也。」北宋丁度集韻：「跔，足寒曲也。或作踻。跔，或作跼、佝。」

廣韻入聲三燭：「跼，踡跼。又曲也。」集韻：「跼，蜷跼不伸也。」後漢書李固傳：「居非命之世，天高不敢不跼，地厚不敢不蹐（小步）。」唐李賢注：「跼，曲也。」昭明文選卷十四劉宋顏延之（延年）赭白馬賦：「跼鑣轡之牽制，隘通都之圈束。」清黃叔璥臺海使槎錄北路諸羅番九：「見門外一牛甚腯，囚木籠中，俯首跼足，體不得展。」

集韻：「趜，足不伸也。或作趜。」清范寅越諺卷上：「夏清客，冬趜僂。」自注：「趜僂者，屈而不伸之狀，寒而無衣所致。」又卷中：「趜，物屈不伸，及伸而屈腳筋。」唐玄應一切經音義卷十三引東漢服虔通俗文：「體不伸謂之趜。」北宋王洙類篇：「趜，趜趍，足不伸。」唐孫愐唐韻殘本：「趍，趜趍，體不伸。」

閩南語中，「跔」（跼、趜、趜）是形容人天冷手腳和身體不敢伸直，或其他原因不敢伸直，略成蝦米蜷曲之狀。新竹竹林版英臺留學歌下本：「仁心英倖笑士久，久阿無被蓋棉裘。杭州這寒眞夭壽，暗時睏著散（腳）跔跔。」又如小孩犯錯，大人準備要打，「許（那）個囝阿驚到骹手跔跔，避置（在）壁角邊。」

勥（kioŋ下去）——強迫。差一些就。

說文：「勥，迫也。」段注：「迫者，近也。按所謂實偪處此也。凡云勉勥者，當用此字。今則用強、彊，而勥、𢐬廢矣。」清羅有高四貞女傳：「若曰非其誠，勿勥也。」閩南語裡，「勥」字即是「被勥迫幾乎如何如何」。例如說：「我看見電視內的英國滑稽明星卓別林(Charlie Chaplin)一下出現，勥勥要笑出來。」又如說：「伊做生理失敗，勥勥要去自殺。」重修臺灣省通志語言篇頁二五二曾舉例說：「『勥』：『伊勥要睏去矣（音阿）。』」

置著位（ti 上去　to 上平　ui 下去）——在何處。

魏張揖廣雅釋詁四：「置，立也。」有「安置」及「備辦」意。僞古文尚書說命：「爰立作相，王置其左右。」僞孔傳：「於是禮命立以爲相，使在左右。」春秋左丘明左傳昭公二十八年：「（魏子曰：）『諺曰：「唯食忘憂。」吾子置食之閒，三歎，何也？』」戰國韓非韓非子外儲說左上：「鄭人有且置履者，先自度其足。」民國陳奇猷校注：「原無而立之曰置。」漢書蘇建傳附蘇武：「既至匈奴，置幣遺單于，單于益驕，非漢所望也。」梁劉勰文心雕龍章句：「夫設情有宅，置言有位。」由以上數例「置」的意義引伸，故「置」有「在」意。

北宋丁度集韻：「著，附也。」禮記樂記：「樂著大始。」鄭玄注：「著之言，處也。」唐杜甫詩：「迷方著處家。」唐李商隱詩：「著處斷猿腸。」此二「著」字有「某地」意。說文：「位，列中庭之左右謂之位。」易繫辭上：「列貴賤者，存乎位。」魏王弼注：

「爻之所處曰位。」周禮夏官大僕：「掌正王之服位。」鄭玄注：「位，立處也。」由上三義，「位」有「處所」之意。

新竹竹林版山伯英臺賞百花歌：「馬俊交代書房內，無人敢去笑英臺。要更（音擱）提起一層戴（事），伊置花園未返來。」又山伯征番歌：「借問咱這甚麼兄：著一條路透京城？地頭生疏不知影，朋友且講給吾聽。」此處的「著」，是「那」之意。閩南語「置著位」常講，意即「在何處？」但世俗皆誤作「治叨位？」應改正。

遇（ㄉㄨ上上）——遭逢。剛好。

說文：「遇，逢也。」戰國商鞅商君書戰法：「民倦且饑渴，而復遇疾，此其敗道也。」西漢司馬遷報任安書：「僕以口語遇此禍，重爲鄉黨所笑。」明宋濂送東陽馬生序：「或遇其叱咄，色愈恭，禮愈重，不敢出一言以復。」上引數則，「遇」即是「遭逢」之意。在閩南語，例如說：「我行到半路，遇著好朋友張先生。」

爾雅釋言：「遇，偶也。」西晉郭璞注：「偶爾相值遇。」僞古文尚書胤征：「入自北門，乃遇汝鳩、汝方。」僞孔傳：「不期而會曰遇。」此處的「遇」，是「剛好逢到」，亦可說是「剛好」。於閩南語，如新竹竹林版山伯想思對藥方歌：「白氏出來親看見，囝汝敢會按爾生？到底染著甚麼病，今年回家遇三年。」「按爾生」是「這樣」。「遇」是「剛好」。

遂（sua 上平）——接著。於是。以致。

北宋丁度集韻：「遂，因也。」明宋濂篇海類編人事類辵部：「遂，兩事之辭。」書康王之誥序：「康王既尸（主）天子，遂誥諸侯。」僞孔傳：「因事曰遂。」詩邶風泉水：「問我諸姑，遂及伯姊。」論語衛靈公：「衛靈公問陳於孔子。孔子對曰：『俎豆之事，則嘗聞之矣；軍旅之事，未之學也。』明日遂行。」春秋左丘明左傳僖公四年：「春，齊侯（桓公）以諸侯之師侵蔡，蔡潰，遂伐楚。」西晉杜預注：「遂，兩事之辭也。」宋史种世衡傳：「募商賈，貸以本錢，使通貨贏其利。城遂富貴。」上引諸書，「遂」皆有「接著」或「於是」之意。

閩南語「遂」是日常口語，使用頻繁，但俗都誤用「煞」字。筆者拙著閩南語長篇小說夢棋緣第柒章肆拾，寫阿聰伯、翁允吉、陳仲謀到四海春飯店聽藝旦金枝唱山伯英臺歌：「二更過了三更在，山伯吩咐祝英臺：『汝要早行我也愛，驚睏落眠煞不知！』」「煞」實當作「遂」，藉此機會改正。

懵（tso 上平）——心頭煩雜。

說文：「懵，慮也。从心曹聲。」段注：「藏宗切，今音也。廣韻又『似由切』，古音也。爾雅音義曰：『字書作「悰」，然說文「悰」、「懵」並出。』」爾雅釋言：「懵，慮也。」西晉郭璞注：「懵，謂謀慮也。」廣韻上平聲二冬：「懵，謀也。」又，下平聲十八尤：「慒，慮也。」梁顧野王玉篇：「慒，亂也。」北宋丁度集韻：「慒，慮也。」就以上各字書的釋義看，「慒」含有「謀慮」、「心頭煩亂」的意思在內，已無可疑。

以下舉閩南語歌謠為例。新竹竹林版山伯英臺賞百花歌：「英臺就叫我梁哥，今日眞正無奈何。小弟想要回返倒，這兩三日人眞慒。」山伯探英臺歌：「英臺捧酒敬梁哥，田莊燒酒有較（音卡）薄。見汝一面足煩惱，心肝無人我的慒。」英臺廾四送哥歌：「山伯聽著心肝慒，汝我分開無奈何。小妹嘴水（口才）實在好，見講的話割吊哥。」臺灣舊流行歌周添旺作詞、楊三郎作曲思念故鄉：「啊，想著心招糟，想著心招糟。」「招糟」為「焦慒」之誤。又「為何失戀心糟糟。」「糟糟」為「慒慒」之誤。鄭志峰作詞、楊三郎作曲秋怨：「人人講阮甲君仔好，想著心招糟。」「阮」為「吾」之誤，「甲」為「佮」之誤，「仔」為「阿」之誤，「招糟」為「焦慒」之誤。

這爾（tsia 上平 ni 上上）——這麼的。如此的。

南宋毛晃增修互注禮部韻略：「這，凡稱『此箇』為『者箇』，俗多改用『這』。」增補五方元音蛇韻竹母：「這，此也。」唐盧仝送好約法師歸江南詩：「為報江南三二日，這回應見雪中人。」北宋王安石擬寒山拾得詩：「人人有這箇，這箇無量大。」以上所引各例，「這」只是指示代名詞「這個」，但閩南語「這」是更強調語氣的「這麼的」。

民國裴學海古書虛字集釋卷七：「爾，猶然也。」「然」即「如此」。公羊傳桓公二年：

「器何以從名？地何以從主人？器之與人，非有即爾。」

「這爾」在閩南語中極常用，意即「這麼的」。以下列舉臺灣歌謠為例。新竹竹林版山伯英臺賞百花歌：「英臺那想那無采（可惜），講到這明還不知。做人這爾無腹內，無到（音甲）一項會曉猜。」又：「書房學生這爾諱（tsue 下去、多），刁工（故意）招哥來賞花。若要來說較（音卡）透底，獻我靴內穿弓鞋。」英臺罰紙筆看花燈歌：「千言萬語講未盡，歸暝無睏半點眠。第一忠直梁兄汝，無采佮（和）汝這爾親。」英臺賞百花歌：「咱得（在）講話置（在）書房，汝來都還未三冬。這爾僥心就要放，汝返放傣（剩）我一人。」又：「無想汝我這爾好，同日做陣來入學。無通等我纔返倒，心肝這狠（音雄）放會落。」英臺留學歌：「英臺山伯同書桌，學生無人伊（音因）的和。先生看著眞婀娜（稱贊），這爾聰明世間無。」英臺廿四送哥歌：「親事伊全不講起，只有講我來較遲。汝敢這爾無勇氣，杭州那敢約親誼？」

輒（tsap 下入）——常常。

元熊忠古今韻會舉要：「輒，每事即然也。」史記陳平世家：「張負女五嫁，而夫輒死。」同書李斯列傳：「二世拜趙高為中丞相，事無大小，輒決於高。」漢書董仲舒傳：「（仲舒）凡相兩國，輒事驕王。」

閩南語「輒」是日常用語，即「常常」或「很快又再如何如何」。例如說：「伊出外去做生理，但是眞軛寄批信給伊家後（妻子）。」又如說：「這帖漢藥眞強，不通軛煎。」「軛煎」，即「很快一再煎服」。

漀（tín下平）——由壺中倒出酒、茶、水、飲料等。

說文：「漀，側出泉也。」段注：「側出者，旁出如醡（壓酒器）出然，故其字與灑（下酒）、湑（濾酒）爲類。」梁顧野王玉篇：「漀，出酒也。」北宋丁度集韻：「漀，側器傾酒漿也。」

福建通志福建方言志言飲食第七：「斟酒曰漀。」總結上述各書所說，「漀」意爲「由壺中倒酒」。其意義引伸，凡自容器中倒出酒、茶、開水、咖啡、飲料等，皆可稱爲「漀」。

橂（tiŋ上去）——堅硬。

北宋丁度集韻：「橂，木理堅密。」此雖指木，但意義引伸，凡物「堅硬」，皆可稱「橂」。閩南語中，門檻叫作「戶橂」。祝小兒身體健康，叫「頭殼橂」。重修臺灣省通志語言篇頁三五三：「橂，不柔軟。」福建通志福建方言志言情狀第十一：「物堅不破曰『硬秳秳』。謝（章鋌）云：『說文：「秳，舂粟不潰也。」案當作「碻碻（kɔ́k 上入 kɔ́k 上入）」』」筆者案：「硬」當作「橂」。

諸（tse 下去）——多。

字彙補：「諸，多也。」「諸」是閩南語重要的日常用語，凡任何事物數量多者，皆稱爲「諸」。以往世俗用「多」字，讀音不合。學者有的使用「濟」和「贅」，音義皆相近，但不及「諸」來得合理正確。

癉（癚）（sian 下去）——疲倦。作事不順利而懶再作。

說文：「癉，勞病也。」段注：「（詩）大雅（板）：『下民卒癉。』（爾雅）釋詁（下）、毛傳皆云：『癉，病也。』小雅（大東）：『哀我癉人。』釋詁（下）、毛傳曰：『癉，勞也。』」廣韻上聲三十三哿：「癉，勞也。」魏張揖廣雅釋詁四：「癉，苦也。」清王念孫疏證：「勞與苦同義。」北宋李昉太平廣記卷三百九十六引唐康駢談劇錄：「睹諸天厲，將癉下民。」

爾雅釋詁下：「癚，病也。」廣韻上聲二十三旱：「癚，病也。」

以上癉、癚二字，用來解釋爲「疲倦」，疲倦亦是一種病態，當無問題。關鍵是這二字在字書中讀音不是（sian 下去）。不過，同一中國文字，可以有不同的讀音。例如，「單」字亦可讀爲（sian 下去），「費」字亦可讀爲（pi 上去），「惰」音（to 下去），「隋」卻音（sui 下平）。那麼，「癉」、「癚」爲何不能讀（sian 下去）？

閩南語中，「癉」（癚）是日常用語，意即「疲倦」。民國臧汀生臺灣閩南語歌謠研究

第五章論結構收有一首民歌：「大樹剉倒頭向天，甲葉落水會捲輪（自注音 then）。咱哥佮嫂若有緣，千山萬嶺行飭善（自注音 sēn，倦也。）。」以「善」作「疲倦」解，亦見於民國連橫臺灣語典卷一：「善，力倦也。孟子（告子上）：『富歲子弟多賴。』（東漢）趙（岐）註：『賴，善也。』（清）阮芸臺（元）氏謂『賴當讀作懶，則沃土之民不材之意。』是善亦懶也。」筆者案：自來古書中，絕未見有「善」爲「懶」的講法。設使有，「善（力倦）」和「懶」含義仍不相同。故臧氏與連氏以「善」爲「疲倦」的用法不可從。

臊（tsó 上平）——腥。葷。

說文：「臊，豕膏（脂）臭也。」廣韻下平聲六豪：「臊，腥臊。」周禮天官庖人：「夏行腒鱐，膳膏臊。」鄭玄注：「鄭司農云：『膏臊，豕膏也。』杜子春云：『膏臊，犬膏。膏腥，豕膏也。』」荀子榮辱：「口辨酸鹹甘苦，鼻辨芬芳腥臊。」秦呂不韋呂氏春秋本味：「水居者腥，肉玃者臊，草食者羶。」東漢高誘注：「肉玃者，玃拏肉而食之，謂鷹、鵰之屬，故其臭臊。」禮記內則「狗赤股而躁臊」唐孔穎達疏：「臊，謂臊惡。赤股，股裡無毛。躁，謂舉動急躁。狗若如此，其肉臊惡。」史記晉世家：「犯肉腥臊，何足食？」古文苑西漢揚雄蜀都賦：「五肉，七菜，朦猒腥臊。」南宋章樵注：「五肉：牛、羊、雞、犬、豕。以七菜蔥、韭之屬羼之，所以蒙猒腥臊。」

「臊」和「腥」意義相當。國語多說「腥」，閩南語多說「臊」。閩南語說「臊」，多指海產類。又吃葷者亦叫「吃臊」，與「吃素」或「吃菜」相對。

簎（戳）（tsák 下入）——刺。

說文：「簎，刺也。」段注：「刺者，直傷也。周禮（天官）：『鼈人以時簎魚、鼈、龜、蜃。』（東漢）鄭司農云：『簎，謂以杈刺泥中搏取之。』（春秋左丘明國語）魯語上：『里革曰：「鳥獸孕，水蟲成，獸虞於是乎禁罝羅、簎魚鼈，以爲夏犒（犒儲）。」』」廣韻入聲二十陌：「簎，刺也。國語曰：『簎魚鼈』也。」

明宋濂篇海類編器用類戈部：「戳，槍戳也。」宋史刑法志三：「蘇州民張朝之從兄以槍戳死朝父，逃去。」清曹雪芹紅樓夢第三十回：「（黛玉）便咬著牙，用指頭狠命的在他額上戳了一下子。」清劉鶚老殘遊記第八回：「那知把雪倒戳了兩個一尺多深的窟窿。」

民國連橫臺灣語典卷一：「簎，刺物也。俗作戳。」在閩南語，凡用尖銳之物刺人或物，或被尖銳之物所刺傷，都叫作「簎（戳）」。例如說：「伊脫赤骹（腳）行山路，無小心給草刺簎著。」又如說：「練功夫的人表演脫髆體睏釘床，無小心給鐵釘簎著，但是無厲害。」

襄（siū 上平）——太過。過度。很。

明張自烈正字通：「襄，舉也。昂也。」書堯典：「湯湯洪水方割，蕩蕩懷山襄陵，浩浩滔天。」僞孔傳：「襄，上也。」唐孔穎達疏：「（爾雅）釋言以『襄』爲『駕』。駕乘牛馬，皆車在其上，故『襄』爲『上』也。」北魏酈道元水經注河水：「河流激盪，濤湧波襄，雷渀電洩，震天動地。」西漢鄒陽上吳王書：「臣聞蛟龍襄首奮翼，則浮雲出流，霧雨咸集。」依上述古書所載，可知「襄」有「非常」、「太過」、「過度」等的含意。

閩南語「襄」多用爲形容詞或副詞，例如，「襄燒（過熱）」、「襄冷（過冷）」、「襄大」、「襄小」、「襄高」、「襄低」等皆是。新竹竹林版李三娘汲水歌三集：「汝免希望汝窮鬼，話屎免講襄大堆。趕緊接骹（腳）去擔水，襄過延纏（ts`ian 下平、遲）就喫（音克）虧。」英臺罰紙筆看花燈歌：「官人叫我顧書房，去到（音甲）襄久是不通。若無士久來抽疼，汝是不別（識）我好人。」山伯英臺賞百花歌：「馬俊心肝想到戇，叮嚀書友衆同窗。汝是不通襄懞懂，免說英臺扮男裝。」又：「梁哥不知到一絲，空頭若破反悔遲。我想著緊回鄉里，滯（住）這襄久無了時。」英臺賞百花歌：「不是小弟做較（音卡）狠（音雄），接著批信姑不將。汝是不通襄思想，暫且忍耐滯學中。」英臺廾四送哥歌：「小妹言語免襄譇（tsue 下去、多），马俊娶汝结夫妻。侥狠小妹成（tsiã 下平、甚）敢做，无想早前当原初。」

襇（kiŋ上上）——裙摺。衣服之摺。

廣韻上聲二十六産：「襇，裙襵。」北宋丁度集韻：「襇，裙幅相襵。」看以上的解釋，「襇」的意義同「襵」。唐玄應一切經音義卷十四引魏張揖埤倉：「襵（liap 上入），褩

（曲）衣也。」梁劉遵應令詠舞詩：「履度開裙襵，鬟轉匝花鈿。」唐元稹江陵三夢詩：「分張碎金線，襵疊故㡚幃。」

閩南語稱裙子、衣服、帳幕之類的起摺叫「揭（kiok上入）襵」。「揭」是「起」意。臺灣有一句俗話：「曠曠揀，揀著一個賣龍眼。」意思是，長時日選求結婚的對象，最後卻選上了一個極平凡的人。金門是：「曠曠揀，揀著一個襵采襵。」亦意指選中一個有缺點的人。

濺（tsuã下去）——液體噴灑。

廣韻去聲三十三線：「濺，濺水。」梁顧野王玉篇：「濺，濺水也。」北宋丁度集韻：「濺，水激也。通作湔。」史記廉頗藺相如列傳：「相如曰：『五步之內，相如請得以頸血濺大王（秦昭王）矣！』」隋薛道衡入郴江詩：「跳波鳴石磧，濺沫擁沙洲。」唐李賀惱公詩：「蜀煙飛重錦，峽雨濺輕容。」元李洞送包處士詩：「聞說石門君舊隱，寒風濺瀑懷書堂。」明吳承恩西遊記第四十七回：「尋一個鵝卵石，拋在當中。若是濺起水泡來，是淺；若是骨都都沉下有聲，是深。」

在閩南語，凡是液體噴灑或噴射，都叫作「濺」。例如，消防隊救火時，所使用帆布管噴出強有力的水柱，又噴灑得遠，固然叫「濺」；人下雨天走在路上，被汽車輪胎激起的水淋了一身，亦叫作「濺」。金門人說物品閒放著不使用，讓它生鏽或損壞，稱爲「甘爛不甘濺」。不過這句話雙關，有性隱語之嫌。

㡦（hun上去）——物體過小難於容物，強行裝入使其變得稍大。

說文：「㡦，以囊盛穀大滿而裂也。」段注：「㡦之言舋也。舋者，隙也。（梁顧野王）玉篇曰：『又弓筋起。』」廣韻上聲十八吻：「㡦，盛穀囊滿而裂也。」玉篇所說的「弓筋起」，是弓的雙頭裝上牛筋作弓弦後，弓弦的力量向兩邊奮力張開，使得弓弦繃得極緊而非常有力，這就是「㡦」的意思。

於閩南語，「㡦」的含義與上引古書稍有差別。例如，古人穿布鞋，鞋身稍小，穿起來足痛，可請製鞋師父將鞋裝入和人足一樣大的木模裡一段時間，使鞋變得大些，因而合穿，叫作「㡦」。現代人穿用的皮鞋，亦可運用此法，仍然叫「㡦」。

癡踔（tsîo上平 tio下平）——精力充沛。氣勢凌人。公雞頻頻張翼急步向母雞作勢欲交配。

中華版中華大字典：「癡，戀愛不捨也。」梁簡文帝蕭綱與廣信侯重述內典書：「緣癡有愛，自嗟難拔。」新唐書竇威傳：「家世貴，子弟皆喜武力，獨威尚文，諸兄詆爲書癡。」清蒲松齡草木傳：「堪笑癡迷好色流，妖魔乘隙媚容投。」

說文：「踔，踶也。」段注：「許（愼）意，踔與蹈義同。」南唐徐鍇繫傳：「踶，亦當踴意也。」廣韻去聲三十六效：「踔，猨跳。」是「踔」爲「跳踏」之意。史記司馬相如傳：「捷垂條，踔稀閒，牢落陸離，爛曼遠遷。」昭明文選第八卷司馬相如上林賦，唐呂向注：「皆獸騰躍奔散之貌。」唐韓愈陸渾火山和皇甫湜用其韻詩：「天跳地踔顛乾坤，赫赫上照窮崖垠。」

合「癡」與「踔」二字一起，有「肆意奔跑跳踏」之意。閩南語裡，本有「癡踔」一詞，最初指公雞奔跳急欲和母雞交配。移用於人類，含義自然成爲「精力充沛」或「氣勢凌人」。又形容男人見到女人，便蠢蠢欲動的，叫「起癡」。重修臺灣省通志語言篇頁一〇四，「癡踔」只有擬音，字卻不會寫。

𦅾（tsʻian下平）——拖延。延緩。

說文：「𦅾，偏緩也。」清王筠句讀：「偏者，一偏也。偏緩者，（周禮）考工記所謂『一方緩、一方急』也。」廣韻上聲二十八獮：「𦅾，緩也。徐翦切。」魏張揖廣雅釋詁二：「𦅾，緩也。」

「𦅾」字只在古時文言文中使用，現今國語口頭上絕對不說這個字。但在閩南語裡卻是日常用語，多半用在反面或責難的意思，怪人作事一拖再拖，讓人久等，亦容易失去事物的時效。例如說：「汝做事七𦅾八𦅾，我無法度更（音擱）等汝了。」又如說：「做戴志（事情）𦅾油𦅾火，注定失敗。」

齁（ㄏㄡ下平）——人睡眠時打呼嚕。

廣韻下平聲九侯：「齁鮐，鼻息也。」古文苑（東漢）王延壽王孫賦：「有王孫之狡獸，鼻䶎齁以䶋䶐。」南宋章樵注：「䶎、齁、䶋、䶐，皆鼻息聲。」南宋范成大咏絮帽詩：「不解兵前當箭鏊，解令曉枕睡齁齁。」明馮夢龍醒世恆言第十六卷陸五漢硬留合色鞋：「且說五漢摸到床邊，正要解衣就寢，卻聽得床上兩個人在一頭打齁。」同書第二十卷張廷秀逃生救父：「聽丫鬟們都齁齁睡熟，樓下也無一些聲息。」

說文沒有以上各字，而有「鼾」字，說：「鼾，臥息也。」廣韻上平聲二十五寒：「鼾，臥氣激聲。許干切。」北宋丁度集韻：「鼾，臥息也。吳人謂鼻聲爲鼾。」南宋岳珂桯史徐鉉入聘：「王師征包茅於李煜，徐騎省鉉將命，請緩師，其言累數千。上（李後主）諭之曰：『江南亦何罪？但天下一家，臥榻之側，豈容他人鼾睡耶！』」明高啓詩：「濤聲時吼若鼾息，野老驚起山僧疑。」醒世恆言第二十八卷吳衙內鄰舟赴約：「（丫鬟）頭兒剛剛著枕，鼻孔中就搧風箱般打鼾了。」

民國胡頌平胡適之先生晚年談話錄，記民國四十九年五月四日，「胡頌平也背了（蘇東坡）雪堂夜飲醉歸臨臯作調臨江仙的一首。這首詞的上半闋是：『夜飲東坡醒又醉，歸來髣髴三更。家童鼻息已雷鳴，敲門都不應，倚杖聽江聲。』先生又說：『你也曾聽到過兒童熟睡時的鼻息如雷鳴嗎？兒童是沒有鼻息的，就是有鼻息，也決不可用雷鳴二字來形容。這就是說得太過分了。』」因此胡氏說：「這是一首好詞，只有一句不好。」但古人的詩，也曾提到兒童睡覺時確會打呼嚕，如元張雨詩：「倚牆童鼾熟，覆杯酒腸孱。」筆者在十五、六歲時睡覺便會打鼾，但不知這年齡是否可以算「兒童」。胡氏忽略中國文學裡常有一種「誇大的描寫」，並不能指它為「過分」，例如，莊子逍遙遊：「北冥有魚，其名為鯤，鯤之大，不知其幾千里也。鯤化而為鳥，其名為鵬；鵬之背，不知其幾千里也。」唐李白夢遊天姥吟留別詩：「天台四萬八千丈，對此欲倒東南傾。」又蜀道難詩：「蜀道之難難於上青天，使人聽此彫朱顏。連峰去天不盈尺，枯松倒挂倚絕壁。」像這些描寫，古今來沒有人說「說得太過分」。

在現代國語裡，一般語文都說「打呼嚕」、「打呼」或「打鼾」，很少聽到有人說「打齁」的。在閩南（臺灣）語，保存了古書中的「齁」。金門人不說「齁」，而說「鼾（huã 下平）」。

⿱漸食（䭕）（tsiã 上上）——味淡。

廣韻上聲五十琰：「⿱漸食，食薄味也。」梁顧野王玉篇：「䭕，（魏張揖）埤蒼：『䭕，薄味也。』」又：「䭕，無味也。」

凡食物味道不濃，或食鹽下得太少，國語皆稱為「味道淡」。但閩南語不叫「味道淡」，而稱為「⿱漸食（䭕）」。廣韻一書，收集的字包括唐（含唐以前）的古音，而閩南語很和它相合，這是一個顯著的例子。由飲食味道的「淡」，延用於人事，亦是「淡」意。舊臺灣流行歌鄭恆隆作詞作曲阿娘的心：「對我親情就變淡，害我孤單對燭影。」女歌手鳳飛飛主唱，「就」唱「遂（音煞、於是）」，故正確用字應作「遂」，不可用「就」。「淡」音唱「饗」，是正確，歌詞卻誤爲「淡」。

鬱悴（ut 上入　tsui 下去）——心憂悶不開。

西漢揚雄方言第一：「鬱，思也。」廣韻入聲八物：「鬱，滯也。紆物切。」唐慧琳一切經音義卷十三：「考聲：『鬱，滯也。』」明張自烈正字通：「鬱，幽滯不通。」僞古文尚書五子之歌：「鬱陶乎予心，顏厚有忸怩。」僞孔傳：「鬱陶，言哀思也。顏厚，色愧。忸怩，心慙慙，愧於仁人賢士。」春秋管仲管子君臣下：「鬱令而不出者，幽其君者也。」唐尹知章注：「鬱，塞也。」春秋左丘明左傳昭公二十九年：「若泯棄之，物乃坻（滅）伏，鬱湮不育。」西晉杜預注：「鬱，滯也。」秦呂不韋呂氏春秋達鬱：「病之留，惡之生也，精氣鬱也。」東漢高誘注：「鬱，滯不通也。」西漢劉安淮南子氾論訓：「濁之則鬱而無轉，清之則燋（悴）而不謳（和）。」高誘注：「鬱，湮也。」漢書宣帝紀：「朕不明六藝，鬱于大道，是以陰陽風雨未時。」三國魏孟康注：「鬱，不通也。」唐皮日休請韓文公配饗太學書：「雲霧久鬱，忽廓自清。」

說文：「悴，憂也。」段注：「方言（第一）：『悴，傷也。（秦謂之悼，宋謂之悴。)』」廣韻去聲六至:「悴,憔悴。憂愁。」魏張揖廣雅釋詁一:「悴,憂也。」楚辭戰國屈原漁父:「屈原既放,游於江潭,行吟澤畔,顏色憔悴,形容枯槁。」淮南子原道:「聖人處之,不爲愁悴怨懟,而不失其所以自樂也。」東漢王延壽魯靈光殿賦:「狀若悲愁於危處,憯嚬蹙而含悴。」劉宋謝靈運長歌行詩:「朽貌改鮮色,悴容變柔顏。」蕭齊求那毘地譯佛經百喻經共相怨害喻:「昔有一人,共他相瞋,愁憂不樂。有人問言:『汝今何故愁悴如是?』」

據以上古書的敘述,「鬱悴」是「心憂悶不開」的意思自明。人有憂悶,必由心境而顯於面貌。「鬱悴」一詞只有閩南語常講,國語則沒有。但不幸社會上流行的語文卻誤爲「鬱卒」;「卒」字淺而易寫,但在此不可通;「悴」字較深而偏僻,這是致誤的原因。臺灣舊流行歌呂泉生作詞作曲杯底不通飼金魚:「心情鬱卒若不透,等待何時咱的天?」(據民國林二、簡上仁合編臺灣民俗歌謠頁一七二、三)其中「卒」應作「悴」。

第十一章 單位

一工（tsit 下入 kaŋ 上平）——一日。

說文：「工，巧飾也。」段注：「引伸之，凡善其事曰工，見（詩）小雅毛傳。」民國楊樹達積微居小學述林：「工蓋器物之名也。知者，（說文）工部『巨』下去：『規巨也。从工，象手持之。』按，工爲器物，故人能以手持之；若工爲巧飾，安能手持乎？以字形考之，『工』象曲尺之形，蓋『工』即曲尺也。」廣韻上平聲一東：「工，又工巧也。」明樂韶鳳洪武正韻：「工，事任也。」春秋管仲管子問：「處女操工事者，幾何人？」論語衛靈公：「工欲善其事，必先利其器。」周禮考工記：「審曲面勢，以飾五材，以辨民器，謂之百工。」禮記曲禮下：「天子之六工：曰土工、金工、石工、木工、獸工、草工。」公羊傳成公元年「作丘甲」東漢何休注：「巧心勞手，以成器物，曰工。」昭明文選卷九西漢揚雄長楊賦：「使農不輟耰，工不下機。」唐李善注：「（三國吳）韋昭曰：『耰所以覆種。』工，女功也。」唐李白化城寺大鐘銘：「銅崇朝而山積，工不日而雲會。」北宋沈括夢溪筆談書畫：「（徐）熙之子乃效諸黃之格，更不用墨筆，直以彩色圖之，謂之沒骨圖，工與諸黃不相下。」

中國自古有「士、農、工、商」四民之稱。百種男女工匠，以作工生產器物維生，兼貢獻其產品於社會。一個「工作天」完成，無異日子也過了一日。農人早出晚歸，完成該作的農事，亦是算一天。故閩南語稱「一日」爲「一工」。

一冬（tsit 下入　taŋ 上平）——一年。

說文：「冬，四時盡也。」段注：「冬之爲言終也。」廣韻上平聲二冬：「冬，四時之末。」東漢劉熙釋名釋天：「冬，終也，物終成也。」禮記鄉飲酒義：「冬之爲言中也。中者，藏也。」漢書律曆志：「冬，終也。」後漢書張純傳：「冬者，五穀成熟，物備禮成。」

我國在古時，以陰曆十月、十一月、十二月爲冬季。民國成立，改用陽曆，以十二月、次年元月、二月爲冬季。自古以來，中國都是農業社會，以陰曆爲重，故有春耕、夏耘、秋收、冬藏的俗諺及習俗。陰曆冬天到，一切農作物皆已收成，藏進倉庫，人民也農忙去而悠閒來。到了年底，即將過年，表示一年的結束，故閩南地區（包括臺灣）的居民，稱「一年」爲「一冬」。

一串（tsit 下入　ts'ian 上上）——用一小竹枝貫穿許多可吃的肉類、果類、蜜餞類等出售。

廣韻去聲三十諫：「串，穿也。」明張自烈正字通：「串，物相連貫也。」唐權德輿陸宣公翰苑樂敘：「（張）鎰以泉貨數萬爲贐，公悉辭之，領新茶一串而已。」元陳樵臨花亭詩：「歌珠一串鶯流出。」明吳承恩西遊記第七十回：「有一雙黃金寶串，原是金聖宮手上戴的。」明施耐庵水滸傳第四十五回：「便叫迎兒去樓上取一串銅錢來布施他。」清李汝珍鏡花緣第九十九回：「不象那些下作人，每錢一千，不但偷偷摸摸，倒串短數，還攙許多小錢。」

閩南語「一串」，多指小販用細竹枝把羊肉片貫成一串串在炭火上燒烤（此在中國新疆最常見），都在街道邊現烤現賣。閩南和臺灣地區，舊時亦是小販將小槯梨串成一串串，在滾沸的紅色麥牙糖漿沾過，然後插在一根有稻草捆的竹竿上，到處兜售。至於炭火烤的成串豬肉香腸，更是常見。

一聖杯（tsit 下入　sũ 下去　pue 上平）——杯筊一陰一陽。

廣韻去聲三十六效：「珓，杯珓，古者以玉爲之。」北宋丁度集韻：「珓，杯珓，巫以占吉凶器者。」唐韓愈謁衡嶽廟遂宿嶽寺題門樓詩：「手持杯珓導我擲，云此最吉餘難同。」南宋程大昌演繁露卷三卜教：「後世問卜於神，有器名盃珓者，以兩蚌殼投空擲地，觀其俯仰，以斷休咎。自有此制，後人不專用蛤殼矣，或以竹，或以木，略斲削使如蛤形，而中分爲二，有仰有俯，故亦言盃珓。盃者，言蛤殼中空，可以受盛，其狀如盃也。珓者，本合爲教，言神所告教，現于此之俯仰也。」南宋陸游入蜀記：「（高宗）建炎中，大盜張遇號『一窩蜂』，擁兵過廟下，相率卜珓。」明郎瑛七修類稿國事類伽藍珓：「太祖在皇覺寺，時天下兵亂，寺僧散避，太祖祝伽藍，以珓卜吉凶。」清翟灝通俗編卷五：「按（梁宗懍）荆楚歲時記：秋分以牲祠社，擲教于祀神，以占來歲豐歉。（北宋葉夢得）石林燕語：高辛廟有竹杯筊，以仰爲陽筊，俯爲陰筊，一仰一俯爲聖筊。」

閩南語「卜（puak下入）杯」，二杯皆陽（仰），叫作「笑杯」，「笑」是「仰」意，神不置可否；二杯都陰（俯），叫作「陰杯」，神意爲非；一陰一陽，稱爲「一聖杯」，則神意爲「是」或「吉」。

一裹（tsit下入　kau上上）——一包。一捲。

說文：「裹，纏也。」段注：「纏者，繞也。」廣韻上聲三十四果：「裹，苞裹。」梁顧野王玉篇：「裹，苞也。」詩大雅公劉：「迺積迺倉，迺裹餱糧。」毛傳：「言民事時和，國有積倉也。」鄭玄箋：「乃裹糧食於囊橐之中，棄其餘而去。」南宋辛棄疾滿江紅漢水東流詞：「馬革裹屍當自誓，蛾眉伐性休重說。」

閩南語「一裹」，特別指春捲一包而言。春捲臺語稱「潤餅」或「潤餅裹」，廈門稱「薄餅」，金門稱「拭餅」。叫「拭餅」的理由，其作麵皮時宛如手抓麵團在熱鐵煎盤上兜圓形一拭而成。金門又有俗語戲言，人死時沒有錢買棺材埋葬，只得用草席子包裹而埋，叫作「裹破席」。此處「裹」作動詞用。

一擤鼻（tsit 下入　tsʰíŋ 上上　pʰĩ 下去）——一大沱鼻涕。

改併（金韓孝彥）四聲篇海手部引俗字背篇：「擤，以手捻鼻，俗鼻膿也。」說文：「鼻，引气（氣）自畀也。」明張自烈正字通：「鼻，肺之竅所以引氣司臭（嗅）也。」黃帝素問陰陽應象大論：「在竅爲鼻。」唐王冰注：「鼻，所以司嗅呼吸。」荀子榮辱：「口辨酸鹹甘苦，鼻辨芬芳腥臊。」北宋蘇軾臨江仙夜歸臨皋詞：「夜飲東坡醒復醉，歸來彷彿三更，家童鼻息已雷鳴。」

「擤」字可作動詞用，意爲「捏鼻子噴出鼻涕」；也可作名詞，即「一大沱（鼻涕）」。「鼻」字固然是「鼻子」，但亦可指「鼻涕」。故「一擤鼻」等於「一大沱鼻涕」。舊時在金門，父母死出葬，孝男必須哭出眼淚和鼻涕一大沱垂掛在鼻端上，不然會遭人取笑，譏爲不孝。然而在臺灣，特別於今日工商社會中，孝男只身穿麻衣，在出葬行列裡面不只不哭沒有鼻涕，臉上亦無哀傷表情。

第十二章　傷　病

疕（pǐ上上）——瘡痂。

西漢史游急就篇第四章：「痂疕疥癘癡聾盲。」唐顏師古注：「痂，瘡上甲也。疕謂薄者也。」廣韻上聲四紙：「疕，瘡上甲。」魏張揖廣雅釋言：「疕，痂也。」明李時珍本草綱目穀部綠豆：「痘瘡溼爛不結痂疕者，乾撲之良。」

皮膚腫毒常爲人生所難免。一生了毒瘡，患處會紅腫，積膿血，等待成熟，用針挑破膿包，把毒血和膿壓擠乾淨，即本草綱目所謂「乾撲之良」，逐漸腫消而不痛。到最後，患處中央頂端結成爲痂，也就是「疕」。因在腫毒處的最外端，故廣韻稱它爲「瘡上甲」。再待這「疕」自行脫落，則皮膚完全痊癒，但有時會留下瘡痕。若是皮膚外傷，傷口腫痛和腫毒相類似，直到痊癒的過程，亦大致相同。今天西醫採用攻毒消炎並行的治法，康復較快。

𤵜（pu下去）——人因皮膚病而局部腫脹。

廣韻上聲九麌：「𤵜，病腫也。」梁顧野王玉篇：「𤵜，腫也。」凡皮膚病如疔、癰、疥一類的毒瘡，初起時患處首先紅腫，非常疼痛，腫起小顆尖圓形的小瘡，逐漸擴大，當中醞釀作膿，痛得不能摸觸。頂尖處慢慢成爲黃白色，此時不能動它。須待更腫大而成熟，然後用針頭挑破，將膿與毒血全部擠出，至於乾淨，過幾天就腫消而痊癒了。但今日西醫的治法，即把患處開刀，消炎、殺菌並進，治好較快。

筆者童年時在金門，適逢日據時代，不知從何處發生，傳染極快，包括全島，我們一家大小都生了疥瘡，滿身都有。那時沒有西醫，只有向中藥店買「疥藥」塗抹，既不能止痛，也無法消腫，仍然須按照上述所說的方法，忍著痛將疥瘡一個一個處理，纔逐漸康復。當醞釀作膿時，閩南語叫作「𤵜膿」。至於平时皮肤不洁而起的水泡，亦叫「𤵜水泡」。

以上所說的毒瘡，比較之下，疥（又寫作瘑、𤸷）算是小病，疔、癰則較嚴重。東漢趙曄吳越春秋夫差內傳第五：「吳王乃使太宰嚭爲右校司馬，王孫駱爲左校，及從勾踐之師伐齊。伍子胥聞之，諫曰：『不念士民之死，而爭一日之勝，臣以爲危國亡身之甚；且與賊居，不知其禍；猶治救瘑疥而棄心腹之疾，發當死矣。瘑疥皮膚之疾，不足患也。今齊陵遲千里之外，更歷楚、趙之界，爲疾其疥耳；越之爲病，乃心腹也。』吳王不聽。」北宋丁度集韻：「瘑，同𤸷。」

偄（冄、㑞）（lam 上上）——身體虛弱。物體不堅固。

說文：「偄，弱也。」段注：「左傳、穀梁傳（僖公二年）皆曰：『宮之奇之爲人也偄。』（筆者案：左傳原文：『宮之奇之爲人也偄，而不能強諫。』）注皆云：『弱也。』左傳音義曰：『偄，本又作耎，乃亂反，又乃貨反，弱也。』（劉宋呂忱）字林『偄』音乃亂反，『懦』音讓夫反，云：『弱也。』按左傳此音義，今本訛甚，訂正之如此。」依段注，是左傳的正確用字應是「偄」，而不是「懦」。不論「偄」或「懦」，意義皆是「性情軟弱」；但在閩南語，「偄」可解爲「身體虛弱」或「物體不堅固」。

其次有「冄」字。說文：「冄，毛冄冄也。」段注：「冄冄者，柔弱下垂之貌。（說文）女部之『姌』，取弱意。（楚辭戰國屈原）離騷：『老冄冄其將至。』此借冄冄爲冘冘。詩（小雅巧言）：『荏染柔木』，（毛）傳曰：『柔意也。』『染』即『冄』之假借。凡言冄言姌，皆謂弱。」據段注，「冄」在閩南語與「偄」意思相同。重修臺灣省通志語言篇頁三五四：「冄，不耐用、衰弱。」

再次有「䎃」字。廣韻上聲五十琰：「䎡，弱羽也。」「䎡」同「䎃」。魏張揖廣雅釋器：「䎃，羽也。」清王念孫疏證：「（梁顧野王）玉篇：『䎃，翮下弱羽也。』䎃之言姌姌也。（爾雅）釋訓云：『姌姌，弱也。』」依上所引證，是「䎃」的意義在閩南語又可通於「偄」和「冄」。

於閩南語，歸結偄、冄、䎃三字，可解爲「身體虛弱」，又可移用於任何物體「不耐用」或「不堅固」。

民國黃敬安閩南語考證作「爁」。筆者案：說文：「爁，過差也。」段注：「差忒者，不相値也。凡不得其當曰過差。今字多以濫爲之。」可見「尶」字毫無「弱」意，不可取。

腿（㿉）（tui 下去）——腿、脛、足腫脹之病。

梁顧野王玉篇：「腿，重腿，腿病也。」北宋丁度集韻：「腿，足腫也。」黃帝素問脈要精微論：「當病足胻（膝）腫，若水狀也。」春秋左丘明左傳成公六年：「民愁則墊隘，於是乎有沉溺重腿之疾。」西晉杜預注：「重腿，足腫。」新唐書柳宗元傳：「居蠻夷中久，慣習炎毒，昏眊重腿，意以爲常。」北宋歐陽修楊屯田員外郎直史館制：「而勤勞積時，重腿生疾。」

小腿和足部腫脹，閩南語稱爲「墜氣」，也就是「腿」，可能是血脈循環不良所引起。筆者先父臨終前一年，心臟衰弱，發生足腫，他曾用手指頭按一下足盤給我看，手按的地方，形成一個凹點，久久不能復原，很像積水。不久，突發心臟衰竭逝世。

撓（lau 上上）——頸、腰、手、腳的筋骨扭傷。

春秋左丘明國語晉語二：「抑撓志以從君，爲廢人以自利也。」三國吳韋昭注：「撓，屈也。」秦呂不韋呂氏春秋高義：「（子囊）曰：『若是則荆國終爲天下撓。』遂伏劍而死。」東漢高誘注：「撓，弱也。」北宋王安石送江寧彭給事赴闕詩：「勁操比松寒不撓，忠言如藥苦非甘。」

由以上的引證，得知「撓」字意爲「屈曲」或「曲弱」。從此意義引伸於人事，其屈曲或曲弱不是自然的，而是外力傷害所引起。閩南語稱人身體某部分特別是頸、腰、手、腳的筋骨，不小心受到拉扭之傷，叫作「撓著」，成爲痠痛、乏力等症狀，須要就醫，不然時日一久，會更嚴重。

熿（hoŋ下平）——人皮膚、肌肉、筋、骨有病而腫脹所引起的火氣（發炎）。人發怒。

北宋王洙類篇：「熿，火貌。」依中醫的理論，人體是陰陽、五行（金、木、水、火、土）的綜合體，這些並非實有其事，而是「意象」。陰陽要調和，五行要得宜，否則就會產生各類病症。如陰過虛，會引致失眠、盜汗、厭食；陽過盛會引致火氣大、口乾、眼赤。如水過盛，則身體過冷，多小便、流口水；如火過盛，則會生眼屎、小便紅，身體如火燃燒，閩南語稱爲「發熿」。病在皮膚、肌肉，外須塗藥，內服涼藥，使火氣降低，以回復適宜狀態。西醫沒有陰陽五行的觀念，只叫作發燒、發炎等，治法亦以肌肉注射或口服藥物，以退燒、消炎，並多喝水，同樣會使患者恢復健康。

另一引伸意義，「發熿」形容人發脾氣，因而面紅、心跳、血流加速等現象。心臟或腦血管有病的人，盛怒之下，甚至可以致命。數十年前，臺灣大學經費須由臺灣省政府補助。某次省議會（在今臺北市南海路）開會，校長傅斯年列席備詢，議員綽號「大砲」郭國基嚴厲開砲質詢，傅斯年上臺答詢時憤怒不平，當場引發腦溢血，倒在臺上，送醫不治死亡，迄今尙安葬於臺大校園中。

⿸疒帶（tai 上去）——婦人病之一。

梁顧野王玉篇：「⿸疒帶，⿸疒帶下，病也。」北宋丁度集韻：「⿸疒帶，下病。」明張自烈正字通：「⿸疒帶，赤⿸疒帶、白⿸疒帶，婦人下部之病。」中華版中華大字典：「按⿸疒帶通作帶。帶下二字，始見于史記扁鵲傳。巢氏病源分青、黃、赤、白、黑五色，謂由勞傷血氣，損動衝、任二脈，致令血與穢液兼帶而下。外醫則謂之膣加答兒，又或謂之黏膜子宮炎。病證愈增進則分泌之液愈多，漸成衰弱，失其生殖之能力。」民國謝觀中國醫學大辭典「白帶下」條：「此證帶下色白，如涕如唾，甚則氣穢。多由鬱悶所致。蓋氣鬱則傷肝，肝傷則脾受剋。脾精不守，不能化營血而爲經水。故溼土下陷而白物流矣。宜補中益氣湯加山梔。」

⿸疒帶白色算最輕，青、黃、赤、黑則越重。⿸疒帶是婦女最常見的病症。金門地區有一句俗話：「十男九消，十女九帶。」消即「下消」，前書又說：「此證因色慾過度，心火不交，腎水下泄，心火上炎所致，故亦稱腎消。初起便溺不攝，溺如膏淋，漸至面目黧黑，耳輪焦黑。法宜養血以分其清濁，堅腎水以濟心火。大渴便數，腰膝痛者，宜腎瀝丸。小便如膏者，宜人參茯苓散。口燥煩渴，兩腿消瘦者，宜加減腎氣丸。」

漢書敘傳上：「富平定陵侯張放、淳于長等始愛幸，出爲微行（淫民婦）。後上（成帝）朝東宮，太后泣曰：『帝間顏色瘦黑。班侍中（伯）本大將軍（王鳳）所舉，宜寵異之，益求其比，以輔聖德。」又趙飛燕姊妹不斷迷惑，故成帝只活了四十五歲。東漢班固漢書成帝紀贊：「然湛于酒色，趙氏亂內，外家擅朝，言之可爲於邑。」漢成帝死於酒色過度，確然可信。

癖（pîak 下入）——麻疹。

傳染病之一。流行於春、冬二季，亦稱德國痲疹，兒童最易傳染，大人亦偶有之，病原菌不清楚。初起時畏寒發熱，咳嗽，結膜，鼻黏膜，喉頭、氣管皆發炎，並有內疹，數天後發皮疹，此時熱度甚高，病勢沉重。此症不愼，往往轉爲肺炎，極爲危險。中醫認爲是由手足太陰、陽明二經蘊熱所發。皮膚之下，肌肉之間，其形如疥，其色如丹。頭面越多者爲順，鮮明似錦者亦順。頭面不出者重，紅紫黯慘者重，咽喉腫痛不食者重，黑晦如煤者最凶，黑黯乾枯一出即沒者不治。宜用全眞一氣湯去人參，量人大小酌劑輕重投之，屢見功效。

閩南語稱麻疹爲「癖」，傳說人一生中必有一次。在金門，舊時多用土名「馬草根」燉湯給患者飲用，取其清涼退熱；約半個月至二十天，自然痊癒。因爲此症的患者多爲小兒；故臺南一帶因而有「吃老纔來出癖」的一句俗語。這俗語移用於人事，即是指人年紀老大，纔來經歷一些兒童的事情。

第十三章　飲　食

九重糕（kau 上上 tiŋ 下平 ko 上平）——糯米拌白米磨漿加紅糖上下表面酥殼中軟的厚糕。

中國自古的糕點種類極多，凡用米類或麵粉製作的軟食，都可稱糕。北宋丁度集韻：「（魏張揖）博雅：『餈、餻，餌也。』或从米。」南宋孟元老東京夢華錄重陽：「（九月重陽）前一二日，各以粉麵蒸糕遺送。」南宋王楙野客叢書卷六：「（北宋）宋景文公（祁）曰：『（唐劉禹錫）夢得嘗作九日詩，欲用「餻」字，思六經中無此字，遂止。』故景文九日詩曰：『劉郎不肯題餻字，虛負人生一世豪。』」清曹雪芹紅樓夢第十七回：「一太監執一金盤糕點之屬進來。」

九重糕，筆者於民國三十五年在廈門讀中學時，看到開元路近港口處，有閩南內地人擺攤，現作現賣。用平底大圓鐵煎盤煎製，盤底先放進大量豬油，使其滾沸，再倒進糯米混揉白米、紅糖磨成的濃漿，用文火慢煎。待糕的底部堅成一厚層硬殼，然後整塊翻轉再煎。共須翻轉數次，糕已全熟，拿起移到木砧上，切開成為許多小塊販賣。糕高約二寸，上下殼堅硬酥脆，而中間約一寸多高的中央層卻是軟的。因為是用豬油煎，故特別的香又好吃。並非眞的有九重，九重是形容這種糕罕見的高厚。

土孫凍（ㄊㄛ下平　sun 上平　taŋ 上去）——沙蠶煮熟成凍，廈門小吃之一。

「土孫」是一種小海蟲，棲息於廈門和鼓浪嶼海水退潮後海灘的泥沙地下，學術上稱爲「沙蠶」。鄰近小島金門所產的叫「龍蟲」。民國六十八年版金門縣志卷二第六篇物產：「龍蟲生於沙中，俗呼沙蠶，島之西北沿海沙灘皆產之，五六月盛產，味美，晒爲乾甚佳，爲金門名產。」明何喬遠閩書閩產：「沙蠶生汐海沙中，如蚯蚓，泉（州）人美謚曰『龍腸』。又有『土鑽』，似沙蠶而長。」是福建沿海都有出產，和金門的「龍蟲」相同。廈門的「土孫」，應即是閩書的「土鑽」。因它們都像蚯蚓，故亦可作釣餌；但蚯蚓很少有人去吃。它具有小說裡「土行孫」能在地中行走的本領，因此廈門人纔叫它「土孫」。明許仲琳封神傳第五十二回：「土行孫把身子一扭，即時不見。道人大喜，忽見土行孫在土裡鑽上來。」第八十七回，殷商澠池縣守將張奎能地行一日千五百里，土行孫只一千里。土欲至夾龍山飛龍洞見其師懼留孫取符印，行「指地成鋼法」以鎖住張奎。不料行慢，被張奎趕上，一刀殺死。

廈門的小販提籃沿街巷叫賣「土孫凍」。將這蟲洗淨斬碎，加水放在小瓷酒杯中，於蒸籠裡蒸熟，冷卻後自然成凍。民國逯耀東出門訪古早頁一二二：「（泉州）土筍凍以海中的土蚯製成。土坵學名『星蟲』，含豐富膠質，蒸熟冷卻後，即凝結成水晶塊狀，晶瑩通透，柔糯清爽，且富有彈性。」是泉州也有「土孫凍」，但逯氏作「土筍凍」，不可解。食用時，用小竹簽插住，整塊拔出，沾上醬油、蒜頭醬或辣椒醬等，確實美味可口。金門「龍蝨」的吃法，是整盤整條加油炒熟，亦可煮湯。

米篩目（bi 上上　tai 上平　bat 下入）——米製麵條狀食物。

明張自烈正字通：「篩，竹器，有孔以下物，去粗取細。」西漢史游急就篇第三章：「篅、箄、箕、帚。」唐顏師古注：「篅，所以籭去麤細者也。」西漢賈山至言：「秦皇帝東巡狩，至會稽、琅邪，刻石著其功，自以爲過堯、舜統。縣石鑄鍾虡（稱銅鐵萬斤鑄作鐘架），篩土作阿房之宮，自以爲萬世有天下也。」師古注：「篩，以竹篅爲之。」明徐光啓農政全書插圖所見，篩土的「篩」，圓形，直徑約三尺，篩孔也大些。篩去泥土雜質，純細的泥沙漏落地上，用它作爲阿房宮的建材，以增加建築物的強固程度。明馮夢龍醒世恆言第二十卷張廷秀逃生救父：「每科普天下只中得三百個進士，就如篩眼裡隔出來一般，如何把來看的恁般容易？」

古時沒有碾米機器。割稻後，用只容稻莖通過的鐵柵除去稻莖，稻穗落於大木桶中。將稻穗披放在硬地廣場上，以連枷擊打，使稻粒脫離稻穗。次把稻粒倒進石舂臼舂打，使米粒脫離稻殼。再次將舂過的稻米，用竹篩篩除稻殼和雜莖，精米與米糠漏落地上足邊。最後用米粒不能通過的密篩篩去米糠，純粹的食米就在密篩裡。

米篩子的篩眼，就是篩孔，孔洞是方形的，大小可容麵條通過，閩南語叫作「米篩目」。

用米磨成濃漿，下面以容器承接，米篩子放在上面，用手抓一團米漿，使力壓在篩孔上，一條條像麵條的米漿條就從篩眼落在容器中。然後下鍋煮，鹹的須加佐料，甜的放糖即可，這種食物稱爲「米篩目」，「目」即篩孔。

「米篩目」本不是很深的知識，但因語文程度低落，社會上時常錯得離譜。臺中市有線電視群健第七十七頻道，在民國八十九年八月二十五日晚九時，播出戲劇「米苔目傳奇」，筆者看了大吃一驚。「苔」是一種微小的植物，又叫「青苔」，常在牆上或地上可看見一片片青綠色的東西，就是，眼睛須靠近看，纔能清楚。那麼，「米苔目傳奇」，等於不知所云。又，民國八十八年三月十六日聯合報消費版出現標題「米苔苜」的一篇文章，更可怕了，除「苔」字已錯外，「苜」字也錯了。「苜」是「苜蓿」，是另一種植物。照說，不論記者撰文或外界投稿，稿件必須經過編輯的審稿，審稿時連這麼大的錯誤都不能發覺加以改正，原因就在編輯本人亦不懂，原文照登，弄出如此的大笑話。

臺中市青海路、河南路口有一家「雋永邨（村）」小吃店，招牌寫明「米篩目」，絲毫不錯。但是製作「米篩目」時不再用「米篩子」，而是機器製出的，它已不是方形，卻是圓形。

炊番薯（tsé上平　huan上平　tsi下平）——蒸番薯。

閩南語稱「蒸」爲「炊」。番薯是很低俗平凡的食物，本不值得寫記。但因爲有時它實在太好吃，金、馬、臺、澎又沒有過，故勉強予以採取。一九四五年我國對日抗戰勝利，鼓浪嶼私立英華中學復學開辦，筆者當時十四歲，進入這一所英國教會支持的學校就讀。週末到龍頭一帶遊玩，在路旁偶然發現有小販賣熱蒸番薯，它是整塊俗稱「廈門種」的黃色番薯，放入蒸籠中蒸熟。拿出的時候，表面被蒸得皸裂。揭除表皮吃，感覺薯肉是甜、香、鬆無比；又因爲乾，吃不到幾口，就覺得有些梗在喉嚨，吞下困難，改爲小口慢吃，還是整塊吃完了。口有餘香。至今五十多年，記憶猶新。筆者雖在鼓浪嶼吃到，但推想廈門也一定有人販賣。至於和臺灣的「炰（烤）番薯」比較起來，各有各的好吃之處。

炒粿條（tsá 上上 ke 上上 tiau 下平）——白米磨漿蒸熟，切成扁條狀，再於煎盤炒熱，廈門小吃之一。

一九四五年日本戰敗投降，廈門重歸我國。廈門是國際通商口岸，進出口貨物吞吐，南洋華僑往來，南北貨運交流，人群衆多而商務發達，故許多閩南內地人紛紛移居廈門，作起各種生意，其中飲食業不在少數。在開元路近港口處，有內地人製售「炒粿條」，筆者曾吃過。其製法，將白米磨漿，用蒸籠蒸熟，取起切成許多扁平形的條狀物，稱爲「粿條」。在平底鐵煎盤上，放下花生油、粿條、生蔥或韭菜，以強火煎炒，快撥數下即熱。因火大，故粿條上常出現赤褐色。用鐵煎匙鏟起於碟子上，隨顧客喜愛，可自加醬油、辣椒醬等調味料，吃起來甚爲可口。這是民國三十五、六年的五十多年前的往事；筆者也一直沒有再到廈門旅遊，不知道此種好吃的小吃還有沒有人在做？

民國逸耀東出門訪古早港人食乜嘢（吃什麼）：「炒貴刁，（自注：按貴刁即粿條一聲之轉，由廈門傳到南洋，再回流香港。）早已納入他們的飲食體系之內，更不論其出自何方了。」

油炸麩（iu 下平　tsa 上去　ke 上上）——油條。

「油條」是中國北方人的叫法，閩南人一律稱爲「油炸麩」。清施鴻保閩雜記：「閩人所稱油粿，吾鄉之油灼膾也。福州人亦稱油灼粿，興化人但稱灼粿。」臺灣話本來也叫「油炸麩」，自光復後外省人來臺稱「油條」，臺胞亦跟著說，「油炸麩」之名反而逐漸隱沒，一如「吾（俗誤爲阮）老爸」、「吾老母」被「吾爸爸」、「吾媽媽」所取代一樣。

傳說南宋名將岳飛爲奸相秦檜所害，其後人民怨恨秦檜，遂改稱「油條」爲「油炸檜」。油條以麵粉製作，合二條爲一，落油鍋炸熟，另一半即代表秦檜妻王氏，殺岳飛計謀，是秦檜夫婦在東窗下議妥，此亦即「東窗事發」成語的由來。油條既是麵粉製成，「油條」的名稱產生應遠早於宋代；到岳飛被害後，纔改稱爲「油炸檜」。

在閩南語，一般用米作成的糕，都叫「粿」。廣韻上聲三十四果：「麩，餅麩也。」是凡用麥（麵粉）製作的糕，當用「麩」字爲宜。

肨蹄（pɔ́n 上去　tue 下平）——紅燒豬蹄膀。

梁顧野王玉篇：「肨，肨脹也。」「肨脹」就是「高起」或「豐隆」之意。在閩南地區（包括臺灣）的筵席上有一道不是很高級的菜，稱爲「肨蹄」，即取豬的大腿連接豬腳的部分一大塊，皮膚、脂肪、瘦肉皆齊全，下鍋紅燒，直至整塊透爛。它本來就是「豐隆」，並非煮熟後腫大。客人吃時，只要用筷子即可翦下一大塊吃，味道甜美。

在臺灣，稱贊女孩子「白肉肨皮」，就是形容女孩子皮膚白皙，體態豐滿，美麗可愛，是臺灣特有的講法，閩南地區是沒有的。目前，一般女人都競以「瘦」爲漂亮，叫作「苗條」；其實這是很錯誤的想法。一個女孩子，看去，瘦骨鋒稜，胸部、臀部扁平，弱不禁風，簡直是病態，實在令人倒胃口，有甚麼美麗可說？

馬蹄酥（be 上上　tue 下平　sɔ 上平）——福建同安縣所產的一種可口酥餅。

這種餅食在閩南地區頗負盛名。圓形，高約二公分左右，如馬蹄大小。民國三十八年中共占有大陸前，除運銷閩南各地外，並盛賣於廈門、金門，是作訪客帶給主人的上佳禮品。

這種餅的製作手法特殊而祕密，他人很難模仿。外貌略似臺灣臺中市的太陽餅；不過太陽餅缺點是不斷的層層脫皮，散落一地，糖餡也嫌硬。「馬蹄酥」皮薄，食用時不脫皮，糖餡大而周遍，且遠比太陽餅柔軟。大體上說，太陽餅不及它好吃。筆者拙著閩南語長篇小說夢棋緣第貳拾壹章壹佰貳拾陸節，曾描寫來自福建內地的老人阿戇伯，從同安縣城馬巷外雙溪買了兩包正莊「馬蹄酥」，乘船到達金門後浦，作拜訪舊友翁允吉帶來的禮品。

臺北稻田版同安人顏立水金門與同安的風味小吃雙鹿馬蹄酥說：「傳統的『馬蹄酥』用麵粉製皮加香油，作爲進香的供品，所以俗稱香餅；又因它用麻油熱炸，是婦女『月內』的滋補食品，所以也叫『老婆餅』；（筆者案：臺灣的老婆餅不堪與比）它用開水沖泡後體積膨脹軟韌，因而又叫『泡餅』。從前燒烤香餅，是把製作好的生餅一個個貼在『七斗缸仔』（瓷缸）內壁，然後用大柴火燒烤。同安縣志載：『馬蹄酥，香餅也，形肖馬蹄，故名。』明朝（神宗）萬曆十一年（一五八三年），京城開科取士，同安西橋尾祥露莊渭陽，攜帶同安『祖鋪馬開山』烤作的馬蹄酥上京赴試，抵京投宿『高陞館』客棧。時有某王爺微服私訪入京赴試的武舉人，因避雨進入該店歇足。剛好莊渭陽正在烹茗嘗家鄉的馬蹄酥，見有客至，即邀共嘗，並饋贈四包馬蹄酥。莊渭陽因『馬蹄酥』與『王爺馬』（王爺先前提示莊考試時所騎金鞍白馬）結緣，得以金榜題名。另一說是與金門許琰有關。金門志卷十六叢談載：『許庶常瑤洲嘗攜同安馬蹄酥餅，至京送其鄉貴，會座主謁鄉貴，爲供具焉。問：「何有？」則曰：「從貴門下得來耳。」座主心啣之，坐是以大考詩中一字失檢，吹毛索垢罷館職。』同安『雙鹿』老鋪製作馬蹄酥已有百年歷史，徐家五代人薪傳經營。製作原料用精麵粉、白糖、精生油、麥芽糖、花生仁和白芝麻。南普陀、梵天寺、梅山寺的善信多到該店購買『素香餅』禮佛。」莊渭陽因餅得福，許琰因餅得禍，成爲趣談。但福建餅受到北京官員喜愛，更可證明「馬蹄酥」的好吃程度相當高。

庶羞（su 上去　siu 上去）——正餐以外的零食。

「庶」是「衆」，「羞」是「味」。儀禮公食大夫禮：「士羞庶羞。」鄭玄注：「羞，進也。庶，衆也。進衆珍味可進者也。」清胡培翬正義：「（明）郝氏敬（仲輿）云：『肴美曰羞，品多曰庶。』」禮記王制：「庶羞不踰牲。」荀子禮論：「祭齊大羹，而飽庶羞。」史記禮書：「口甘五味，爲之庶羞酸鹹，以致其美。」民國連橫臺灣語典卷二：「庶羞，呼庶秀，轉音也。（晉）張載（孟陽、昭明文選卷三十五作景陽）七命：『繁肴既闋，亦有寒羞：商山之果，漢皐之榛（橘）。』」

以上所引述，「羞」多指肴（肉類），張載則指水果。在閩南語，「庶羞」特指糖果糕餅類的零食。目前，臺灣「庶羞」一詞僅臺南人保持；金門及閩南地區則古今皆有。

菜痡（ts´ai 上去　pɔ上上）——鹹蘿蔔。

閩南語稱蘿蔔爲「菜頭」。它的吃法有很多種，平時多用作佐飯的菜，切片、切塊、用剉刀剉成絲狀，可以炒，也可煮湯。亦可將蘿蔔切成條狀或塊狀，曬乾後醃漬食鹽，叫做「菜痡」；剉絲不漬鹽曬乾，稱爲「菜簽」。「菜痡」是低賤的食品，故被大衆廣泛食用，多用來佐飯吃，日本人尤喜愛。也就是大量食用，臺灣世俗甚至閩南語學者竟誤寫爲「菜脯」。其實，「脯」是「肉乾」。「脯」是形聲字，左爲義旁「肉」，右爲聲旁「甫」。廣韻上聲九麌：「脯，乾脯，（西漢）東方朔云：『乾肉爲脯。』」魏張揖廣雅釋器：「脩，脯也。」周禮天官膳夫，唐賈公彥疏：「加薑桂鍛治者謂之脩（世所謂束脩），不加薑桂、以鹽乾之者謂之脯。」禮記內則：「牛脩、鹿脯、田豕脯、麋脯、麕脯。」春秋左丘明左傳哀公十一年：「（陳國）轅頗爲司徒，賦封田以嫁公女，有餘，以爲己大器（鐘鼎）。國人逐之，故出。道渴，其族陳咺進稻醴（甜米酒）、粱糗（細小米所爲乾飯）、腶脯（薑桂所醃的乾肉）。」南宋孟元老東京夢華錄二州橋夜市：「當街水飯，爊肉，乾脯。王樓前貛兒，野狐，肉脯。」同書八是（六）月巷陌雜賣：「是月時物，巷陌路口橋門市井，皆賣大小米水飯、炙肉、乾脯。」上列古書所載，都可確證「脯」是「肉乾」，絕不可拿來和「菜」字一起合用。故「菜脯」是一個完全不通的名詞。到了今天，「肉脯」是指豬肉焙炒成爲絲狀物；「肉乾」仍舊是整片的。

「𤸤」是「枯皺」或「乾」的意思，就像老婆婆的臉皮和嘴巴。大凡被醃乾的食物，表面絕不會光滑，體積一定縮小。字音意義都相近，故「菜𤸤」一詞可以成立。連帶，小乾蝦稱爲「蝦阿𤸤（音卑）」，魩魚乾叫作「魩阿𤸤」，亦是同意。

賀奶豆（ho下去　lin上平　tau下去）——蒸豌豆，廈門小吃之一。

民國六十八年版金門縣志卷二物產第一章第一節穀之屬：「賀年豆，枝葉花實均與豌豆同，惟豌豆筴硬不可食，賀年豆嫩脆可連子帶莢共煮而食，味甘美；以產於年底，故名。或訛爲荷蘭豆。子大者可製罐頭食品。」廈門人稱爲「賀奶豆」。金門志所說的「賀年豆」，臺語叫「敏豆」，「敏」是由英文(bean)來。這種連豆莢可吃的蔬菜，很容易吃到，味道甚好。但舊時福建內地另有一種豆粒很大的豌豆，剝除外莢曬乾後出售，金門人合蠔乾一起燉湯，別有滋味。這種豌豆臺灣未見。

廈門人把這種豆蒸得稀爛，幾乎形成豆泥，吃起來香鬆而口感好，用來作爲早餐時配稀飯一起吃。也可以單獨當點心吃。平時皆由小販到處叫賣，因氣味特殊可口，頗受歡迎。筆者在廈門讀中學時，就時常吃到這種「賀奶豆」，如今仍非常懷念。

煨(○上平)——以文火煮物使熟。

說文：「煨，盆中火。」這是「煨」的本義。南宋戴侗六書故：「煨，灰中熟物也。」即將生的食物埋在火灰裡燒熟。如栗子、芋頭、番薯等皆可用此法。南宋陸游初夏野興詩之三：「糠火就林煨苦筍，密罌沉井漬青梅。」清王士禎寄盤山拙菴道人詩：「煨芋爐灰冷，懸燈雪屋寒。」

在閩南語，「煨」的意義頗有不同，是指用文火在鍋中燉煮食物。例如，金門人煮芥菜，將菜洗淨切碎後，放入銑鐵鍋，少下水，加些花生粉，小量食鹽，絕不用味精，以文火「煨」，慢慢就熟了，火大菜易焦；芥菜莖葉皆嫩，味極甘香。不像臺灣的芥菜，莖葉粗，無芥菜應有的香味，有也很淡，嚼過，要吐出一口渣出來，相當難吃。

煠（sat下入）——以白水將食物煮熟。

說文無「煠」有「瀹」，意義相同，謂：「爚，爇也。」清王筠句讀：「（梁顧野王）玉篇：『煠，瀹也。』（北宋丁度）集韻引（魏張揖）博雅：『渫，瀹也。』玉篇：『瀹，內（納）菜湯中而出也。』然則爇也者，謂爚、瀹通。」清翟灝通俗編雜字：「今以食物納油及湯中一沸而出曰煠。」唐柳宗元柳河東集卷二十鞭賈（價）：「余乃召僮爚湯以濯之（鞭），則遬然枯。蒼然曰：『嚮之黃者梔也，澤者蠟也。』」唐劉恂嶺表錄異下：「（水母）先煮椒桂或豆蔻，生薑縷切而渫之。」南宋洪邁容齋三筆卷三莵葵燕麥：「廣志曰：『莵葵瀹之可食。』古歌曰：『田中莵絲，何嘗可絡？道邊燕麥，何嘗可穫？』皆見於（北宋李昉）太平御覽。」南宋孟元老東京夢華錄，描述北宋都城河南開封的情形，卷二記當時酒樓的食品極爲繁多，其中有「白煠虀」，即白水煮的細切酢菜；「煠蟹」，即白水煮熟的螃蟹。可見宋朝人亦稱「白水煮」爲「煠」。

依閩南語的講法，「煠」只是用白開水煮食物，要吃的是食物，水則不喝，例如，「煠蠘」、「煠蟳」、「煠蛋」、「煠青菜」等皆是。金門話形容菜中沒有佐料，調味不良，譏爲「煠白水」。

至於前文所引通俗編「油中一沸（已成爲炸）」、嶺表錄異「水母煮椒桂加生薑再煠」，是比較特殊的用法，在閩南語中是沒有的。但是今人「吃火鍋」，飯店只供給清湯和各類生料，須由顧客將食物一一放進鍋中的開水「煠」熟然後食用。

飫（饇）（ɯ. 上去）——飲食過多或太飽而厭再食。

廣韻去聲九御：「飫，飽也。厭也。依倨切。」梁顧野王玉篇：「飫，食過多。」詩小雅常棣：「儐爾籩豆，飲酒之飫。」「儐」是陳列，「籩豆」是盛裝肉魚的器具。朱熹集傳：「飫，饜。」春秋左丘明左傳襄公二十六年：「是以將賞，爲之加膳，加膳則飫賜。」西晉杜預注：「飫，饜也。酒食賜下，無不厭足，所謂加膳也。」唐李白上安州李長史書：「困河朔之清觴，飫中山之醇酎。」唐韓愈燕喜亭記：「極幽遐瑰詭之觀，宜其於山水飫聞而厭見也。」南宋陸游閑居對食書愧詩二首：「老病家居幸歲穰，味兼南北飫枯腸。」以上幾個「飫」字，都是吃過多、過飽或某種見聞太多而生厭的意思。

廣韻去聲十遇：「饇，飽饇。」詩小雅角弓：「如食宜饇，如酌孔取。」朱熹集傳：「饇，飽。孔，甚也。食之（予人食）已多而宜飽矣，酌之（予人酒）所取亦已甚矣。」清桂馥札樸卷一饇：「說文『饇』作『醧』，依據切。」

「飫」字右邊是「夭」，恰巧和閩南語「肚子餓」同音，故世俗誤以爲「飢餓」的「枵（iau 上平）」，甚至學者亦難免此誤。清文宗咸豐朝舉人金門林豪俗語對：「破粿誅（推）乞食，清（冷）糜當（待）飫人。」（見民國六十八年版金門縣志卷三第五篇）民國魏益民臺灣俗語集與發音語法頁一九四：「飫𩚵死，脹𩚵肥。」此兩處「飫」是「枵」的大錯誤，因爲正和飽與厭食的「飫」完全相反。

飰（飯）糒（pəŋ 下去　pĩ 上上）——鍋粑。熟米乾。

梁顧野王玉篇：「飰，同飯。」昭明文選卷三十四西漢枚乘七發：「楚苗之食，安胡之飰。」唐李善注：「楚苗山出禾，可以爲食。安胡未詳；一曰，安胡，彫胡（菰米）也。」北宋梅堯臣寄酬睦州晏殿丞詩：「豈不藉餘潤，況茲方飰蔬。」清德宗光緒年修衛藏通志御製語錄後序：「餽羹餲飰。」「餽羹」是壞湯，「餲飰」是飯臭。

說文：「糒，乾飯也。」廣韻去聲六至：「糒，糗也。」玉篇：「糒，乾飯。」史記李將軍列傳：「大將軍（衛青）使長史持糒醪遺廣，因問廣、（趙）食其失道狀。」晉書王祥傳：「糒、脯各一盤，玄酒一杯，爲朝夕羹。」元史伯顏傳：「士馬芻糒供億之須，以及賞賚犒勞之用，靡不備至。」依上所引，「糒」同「糗」，是熟米的乾糧，也就是米乾。通常將米煮飯後曬乾，不同於今天煮飯意外形成的「鍋粑」，帶在身上走遠路，隨時可吃。

在閩南語，「飰」字較「飯」的語音相近。舊時煮米飯都用銑鐵鍋，飯熟透後，爲等待水分全乾，以致鍋底常有一大塊焦黃色的鍋粑，這鍋粑雖有些硬，卻也可吃，而且更香，閩南語稱爲「飰糒」。以前臺中市自由路雙美堂食品行製售的鍋粑，眞是好吃，不過是以糯米下油鍋炸成的，並非用煮。

糗（kʻu 下去）——食物韌而耐嚼爽口。

說文：「糗，熬米麥也。」段注：「周禮（籩人）：『羞籩之實，糗餌粉餈。』鄭司農云：『糗，熬大豆與米也。粉，豆屑也。』（鄭）元謂：『糗者，擣粉熬大豆。爲餌餈之黏，著以坋（使不黏）之耳。』按先鄭云『熬大豆及米』；後鄭但云『熬大豆』，注（禮記）內則又云：『擣熬穀不同者，黍、粱、菽、麥，皆可爲糗。故或言『大豆』以包『米』，或言『穀』以包『米豆』。而許（愼）云『熬米麥』，又非不可包大豆也。熬者，乾煎也。」廣韻上聲四十四有：「糗，乾飯屑也。去久切。」亦即「米乾」。以米、麥煮飯，吃起來當然是「耐嚼爽口」的「糗」。「乾煎」是「炒」。「餌」是「粉餅」。「餈」是「麻餈」（即臺灣市面上出售的甜軟糕）。

餌和餈未作成糕餅以前，都是米、麥、大豆的「粉」；一旦加水，除大豆外，米麥粉的黏性就來了。故世俗所說的「糗」，就如麻餈入口韌而耐嚼，口感好。現在全世界說閩南語的人，除極少數閩南語學者外，都不知道已有「糗」字，而借用英文字母「Q」來使用，眞是可笑又悲哀。「糗」的右旁「臭」，意義並不是「惡臭」，而是聲旁，意思近於「氣味」。國人不但不懂「糗」字，還進一步加以胡亂使用，妄作「尷尬、困窘」之意，眞是淺薄無知之至，侮辱蹧蹋祖先的文字遺產。

三國蜀劉熙釋名釋飲食：「糗，齲也。飯而磨散之，使齲碎也。」清畢沅疏證：「（後魏賈思勰）齊民要術，有『作杭米糗糒法』，取杭米沃灑，作飯暴令燥，擣細磨粗，細作兩種折。」同篇又說：「干飯，飯而暴乾之也。」即俗稱的「米乾」。舊時金門後浦人許生地，就是用糯米煮熟曬乾出賣的小販。用這種米再煮飯，更格外的香「糗」好吃。說文：「糒，乾飯也。」段注：「周禮廩人（鄭玄）注曰：『行道曰糧，謂糒也；止居曰食，謂米也。』按『乾飯』今多爲之者。」魏張揖廣雅釋器：「糗，糒也。」是「糗」和「糒」可通用。因爲「糒」乾燥不會腐壞，故古人用作軍隊的乾糧。書費誓：「峙（儲備）乃（汝）糗糧，無敢不逮。」僞孔傳：「皆當儲峙汝糗糒之糧，使足食，無敢不逮。」孟子盡心下：「舜之飯糗茹草也，若將終身焉。」東漢趙岐注：「糗飯，乾糒也。」春秋左丘明左傳哀公十一年：「夏，陳轅頗出奔鄭。初，轅頗爲司徒，賦封田以嫁公女，有餘以爲己大器。國人逐之，故出。道渴，其族轅咺進稻醴（米酒）、粱糗、腶脯焉。」西晉杜預注：「糗，乾飯也。」唐孔穎達疏：「內則鄭玄注云：『腶脩，捶脯施薑桂也。』」明馮夢龍醒世恒言第三十八卷李道人獨步雲門：「嘗聞好古老傳統，那青泥白石，乃仙家糧糗，凡人急切難遇，若有緣的嚐一嚐，便疾病不能侵，妖怪不能近，虎狼不能傷。」以上引古書爲例，皆可證明「糗」是「米乾」，吃起來韌韌的，爽快於口舌之間。

糖粿（tŋ 下平　ke 上上）——糯米漿作成的扁圓甜粿。

一九四五年第二次世界大戰結束，日本投降，廈門恢復我國國土。次年，筆者在廈門讀中學，親眼看到許多閩南內地人遷住廈門，並帶來多種飲食行業，其中之一，就是「糖粿」。在開元路靠近港口一帶，有「糖粿」攤。看它作法，用糯米磨濃漿，軟硬適中，一塊塊扁圓形如同今日臺灣臺中市太陽餅大小，在大銑鐵鍋花生油中煮，用文火，油絕無滾沸，直至粿熟。顧客要買時，纔撈起放在瓷碟裡，撒下白糖花生粉，如同麻糬。所不同的，麻糬是包餡子用蒸的；「糖粿」則用油煮，不包餡子，但另有特殊的滋味。今日臺灣看不到。

筆者兒童時代在金門，逢到端午節，家裡除自作甜、鹹粽子外，又用糯米磨漿，製作一種如銀元大的粿，中央凹陷，用蒸籠蒸熟，加上白糖花生粉，也叫作「糖粿」，先拜祭廳堂中長桌案上的觀音佛祖、灶君、福德正神以及祖先神主，然後再分給小孩們吃。這算是敬神的供品，當然大人們也吃。但是它的滋味，不及前述廈門的「糖粿」。

穜（種）米糜（tsiŋ 上上 bi 上上 be 下平）——穜米稀飯，廈門美食之一。

說文：「穜，先種後孰（熟）也。」段注：「此謂凡穀有如此者。（詩）邠（豳）風（七月）：『黍稷重穋。』（毛）傳曰：『後孰曰穜。』周禮內宰（鄭玄）注：『鄭司農云：「後種先孰，謂之稑（穋）。」』按毛詩作『重』，假借字也。周禮作『穜』，轉寫以今字易之也。」周禮地官舍人：「以歲時縣穜稑之種。」唐陸元朗釋文：「穜稑，直龍反。下音六。司稼職同。」唐賈公彥疏：「內宰注云：『先種後熟謂之穜，後種先熟謂之稑。』」昭明文選第七卷西晉潘岳藉田賦：「后妃獻穜稑之種，司農撰播殖之器。」唐李善注：「（西漢）孔安國論語注曰：『撰，具也。』（僞）孔安國尚書傳曰：『播，布也。』」南齊書樂志王融雩祭歌：「秏下土，薦穜稑。」

綜上所述，「穜米」是稻米的一種，從種殖到成熟的時間較長。既出現在經書中，則全中國皆有此種稻米，不單是閩南地區纔有。筆者青少年時代在廈門讀中學，曾在開元路新元興旅社和大同路附近的飯館吃到「穜米」煮成的稀飯，清香甘美，黏糗適中，好吃的程度，很難以筆墨形容，簡直令人吃得不知飽。這種米當然產於福建內地，但是屬於何種米種則不清楚。臺灣絕對吃不到如此好吃的「穜米糜」。佐飯的菜，如配以「豆油燉的三層豬肉」，可以稱爲「美食」而無愧。在臺灣，任何米種煮稀飯，米味很淡，一點也不香。「穜」字與「種」字，可互通用。

薁玉（o 上去 gɔk 下入）——蘡薁煮湯涼卻成凍可食。

蘡薁屬葡萄科，蔓生，莖有卷鬚，攀緣他樹上，葉爲心臟狀圓形，掌狀，淺裂，背面生毛如綿，色淡褐。夏月莖梢出花軸，開黃綠色小花，五瓣，複總狀花序，花後結實，爲漿果，作小球形，紫黑色，又名野葡萄、山葡萄、山櫐。明李時珍本草綱目：「蘡薁生林野間，亦可插植。蔓、葉、花、實，與葡萄無異。」廣韻下平聲十四清：「蘡，蘡薁，藤也。」說文：「薁，蘡薁也。」詩豳風七月：「六月食鬱及薁。」毛傳：「薁，蘡薁也。」山海經中山經：「（泰室之山）有草焉，其狀如白茿，白華黑實，澤如蘡薁。」宋書謝靈運傳：「野有蔓草，獵涉蘡薁。」

舊時在金門，筆者於夏天曾吃過一個來自閩南內地的小販販賣的「薁玉凍」，確是紫黑色，放在碗裡，用刀切碎，再加上糖漿，清涼可口。臺灣古今都有人販賣，吃法和金門相同，多加些碎冰塊，稱爲「愛玉」，亦多在夏天出售。

𤐓（piat上入）——爆炒食物。

說文：「𤐓，以火乾肉。」清朱駿聲通訓定聲：「字亦作煏。」魏張揖廣雅釋詁二：「𤐓，乾也。」清徐珂清稗類鈔飲食類：「底復蕩滌之，文火𤐓中乾。」

閩南語中，有「𤐓羊肉」、「𤐓兔肉」等，都指烹煮羊、兔肉時，少下水，用些生蔥節、生薑絲、紹興酒、鹽等，火不可過大，以免肉的表面已焦黑，而裏層尚未熟透，快撥快翻，銑鐵鍋中發出「爆！爆！」的聲響。用「𤐓」去炒熟的肉，性質是很熱的，孕婦生產後來吃比較適合。臺灣的民俗，女人坐月子都吃「麻油酒雞」進補，亦須用米酒和水燉的雞肉裏，加入薑片、麻油，對於產婦身體有益。

齕（hut上入）——大吃。

說文：「齕，齧也。」「齧，噬也。」段注：「（三國魏）如淳注漢書曰：『齕，齩也。（禮記）曲禮（上）：「庶人齕之。」』」「（說文）口部曰：『噬，啗也。』」說文：「齩，齧骨也。」清朱駿聲通訓定聲：「齩，字亦作咬。」廣韻入聲十一沒：「齕，齧也。」戰國莊周莊子馬蹄：「馬，蹄可以踐霜雪，毛可以禦風寒，齕草飲水，翹足以陸，此馬之眞性也。」上引曲禮上的「齕」，是封建時代「吃瓜」的禮節，據唐孔穎達疏，爲天子，削皮又切成四塊：爲國君，對半切：爲大夫，中裂，不巾覆：爲士，去蒂：爲庶人（府史），自己以口咬食。

在閩南語，「齕」是特指人對食物吃得多，例如社會上舉辦「吃物比賽」，看誰吃得最多，叫做「齕」：某人肚子極餓，「一口氣齕五碗米飯，兩碗菜湯，兩碟菜。」

䭔（te 上平）——以麵粉作皮中包餡子的炸餅或煎餅。

說文無「䭔」字。廣韻上平聲十五灰：「䭔，餅也。都回切。」梁顧野王玉篇：「䭔，蜀人呼蒸餅爲䭔。」清黃遵憲日本國志飮食餅餌：「以油煎者曰油䭔，火炙者曰焦䭔。」北史陸法和傳：「梁人入魏，果見䭔餅焉。」唐李崿等七言饞語聯句：「拈䭔舐指不知休，欲炙侍立涎交流。」由上所引，得知「䭔」是一種餅食，有蒸、炸、煎各類。既不見於說文，則漢朝時尚沒有「䭔」，可能始作於南北朝，或在唐朝時代傳入日本，故日本人仍稱爲「䭔」。

明馮夢龍喻世明言第五卷窮馬周遭際賣䭔媼，寫唐太宗時，博州茌平（今山東聊城縣東北）人馬周，家窮而好酒，明經有學，刺史達奚聘爲州學助教，馬周卻常因醉酒誤事，於是辭去教職，前往長安謀發展。來到新豐（今陝西臨潼縣東），投宿旅店。店主王公見他有才華，資助路費，請他去暫住長安萬壽街其外甥女趙家處，以待機會。「原來趙家積世賣這粉食爲生，前年趙三郎已故了，他老婆在家守寡。年紀雖然三十有餘，兀自豐豔勝人，京師人順口都喚他做『賣䭔媪』。這王媪初時坐店賣䭔，神相袁天罡一見大驚，嘆道：『此媪面如滿月，脣若紅蓮，聲響清明，乃大貴之相，他日定爲一品夫人。』卻說王媪隔夜得一異夢，夢見一匹白馬，自東而來，到他店中，把粉䭔一口喫盡。自己執鞭趕逐，不覺騰上馬背。那馬化爲火龍，沖天而去。醒來滿身都熱，思想此夢非常。恰好這一日接得母舅王公之信，送箇姓馬的客人到來，又馬周身穿白衣。王媪心中大疑，就留住店中作寓。」不久鄰里中引起閒言，王媪請馬周另找居所。此時恰巧中郎常何差僕人來店買䭔，王媪就介紹馬周到常府去。見面交談之下，常何大喜；剛好聖旨求言，馬周代常何草成便宜十二條上奏。太宗知便宜出自馬周手，大悅，召見，拜爲監察御史。那時突厥反叛，太宗正遣四大總管出馬征勦，命馬周獻平虜之策，太宗即改任爲給事中。未三年，官至吏部尚書。常何獲知馬周尚無親眷，遂爲作伐，娶王媪爲妻。「後人有詩嘆云：『一代名臣屬酒人，賣䭔王媪亦奇人。時人不具波斯眼，枉使明珠混俗塵。』」波斯人常販賣珍寶，波斯眼指能辨識珍寶的眼睛。觀這篇小說，是唐朝人喜吃『粉䭔』，可惜不知此餅是蒸？是炸？是煎？

一九九九年六月十八日（農曆端午節）晚九時臺中市有線電視臺「民視」播出「認識新臺灣」節目，此節目在鹿港鎮龍山寺舉行，其中有「鹿港人吃饘餅」單元。筆者案：「饘」是「稀飯」，爲「煎」之誤。玉篇「餅」字下引魏張揖埤蒼：「餹（糖）餅，餌（餅）也。」北宋丁度集韻：「餅，兗、豫謂餹餅。」明朱謀㙔駢雅：「餹餅，粉餅也。」故「䭔」當亦可寫作「餅」。

以筆者親身所見過和吃過的「䭔」（餅）有二種。一是甜的「滿煎䭔」，麵粉加酵母作皮料，倒進大圓鐵煎盤中，爐火不可太大，否則未熟先焦。待已快熟透，手撒紅糖均勻。然後用鐵匙對半挑翻，合二爲一，「滿煎䭔」就熟了。取起，切成塊狀或斜塊狀小塊出售。筆者童年在金門早就吃過。來臺後，某次在臺中市電信總局大門口見到小販售賣。一是鹹的「蠔䭔炸」，用一根約半個網球大的圓鐵匙，舀起一些麵粉漿，再放進海蠔、蔥、韭菜、豆乾絲等拌好的佐料，然後再加一些麵粉漿把佐料蓋起來，伸進滾沸的花生油中炸熟，取起販賣，隨買者喜愛，沾些醬油、辣椒醬一起吃。吃這種「䭔」要趁熱，冷了就不好吃。這亦是我兒童時在金門吃慣的。來臺後，某次意外在臺中縣大里鄉街道邊看到有小販在製作販賣。

鹹光餅（kiam 下平 kɔn 上平 piã 上上）——明平倭名將戚繼光發明的軍隊乾糧餅食。

明史卷二百十二本傳：「戚繼光字元敬，世登州衛指揮僉事。父景通歷官都指揮，署大寧都司，有操行。繼光幼倜儻，有奇氣。家貧，好讀書，通經史大義。（世宗）嘉靖中嗣職，用薦擢署都指揮僉事，備倭山東。改僉浙江都司，充參將，分部寧、紹、台三郡。繼光至浙時，見衛所軍不習戰，而金華、義烏俗稱慓悍，請召募三千人，教以擊刺法，長短兵迭用，由是繼光一軍特精。四十年，倭大掠桃渚、圻頭，繼光急趨寧海，扼桃渚，敗之龍山，追至雁門嶺，賊遁去。乘虛襲台州，繼光手殲其魁，而圻頭倭復趨台州，繼光邀擊之仙居道，無脫者。先後九戰皆捷，俘馘一千有奇，焚溺死者無算。繼光進秩三等。明年，倭大舉犯福建，閩中連告急，（胡）宗憲復檄繼光勦之，大破其巢，斬首二千六百。初興化告急時，帝已命俞大猷爲福建總兵官，繼光副之。繼光爲將，號令嚴，賞罰信，士無敢不用命，與大猷均爲名將。大猷老將，務持重；繼光則飆發電舉，屢摧大寇，名更出大猷上。繼光更歷南北，並著聲，在南方戰功特盛，北則專主守。所著紀效新書、練兵事實，談兵者遵用焉。」

繼光山東蓬萊縣人，原籍安徽定遠縣。民國王儀明代平倭紀實民族英雄戚繼光：「戚氏練兵方法，在明代是首屈一指的。他訓練士卒以『長短兵遞用』；而南方多藪澤，不利馳驅，於是他又依據地形，自製『鴛鴦陣法』，以審步伐便利。對武器裝備，盡力充實，諸如戰艦、火器、兵械，均力求精良。繼光用兵神速，據（明張燮）東西洋考說：『繼光之行軍也，每至郡邑，從當事酣飲，父老請師期，繼光曰：「吾兵疲且休，緩圖之。」賊偵者歸告，不爲備。酒罷，輒督兵行數十里，黎明，破賊巢，邑人尚未知兵出。』」

清施鴻保閩雜記：「光餅，戚南塘平倭寇時，制以備軍行路食者。後人因其名繼光，遂以稱之。今閩中各處多有，大如番錢，（筆者案：墨西哥銀元）中開一孔，可以繩貫。」民國薩孟武中年時代過節補遺：「光餅味略鹹，用麵粉製成，圓形，直徑約一寸，（筆者案：當爲寸半至二寸）中有孔，可用繩串之。據說，這是戚繼光討伐倭寇之時所製，命兵士掛在項上，以備飢時食用，故稱爲『光餅』。（後世）凡福州人聚居之處，必有光餅。」

戚繼光在福建勦倭的時間不短，故其後民間遂行仿製「光餅」，公開販賣。另一名將俞大猷，晉江人，嘉靖朝武舉人出身，亦曾在浙江、福建勦倭有功。明代金門也遭到倭寇蹂躪，大猷曾至金門督師，現在尚留有故蹟「嘯臥亭」在舊金城外南磐山，刻石「虛江嘯臥」，「虛江」是兪氏別號。金門人稱「光餅」爲「鹹光餅」，古來皆由金門的福州人製售，筆者童年曾吃過，香脆可口。但在臺灣卻很少見過。

鹹西瓜瓤（kiam 下平 sĩ 上平 kue 上平 lŋ 下平）——西瓜肉醃鹽而成的佐飯菜。

廣韻下平聲十陽：「瓤，瓜實也。」明張自烈正字通：「瓤，爲瓜中實，與犀（子）相包連，白虛如絮有汁。」明李時珍本草綱目：「其棱或有或無，其色或青或綠，其瓤或白或紅，紅者味尤勝。」三國魏劉楨瓜賦：「藍皮蜜理，素肌丹瓤，乃命圃師，貢其最良。」

舊時在金門，筆者的母親於家裏每年夏天都要自作黃豆醬、黑豆豉，通常同時買一二個大西瓜，除去外皮和子，留下的西瓜瓤切成一塊塊的，浸入豆醬或豆豉缸中醃熟，其味道自然是鹹的。用碟子盛裝，當作早餐稀飯的佐飯菜。鹹西瓜瓤談不上好吃，和味淡的白米稀飯一起吃，倒也不錯，一方面亦是爲了儉省家費與方便，況且那時代幾乎家家如此。

第十四章　稱謂

丈人（tiũ下去　laŋ下平）——岳父（第三人稱）。

元周伯琦六書正譌：「丈，借爲扶行之丈，老人持丈，故謂之丈人。」西漢戴德大戴禮記本命：「丈者，長也。」論語微子：「子路從而後，遇丈人，以杖荷篠。」魏何晏集解：「（東漢）包（咸）曰：『丈人，老人也。篠，竹器。』」西漢劉向戰國策齊策六：「坐而織蕢，立則丈插。」敦煌變文集維摩詰經講經文：「有心凭几以呻吟，無力丈梨而教化。」以上是凡「老人」稱爲「丈人」的說法。

易師卦辭：「師貞，丈人吉。」唐孔穎達疏：「丈人，謂嚴莊尊重之人。言爲師之正，唯得嚴莊丈人監臨主領，乃得吉无咎。」東漢陸續注：「丈人者，聖人也。」朱熹名臣言行錄卷七：「范六丈，聖人也。」以上是稱「嚴莊尊重」或「聖人」爲「丈人」。此等稱呼僅限於古時。

古今皆稱呼「岳父」爲「丈人」。南宋王楙野客叢書卷十三丈人：「今人呼丈人爲泰山，或者謂泰山有丈人峰，故云。據（唐段成式酉陽）雜俎載：『唐明皇東封，以張說爲封禪使。

及已，三公以下皆轉一品。說以壻鄭鎰官九品，因說遷五品。玄宗怪而問之，鎰不能對。黃番綽對曰：「泰山之力也。」』與前說不同。（北宋陳）後山（師道）送外舅詩：『丈人東南英。』注謂：『丈人字，俗以爲婦翁之稱。』然字則遠矣。其言雖如此，而不考所自。僕觀三國志裴松之注，『獻帝舅車騎將軍董（承）』句下，謂：『古無丈人之名，故謂之舅。』按裴松之，（劉）宋（文帝）元嘉時人，呼婦翁爲丈人，已見此時。」南宋趙彥衛雲麓漫鈔卷五：「婦謂夫之父曰舅，夫之母曰姑。壻謂婦之父曰外舅，婦之母曰外姑。今人呼妻兄弟卻曰舅，妻父曰丈人；至有與壻書，自稱丈人者。不亦陋哉！泰山下有丈人山，或又稱之曰泰山。」清胡鳴玉訂譌雜錄卷六丈人：「妻之父爲外舅，母爲外姑，見爾雅、（東漢劉熙）釋名諸書。世以外舅爲丈人，雖非泰山丈人峰之謂，然其來已久。（唐）柳子厚（宗元）與外舅楊憑書：『丈人以文律通流當世。』又祭楊憑文：『子壻謹以清酌庶羞之奠，昭祭於丈人之靈。』子厚集，更有祭獨孤氏丈母文；丈母之稱，尤爲近俗。」明馮夢龍醒世恆言第五卷大樹坡義虎送親：「你去了三年之後，丈人就要將媳婦許別人家，是你爹爹不肯，勉強留了三年。」就以上所引述，得知稱岳父爲「丈人」，有典籍可稽的，自南北朝開始，下歷唐、宋、明各朝，已成通稱。

清翟灝通俗編卷十七：「（北宋歐陽修）歸田錄：『今人呼妻父爲嶽公，以泰山有丈人峰；妻母爲泰水，不知出何書也。』漢書郊祀志：『大山川有岳山，小山川有岳壻山。』推其名義，似在漢時已然。」清趙翼陔餘叢考卷三十七丈人：「（南宋吳曾）能改齋漫錄謂：

『本於史記匈奴謂漢天子我丈人行也。』然史記注：『丈人，尊長之稱。』非必專以之指婦翁也。（北宋）莊綽雞肋編引柳子厚稱妻父楊詹爲丈人，以爲後世呼妻父爲丈人之始。然南史齊東昏（侯蕭寶卷）呼潘妃父寶慶爲阿丈。唐書，杜黃裳之壻韋執誼爲相，黃裳勸其請太子監國，執誼曰：『丈人甫得一官，奈何啓口議禁中事？』是六朝及唐已有是稱。宋史，張永德乃郭威壻，威起兵常遇，謂永德曰：『君視丈人事得成否？』此又近代婦翁稱丈人之故事也。」

閩南語一如上引史料，號妻的父親爲「丈人」，但只限於第三人稱，並不直接稱呼妻父爲「丈人」，兩人書信來往則例外。金門人直接稱呼妻父爲「伯阿」（即伯父），稱呼妻母爲「姆阿」（即伯母）。至於岳父母直接稱呼其女壻，僅叫其名字而已；第三人稱纔是「囝壻」。

小姬（sue 上去 i 下平）——妾（第三人稱）。

北宋丁度集韻：「姬，妾稱。」史記秦始皇本紀：「莊襄王爲秦質子於趙，見呂不韋姬，悅而取（娶）之。」漢書文帝紀「母曰薄姬」唐顏師古注：「（三國魏）如淳曰：『姬，音怡，衆妾之總稱。』（東漢應劭）漢官儀曰：『姬妾數百。』外戚傳亦曰：『幸姬戚夫人。』」清王先謙補注：「（清）錢大昭曰：『六朝人稱妾母爲姨，即此意。但不知姬有怡音，因變文爲姨，此俗閒之謬耳。（爾雅）釋親：「妻之姊妹同出爲姨。」豈可以稱衆妾？』」唐白居易讀史詩：「掇蜂殺愛子，掩鼻戮寵姬。」清曹雪芹紅樓夢第十一回：「尤氏率同衆姬妾幷家人婦們送出來。」

北宋高承事物紀原卷十姬妾：「顏師古注漢書曰：『姬者，本周之姓，貴於衆國之女。所以婦人美號，皆稱姬焉。故（春秋左丘明）左氏傳（成公九年）曰：「雖有姬姜，無棄憔悴（原文作蕉萃）。」姜亦大國女也。後因總謂衆妾爲姬。史記云：「高祖居山東時好美姬。」是也。』按魏信陵君賂如姬竊兵符，奪晉鄙兵。如姬，魏王幸妾也。（見史記信陵君列傳）當戰國時所云耳。」明郎瑛七修類稿卷二十美人稱姬：「（北宋）葉（夢得）石林燕語曰：『婦人無名，以姓爲名。故周人稱王姬、伯姬，周姓也。後世不思其故，遂以姬爲通稱，以虞美人爲虞姬，戚夫人爲戚姬。（徽宗）政和間，帝女下嫁曰帝姬。嘗白蔡魯公，欲改正之不果。』」

東漢劉熙釋名釋親屬：「妻之姊妹曰姨。姨，弟也；言與己妻相長弟也。母之姊妹曰姨，亦如之。」清畢沅注：「亦如之者，亦言與己母相長弟也。」

民國連橫臺灣語典卷三細姬：「妾曰細姬。細，小也。姬，衆妾也。俗誤作姨；姨爲妻之姊妹，非衆妾也。」由以上所引資料，知道大多數學者皆以「姬」爲「妾」，「姨」爲「母之姊妹」。閩南語中歷來亦有一個大錯誤，就是「小姬」寫作「小姨」，亟待改正。

同姒（taŋ下平　sai下去）——妯娌相稱（第三人稱）。

說文：「同，合會也。」廣韻上平聲一東：「同，齊也。共也。輩也。合也。」詩豳風七月：「嗟我農夫，我稼既同。」鄭玄箋：「既同，言已聚也。」東漢王充論衡書虛：「舜之與堯，俱帝者也，共五千里之境，同四海之內。」清曹雪芹紅樓夢第六十七回：「一一打點完畢，使鶯兒同著一個老婆子，跟著送往各處。」

爾雅釋親：「娣婦謂長婦爲姒婦。」東漢劉熙釋名釋親屬：「少婦謂長婦曰姒。」廣韻上聲六止：「姒，娣姒。長婦曰姒，幼婦曰娣。」明樂韶鳳洪武正韻：「姒，（西晉）杜預曰：『兄弟之妻相謂皆曰姒。』蓋妯娌相呼，自以年長少爲名，年長爲姒，少爲娣。」春秋左丘明左傳昭公二十八年：「子容之母走謁諸姑曰：『長叔姒生男。』」杜預注：「兄弟之妻相謂姒。」唐孔穎達疏：「幼者謂長者爲姒也。」新唐書后妃傳上（高祖李淵）太穆竇皇后：「始，（世祖李昺）元貞太后羸老有疾，而性素嚴，諸姒娣皆畏，莫敢侍后。侍之獨怡謹盡孝。」

魏張揖廣雅釋親：「妯娌，娣姒，先後也。」北宋丁度集韻：「妯，（西漢揚雄）方言（第十二）『築（妯）娌』（西）晉郭璞注：『今關西兄弟婦相呼爲妯娌。』」似古時兄弟婦可直呼「妯娌」。在閩南語，兄弟婦之間的第三人稱叫「同姒」，用來直接稱呼則不可。

囝（kiã 上上）——兒子或女兒的第三人稱。

北宋丁度集韻：「囝，閩人呼兒曰囝。」清彭定求全唐詩卷二百六十四顧況哀囝詩：「郎罷別囝，吾悔生汝。囝別郎罷，心摧血下。」自注：「囝音蹇。閩俗呼子爲囝，父爲郎罷。」北宋吳處厚青箱雜記：「閩人呼子曰囝。唐取閩子爲宦官。顧況撰哀囝一篇：『囝生閩中，乃絕其陽。爲臧爲獲，（西漢揚雄方言第三：「荆、淮、海、岱雜齊之間，罵奴曰臧，罵婢曰獲。」）金石滿堂。』又有『囝別郎罷，郎罷別囝。』詩以寓諷。」南宋陸游戲遺老懷詩：「阿囝略如郎罷老，穉（稚）孫能伴老翁嬉。」筆者案：上所引詩中的「郎罷」，古人多認爲是閩南人對「父親」的奇特稱呼，其實是「老爸」一詞之訛。

中華版中華大字典：「囝，兒也。閩讀給養切，蘇、浙讀六安切，粵、贛、湘、鄂等省均讀若宰。」民國豐子愷緣緣堂隨筆憶兒時：「小囝囝不可走近絲車後面去，只管坐在我的身旁，喫枇杷，喫軟糕。」（頁五五）又：「我起初不會釣魚，是王囝囝教我的。他叫他大伯買兩副釣竿，一副送我，一副他自己用。」（頁六一）又同書初冬浴日漫感：「裸體的洋囝囝趺坐在窗口的小書架上，以前覺得牠太寫意，現在看牠可憐起來。」（頁二〇五）近代的大漫畫家豐子愷是浙江人，故用「囝（lan 上平）」稱呼「小兒」。江、浙地區屬吳語系統，吳語「囝」亦可稱小動物，中共作家浙江人茅盾（沈德鴻）虹五：「近岸處有一群魚囝排得整整齊齊地，象是參加閱兵式的軍隊行列浮在水面。」民國逯耀東出門訪古早從城隍廟吃到夫子廟：「那老太太抬起頭來笑著說：『勿是咯！小囝今朝回來吃夜飯。』」逯氏是江蘇上海人，故亦使用「小囝」的字眼。

閩南語「囝」是「兒」的第三人稱，叫「男孩兒」爲「查埔囝」，叫「女孩兒」爲「查某囝」。不管人數，不論男女，皆稱爲「囝兒」。

第十五章　語　詞

仔（tsu上上）——克。勝。接用於某名詞後的助詞。

說文：「仔，克也。」段注：「（詩）周頌（敬之）曰：『佛（弼）予仔肩。』（鄭玄）箋云：『仔肩，任也。』按『克』，勝也。『勝』與『任』義似異而同。許（愼）云：『仔，克也。』（爾雅）釋詁云：『肩，克也。』許云：『克，肩也。』然則『仔肩』累言之耳。」朱熹詩集傳：「又賴群臣輔助我所負荷之任。」廣韻上平聲七之：「仔，克也。子之切。」又上聲六止：「仔，說文：『克也。』本又作茲。」以上所引，不論國語與閩南語，「仔」皆讀「子」音。

依據中共湖北四川辭書出版社漢語大字典的解釋，「仔」的意義除上述外，一是幼小的牲畜，如仔豬（廣東話稱「豬仔」）、仔雞、仔魚、仔畜。二是和「子」音義同，如菜仔、麥仔、稻仔。三是滋生，遼僧行均龍龕手鑑：「仔，音子，草木盛也。」四是孩子，如男仔、女仔、兒仔。五是特徵或職業，如矮仔、肥仔、渡仔、單車仔。六是小件物品，如手巾仔、斗笠仔、凳仔。通觀這些「仔」字，無論國語或閩南語，都發「子」音，絕沒有發「阿」音的。故世俗凡將「仔」讀「阿」音的全屬錯誤。筆者拙著臺北文史哲版閩南語考釋第十七章語詞有「阿」字條，可參閱。

得（tē上平）——得到。能夠。在。

說文：「得，行有所得也。」廣韻入聲二十五德：「得，得失。」梁顧野王玉篇：「得，獲也。」易乾文言：「亢之爲言也，知進而不知退，知存而不知亡，知得而不知失。」詩周南關雎：「求之不得，寤寐思服（懷）。」定公九年春秋經：「得寶玉、大弓。」春秋左丘明左傳：「夏，陽虎歸寶玉、大弓。書曰『得』，器用也。凡獲器用曰得，得用焉曰獲。」以上所引，「得」字都指「得到」、「獲得」之意。閩南語亦有此用法，如民國臧汀生臺灣閩南語歌謠研究第五章論結構：「相思樹下說相思，思郎恨郎郎不知。樹頭結得相思子，可是郎行思妾時。」其中「結得」，就是「結成」。

論語述而：「子曰：『聖人，吾不得而見之矣，得見君子者斯可矣。』」西漢韓嬰韓詩外傳：「不能勤苦，焉得行此？不恬貧窮，焉能行此？」以上的「得」字，都是「能夠」的意思。臺灣閩南語歌謠研究第五章：「水桶𣍐得離桶索，咱嫂𣍐得離咱哥。兄哥合你盡情好，被你先僥或敢無。」其中「𣍐得離」即「不能離」。同篇：「水桶𣍐離得桶索，咱嫂𣍐離得咱哥。兄哥合你盡情好，給你先梟亦敢無。」「𣍐離得」，即「離不開」之意。

第三種的「得」是閩南語的特殊用法，即「在」意，古書和國語都沒有。新竹竹林版英臺出世歌：「想著命否（壞）情著盡，厝邊替伊得可憐。抱新婦阿（童養媳）無要緊，纔未拍損這腹奶。」「得可憐」就是「在可憐」。「玉英來得問婆婆，汝送小姑（英臺）去入學。行到著位（何處）即返倒，害我四界找攏無。」「來得問」，是「正在問」。「忽然日落置（在）西方，姑娘這款有想長。我（仁心自稱）今趕緊來去問，替吾阿娘心得酸。」「心得酸」，是「心在酸」。臺灣閩南語歌謠研究第五章：「咱哥一日得讀冊，咱嫂艱苦得揀茶。嫂嫂盡心無偌諳（多），尽心兄哥我一个。」「得读册」、「得拣茶」，就是「在读册」、「在拣茶。」

當（taŋ上去）——能得。能夠。

廣韻去聲四十二宕：「當，主當。丁浪切。」明張自烈正字通：「當，事理合宜也。」禮記樂記：「夫古者天地順而四時當，民有德而五穀昌。」同書哀公問：「求得當欲，不以其所。」鄭玄注：「當，猶稱（合）也。」秦呂不韋呂氏春秋義賞：「令張孟談踰城潛行，與魏桓、韓康期而擊智伯，斷其頭以爲觴，遂定三家，豈非用賞罰當邪？」北宋蘇軾霍光論：「莫不盡獲其才，而各當其處。」這些「當」字，即「恰當」、「順當」之意。

由「恰當」、「順當」的意義引伸，閩南語常說「會當」，亦即「能得」、「能夠」。例如說：「伊（音因、他們）尪某因爲戰亂分散，希望有一日會當團圓。」又如說：「伊對我發生誤會，只要有一日會當了解著好。」再如說：「伊做生理失敗，未（𣍐）當趁錢。」

反看世俗和臺灣歌謠用字，皆誤作「會凍」或「𠸍凍」，甚不可取。

第十六章 褒 貶

瓜（薖）（kua 上平）——人老。吃菜莖粗老多渣。

說文：「薖，艸也。」清朱駿聲通訓定聲：「薖，假借爲窠。窠，空也。」北宋丁度集韻：「薖，又寬大貌。一曰飢意。」詩衛風考槃：「考槃在阿，碩人之薖。」毛傳：「薖，寬大貌。」鄭玄箋：「薖，飢意也。」

依照古書的解釋，「瓜（薖）」字並無「人老」、「吃菜莖粗老多渣」的含義。但在閩南語，形容這二項意思的語音正是（kua 上平），故似乎可以拿「瓜（薖）」來應用，當不算有太大的錯誤。

自古英雄與美女，不許人間見白頭。人如長壽，必有老年。人老時，皮膚骨骼皺縮，行動緩慢，步履不穩，老態十足。廚房中洗滌用的橡膠海棉未發明前，多使用田裏故意不採的熟老絲瓜，瓜中的瓜絲即成爲一團粗條柔韌的「菜瓜布」，以洗刷所有的廚房器具。

植物的枝莖，當正年輕時，青翠可愛。到了老年，變得枯黃易折。臺灣的蔬菜，一般說來，莖葉都顯得粗糙不嫩，入口嚼食，最後須吐棄一團粗渣；金門或大陸所產則嫩美，可全部吞下。人的老年，亦是如此。故閩南語稱人年紀大或菜莖粗老爲「瓜（邁）」。

否（佫、婄）（p'ai 上上）——壞。惡。

廣韻上聲十五海：「佫，不肯也。普乃切。」梁顧野王玉篇：「佫，誑妄也。」又：「佫，不肯。」北宋丁度集韻：「佫，不可也。」

筆者拙著文史哲版閩南語考釋第九章好否：「易有否卦，象曰：『天地不交，否。』『否』國語讀（ㄆㄧˇ），是『閉塞不通』，有『不吉』意。」東漢劉熙釋名釋言語：「否，鄙也。卑劣不能有所堪成也。」清畢沅注：「論語（雍也）：『予所否者』，（東漢）王充論衡引作『予所鄙者』。然即『否』與『鄙』音義同。」後漢書孔融傳：「古者敦厖（厚實），善否不別。」唐顏師古匡謬正俗卷八鄙人：「詩（大雅抑）云：『於乎（嗚呼）小子，未知臧否。』臧者，善也；否者，惡也；故以相對。」說文：「婄，不肖也。」福建通志福建方言志言情狀第十一：「不肖曰婄。」「善否」的與「臧否」的「否」和「婄」，閩南語的讀書音爲（p'i 上上），也就是「好否（壞）」的「否」（p'ai 上上）。關於「佫」、「婄」，字義有所引伸，和「否」音義完全相同。至於世俗所用的「歹」字，在「好壞」的「壞」音義說，則錯誤不可用，詳見閩南語考釋「好否」條。

胖皮（p'ɔ́n 上去　p'é 下平）——女人的體態豐美。

梁顧野王玉篇：「胖，胖脹也。」唐玄應一切經音義卷三引（魏張揖）埤蒼：「胖脹，腹滿也。」明張自烈正字通：「胖，腫脹貌。」

閩南語，特別是臺灣話，形容女子體態豐滿美麗，叫作「胖皮」，「胖」字對上列字書的意義有所引伸。如果再加上皮膚白皙，稱爲「白皰皰」，便更加美豔。「皰」雖是「水泡」（青春痘），總是「隆起」之意，勿作不良的聯想。何況「皰皰」疊字，意義另是一番。

倯（sɔn 下平）——愚昧。言行不合宜。

西漢揚雄方言第三：「庸謂之倯。」清蒲松齡俊夜叉：「這西江月是說的不成人的憨蛋，不長進的倯種。」又，日用雜字賭博章：「賭博眞是倯獃秭（種），本人猶說勝如嫖。」

「倯」字閩南語常用，形容人作事怪異不智，容易受人取笑，自己尚不覺得，也就是「愚昧」。例如，穿著畢挺的西裝，雙足卻穿布鞋或拖鞋。或是，穿著長袍馬褂打網球。又如，上飯館叫了一盤炒麵，卻又向飯館要了一碗白開水解渴等，皆是「倯」的表現。

有閩南語學者使用「侏」字。廣韻去聲五十三勘：「儑侏，癡貌。」意義不錯，但要「儑侏」二字同用纔能成義，字音亦不對，故不及「倯」字音義皆合。

海涌（湧）（hai 上上　iŋ 上上）——海浪。

說文：「海，天池也，以納百川者。」清朱駿聲通訓定聲：「海，按海勢圓，就地心也。海味鹹，溼熱之氣蒸也。海色綠，穹蒼之映，雲霧不能隔也。」書禹貢：「江、漢朝宗于海。」西漢劉安淮南子氾論訓：「百川異源，皆歸於海。」

說文：「涌，滕也。」段注：「滕，水超踊也。」廣韻上聲二腫：「涌，涌泉。」梁顧野王玉篇：「涌，水滕波。」山海經東山經：「（跂踵之山）有水焉，廣員（圓）四十里皆涌。」唐韓愈劉統軍碑：「及癸巳歲，秋涌水出，流過其部，破民廬室。」清楊葆光天台遊記：「上有山泉，從石罅怒涌。」

閩南語不說「海浪」，而說「海涌」。「涌」指海水的衝高之狀，有如海神暴怒，異常壯觀，懾人心膽。海不單指海洋；亦指內海，如青海（在我國青海省）、裏海（世界最大內海、在歐、亞二洲間）、鹹海（又名阿拉海、在中亞）等是。「海涌」的大小，為風力所左右；例如臺灣夏秋二季的颱風，因海面風力強大，常引起巨浪，即使大船艦亦須進港遠避，不然有被推翻或摧破的危險。「湧」與「涌」同。

臭殕（tsàu 上去　pú 上上）——物腐敗生黴有臭味。

梁顧野王玉篇：「臭，惡氣也。」明樂韶鳳洪武正韻：「臭，對香而言，則為惡氣。海濱逐臭之類是也。」（秦呂不韋呂氏春秋卷十四遇合：「人有大臭者，其親戚兄弟妻妾知識，無能與居者。自苦而居海上。海上有人說（悅）其臭者，晝夜隨之而弗能去。」）書盤庚中：

「若乘舟，汝弗濟，臭厥載。」僞孔傳：「如舟在水中流，不渡臭敗其所載物。」唐孔穎達疏：「肉敗則臭，故以臭爲敗。」後漢書梁鴻傳：「哀茂時兮逾邁，愍芳香兮日臭。」三國魏曹植與楊德祖書：「蘭茝蓀蕙之芳，衆人之所好，而海畔有逐臭之夫。」南宋范如圭遺秦檜書：「公不喪心病狂，奈何爲此？必遺臭萬年矣！」

廣韻上聲九麌：「殕，食上生白毛。」又，四十四有：「殕，物敗也。」玉篇：「殕，敗也。」魏張揖廣雅釋詁三：「殕，敗也。」清王念孫疏證：「殕之言腐也。」清翟灝通俗編雜字：「殕，（北宋丁度）集韻：『物敗生白膜也。』」

閩南語「臭殕」，不限於食物腐敗有臭味，其他不是食物因沾溼水分，細菌滋生，俗說「生白菰」，即是「發黴」，例如舊時商店捆綁貨物用的乾藺草就常有。又如久不清掃而關閉的房屋，人一進去，就會聞到一股發黴的難聞臭味，閩南語亦稱爲「臭殕」。

媌（ba 下平）——妓女。

西漢揚雄方言第一：「秦、晉之間，凡好而輕者，謂之娥。自關而東，河、濟之間，謂之媌。」西晉郭璞注：「閩人謂妓女爲媌。」明張自烈正字通：「媌，今閩人謂妓爲媌。」明梅膺祚字彙：「今閩人謂妓爲媌。」

上引方言郭璞注如屬實，那麼閩南人稱妓女爲「媌」至遲始自晉朝。金門人痛斥可惡的女人爲「婊子媌」，到目前仍通行。數年前，臺灣有一群在第二次世界大戰期間被日本軍隊半騙半拉去作「慰安婦」的少女，多已七十歲以上，曾結伴到東京向日本政府交涉，要求賠償，但無結果。回臺後，接受記者訪問，其中一位婦女曾哭訴當時是受一個「老鴇」代日本人出面欺騙，說只是去做工，因爲家庭窮苦，纔去應徵遭騙，云云。在同一時期，韓國也有。（筆者記得約在一九四一年間，我十歲，在日本占領下的金門後浦南門一座洋樓中住有幾位韓國婦女供日軍嫖宿，稱爲「常盤莊」。）我政府因與日本沒有外交關係，通過民間機構出力又不得要領，僅在道義立場上發放些慰問金，就算了事。

媱（愮）（hiau 下平）——女人好淫。

西漢揚雄方言第十：「媱，遊也。江、沅之間，謂戲爲媱。」西晉郭璞注：「媱，言心搖蕩也。」魏張揖廣雅釋詁一：「媱，婬也。」清王念孫疏證：「遙與媱通。戲與媱亦同義。」

說文：「媱，私逸也。」段注：「逸，失也。失者，縱逸也。媱之字，今多以淫代之，淫行而媱廢矣。」廣韻下平聲二十一侵：「婬，婬蕩。」西漢董仲舒春秋繁露五行逆順：「人君好婬泆，妻妾過度。」西漢戴德大戴禮記盛德：「凡婬亂，生於男女無別，夫婦無義。」後漢書襄楷傳：「今陛下（桓帝）婬女豔婦，極天下之麗。」

方言第十二：「愮，悖也。」郭璞注：「謂悖惑也。」廣韻下平聲四宵：「愮，邪也。惑也。」廣雅釋詁三：「愮，亂也。」王念孫疏證：「皆惑亂之義也。」

詩陳風株林序：「刺靈公也。淫乎夏姬，驅馳而往，朝夕不休息焉。」除了株林一詩，此事並載在春秋左丘明左傳宣公九年。史記陳杞世家載，陳靈公與大夫孔寧、儀行父和另一大夫夏徵舒的母親夏姬私通，靈公終爲徵舒所弒。史記呂不韋傳載，秦始皇父莊襄王爲太子時與呂不韋交好，不韋將已懷孕的寵姬送給莊襄王，生子即秦始皇。莊襄王死，始皇繼位，姬爲太后，不韋仍與太后暗通。後懼禍，於是獻假太監大陰人嫪毐給太后淫樂，生二子。事發覺，始皇殺嫪毐與二子及三族，丞相不韋飲毒死。通觀男女淫亂之事，都不會有好結果的。閩南語謂「女人好淫」爲嫍（慆），古今通用。臺灣有一句俗語：「老姪傢伙了。」「傢伙」指「財產」；「了」是「完盡」。老年婦女搭上少男，情不自禁，想盡一切方法討好對方，於是全部家財被少男騙取一空。重修臺灣省通志語言篇頁三五〇只有注音，而「嫍」字不會寫。

搰力（kut 上入　lat 下入）——勤力工作。

北宋丁度集韻：「搰，搰搰，用力貌。」戰國莊周莊子天地：「子貢南遊於楚，見一丈人，方將爲圃畦，鑿隧而入井，抱甕而出灌，搰搰然，用力甚多，而見功寡。」唐成玄英疏：「搰搰，用力貌也。」唐杜甫鹽井詩：「汲井歲搰搰，出車日連連。」

「搰力」閩南語常講，意爲事情不論大小，工作不問輕重，時時勤力去做，而不計較。民國連橫臺灣語典卷三：「搰力，猶盡力也。」連氏是臺南人，可能舊時臺南人比較常說「搰力」；全省其他各地則少聽到，而多說「拍拼」。至於閩南地區，「揖力」幾乎是天天在說的話。

楔（suet 上入）——用楔子塞縫使緊密。

說文：「楔，櫼也。」段注：「今俗語曰楔子。先結切。（周禮）考工記曰：『牙得，則無槷而固。』（鄭玄）注曰：『鄭司農云：「槷，榝也。蜀人言榝曰槷。」』」廣韻入聲十六屑：「楔，木楔。」周禮春官典瑞：「大喪，共（供）飯玉、含玉。」禮記檀弓下：「飯用米貝，弗忍虛也。不以食道，用美焉爾。」禮記喪大記：「小臣楔齒用角柶。」唐孔穎達疏：「楔，柱也。柶以角爲之，長六寸，兩頭曲屈，爲將含（置物於死者口中），恐口閉急，故使小臣以柶柱張尸齒令開也。」西漢劉安淮南子主術：「大者以爲舟航柱梁，小者以爲楫楔。」古時帝王逝世後，不得很快出葬，須停屍一段時間。爲了不忍心讓他空著嘴走，故有「飯」、「含」這些重要的禮節，即把寶玉塡進口中。又怕牙齒緊合，所以須用「柶」撬開。因此「楔」（塞進）和「飯」、「含」相當。

木匠製作木器時，會將部分鑿些方形的洞，稱爲「空」（孔）；相對的一部分削成凸形的方塊，稱爲「榫」；然後雙方接合。因恐怕不牢固而脫落，又用上厚下薄的「楔子」從縫中打入，使其堅固。故閩南語叫那塊「楔子」做「楔阿」，打入的動作叫「楔」。

銑（sian 上平）——金屬上生的鏽。人身皮膚上的污垢。

廣韻下平聲十二庚：「鉎，鐵鉎。」梁顧野王玉篇：「鉎，鏉（鏽）也。」北宋丁度集韻：「鉎，鐵衣也。」清朱駿聲說文通訓定聲：「鉎，俗曰鐵銹。」唐薛逢靈臺家兄古鏡歌：「金膏洗拭鉎澀盡，黑雲吐出新蟾蜍。」北宋蘇軾磨劍池詩：「神仙鑄劍本無硎，岸石斑斑尚鐵鉎。」

就廣義說，除黃金、白金、不鏽鋼和其他合金外，凡金屬多少會生鏽，如銅、鐵、鋼、錫等，所生的鏽形狀顏色亦各不同。可用砂紙磨去再塗擦油料，即可維持一段時間不再生鏽。由上引南北朝、隋、唐、宋的古書和詩歌看，可證明那些時代的人已使用閩南語的「鉎」，而不用國語的「鏽」或「銹」。另外，人的身體皮膚要經常洗浴，纔不致污垢滿身；有時人們亦戲言人身上的污垢爲「鉎」。

滲（siam 上去）——液體從容器中泄漏。人大小便失禁。

說文：「滲，下漉（滴）也。」廣韻去聲五十二沁：「滲，滲漉。」昭明文選卷四十八西漢司馬相如封禪文：「滋液滲漉，何生不育。」唐元稹大嘴鳥詩：「滲瀝（滴）脂膏盡，鳳凰那得知？」宋史蔡洸傳：「財無滲漏，則不可勝用。」元耶律楚材用萬松老人韻作十詩寄鄭景賢：「破船無滲漏，流水不能沈。」

閩南語稱凡液體從容器中點滴泄漏，叫作「滲」。人因病或年老致大小便失禁，稱爲「滲屎」或「滲尿」。

臧（tsan 上上）——好。

臺灣話中有「臧」一詞，形容事物的「美好」，但世俗卻都誤寫爲「讚」；「讚」是「贊美」，和「美好」的意思相隔一層。爾雅釋詁上：「臧，善也。」詩齊風猗嗟：「巧趨蹌兮，射則臧兮。」毛傳：「蹌，巧趨貌。」鄭玄箋：「臧，善也。」說文：「臧，善也。」廣韻下平聲十一唐：「臧，善也。」詩大雅抑：「於乎（嗚呼）小子，未知臧否。」唐陸元朗釋文：「臧，善也。否，惡也。」

由以上的引證，瞭解臺語的「臧」是「好」；「否」（p'ai 上上）是「壞」。「否」通行於閩、臺，而「臧」只臺灣纔有，閩南地區從未聽到。

媠（㜷）（sui 上上）——美。

說文：「媠，南楚之外，謂好（美）爲媠。」廣韻上聲三十四果：「媠，美也。他果切。」清朱駿聲通訓定聲：「按，婧當爲此字之或體。（西漢揚雄）方言二：『媠，美也。南楚之外曰媠。』（東漢服虔）通俗文：『形美曰媠。』」昭明文選卷三十四三國魏曹植七啓：「收亂髮兮拂蘭澤，形婧服兮揚幽若。」唐李善注：「說文曰：『南楚之外謂好』也。」說文：「㜷，美也。」北宋丁度集韻：「㜷，丘閑切。」福建通志福建方言志言情狀第十一：「謂美爲㜷。漳州呼爲垂。」

以上「媠」（婧）、「㜷」二字，意義都是「美」，絕無問題。但讀音不合。筆者案：

隋朝的「隋」，音隨。那麼「嫷」（媠）自然亦可讀（suì上上）。至於「嫛」字，福建方言志已明言漳州呼美爲「嫛」（音垂），只差聲調有異。前人寫書，有時找不出完全同音的字，會隨意取音近的字充數，不足奇怪。民國連橫臺灣語典卷一：「水，美曰水。水色清而性潤，故假借。按詩家之稱美人曰『如花』，亦假借之名。」連氏謂「美」爲「水」，缺乏文獻上的佐證，純是臆說，不可取。

踦（Kía上平）——單。

說文：「踦，一足也。」段注：「引伸之，凡物單曰踦。」西漢揚雄方言第二：「踦，奇也。自關而西，秦、晉之間，凡全物而體不具謂之倚。梁、楚之間，謂之踦。雍、梁之西郊，凡獸支體不具者，謂之踦。」北宋李昉太平御覽卷六百九十七引東漢應劭風俗通義論數：「踦者，奇也。履舃之一也。」公羊傳僖公三十三年：「晉人與姜戎要之殽而擊之，匹馬隻輪無反者。」東漢何休注：「隻，踦也。」三國魏曹丕典論酒誨：「中常侍張讓子奉爲太醫令，與人飲酒，將罷，又亂其舃履，使大小差踦，無不顛倒僵仆，踒跌手足。」南宋葉適鹿鳴宴詩：「仰欣多材聚，俯愧隻影踦。」

「踦」的本義是「一足」。春秋管仲管子侈靡：「其獄一踦腓、一踦屨而當死。」清王念孫讀書雜志：「（清）王引之云：『腓讀爲屝，乃草屨之名。一踦屝、一踦屨，謂足著一隻屨，一隻草屨，明罪人之屨異於常人也。』」古代罪犯被處斬一足之刑，故其所穿的鞋子

手環。」

下一個，即叫作「踦」。甚至一隻金戒子，亦叫「一踦金手指」；一隻玉鐲，亦叫「一踦玉

成「雙」。例如，父母、兄弟、姊妹、夫妻、鞋子、筷子、手套、眼鏡等，少了一個或只餘

兩隻不同。由此「一足」之義引伸，閩南語凡「單」的人或物皆稱為「踦」。因其原來必須

頻憚（pin 下平 tuā 下去）——懶惰。

廣韻上平聲十七眞：「頻，數也。」魏張揖廣雅釋詁三：「頻，比也。」清王念孫疏證：「頻為親比之比。」華嚴經音義下：「頻，近也。」元黃公紹古今韻會：「頻，連也。」明梅膺祚字彙：「頻，連也。」春秋左丘明國語楚語下：「百嘉備舍，群臣頻行。」三國吳韋昭注：「頻，並也。」春秋列禦寇列子黃帝：「（尹生）因間請蘄其術者，十反而不告。尹生懟而請辭，列子又不命。尹生退。數月，意不已，又往從之。列子曰：『汝何去來之頻！』」後漢書楊終傳：「頻年服役，轉輸煩費。」唐杜甫送殿中楊監赴蜀見相公詩：「豪俊貴勳業，邦家頻出師。」

說文：「憚，忌難也。」段注：「凡畏難曰憚。以難相恐嚇亦曰憚。」西漢揚雄方言第十三：「憚，惡也。」廣韻去聲二十八翰：「憚，難也。」又，「憚，惡也。」廣雅釋詁三：「憚，難也。」詩小雅緜蠻：「豈敢憚行？畏不能趨。」鄭玄箋：「憚，難也。畏不能及時疾至也。」論語學而：「過則勿憚改。」朱熹集註：「憚，畏難也。自治不勇，則惡日長，

故有過則當速改，不可畏難而苟安也。」西漢劉向說苑復恩：「君不能報臣之功，而憚刑賞者，亦亂之基也。」三國志吳書吳主傳：「（孫）權內懼（關）羽，外欲以爲己功，牋與曹公（操），乞以討羽自效。」

合「頻」和「憚」爲「頻憚」，閩南語就是人對事物屢屢害怕或討厭，整天閒著而不肯去作，並對人對己捏造很多理由以推託，也就是等於「懶惰」。民國連橫臺灣語典卷四：「笨憚，猶懶怠也。晉書（羊聃傳）：『豫章太守史疇，體肥大，人呼笨伯。』說文：『憚，忌難也。』」「笨憚」可備一說。但連氏引書多誤，晉書原文爲「豫章太守史疇以大肥爲笨伯。」

濫糝（lam下去　sam上上）——胡作非爲。

說文：「濫，氾也。」段注：「謂廣延也。（詩）商頌、左傳，皆云：『賞不僭，刑不濫。』（春秋左丘明國語）魯語（上）：『（宣公夏）濫於泗淵。』（三國吳韋昭注：『濫，漬也。』）皆其引伸之義。」清朱駿聲通訓定聲：「濫，假借爲𡢃。」說文：「𡢃，過差也。」段注：「凡不得其當曰過差，亦曰𡢃。今字多以濫爲之。」廣韻去聲五十四闞：「濫，氾濫。」又，「𡢃，貪也。失禮也。過差也。」清張玉書康熙字典：「濫，失實曰濫。」詩商頌殷武：「天命降監，下民有嚴。不僭不濫，不敢怠惶。」春秋左丘明左傳僖公二十三年：「刑之不濫，君之明也。」論語衛靈公：「子曰：『君子固窮；小人窮，斯濫矣。』」魏何晏集解：「小人窮，則濫溢爲非。」唐劉禹錫答饒州元使君書：「夫民足則懷安，安則自重而畏法。乏則思濫，濫則迫利而輕禁。」

明宋濂篇海類編食貨類米部：「糝，雜也。」儀禮大射禮「參七十」鄭玄注：「參讀爲糝。糝，雜也。雜侯（箭靶）者，豹鵠而麋飾下，天子大夫也。」格物粗談瓜蓏：「冬瓜切碎者，以石灰糝之則不爛。」元王伯成般涉調哨遍贈長春宮雪庵學士：「手欲翻，眼未眨，鏡中華髮霜勻糝。」

合「濫」和「糝」爲「濫糝」，閩南語意爲「胡作非爲」，包括言行不正確等種種劣點。民國連横臺灣語典卷四：「濫糝，謂不整也。」釋義稍嫌偏而不全。新竹竹林版英臺留學歌上本：「我勸官人不通罵，久阿洶洶濫糝抄（抓）。行李咱合做一擔，來給久阿共（幫）汝擔。」「濫糝抄」，「手胡亂抓拿」之意。

櫳（laŋ上平）——稀疏。

說文：「櫳，房室之疏也。」段注：「按疏當作䟽。疏者，通也。䟽者，門戶疏窗也。」廣韻上平聲一東：「櫳，說文云：『櫳，房室之疏也。』亦作櫳。」梁顧野王玉篇，說同廣韻。

閩南語「櫳」是凡物「稀疏」之稱。例如，梳子、頭髮、窗格、欄杆、播種植物的間隔等。重修臺灣省通志語言篇頁三五三：「櫳，疏。」釋義仍自說文來。

鱸鰻（lɔ下平　mua 下平）——流氓。

鱸魚屬魚類硬鰭類。體狹長，長五、六寸至一、二尺。鱗小，口闊大，下顎稍突出。脊鰭分前後二部。背部淡蒼色，腹白，幼時體側有黑點，常棲於近海，夏初溯河，至秋後入海。明張自烈正字通：「鱸，巨口細鱗，似鱖，以七、八月出，吳江、松江尤盛。天下鱸皆兩腮，惟松江四腮。」晉書張翰傳：「齊王（司馬）冏辟（翰）爲大司馬東曹掾。翰因見秋風起，乃思吳中菰菜蓴羹、鱸魚膾，曰：『人生貴得適志，何能羈宦數千里，以要名爵乎？』遂命駕歸。」東晉干寶搜神記卷一：「左慈字元放，廬江人也。少有神通，嘗在曹公（操）座，公笑顧衆賓曰：『今日高會，珍羞略備。所少者，吳松江鱸魚爲膾。』放云：『此易得耳。』因求銅盤，貯水，以竹竿餌釣于盤中。須臾，引一鱸魚出。公大拊掌，會者皆驚。」唐李白秋下荆門詩：「此行不爲鱸魚膾，自愛名山入剡中。」唐杜甫洗兵馬行詩：「東走無復憶鱸魚，南飛覺有安巢鳥。」

中共湖北四川辭書出版社漢語大字典說：「松江鱸魚，鰓膜上各有兩條橙紅色的斜紋，古人誤爲四鰓。」福建教育出版社出版徐曉望福建民間信仰源流第一章第一節閩人的青蛙圖騰崇拜：「最能說明問題的還是福州有關五通神的傳說，水猴、水鳥、蛤蚌、鱸魚、水蛙。他們臉分五色，惟中多一眼，衣亦穿五色，皆戴金冠，時常出遊於江面，或觀於岸旁，人遇見亦不驚。皆以爲五方之五帝下降，行災布病。遂于江濱建五帝廟，其香火甚旺，祭祀不斷。」

鰻魚又名白鱔，屬魚綱鰻魚科。體長，前後近圓筒形，後部側扁。鱗細小，埋沒皮膚下。背鰭和臀鰭與鰭相連，無腹鰭。生活在淡水中，成熟後到海洋中產卵。南宋戴侗六書故：「鰻，魚無鱗而摶長，腹白，決吻（張口）如蛇。」

據以上二段所述，推究閩南語所以會稱「流氓」爲「鱸鰻」的原因，第一，鱸魚圖騰自古爲福州人所崇拜，成爲「五通神」之一，並建廟奉祀，能「行災布病」，成爲凶神，令人生畏。福州故習，多少會影響閩南地區，再傳進臺灣。第二，鰻魚的形狀像蛇，和水蛇更像，使人生怕。又身體布滿黏液，極滑溜，難於用手捕捉。第三，鰻魚營養豐富，生命力強，民間皆和藥物合燉，作吃補用。合此三點理由，故閩南語稱「流氓」爲「鱸鰻」。

第十七章　器　物

土墼（tɔ下平　kat 上入）——建屋或牆用的有黏性泥土作成的未燒甎。

說文：「墼，令適也。一曰未燒者。」段注：「（說文）瓦部『甓』下曰：『令甓也。』按『令甓』即『令適』也。（爾雅）釋宮曰：『瓴甋謂之甓。』（西晉）郭（璞）云：『甋甎也。』」中華版中華大字典：「甓，蓋『令適』爲古名，『令甓』爲漢名。『令甓』即『瓴甓』也。」同書：「甋，按（唐玄應）一切經音義引（東漢服虔）通俗文云：『狹長者謂之甋甎。』」

廣韻入聲二十三錫：「墼，土墼。」後漢書酷吏列傳周紆：「紆廉絜無資，常築墼以自給。」明楊愼丹鉛續錄拾遺周紆築墼：「（魏張揖）埤蒼：『形土爲方曰墼。』今之土甎也，以木爲模，實其中。」民國王國維考釋流沙墜簡屯戍叢殘戍役類：「唯（唐）顏師古注（西漢史游）急就篇云：『墼者，抑泥土爲之，令其堅激。』則謂未燒者也。塞上所作者，當爲未燒之墼，漢時築城多用之。」

閩南地區和臺灣從前有很多這種未燒的泥甎，即叫「土墼」。金門有許多紅土，可製造

「土墼」，紅土有黏性，製好晾乾後就可使用，不怕碎裂。臺灣很少紅土，故用灰色黏土印作「土墼」時，須加些稻草，以增加其不易碎裂的強度。筆者於民國五十一年就讀臺中市私立逢甲大學時，在距學校不遠處租住一民房，即是「土墼厝」，屋頂是厚乾稻草編成，椽子用的是粗竹枝。據屋主說，歷經數十年，堅固非常，不畏颱風，亦從不漏雨，更未曾修理過。

手䘼（tsʻíu 上上 ŋ 上上）——衣袖。

廣韻上聲二十阮：「䘼，於阮切。」西漢揚雄方言第四：「裪襦（袖）謂之䘼。」西晉郭璞注：「衣標，江東呼䘼。」民國錢繹箋疏：「衣標謂之䘼，猶袴（褲）襱謂之袴，今人猶謂袖管、襪管矣。」北宋丁度集韻：「䘼，袖端屈。」由廣韻的注音，得知「䘼」是最近於閩南語語音的字。

「衣袖」第二個近於閩南語音的字是「䘸」。廣韻入聲二十二昔：「䘸，䘸縫。羊益切。」方言第四：「襜謂之䘸。」郭璞注：「衣掖下也。」錢繹箋疏：「『䘸所以蔽掖（腋）下，故以為名。』」魏張揖廣雅釋器：「䘸，袖也。」梁顧野王玉篇：「䘸，衣掖下也。」

第三個字是「袂」，但音不近於閩南語。說文：「袂，袖也。从衣，夬聲。」廣韻去聲十三祭：「袂，袖也。彌弊切。」儀禮有司徹：「以右袂推拂几三。」鄭玄注：「衣袖謂之袂。」楚辭戰國屈原九歌湘夫人：「捐余袂兮江中，遺余褋（薄衣）兮澧浦。」東漢王逸注：

「袂，衣袖也。」今天很多臺灣流行歌曲常使用「袂」字表示「不會」的意義，讀音近似，但意義則完全錯誤，不如用「未」字較爲正確。

第四個字是「褊」。集韻：「褊，（張揖）博雅：『裪褊，袖也。或从夬。』」

第五個字「袖」爲國語所常用。廣韻去聲四十九宥：「袖，衣袂也。」漢書佞幸傳董賢：「嘗晝寢，偏藉上（哀帝）袖。上欲起，賢未覺，不欲動賢，乃（以劍）斷袖而起。」現代學者研究，佞臣董賢和哀帝有同性戀關係，而哀帝亦無子女。

第六個字是「袪」。說文：「袪，衣袂也。」廣韻上平聲九魚：「袪，袖也。去魚切。」詩鄭風遵大路：「遵大路兮，摻（持）執子之袪兮。」毛傳：「袪，袂也。」春秋左丘明左傳僖公五年：「（晉文公）踰牆而走，（寺人）披斬其袪。」

第七個字是「襜」。廣韻下平聲二十四鹽：「襜，處占切。」方言第四：「襜謂之裗。」郭璞注：「衣掖（腋）下也。」

歸結說來，裗、裗二字最接近閩南語音。袖字爲國語，其他各字則是在古書裏纔見得到。

竹簰（tit 上入 pai 下平）——竹筏。

廣韻上平聲十三佳：「簰，大桴曰簰。薄佳切。」魏張揖廣雅釋水：「簰，筏也。」清王念孫疏證：「（西漢揚雄）方言（第九）：『泭謂之簰，簰謂之筏。筏，秦、晉之通語也。江、淮家居簰，謂之薦。』（唐玄應）衆經音義卷三云：『編竹木浮於河以運物也。南土名簰，北人名筏。箄、䉫、簰竝同。』」說文沒有箄、簰、䉫三字，而有「橃」字，說：「橃，海中大船。」段注：「說文云『海中大船』，謂說文所說者古義，今義則同筏也。」後漢書岑彭傳：「公孫述遣其將，將數萬人乘枋箄下江關。」唐李賢注：「枋箄，以竹木為之，浮於水上。」北宋蘇軾錄進單鍔（吳中水利書）：「後之商人，由（安徽）宣（城）、歙（縣）販賣簰木，東入二浙，以五堰為艱阻。」

北宋高承事物紀原卷八筏：「（苻秦王嘉）拾遺記曰：『軒皇變乘桴以造舟檝。』則是未為舟前，第乘桴以濟矣。筏，即桴也。蓋其事出自黃帝之前。今竹木之排謂之筏，是也。」人類的交通為河海所阻，因竹木性質能浮於水上，故筏的發明必然早於黃帝，舟檝始於何人則尚待考證。「筏」是普通用字，「桴」見於論語公冶長篇。閩南語通稱「竹簰」。

耳栓（hi 下去 sŋ 上平）——耳環。

東漢劉熙釋名釋首飾：「璫，穿耳施珠曰璫。此本出於蠻夷所為也。蠻夷婦女，輕浮好走，故以此璫錘之也。今中國人效之耳。」廣韻下平聲十一唐：「璫，耳珠。」北宋丁度集韻：「璫，充耳也。」明王三聘古今事物考卷六：「耳墜，夷狄男子之飾也。晉始用之中國。」詩齊風著：「俟（等待）我於著（門屏之間）乎而（好嗎）？充耳以素乎而？尚之以瓊華乎而？」朱熹集傳：「瓊華，美石似玉者，即所以為瑱（以玉充耳）也。」後漢書輿服志：「簪（冠上飾）、珥、耳璫（婦人耳飾）垂珠。」東漢無名氏古詩為焦仲卿妻作（孔雀東南飛）：「腰若流紈素，耳著明月璫。」新唐書西域傳上：「爲小鬟髻，耳垂璫。」清曹雪芹紅樓夢第七十八回：「孄裙裾之爍爍兮，鏤明月以爲璫。」

依釋名所載，似乎中國女子的穿戴耳環風俗來自蠻夷；但早在二千六七百年前的詩齊風著一詩，已藉著女子的口氣，問她的相會情人：「我戴了美麗的耳珠好嗎？」約和劉熙同時的古詩也描寫被婆婆休棄出門的婦女蘭芝用明月珠作耳墜。故戴耳環的風俗，亦當是中國所固有。

閩南人很古以來，都稱呼耳環爲「耳栓」。集韻：「栓，貫物也。」古時的中國女性年紀小小的時候，父母就爲她的雙耳耳垂各穿一個小洞，以便稍大後作爲戴上耳環之用。「栓」有「穿貫牢靠」的含意，例如夜晚大門關閉後，貫上門閂，亦叫作「栓」，使外人不能侵入。近代門或改用鐵門，家人就問：「門有栓好無？」故「栓」可作名詞、動詞用，皆是「穿貫」之意。

車（tsía 上平）——車輛。

說文：「車，輿輪之總名也。夏后時奚仲所造。象形。」段注：「車之事多矣。獨言輿輪者，以轂、輻、牙，皆統於輪；軾、較、軫、軹、轛，皆統於輿（車廂）；輈與軸，則所以行。（春秋左丘明）左傳（定公元年）曰：『薛之皇祖奚仲，居薛，以爲夏車正。』（西晉）杜（預）云：『奚仲爲夏禹掌車服大夫。』然則非奚仲始造車也。（禮記）明堂位曰：

『鉤車，夏后氏之路（車）也。』毛詩（小雅六月）『元戎』（毛）傳曰：『元，大也。夏后氏曰鉤車，先正也；殷曰寅車，先疾也；周曰元戎，先良也。』（鄭玄）箋云：『鉤者，鉤股曲直有正也。』蓋奚仲時，車制始備，合乎句股曲直之法。（三國吳）韋昭辯（東漢劉熙）釋名曰：『古（音）惟尺遮切。自漢以來，始有居音。』按三國時，尚有歌、無、麻、遮字，祇在魚、歌韻內，非如今音也。古音讀如『祛』，以言車之運行；不讀如居，但言人所居止。老子（十一章）：『當其無，有車之用。』（唐陸元朗）音義：『去於反。』此車古音也。然（周禮）考工記『輿人爲車』，是自古有居音，韋說未愜也。」

在中國，「車」到底是誰發明？不易確定。清張澍輯世本作篇：「奚仲始作車。」張澍說：「（三國蜀譙周）古史考：『禹時奚仲駕馬。』」此說主夏朝奚仲作車。說文「車」清王筠句讀：「鄭氏（玄）六藝論：『黃帝佐官有七人，奚仲造車。』」此說主黃帝時亦有奚仲，始作車。前引左傳定公元年，奚仲爲薛之始祖，爲夏禹車正。意爲始作車後，兼爲車正之官。中共楊伯峻春秋左傳注：「世本、（昭明）文選（卷五十五西晉陸機）演連珠引尸子、荀子解蔽篇、呂氏春秋君守篇、淮南子修務篇並謂奚仲作車。譙周古史考則謂黃帝作車。其後少昊駕牛。禹時奚仲駕馬。」筆者案：中國很多重要發明，世多歸功於黃帝一人，這是很不合情理的。故世本與說文謂夏時奚仲作車，似較可信。其次，不要小看「圓形的車輪」，全世界文明的發軔，始於「圓輪」的發明，包括一切可以運轉的機械。因爲「圓」，才能轉動不息。

「車」的讀音問題，四庫提要經部小學類一釋名八卷：「吳韋昭嘗作辨釋名一卷，其書不傳，然如（唐陸元朗）經典釋文引其一條曰：『釋名云：「古者車音如居，所以居人也。今日尺遮反，舍也。」車古皆音尺奢反，後漢以來，始有居音。』按（詩國風召南）何彼禯矣之詩，以車韻華。（國風周南）桃夭之詩，以華韻家。家古音姑，華古音敷。則車古音居，更無疑義。熙所說者不謬；昭之所辨，亦未必盡中其失也。」民國張世祿中國古音史第二十章第三節說，清錢大昕之音韻問答，論及劉是韋非。「不知劉、韋所辨，在聲而不在韻；劉以車古讀如居，屬於見母；韋以為尺奢反，當屬穿母。錢氏乃本古無麻音之說，斷韋昭讀尺奢反為誤，實未審其原意者也。」

依以上諸家的辯論，「車」共有祛（去於）、尺遮切、尺奢切三音；「祛」即是「居」；尺遮、尺奢即是閩南語迄今所說的（tsʻia 上平）；至於那一音最古，尚難斷定。

刳刀（kʻau 上平　to 上平）——鉋刀。侵人財物。

說文：「刳，判也。从刀夸聲。」段注：「苦孤切。（禮記）內則云：『刲之刳之。』按刲謂刺殺之，刳為空其腹。（易）繫辭（下）：『刳木為舟。』亦謂虛木之中。『刳木』一作『挎木』，（儀禮）鄉飲酒禮：『相者二人，皆左何（荷）瑟，後首挎越內弦。』（唐）賈公彥曰：『瑟底有孔越，以指深入而持之也。』」賈疏又說：「以指深入，謂之挎也。」這也是指瑟中的空腹中間。說文「判」是「剖開」、「挖空」，就如易繫辭所講的「獨木舟」，亦就是先將巨木分作二半，再由一半的樹木內部一刀一刀地削空，成爲船形。梁顧野王玉篇：「鉋，平木器。」明張自烈正字通：「鉋，平木器。鐵刀，狀如鏟，銜木框中，不令轉動。木框有孔，旁兩小柄，以手反覆推之，木片從孔出，用捷於鏟。通作刨。」

剞、鉋、刨三字，本可通用。但「剞」比較接近閩南語音，故定爲「剞刀」。「剞刀」因爲鋒利能侵木，故移用於人事上，亦可當作「侵人財物」的用意。

坩（kā 上平）——瓷製的鍋盆之類。

廣韻下平聲二十三談：「坩，坩甒。」「坩甒」即「能容物的瓷器」。北宋丁度集韻：「坩，土器也。」劉宋劉義慶世說新語賢媛：「陶公（侃）少時作魚梁吏，嘗以坩鮓餉母。」唐陸龜蒙京口與友生話別詩：「蜀酒時傾瓿，吳鰕遍發坩。」清錢大昕木棉花歌：「紅蓮飯熟出破甑，菊花釀美開新坩。」

中國的陶瓷器發明製作極早，全球馳名，在生活上的使用亦最廣，因此外國人稱中國和瓷器都同是(China)一個英文字。在現代不鏽鋼製品未興起前，盛裝三餐餐食與平時熱點心，瓷碗、瓷坩時刻不離。坩多爲圓形，大中小齊備，除爲廚房及餐桌上不可缺少的器具外，並用坩種花，閩南語稱爲「花坩」。金門有一句俗語說：「死某換新衫，死尪換糜坩。」話意是取笑，死了妻子，重新再娶；死了丈夫，另行再嫁。女人是主中饋的，「換糜坩」，就是再到別的男人家裏作飯。

上引古書中的話尤可注意的是錢大昕。錢氏是江蘇嘉定人，木棉花歌中以坩裝菊花酒。西京雜記卷三：「菊花酒令人長壽。菊花舒時，幷采莖葉，雜黍米釀之，至來年九月九日始熟，就飲焉，故謂之菊花酒。」福建同安人顏立水金門與同安頁六：「金門後浦西南隅『同安渡』開往同安的船隻，經雙溪口溯東溪到五顯第一橋停泊，裝載當地土產。而同安坑口燒製的大缸、硿（筆者案：坩之誤）、烘爐、磁鍋等日用器皿，則又通過西溪水銷往金門。」這是舊時的情形。筆者幼時，金門家中是五穀店，都用瓮「大缸」裝花生油出售。甚至自家食用的黃豆醬、黑豆豉亦是用大缸盛裝的。

枋（paŋ 上平）——木板。

說文：「枋，枋木，可作車。」清桂馥義證：「（爾雅）釋木『杻』（西晉）郭（璞）注：『材中車輞（輪外周），一名大橿。』（南唐）徐鍇（繫傳）引字書：『枋，檀也。』莊子逍遙遊：『我決（疾）起而飛，搶（集）榆枋。』（唐陸元朗）釋文：『（晉）李（頤）云：「枋，檀也。」』（清康熙帝敕撰）廣群芳譜：『南方草木，狀似蘇枋，出九眞，南人以染絳，漬以大庾之水，則色愈深，本草一名蘇木。』」

依桂氏義證，得知「枋」是一種質料堅致的木名，可以用來製造車輪，不輕易損壞。因耐水浸，又可用作魚池的「木岸」。廣韻下平聲十陽：「枋，蜀以木堰魚爲枋。府良切。」

更可造船，後漢書岑彭傳：「公孫述遣其將任滿、田戎、程汎將萬人乘枋箄下江關。」唐李賢注：「枋箄，即舫字。」

因爲「枋」木的材質極好，其後字義引伸，一切木板、木片皆稱爲「枋」。臺灣屏東平原有枋寮鄉，爲全省最南的火車站。屏東市通往臺東和恆春，都經過此處。南部著名的民歌思想起：「枋寮若過去呀，伊嘟是楓港伊嘟啊喲喂。」重修臺灣省通志語言篇頁六〇一，客家話「枋」音(pioŋ)。

風槎（hɔŋ 上平　tsé 上平）——風箏。

風箏由中國人最先發明。戰國韓非韓非子外儲說左上：「墨子爲木鳶，三年成飛，一日而敗。」是最早墨子製造的風箏是木製的。此說如有可能，是把木片削得極薄，纔能飛起。其時尚無紙張。民國劉伯驥中西文化交通小史第七章：「（風箏）第七世紀時始傳至近東各國。迨一五八九年，傳至意大利。遲數十年，乃流行於英國。大英百科全書(Encyclopedia Britainnica)謂西方之風箏，傳由達蘭坦(Tarentun)之亞奇達(Archytas)，於紀元前第四世紀所發明。」正約略和墨子同時。

論語公冶長：「子曰：『道不行，乘桴浮于海。』」魏何晏集解：「（東漢）馬融曰：『桴，編竹木也。大者曰栰，小者曰桴。』」西晉張華博物志：「有浮槎去來。」「槎」亦是「桴」。故「桴」和「槎」都是竹木編製而成的船筏，人可乘坐作爲渡水的器具。

北宋高承事物紀原卷八紙鳶：「俗謂之風箏。古今相傳，云是韓信所作。高祖之征陳豨也，信謀從中起，故作紙鳶放之，以量未央宮遠近，欲以穿地隧入宮中也。梁（武帝）太清中，侯景攻臺城，內外斷絕，羊侃教小兒作紙鳶，藏詔於中。簡文帝（蕭綱）出太極殿前，因西北風放之，冀得遠援軍，賊謂之厭勝，又射下之；見（唐）馬總通曆云。然其事初一見於此，證知其審為韓信造矣。」直隸志書海澄縣：「重陽日放紙鷂，曰風槎，夜繫蠟而縱之，明徹星河。」

詢芻錄：「紙鳶又名風鳶。初五代漢李鄴，於宮中作紙鳶，引線乘風為戲。後於鳶首以竹為笛，使風入作聲，如箏鳴，俗呼風箏。」明郎瑛七修類稿卷二十二紙鳶，亦以為李鄴所造，不信事物紀原之說。清趙翼陔餘叢考卷四十紙鳶：「臺城之圍，梁武以紙鳶以告急於城外，而援師莫有進者。金守汴日，為紙鳶置文書其上，至北營則斷之，以誘被俘者。識者謂：『宰相以此退敵，難矣。』然唐張伾守臨洛，為田悅等所攻，馬燧等救兵未進，伾急以紙鳶放過悅營，悅射之不及，乃落燧營，言：『三日不救，洛人且為悅食。』燧等遂進解圍。」

前引高承說，謂風箏是韓信作，此斷不可信；因其時「紙」尚未發明。文獻上記載最早的「紙」，是在西漢成帝時，見於漢書趙皇后傳，已遲於韓信一百八十多年。況且初造的紙粗糙脆弱，必經不起空中的風吹而破碎。

紙風箏依賴適度風力的吹送，風太弱或太強都不適宜。因角度傾斜約三十五度至四十五度左右，故能在高空的風中飄浮而不墜落，正如同竹木船筏在水裏依靠水力漂浮一樣，故閩南語名爲「風槎」，「槎」即是「竹木船」。至「風箏」、「紙鳶」、「紙鷂」等，是國語的叫法。山東省濰縣是中國風箏的著名製作地，形式千奇百怪，很久以來每年都舉行一次世界風箏大競賽，情況極盛。可見風箏受人喜愛，遍於全球。

福建通志風俗志漳州府歲時：「（九月）九日登高放紙鳶，謂之『放公災』。放紙鷂，曰『風槎』，夜繫燈而縱之，明徹星河。」舊時金門所放的風槎，繫上點燃的線香和鞭炮，香燒到鞭炮，在空中爆發，觀衆一陣歡呼聲。

𥁕（搢、抆、抿）（bin上上）——刷子。刷拭。

說文：「𥁕，拭器也。」段注：「廣韻、（北宋丁度）集韻、（北宋王洙、胡宿）類篇，皆作『拭』。此作『拭』者，說解中容不廢俗字，抑後人改也。可以刷拭之器，若今刷子之類。今各本作『械器』，非古本。」廣韻入聲五質：「𥁕，拭器。彌畢切。」

另有「搢」字，和「抆」同，集韻：「抆，拭也。或从昬。」「搢」又通「抿」，秦呂不韋呂氏春秋長見：「吳起抿泣而應之。」清畢沅校：「『抿』與『抆』同，拭也。」故搢、抆、抿三字可通用，是動詞「擦拭」的意思。「𥁕」可作名詞「刷子」解，亦可作動詞「摩刷」用。例如閩南語稱牙刷爲「齒𥁕」，但也可說「𥁕嘴齒」。重修臺灣省通志語言篇頁三四三，不知寫「𥁕」等字。

砧（椹）（tiam 上平）——打洗衣服的石墊。切截食物乃至斬人的木墊。

南唐徐鉉說文新附：「砧，石拊（擊）也。」昭明文選卷三十劉宋謝惠連擣衣詩：「櫩（檐）高砧響發，楹長杵聲哀。」唐李善注：「（西晉）郭璞曰：『砧，木質也。』然此砧為擣帛之質也。文字集略曰：『砧，杵之質也。』」字可寫為「碪」。廣韻下平聲二十一侵：「碪，擣衣石也。」「砧」又可寫作「椹」：「砧」、「碪」為石質，「椹」為木質；但砧、碪、椹三字可通用。北宋丁度集韻：「碪，擣繒石。或从占。」

古人洗滌衣服，尚無肥皂，只有石灰，除靠雙手搓挼外，常把含水的衣服放在石砧上，用木杵敲打；打過再搓挼，衣服亦會乾淨。廣韻下平聲二十一侵：「鈇椹，斫木質。文字指歸：『俗用為「桑椹」字，非。』」使用斧頭或刀砍劈木片作燃料，下面一定要用「椹」作墊，不然斧頭或刀的刀鋒會因觸地而變鈍。家庭廚房中用的，亦是此類。大型的，可作為斬殺犯人頭頸的墊，北宋蘇洵張益州畫像記：「重是屏息之民，而以碪斧令。」

茭茨（ka 上平 tsu 上去）——舊時乞丐使用的乾草袋。

說文：「茭，乾芻。」南唐徐鍇繫傳：「刈取以用曰芻，故曰：『生芻一束。』（詩小雅白駒）乾之曰茭，故尚書（費誓）曰：『峙（儲備）乃（你）芻茭。』」

說文：「茨，以茅葦蓋屋。」清桂馥義證：「（三國蜀）劉熙釋名（釋宮室）：『屋以草蓋為茨。』」唐柳宗元送仲弟序：「築室茨草，為圃于湘之西。」

以上二單字的原義，茭是乾草，茨是以草蓋屋，茭茨二字合用，與乞丐所用的袋子無關。草類牛馬要吃，但乾時必堅韌（有時須先以刀斬碎），故可用來編織作爲屋頂材料用。依筆者童年所見，「茭茨」所用的草，當是「藺草」，藺草遠比茅葦堅韌，可用來捆物、編織草席（今日仍可見），不易斷折，稱爲「鹹草席」；缺點是常潮溼，易被蟲蝨所寄生，人睡在上面，皮膚常遭叮咬，須要時常曬太陽使乾。此處「茭茨」解作「草袋」，是借用的字詞。

茶塊（te下平　k'ɔ上平）——西洋肥皂傳入中國以前的清潔劑。

茶葉樹的種植，多在南方各省。其種子稱爲「茶子」，可供榨油，福建古時供婦女塗抹頭髮之用。閩部疏：「余始入建安（今福建建甌縣），見山麓間多種茶而稍高大，枝幹樹材，不類吳中產，問之知爲茶油，非蔡君謨（北宋蔡襄）貢品也。已歷汀（州）、延（平）、邵（武），愈益彌被山谷，高者可一二丈，大者可拱把餘。以冬華，以春實，搾其實爲油，可鐙、可膏、可釜，閩人大都用之。獨汀之連城（縣）爲第一，閩之人能別其品。」「鐙」即可點燈火，「膏」是擦澤頭髮，「釜」是下鍋煮菜。金門有一句稱贊寡婦守節的俗語：「清到（ka上平）若（na上上）茶阿油。」可知茶油比花生油顏色淡而清澈。

民國謝觀中國醫學大辭典：「茶子，性質苦寒有毒。功用：治欬嗽、喘急，去痰垢，除衣上油膩（搗仁洗）。」世俗傳言飲茶可以消食（洗腹）、降火，即是連茶葉的功能也有清除胃中積物的效用。故茶子搾油後，將其渣煉成硬塊，古人用來洗滌衣服，稱爲「茶塊」。

中國北方少茶樹，故清潔劑用石灰粉。「茶塊」隨著閩南人在數百年前移民來臺灣，仍舊使用。直到清代中葉，西洋人發明的肥皂大量使用，進入每一家庭，取代了清潔力遜於肥皂的「茶塊」。從此，大部分的閩、臺人民仍沿稱肥皂爲「茶塊」；又叫「雪文」(savon)，這是由法文引進的叫法。

茶𥁰（鈷）（te 下平 ko上上）——茶壺。

說文：「𥁰，器也。」段注未解釋。廣韻上聲十姥：「𥁰，器也。」華岡版中文大辭典：「𥁰子，泥沙燒製之器皿，形狀不一，略如鍋而深，周圍峭直，無突出之邊緣，亦名沙𥁰子。」明郎瑛七修類稿國事類劉朱貨財：「金銀湯𥁰五百。」是「𥁰」可裝湯水用，有以金銀製作的。

福建通志福建方言志言器服第六：「謂壺曰鈷。謝（鋋）云：『應作𥁰』。」（筆者案：謝鋋著說文閩音通）廣韻上聲十姥：「鈷，鈷鏻。公戶切。」北宋丁度集韻：「鈷，鈷鏻，溫器（熨斗）。」亦指「小釜」，事物異名錄器用銚：「藝海：『晉高帝元宮內有金鎢錥，一名鈷鏻。』」是「鈷鏻」亦可稱「小釜」，但爲金屬製，和前述「𥁰」爲瓷器不同。

閩南語通稱「茶壺」爲「茶𥁰」，不論是甚麼物質所製造。

宿（siu 下去）——巢穴。凡能容物其中者。

說文：「宿，止也。」段注：「凡止曰宿，夜止其一耑（端）也。（詩周頌有客）毛傳：『一宿曰宿，再宿曰信。』即（春秋左丘明）左傳（莊公三年）之『凡師一宿曰（左傳原文「曰」作「爲」，下同。）舍，再宿曰信，過信曰次』也。」廣韻去聲四十九宥：「宿，星宿。亦宿留。」同書入聲一屋：「宿，素也。大也。舍也。」魏張揖廣雅釋詁四：「宿，舍也。」梁顧野王玉篇：「宿，住也。舍也。」詩豳風九罭：「公歸不復，於女信宿。」毛傳：「宿，猶處也。」周禮地官遺人：「十里有廬，廬有飲食。三十里有宿，宿有路室。」鄭玄注：「宿，可止宿，若今亭有室矣。」福建通志福建方言志言動物第十二：「鳥獸窠曰宿。劉（家謀）云：『息救切。』」

據以上古書所解釋，可知「宿」有「居住」、「留止」、「所居之處」的含意。起初筆者以爲是「受」字，因爲「受」（所居之處）的音義，恰和「宿」相通。幾經考慮，定爲「宿」字較勝。

「宿」在閩南語即是鳥獸的巢穴、人類的房屋，以及凡能容物其中者。例如舊式大屋四合院大門外臺階上，都留有一塊可容納人與物的空間，金門話叫「埸宿」；「埸」是「凹入」意。人可暫時在「埸宿」休息、避日、避風、避雨等；面向廣場所晾曬的農作物，黃昏時可收進布袋中，搬進「埸宿」，避免爲動物所食或夜裏突如其來的風雨，次日清早天氣好，再搬出晾曬。舊時的瓷茶壺，都備有墊棉的外套保溫設備；外殼用藤草編成，冬天時，壺中的熱茶可保持很久的時間不致涼冷，稱爲「茶宿」。

民國林二、簡上仁合編臺灣民俗歌謠嘉義民謠一隻鳥仔哮啾啾：「哮到三更一半暝，找無巢，嗬嘿嗬。」謂：「甲午戰爭後，清廷把臺灣割讓日本，抗日英雄劉永福等組織民軍，抵抗日閥南侵，愛國志士流離四散，每想起痛失臺灣之事，悲從中來，就唱著這首能代表他們內心感傷的褚羅山民謠。」歌詞中的「巢」，應作「宿」纔是正確。

民國林金鈔閩南語探原擬爲「岫」。筆者案：「岫」原義爲「山洞」，實屬錯誤。

塑膠橐阿（sɔp 上入　ka 上平　lɔk 上入　a 上平）——塑膠袋。

「塑膠」(plastic)是現代石油工業的下游產品之一。石油的形成有二種說法：一是極古時代動植物遺體分解而和褐石炭的生成相類似，一是由火山高熱所生的碳化金屬與水相作用而成。初得的石油稱「原油」，亦稱「石腦油」，色黃或褐，帶綠閃光，成分爲種種碳化氫的混合體。其分餾生成物可分四部分：一爲發揮油（汽油），常溫至一五〇度所得者；供內燃機用、洗濯用及塗料的製造。二爲燈用石油，於一五〇度至三〇〇度之間所得者；供點燈用（煤油）、機器用。三爲重油，於三〇〇度以上所得者；又可精煉爲三種：一是機械油，用於機械，可減少磨擦；二是鑛脂，爲白色蠟狀軟性固體，供金屬防鏽及軟膏製造；三是石蠟，供蠟燭、氟酸瓶、電器機械及蠟紙、塑膠的製造。四爲瀝青，是蒸餾後殘留的黑色固體，用作燃料、鋪路、木材及鐵器防腐。

「塑膠」本身不通電，耐熱，亦不腐朽。古時商店售物包裝，多用粗紙或舊報紙糊成的紙袋（不是現代有帶可提的紙袋），叫「紙橐阿」。「橐」是「袋子」。自塑膠工業振興，大量製造各色各類的軟硬塑膠產品，其中的「塑膠橐阿」，迄今和有帶紙袋普遍被各級商店所採用，用來裝放貨品給顧客，而舊式紙袋早已淘汰。

銎（Kiŋ 上平）——斧頭、鐵鎚、鋤頭等受柄的方洞。

說文：「銎，斤斧穿也。」段注：「穿者，通也。（唐陸元朗經典）釋文作『斧空也。』三字謂斤斧之孔，所以受柄者。」廣韻上平聲三鍾：「銎，斤斧柄孔。」詩豳風七月：「取彼斧斨，以伐遠揚。」朱熹集傳：「斨，方銎。遠揚，遠枝揚起者也。」此處「方銎」即指斧頭。明徐光啓農政全書農器圖譜一：「（鐵搭）就帶圓銎，以受直柄。」「鐵搭」是一種鐵製農器，四齒或六齒，可以爬土，亦可爬草，柄長四尺，銎爲圓形。圓形的銎有時鐵鎚也有，但不如方銎穩固。鋤頭銎是上面圓形，下面方形。裝上柄後，還要從方銎旁邊釘進一塊「鐵楔」，以增強木柄與鐵銎的結合牢固，不易脫落。

韐阿（kat 上入　a 上平）——背心。

說文：「韐，防汗也。」段注：「此當作『所以防捍也。』轉寫奪誤。荀卿（議兵）曰：『犀兕鮫革，韐（堅）如金石。』（春秋管仲）管子（小匡）：『輕罪入蘭盾、韐革二戟，小罪入以金鈞。』（唐尹知章）注曰：『（蘭，即所謂蘭錡，兵架也。）韐革，重革，當心著之，可以禦矢。（三十斤曰「鈞」）。』（魏）孟康曰：『革笥以皮作如鎧者，被之木薦，以木版作如楯，一曰革笥，若楯木薦之，以當人心也。此皆防捍之說。』（南唐徐）鍇曰：『今胡人扞腰也。』」就說文和段注所解說，「韐」是雙重的皮革作成的裌背心，沒有袖子，當心處內合木盾作成，兵士穿用，能抵抗飛箭的射穿，恰如今天警察穿用的防彈背心。「韐」亦可寫作「鞈」，意義仍是「皮革製作的胸甲」。

在中國冬季寒冷的北方，人民都穿著棉袍或棉衣棉褲保溫，衣袍內上身或再穿一件「棉裌背心」。「裌」是「雙重」的意思，更加溫暖。今日我們夏天穿用的「背心」，閩南語叫「韐阿」，亦是沒有袖子，大熱天穿著，比短袖的「汗衫」還要涼爽。「韐」在古代原是「無袖的防箭衣」，後世的「韐阿」，當然不會是皮革的厚胸甲，但仍沿用其名。

觱阿（pi 上平 a 上平）——哨子。

說文：「觱羌人所龡（吹）角屠觱，以驚馬也。」段注：「羌人，西羌也。屠觱，羌人所吹器名，以角為之，以驚中國馬。後乃以竹為管，以蘆為首，謂之觱篥，亦曰篳篥。唐以編入樂部。（東晉）徐廣車服儀制曰：『角者，前世書記不載。或云本出羌胡，以驚中國之馬也。』卑吉切。」廣韻入聲五質：「觱，觱篥，羌人所吹角。」北宋高承事物紀原卷二觱篥：「（唐段安節）樂府雜錄曰：『本龜茲國樂，唐編鹵簿名為笳管，用之雅樂，六竅則為風管。』（三國魏）徐景山（邈）云：『本胡人牧馬，截骨為筒，用蘆貫首吹之，以驚群馬，因而爲竅，以成音律。今胡部在管音前，故世亦云頭管。』」元馬端臨文獻通考樂考竹之屬：「觱篥，本名悲篥，出於胡中，其聲悲。（北宋）陳氏（暘）樂書曰：『觱篥，一名悲篥，一名笳管，羌胡、龜茲之樂也。以竹爲管，以蘆爲首，狀類胡笳而九竅。所法者角音而甚悲，篥胡人吹之，以驚中國馬焉。唐天后朝有陷冤獄者，其室配入掖庭，善吹觱篥，乃撰別離難曲以寄其情，亦號「怨回鶻」焉。後世樂家者流以其旋宮轉器，以應律管，因譜其音爲衆器之首。至今鼓吹教坊用之以爲頭管。宋朝元會乘輿行幸並進之，以冠雅樂，非先王下管之制也。然其大者九竅，小者六竅，以風管名之，六竅者猶不失乎中聲；而九竅者，其失蓋與太平管同矣。』」

以上各書所載，觱篥最初是用獸角，繼用獸骨，後用竹管。其形狀，竹製者有吹口（蘆葦作成），有管身，尾端爲內小外大的開口筒狀。雖然漢朝已有，但很早就由西域傳入中國。到了現代，軍隊、學校教官、警察所使用的銅製哨子，當由西洋引進，閩南語仍然沿用「觱」的名稱。

筬壺（kam 上上　ɔ下平）——竹編容器，深於箕，淺於筐。

民國連橫臺灣語典卷一：「筬，竹筐也。呼如敢。字書無。（臺灣）市上有賣家用食物者曰『筬鋪』，猶南方之京果店也。」連氏是臺南人，生於清末，故他知道很多古臺語。實則除臺南外，現在全省通稱出售土產雜貨店爲「筬阿店」，從來沒有人叫「筬鋪」的。

「簸壺」屬閩南語，是一種竹篾編成的圓形容器，底密不漏，大型的直徑約二尺，小型的約一尺，由底部到邊欄高約二至三寸。這種竹器從前盛用於閩南及臺灣地區。大型的大都用來放置在深籮筐上，與另一頭的同樣簸筐配成一對，用扁擔繩子挑，任何小販，把貨物藏在兩籮筐中，前頭的簸壺擺置樣品（如豬肉），後頭的簸壺備有刀、稱秤、砧板、捆肉的乾藺草（俗稱鹹草）等。挑過大街小巷，一手持握扁擔，一手拿著大海螺殼吹著作記號，招引顧客來買。其他如水果、農產、海產等的小販，都是如此，但不吹螺，只用口喊。這些貨物街上的店鋪或菜市場也有；但如逢到颱風下雨或路遠，顧客就向小販購買，比較方便。

至於「簸阿店」名稱的由來，就是商店用大小型的簸壺裝著各色貨物擺放在板桌上，例如，木耳、金針、蝦米、海蠔乾、麵線、米粉、麵條、龍眼乾、八角（五香）、花生仁、紫菜等，顧客進門，可一目了然；米類、豆類、麵粉、鹽、糖等則整袋開口放置在地上，讓顧客選購。這種土產雜貨店大量使用「簸壺」，故稱「簸阿店」。

薰（hun 上平）——香煙。

說文：「薰，香艸也。」清朱駿聲通訓定聲：「薰，爾雅釋草：『薰草，蕙草也。』按即今零陵香。（楚辭戰國屈原）離騷（東漢）王逸注：『葉曰蕙，根曰薰。』是也。（春秋左丘明）左（傳）僖（公）四（年）傳：『一薰一蕕。』（山海經）西山經：『浮山有草焉，名曰薰，麻葉而方莖，赤華而黑實。臭（味）如蘼蕪，佩之可以已癘。』周禮鬱人（唐賈公彥）疏：『天子以鬯，諸侯以薰，大夫以蘭茝。』此用其葉也。（西漢劉安）淮南（子）說林：『腐鼠在壇，燒薰於宮。』漢書龔勝傳：『薰以香自燒。』此用其根也。」那麼，中國古諸侯把香草「薰」拿來佩帶身上，可以阻止瘴癘之氣；也可以拿它來燒，以除惡氣。但是這種「薰」和香煙一點關係亦沒有。

清俞正燮癸巳存稿卷十一喫煙事跡：「煙草出於呂宋，其地名『淡巴姑』（筆者案：英文〔tabac〕）。明時，由閩海達中國，古人猶稱『建煙』。（清宣宗）道光十三年七月，琉球商船飄至日照，商人內洞村水、張二姓，船載煙草往福建售賣者，見山東巡撫奏。是呂宋、琉球煙皆歸福建，建煙味最沈也。（清納蘭）性德淥水亭雜識云：『今所啣煙草，（北宋）孫光憲已言之，載於（北宋李昉）太平廣記：「有僧曰：世尊曾言，山中有草，然煙啣之，可以解倦。」』唐譯根本說一切有部尼陀那卷四云：『室羅伐城具壽，白世尊：「諸苾芻畜歙煙筒，畜灌鼻筒，畜飲水器，畜盛針筒，以何物作？」佛言：「除寶餘皆應畜。」』其所謂『歙煙筒』，蓋旱煙、水煙同名。毗耶那雜事律云：『吸藥煙，以兩碗相合，底上穿孔，以鐵管長十二指，置孔吸之。』則明人所言鴉片煙也。明楊士聰玉堂薈記云：『煙自（熹宗）天啓中調廣兵乃漸有之。（思宗）崇禎十二年，定喫煙者死，後洪承疇請開其禁。』（明）李玉逋蚓庵瑣語云：『煙葉出閩中。北地多寒疾，關外至以一馬易煙一觔，初惟南兵北伐者喫之。崇禎末，嘉興遍處栽種，三尺童子莫不食煙。由呂宋、琉球、韓鮮而閩、廣，由閩、廣而中土，而遼東，而蒙古，漸至滿洲。』」這段文字談到吸煙事物已很清楚。煙草本非中國原產，是由福建人於明朝時從菲律賓傳入。但納蘭性德所引宋初人孫光憲的話如可信，是水煙、旱煙在宋朝已有人吸食。佛書所說，卻是鴉片，中國人吃鴉片亦始於明朝。故可確定，煙草源於菲律賓，鴉片則源於印度。香煙除水煙、旱煙、紙煙外，亦有人嚼食煙絲，筆者青少年時於金門曾見過，工人手工切煙絲，亦可嚼食，多爲勞力者一類。

煙草屬茄科，一年生草本，莖高四、五尺，葉大互生，卵形而尖，葉與莖皆有細毛。夏季開花，合瓣花冠，漏斗狀，淡紅紫色。要製煙絲，須先將煙葉曬乾或烘乾，具有特殊香味。其實吸煙有害無益，因煙葉中含有毒質「尼古丁」(Nicotine)，能侵害肺部。閩南語把「煙」名爲「薰」，一爲音同，二爲「薰」亦有香味。

雞毛筅（箲）（ke 上平 mɔ̃下平 tsʻiŋ 上上）——雞毛撣子。

「筅」和「箲」不見於說文，而有「䈰」字，說：「䈰，陳留謂飯帚曰䈰。一曰飯器，容五升。一曰宋、魏謂箸筩爲䈰。」段注：「飯帚者，所以掃殉（殘）餘之飯。箸筩者，所以盛飯敧（筷子）之用。」廣韻上聲二十七銑：「䈰，洗帚，飯具。」「筅，上同。」魏張揖廣雅釋器：「䈰，謂之筅。」清王念孫疏證：「䈰，即今之刷鍋帚也。」（梁顧野王）玉篇：『筅，筅帚也。』廣韻作『䈰』，云：『䈰帚，飯具。或作筅。』是『筅』與『䈰』同名而異實。」南宋吳自牧夢粱錄諸色雜買：「其巷陌街市，常有使漆修舊人，并挑擔賣油、賣油苕（苕草稈所作之帚）、掃帚、竹帚、筅帚。」清文康兒女英雄傳第二十九回：「當中放著連三抽屜桌，被格上面安著鏡臺、妝奩，以至茶筅、漱盂許多零星器具。」

筅、箲、筲，古人主要用約一尺長的竹筒，一端劈成許多細竹絲，閩南語叫作「竹管筅」，用來清洗餐後飯鍋中的剩餘黏著飯粒，洗時須加水，故有「箲」字。「筅」的「刷帚」意義引伸，於是後世凡是任何物質如銅、蘆葦、棕葉、鳥獸（馬尾）之毛製成的刷子，都可稱「筅」。至數年前，臺灣都市街巷中還可時常聽到駕車的小販叫賣：「買掃帚、竹篙、雞毛筅！」一如夢粱錄中所記載。

鼗（to下平）——有柄的雙面鼓。

北宋高承事物紀原卷二鼗：「（秦呂不韋）呂氏春秋曰：『帝嚳使垂作鼗。』（唐馬總）通曆曰：『帝嚳平共工之亂，作鼗鼓。』」廣韻下平聲六豪：「鼗，小鼓著柄者。」梁顧野王玉篇：「鼗，似鼓而小，亦作鞀。」周禮春官小師：「掌教鼓、鼗、柷、敔、塤、簫、管、弦、歌。」鄭玄注：「鼗如鼓而小，持其柄搖之，旁耳還自擊。」儀禮大射禮：「鼗倚于頌磬西紘。」清胡培翬正義：「（清）郝氏（懿行）曰：『鼗，小鼓，有耳有柄，搖擊之，不縣（懸）設。』」隋書音樂志下：「（武舞）二人執鼗，二人執鐸。」禮器圖所見，鼗鼓確有柄，和兩面鼓成一百八十度。鼓耳二邊各有一條短繩繫著小圓球。人持柄左右向搖著，二球交互擊鼓。在每年的孔廟祭祀孔子時，奏古雅樂，都可見到這種鼓，這鼓連柄有二、三尺高，鼓身不算小。在閩南地區另有「童乩鼓」，比祭孔用的稍小，只鼓耳沒有二條繩索和小圓球，須要打鼓人以單枝鼓槌擊鼓；打三下鼓，配一聲鑼，多跟隨在乩童身邊活動。廈門、金門和臺灣，古時由閩南傳來「賣雜細」的小販，挑著擔子，邊行進邊用手搖打著小鼗鼓作訊號，沿大街小巷，吸引婦女們來買，貨物包羅萬象：剪刀、小刀、針、線、梳子、手鏡、香粉、香水，面油、口紅、胭脂、別針、鈕扣等等。臺灣（用肩拉二輪小車）一直保持至民國五十多年，纔消失不見，被百貨店及超級市場所取代。

䃺（磨）阿（bo下去　a上平）——碾磨穀物的石器。

說文：「䃺，石磑也。」段注：「䃺，今字省作磨。引伸之義為研磨。俗乃分別其音：石磑則去聲，模臥切；研磨則平聲，莫婆切。按詩（衛風淇奧）：『如琢如磨。』（爾雅）釋器、毛傳皆曰：玉謂之琢，石謂之磨。」明張自烈正字通：「磨，俗謂磑曰磨，以磑合兩石，中琢縱橫齒，能旋轉碎物成屑也。」戰國莊周莊子天下：「若羽之旋，若磨石之隧。」清平山堂話本快嘴李翠蓮記：「推得磨，搗得碓，受得辛苦吃得累。」明王三聘古今事物考卷七：「磑，世本曰：『（春秋魯）公輸般作磑。』今以礱磨穀者，自山而東謂之磑，江、浙之間或曰礱。」

在從前的農業時代，碾磨機器尚未發明，五穀收成後，依次必須倚賴連枷擊打，使穀粒脫離穀穗；進而用石碓（舂臼）使穀粒離開穀殼；然後再依需要，加水或不加水在石磨中磨成穀漿、穀粉；最後纔下鍋或蒸籠製作食品。至於花生，則以雙手剝除外殼。

韈(襪、韤、韎、絉、妺、袜、帓)（bet下入）——襪子。

說文：「韈，足衣也。从韋蔑聲。」段注：「(春秋左丘明)左傳(哀公二十五年)曰：『褚師聲子韈而登席。』謂燕禮宜跣(赤足)也。望發切。」同書西晉杜預注：「古者，見君解韈。」三國蜀劉熙釋名釋衣服：「韈，末也。在腳末也。」清畢沅疏證：「(唐玄應)一切經音義引作『袜』。案(梁顧野王)玉篇：『袜，腳衣。』故後人亦以袜代韈也。」北宋丁度集韻：「韈，或从革、从衣、从皮，亦作韤、韎、絉、妺、袜、帓。」

史記張釋之傳：「王生老人，曰：『吾韈解。』顧謂張廷尉：『爲我結韈。』」唐杜甫北征詩：「見耶(爺)背面啼，垢膩腳不韈。」唐韓偓懶起詩：「煖嫌羅韈窄，瘦覺錦衣寬。」

大概人類在漁獵時代，「食肉寢皮」，爲了禦寒和遮蔽身體，衣服是獸皮作的。爲保護脛部，也用獸皮作成了「韈」，故其字从「韋」或「皮」。但卻不是像我們今天直接穿進足部，而須用帶繫結。因此到了漢朝，是農業時代，有了絲紗紡績，然後其字从「糸」或「衣」，穿帶還是仍舊，故王生說「吾韈解。」依照說文與段注的發音，「韈」正是和閩南語相同的(bet下入)。

鱟殼阿（hau下去　kát上入　a上平）——舀湯水用的杓子。

鱟屬於節肢動物門，蛛形綱，腿口亞綱，劍尾目。體分頭胸及腹二部，頭胸部廣闊，下面穹起，前緣形圓，後緣形凹。頭上有無柄的複眼一對，這兩眼的中間，又有一小眼。下面有口，口緣有腳六對，腹部成六角形。頭胸部和腹部中間，有可動的關節。甲殼堅硬，尾端有強直的劍狀物，全體深褐色。體長六十至一百公分，闊約三十公分。其天性喜棲息於近海多藻類的泥沙地，雌雄成雙出游。

人類捕得鱟後將它殺了，吃它的肉和卵。在很古的時代，利用它的凹形甲殼作舀水的杓子用，稱爲「鱟殼阿」，又叫「鱟㰅（桸）（hau 下去 hia 上平）」西漢揚雄方言第五：「蠡，陳、楚、宋、魏之閒，或謂之簞，或謂之㰅。」西晉郭璞注：「今江東通呼勺爲㰅。」「㰅」亦可寫作「桸」。廣韻上平聲五支：「桸，朽也。」民國周祖謨校勘記：「朽，各本作杓，與故宮王韻合。段氏已改作杓。」北宋王洙、胡宿類篇：「桸，勺也。」梁沈約齊禪林寺尼淨秀行狀：「又嘗請聖僧浴，器盛香湯，及以雜物，因而禮拜，內外寂默，即聞器桸杓作聲，如用水法。」由上所引，得知古時叫「㰅」或「桸」，但閩南語亦稱爲「㰅」。

現今閩南人（含廈門、金門、澎湖、臺灣）家庭中，不論在廚房或餐桌上，舀湯水用的杓子，各種形狀及物質所製，名稱仍沿用古時的「鱟殼阿」或「鱟㰅」。重修臺灣省通志語言篇頁三十四亦寫作「鱟桸」。

第十八章　藝　術

民歌天烏烏(bin下平　kua上平　tĩ上平　ɔ上平　ɔ上平)——流行於閩南及臺灣的民歌之一。

臺灣百科文化事業有限公司民國七十一年九月出版，許常惠編著臺灣福佬系民歌第二十四首天黑黑：「天黑黑，要落雨，阿公仔舉鋤頭要掘芋。掘啊掘，掘啊掘，掘著一尾旋鰡鼓，依喲嘿都眞正趣味。阿公仔要煮鹹，阿媽要煮淡，倆人相打弄破鼎，依喲嘿都啷噹叱噹槍，哇哈哈！」許氏分析說：「口語散文，但有三字一句的傾向，採用許多虛詞。」筆者案：上述歌詞中，「黑黑」應作「烏烏」；「仔」應作「阿」，因「仔」無「阿」音；「舉」應作「撟」；「淡」應作「饏」。

民國七十三年九月再版臺北衆文圖書公司出版林二、簡上仁合著臺灣民俗歌謠第二章北部民謠天黑黑，歌詞較長，較多重覆演唱；其中「旋」作「漩」；「鼎」誤作「鍋」；其他不妥的字，和前引許常惠所錄相同。作者評論說：「天黑黑是臺灣北部民謠，原是一種順口溜的童謠唸詞，內容詼諧有趣，鄉土色調極濃。據稱發源於終年梅雨、臺灣之頂金瓜石一帶。目前，在臺灣甚至在外國講閩南語的僑胞，不論男女老幼無不喜歡這首民謠。」

民國臧汀生商務版臺灣閩南語歌謠研究第三章第三節論傳承說：「再以通行臺灣全省之天烏烏爲例，一般以爲本地土產，事實不然。謝雲生先生於民國十七年所輯閩歌甲集第三十九，載有通行泉州、廈門一帶之天烏烏三首，及當時通行於臺灣者亦三首。自其內容而論，泉、廈者較簡短，臺灣者較冗長，主從地位豈不甚明？」

公元二〇〇一年間，筆者在臺中市某晚觀看有線電視「臺灣南歌」節目，蔡姓主持人訪問曾經將天烏烏重新塡詞的音樂家林福裕，林氏說：蔣中正統治臺灣期間，當時戒嚴令尚未廢除，因爲此歌風行，林氏竟被國民黨政府的文化組約談三次，嚴辭責問，並作筆錄，說爲何「天烏烏」？是不是影射政府「黑暗統治」？林氏辯解這歌頭三字自早以來就是這樣唱的，不是從他開始纔說「天烏烏」。他第三次接到約談通知，極爲恐懼，出門前先寫好遺囑交給家人，預防他被祕密鎗殺不能回來。

筆者案：由此一例，足夠證明當時國民黨邪惡統治的深入及無所不包，假借「戒嚴令」外衣，肆意摧殘臺灣的冒名「民主政治」，連區區一首歌裏的三個字都要恣意追究到底。事實上，要下雨以前，當然是「天黑黑」。如果國民黨有「打倒天公」的本領，大可命令「天公」要下雨前一定要「天清清」；等到天公也降服作到了，那時候再來擒拿說下雨前「天黑黑」的音樂家還來得及。

另外，民國二三十年代臺灣流行歌中，李臨秋作詞、鄧雨賢作曲四季紅，林二書中說：「『四季謠』原名『四季紅』，後因『紅』字係共匪的污腥象徵，而更名爲『四季謠』。」

像這一類的無理干預，正如同古時的古書觸犯了晚生的皇帝名諱，非要改字不可的可笑和可鄙。曹魏明帝時博士張揖，上奏所著字書廣雅。到了隋朝，祕書學士曹憲爲之音釋，避煬帝諱，改名博雅。筆者案：這是專制時代因觸諱而被改「廣」爲「博」，意義卻相當。國民黨改「紅」爲「謠」，韻味全失了。

又一件，臺中市八大綜藝有線電視「我的音樂你的歌」節目，主持人陳京某次曾說：那卡諾作詞、楊三郎作曲望你早歸，是描寫日據時代無數臺胞被日軍徵召到南洋作軍伕，家中妻子盼望丈夫能早日歸來的歌。料不到國民黨遷臺後，晚期民主運動劇烈，許多民運人士逃亡海外；國民黨遂以爲這首歌等於家人在思念民運人士，因此連同四季紅加以禁唱。筆者案：專制時代，如唐沈佺期雜詩：「聞道黃龍戍，頻年不解兵。可憐閨裏月，長在漢家營。」唐王瀚涼州詞：「醉臥沙場君莫笑，古來征戰幾人回？」這兩人倘若生存在現代國民黨統治的時期，這種詩，必定難免被扣上「煽惑軍心，打擊士氣。」的罪名，抓入牢獄洗腦讀三民主義。

我國在東漢末分裂爲魏、蜀、吳三國，共存的年數約四十三年至四十五年，三國政府從未禁止人民不得歌唱某類歌曲。西晉末懷帝永嘉之亂，東晉元帝自洛陽遷都建鄴（南京），傳十一帝，享國一〇三年，亦未聞干涉人民唱北方的歌謠。北宋末靖康之難，高宗由開封遷都臨安（杭縣），傳九帝，一五四年，史書上也少見禁止人民不得渡江到淪陷區的記載。從以上數事比較看，國民黨的專制獨裁統治臺灣，已遠超過歷史上有皇帝的時代。清以異族入主中國，傳十帝，二六八年，曾有數次文字獄，但國民黨在一九四七年二二八事件，豈不亦屠殺了無數冤死的臺灣人嗎？

鄭元和（ti下去　gan下平　ho下平）——才子嫖妓財盡作乞丐的故事。

北宋李昉太平廣記卷四百八十四載唐白行簡（白居易之弟）李娃傳：「（玄宗）天寶中，有常州刺史滎陽公者，知命之年，有一子，始弱冠矣，雋朗有詞藻，應鄉賦秀才舉，將行，乃盛其服玩車馬之飾，計其京師薪儲之費，謂之曰：『吾覺爾之才，當一戰而霸。今備二載之用，且豐爾之給，將爲其志也。』生亦自負，視上第如指擲。自毗陵發，月餘抵長安，居於布政里。嘗游東市還，自平康東門入，將訪友於西南。至鳴珂曲，見一宅，門庭不甚廣，而室宇嚴邃。闔一扉，有娃方憑一雙鬟青衣立，妖姿要妙，絕代未有。生忽見之，不覺停驂久之。乃詐墜鞭於地，候其從者，勑取之。累眄於娃，娃回眸凝睇，情甚相慕。竟不敢措辭而去。生自爾意若有失，乃密徵其友遊長安之熟者，以訊之。友曰：『此狹邪女李氏宅也。』曰：『娃可求乎？』對曰：『李氏頗贍，前與之通者多貴戚豪族，所得甚廣。非累百萬，不能動其志也。』生曰：『苟患其不諧，雖百萬何惜！』

他日，乃潔其衣服，盛賓從，而往扣其門。俄有侍兒啓扃。生曰：『此誰之第邪？』侍兒不答，馳走大呼曰：『前時遺策郎也！』娃大悅曰：『爾姑止之，吾當整粧易服而出。』見一姥垂白上僂，即娃母也。生跪拜前致詞曰：『聞茲地有隙院，願稅以居，信乎？』因曰：

『某有女嬌小，技藝薄劣，欣見賓客，願將見之。』乃命娃出。明眸皓腕，舉步豔冶。復坐，烹茶斟酒，器用甚潔。久之日暮，鼓聲四動。姥訪其居遠近，生紿之曰：『在延平門外數里。』冀其遠而見留也。娃曰：『不見責僻陋，方將居之，宿何害焉？』生數目姥。娃曰：『唯唯。』俄徙坐西堂，幃幙簾榻，煥然奪目。粧奩衾枕，亦皆侈麗。乃張燭進饌，品味甚盛。生曰：『今之來，非直求居而已，願償平生之志，但未知命也若何？』言未終，姥至，具以告。姥笑曰：『情苟相得，雖父母之命，不能制也。』姥遂目之爲郎，飲酣而散。自是生屈跡戢身，不復與親知相聞。日會倡優儕類，狎戲遊宴，囊中盡空，乃鬻駿乘，及其家童。歲餘，資財僕馬蕩然。

邇來，姥意漸怠，娃情彌篤。他日，娃謂生曰：『與郎相知一年，尚無孕嗣，常聞竹林神者，報應如響，將致薦酹求之，可乎？』生不知其計，大喜，乃質衣於肆，以備牢醴，與娃同謁祠宇而禱祝焉，信宿而返。至里北門，娃謂生曰：『此東轉小曲中，某之姨宅也。將憩而覲之，可乎？』生如其言。娃下車，嫗迎訪之曰：『何久疏絕？』相視而笑。遂偕入西戟門偏院中。食頃，有一人控大宛，汗流馳至，曰：『姥遇暴疾頗甚，殆不識人，宜速歸！』日晚，乘不至。生遂往，至舊宅，門扃鎖甚密，以泥緘之。生大駭，詰其鄰人，鄰人曰：『李本稅此而居，約已周矣，第主自收。姥徙居。』徵：『徙何處？』曰：『不詳其所。』乃弛其裝服，質饌而食，賃榻而寢。質明，乃策蹇而去。既至，生大呼數回，有宦者徐出，生遽訪之：『姨氏在乎？』曰：『此崔尚書宅，昨有一人稅此院，未暮去矣。』

生惶惑發狂，因返訪布政舊邸，遘疾甚篤。邸主懼其不起，徙之於凶肆之中，綿綴移時。後稍愈，杖而能起，由是凶肆日假之，令執繐帷，獲直以自給。累月，漸復壯，每聽其哀歌，自歎不及逝者，輒嗚咽流涕，不能自止。初，二肆之傭凶器者，互爭勝負，其東肆車輿皆奇麗，惟哀挽劣焉。其東肆長知生妙絕，乃醵錢二萬索顧焉。士女大和會，聚至數萬，四方之士，盡赴趨焉，巷無居人。西肆皆不勝，乃置層榻於南隅，有長髯者擁鐸而進，乃歌白馬之辭，旁若無人。有頃，東肆長於北隅上設連榻，有烏巾少年，乘翣而至，即生也。乃歌薤露之章，舉聲清越，響振林木，曲度未終，聞者歔欷掩泣。

時也適生之父在京師，與同列易服章竊往觀焉。豎遂持其袂曰：『豈非某乎？』相持而泣，遂載以歸。至其室，父責曰：『志行若此，污辱吾門！』至曲江西杏園東，去其衣服，以馬鞭鞭之數百，生不勝其苦而斃。父棄之而去。其師命相狎暱者陰隨之，因共荷而歸，以葦筒灌勺飲，經宿乃活。其楚撻之處皆潰爛，穢甚，同輩患之，棄於道周。行路咸傷之，往往投其餘食，得以充腸。十旬，方杖策而起，持一破甌，巡於閭里，以乞食爲事。

至安邑東門，循理垣北轉第七八，有一門獨啓左扉，即娃之第也。生不知之，遂連聲疾呼：『饑凍之甚！』娃自閤中聞之，謂侍兒曰：『此必生也！我辨其音矣。』娃前抱其頸，以繡襦擁而歸於西廂。姥遽曰：『當逐之！奈何令至此？』娃斂容卻睇曰：『不然。此良家子也。當昔驅高車，持金裝，至某之室，不踰期而蕩盡。且互設詭計，捨而逐之。況欺天負人，鬼神不祐。願計二十年衣食之用以贖身，當與此子別卜所詣。』姥度其志不可奪，因許之。

給姥之餘，有百金。北隅因五家稅一隙院。乃與生沐浴，易其衣服；爲湯粥，通其腸；次以酥乳潤其臟。旬餘，方薦水陸之饌。頭巾履襪，皆取珍異者衣之。未數月，肌膚稍腴；卒歲，平愈如初。異時，娃謂生曰：『體已康矣，志已壯矣。淵思寂慮，默想曩昔之藝業，可溫習乎？』生思之，曰：『十得二三耳。』娃命車出遊，生騎而從。至旗亭南偏門鬻墳典之肆，令生揀而市之，計費百金，盡載而歸。因令生斥棄百慮以志學，俾夜作晝，孜孜矻矻。娃常偶坐，宵分乃寐。伺其疲倦，即諭之綴詩賦。二歲而業大就，海內文籍，莫不該覽。更一年，於是遂一上登甲科，聲振禮闈。娃曰：『未也。今秀士，苟獲擢一科第，則自謂可以取中朝之顯職，擅天下之美名。子行穢跡鄙，不侔於他士。當礱淬利器，以求再捷。』生由是益自勤苦。其年，遇大比，生應直言極諫科，策名第一，授成都府參軍。

將之官，娃謂生曰：『今生復子本軀，某不相負也。願以殘年，歸養老姥。君當結媛鼎族，以奉蒸嘗。』生泣曰：『子若棄我，當自剄以就死。』娃曰：『送子涉江，至於劍門，當令我回。』生許諾。月餘，至劍門。未及發而除書至，生父由常州詔入，拜成都尹，兼劍南採訪使。浹晨，父到。生因投刺，謁於郵亭。父不敢認，見其祖父官諱，方大驚，命登階，撫背痛哭移時，曰：『吾與爾父子如初。』

詰娃安在？曰：『送某至此，當令復還。』父曰：『不可。』翌日，命駕與生先之成都，留娃於劍門，築別館以處之。明日，命媒氏通二姓之好，備六禮以迎之，遂如秦晉之偶。娃既備禮，歲時伏臘，婦道甚修，治家嚴整，極爲親所眷。有靈芝產於倚廬，一穗三秀。本道上聞。又有白燕數下，巢其層甍。天子異之，寵錫加等。終制，累遷淸顯之任。十年間，至數郡。娃封汧國夫人，有四子，皆爲大官，其卑者猶爲太原尹。弟兄姻媾皆甲門，門外隆盛，莫之與京。」

元朝石君寶，據李娃傳演爲劇曲李亞仙花酒曲江池。民國羅錦堂現存元人雜劇本事考第二章一四：「傳云天寶中，有常州刺史滎陽公，而本劇則云滎陽鄭公弼爲洛陽府尹，與傳略異。復次，傳云元和訪友至鳴珂巷，見娃，乃詐墜鞭於地，候其從者取之。而本劇則云亞仙遊曲江，與元和遇，元和悅亞仙之貌，墜鞭者三，亦與傳異。又本劇謂元和爲父撻之垂死，投於荒郊，亞仙奔救得甦，其事爲傳中所無。明薛近兗又有繡襦記，敷衍李娃傳情節，較本劇爲詳。而曰繡襦者，取傳中元和落魄時，娃以繡襦擁之而歸也。至本劇命名李亞仙花酒曲江池者，蓋曲江爲唐人遊賞最盛之地，故取之以爲渲染，非本傳所有也。皮黃戲有繡襦記，乃荀慧生所排演，頗生色動人。」

筆者案：李娃傳開頭明說「有常州刺史滎陽公者。略其名氏，不書。」可見「滎陽公」的眞名故意不寫出，而李亞仙花酒曲江池稱其姓名爲「鄭弼」，則眞假不可知。在傳中，只稱男主角爲「生」；女主角爲「娃」，姓李；都沒有名字。開始有名字，是石君寶的「鄭元和」與「李亞仙」；但其名字眞假，亦無從考證。

臺北成偉出版社翻印大陸版汪國垣輯唐人傳奇小說，於李娃傳後引淸俞正燮癸巳存稿卷十四李娃傳說：「所云常州刺史滎陽公及其子姓官爵，（南宋）劉後村（克莊）詩話，以爲鄭亞、鄭畋，然稽之唐書宰相世系表鄭氏滎陽房中，無有合者，蓋故錯隱之。此傳所言坊曲，頗合事理。長安圖志，平康在朱雀街東第三街之第八坊，其第九坊，即宣陽。布政里，則在朱雀西第三街，去平康甚近。其詭云延秋門外，則西城城外。託詞最有情理。」筆者案：白行簡是德宗貞元末（約公元八〇四年）進士；鄭畋是僖宗時進士，官兵部侍郎，逢黃巢之亂（稱齊帝爲公元八八〇年）；相距七十多年。前人怎能預寫後人之事？此可見劉克莊說法的荒謬。但有一種推測：李娃傳的作者白行簡可能是他人僞託，因李娃傳在太平御覽以前曾單行，約在宋初收入異聞集。

白行簡所著的李娃傳相當出名，下到明朝，馮夢龍於警世通言第三十一卷趙春兒重旺曹家莊說：「又有一個李亞仙，他是長安名妓，有鄭元和公子嫖他，吊了梢（比喻銀子沒了），在悲田院（乞丐營）做乞兒，大雪中唱蓮花落。亞仙聞唱，知是鄭郎之聲，收留在家，繡襦裹體，剔目勸讀，一舉成名，中了狀元，亞仙封至一品夫人。」「蓮花落」是唐、宋時乞丐演唱的歌舞，閩南語叫作「拍花草」（見後）。馮著喻世明言第二十七卷金玉奴棒打薄情郎：「唐時鄭元和做歌郎，唱蓮花落。後來富貴發達，一床錦被遮蓋，這都是叫化中出色的。」「歌郎」又稱「挽歌郎」，是專替喪家唱輓歌的人。又馮著醒世恆言第三卷賣油郎獨占花魁：「只爲鄭元和識趣知情，善於幫襯，所以亞仙心中捨他不得。你只看亞仙病中想馬板腸湯喫，鄭元和就把個五花馬殺了，取腸煮湯奉之。只這一節上，亞仙如何不念其情？後來鄭元和中了狀元，李亞仙封為汴國夫人。蓮花落打出萬年策，卑田院只做了白玉堂。」筆者案：「汴國」應作「汧國」。李娃傳中並沒有提起「馬板腸湯」和「蓮花落」，這些或是馮夢龍根據傳說加進他的「三言」裏。

中華書局版民國王沛綸戲曲辭典繡襦記：「凡四十一齣，明人薛近兗撰。演鄭元和、李亞仙事，本元雜劇曲江池增為傳奇，而曲江池乃本唐白行簡之李娃傳。（清無名氏）傳奇彙考：『（明）鄭虛舟（名若庸）作玉玦，舊院人惡之，共醵金薛近兗求作此記，以雪其事。』（明呂天成）曲品：『玉玦出而院中無宿客。及此記出，而客復來。詞之足以感人如此。』」民國盧前明清戲曲史：「繡襦記或云薛近兗作。據曲品，仍定為若庸所作，譜鄭元和事，亦其家乘也。」如果此說屬實，那麼繡襦記是清鄭若庸所作，而不是歷來世傳的薛近兗。

自從「鄭元和」的故事馳名以來，閩南地區清代南管戲編劇家遂編為「（大梨園）下南棚頭戲」「鄭元和」演出，很受歡迎。另外，舊時閩南和臺灣的「高甲戲」中的戲目，亦有「鄭元和」一齣。（以上分見民國沈冬南管音樂體制及歷史初探、蘇玲瑤南音舊事）

在以上各種有關鄭元和的戲曲裏，劇中鄭元和作乞丐時所演唱的歌舞即是「挽（輓）歌」（拉挽柩車之歌），亦就是別人喪事出殯時，於隊伍裏代送葬執紼者唱歌，表示對死者的哀悼。北宋高承事物紀原卷九挽歌：「（三國吳）譙周法訓曰：『挽歌起自田橫。』（唐杜佑）通典曰：『漢高帝時，齊王田橫自殺，故吏不敢哭泣，但隨柩敘哀。後代相承以為挽歌。』按，漢初橫死，門人為薤露、蒿里之歌，蓋從者以寄哀耳。武帝時，李延年分為二：薤露送王公貴人，蒿里送大夫庶士。蓋二歌之起，始自橫也。（西晉）摯虞新禮儀曰：『挽歌出於漢武帝役人勞苦，歌聲哀切，遂以送終，非古制者誤矣。』（春秋左丘明）左傳哀公十一年：『會吳伐齊，將戰，公孫夏命其徒歌虞殯。』（西晉）杜預注云：『送葬歌曲，哀死也。』（唐）孔穎達疏曰：『虞殯，謂啓殯將虞（安魂之祭）之歌。今謂之挽歌。』（戰國莊周）莊子曰：『紼謳於所生，必立斥苦。』（西晉）司馬彪注曰：『紼，引柩索。挽歌，斥，疏緩；苦，急促。言引紼謳者，爲用人力以挽者所歌，故曰挽歌。馮鑑謂起於虞殯也。然則其周人之制乎。』」前引李娃傳中，喪事承辦商互相競爭，西肆長髯者唱白馬，鄭元和唱薤露，結果元和較優。

蓮花落，本名蓮花樂，後名蓮花落。南宋釋普濟五燈會元：「兪道婆嘗隨衆參琅琊，聞丐者唱蓮花樂，大悟。」清歸莊萬古愁曲：「遇著那乞丐兒，唱一回蓮花落；遇著那村農夫，醉一回田家樂。」清鄭燮（板橋）道情：「儘風流，小乞兒，數蓮花，唱竹枝，千門打鼓沿街市。」臺北稻田版楊天厚、林麗寬合著金門歲時節慶輯四說：「（農曆四月十二日城隍出巡）在所有的遊行隊伍之中，最引人注目的就是『打花草』的戲碼。據傳永成先生指出，此一戲目主要是以『鄭元和乞丐』的故事爲藍本。飾演鄭元和的演員頭戴草環，靈活矯健的身手、奇特的造型，在在都令人印象深刻。」又金門縣政府出版陳炳容金門民俗文物娛樂篇（頁一一五）並附有圖片。筆者還記得年幼時，在金門後浦街道，就看過迎城隍隊伍中的「拍花草」。鄭元和乞丐，手持一棍棒，棒的頂端繫一布製彩球，身旁有女丐四人，各單手拿紅手帕。一男四女邊走邊演邊唱，隨著南管音樂的節拍，鄭元和輪流將彩棒輕打在四個女丐的手承手帕上，顯得古拙、滑稽、可笑又動人。大概「拍花草」即是按照古時「蓮花落」的情節遺意所編排的乞丐歌舞，成爲迎神賽會中的娛樂性節目，而不是在喪家出殯時演出。

「拍花草」既是閩南的娛樂節目之一，在情理上說來，應當會隨著數百年前的移民傳進臺灣，如「蜈蚣陣」、「藝閣」等一樣。所不解的，臺南人連橫著臺灣語典，其中並無「拍花草」一詞。筆者深信在清朝統治臺灣期間，一定有「鄭元和」的「拍花草」；前文所引臺灣「大梨園戲」和「高甲戲」都有「鄭元和」的戲目，便是證明。臺南文國版江上老叟今古奇事第八回癡公子狠使作孽錢、賢丈人巧賺回頭壻：「（姚公子家產花盡，淪爲乞丐，作歌。）今日黃金散盡誰復矜？朋友離群獵狗烹。晝無饘粥夜無眠，落得街頭唱哩嗹。」筆者案：「唱哩嗹」，應即是「蓮花落」一類的乞丐歌。不過這是發生在古時浙江溫州府的故事，和臺灣無關。

本書主要參考書

一、經部

清阮元刻	宋本十三經注疏	板橋藝文影印本
西漢戴德	大戴禮記	臺北世界影印本
隋陸法言	切韻（宋本廣韻）	藝文影印本
南宋朱熹	詩集傳	香港啓明影印本
元陳澔	禮記集說	啓明影印本
清段玉裁	說文解字注	藝文影印本
清朱駿聲	說文通訓定聲	世界影印本
清畢沅	釋名疏證	臺北廣文影印本
民國曲守約	中古辭語考釋	臺北商務版
民國張世祿	中國古音學	景美先知出版社
民國董同龢	中國語音史	臺北中華文化版

民國屈萬里	尚書釋義	中華文化版
民國馬光宇	方言校釋	商務版
民國竺家寧	聲韻學	臺北五南出版社

二、史部

西漢司馬遷等	二十五史	臺北新文豐影印本
東漢荀悅	漢紀	商務版
東漢趙曄	吳越春秋	世界影印本
梁宗懍	荊楚歲時記	臺北文津出版社
北宋司馬光	資治通鑑	世界版
北宋高承	事物紀原	商務版
南宋孟元老	東京夢華錄	臺北大立出版社
南宋吳自牧	夢粱錄	大立版
元馬端臨	文獻通考	商務影印本
明王三聘	古今事物考	商務版
清紀昀等	四庫全書總目提要	商務版
清周凱	廈門志	臺灣銀行經研室
清林焜煌	金門志	金門文獻委員會

日本鈴木清一郎　臺灣舊慣習俗信仰　臺北眾文出版社
民國吳瀛濤　臺灣民俗　臺北古亭書屋
民國劉伯驥　中西文化交通小史　臺北正中書局
民國李怡來等　金門縣志　金門文獻委員會
民國王儀　明代平倭紀實　鳳山晚晴商店
民國顏立水　金門與同安　臺北稻田出版社
中共徐曉望　福建民間信仰源流　福建教育出版社
中共太風等　中國寺廟掌故和傳說　臺北木鐸出版社
民國翁國樑　漳州史蹟　永和文海出版社

三、子部

清戴望　管子校正　世界版
清郭慶藩　莊子集釋　世界版
清王先慎　韓非子集解　世界版
清王先謙　荀子集解　世界版
民國許維遹　呂氏春秋集釋　世界版
東漢高誘　淮南子注　世界版
民國劉盼遂　論衡集解　世界版

清汪繼培　潛夫論箋　世界版

中共王利器　顏氏家訓集解　臺北明文書局

後魏賈思勰　齊民要術　世界版

北宋沈括　夢溪筆談　商務版

南宋王應麟　困學紀聞　世界版

南宋趙彥衛　雲麓漫鈔　新文豐版

南宋洪邁　容齋隨筆　商務版

南宋王楙　野客叢書　新文豐版

南宋程大昌　演繁露　新文豐版

清顧炎武　日知錄　商務版

清趙翼　陔餘叢考　世界影印本

清王士禎　池北偶談　商務版

清梁紹壬　兩般秋雨盦隨筆　商務版

清俞正燮　癸巳存稿　商務版

清胡鳴玉　訂譌雜錄　商務版

清錢大昕　十駕齋養新錄　世界版

清焦竑　焦氏筆乘　商務版

清翟灝	通俗編	世界版
清俞樾	春在堂全書	世界版
民國章炳麟	章氏叢書	世界影印本

四、集部

南宋朱熹	楚辭集註	臺北萬國圖書公司
明馮夢龍	警世通言	臺北鼎文書局
明馮夢龍	喻世明言	鼎文版
明馮夢龍	醒世恆言	鼎文版
明施耐庵	水滸傳	世界版
明羅貫中	三國演義	世界版
明許仲琳	封神傳	世界版
明吳承恩	西遊記	世界版
清蒲松齡	聊齋志異	商務影印本
清曹雪芹	紅樓夢	世界版
清李汝珍	鏡花緣	世界版
清吳敬梓	儒林外史	世界版
清文康	兒女英雄傳	世界版

江上老叟	中國奇情小說	臺南文國書局
民國豐子愷	緣緣堂隨筆	文教出版社
民國胡適	胡適文存	臺北遠東圖書公司
民國汪國垣	唐人傳奇小說	臺北成偉出版社
民國羅錦堂	現存元人雜劇本事考	臺北順先出版公司
民國胡頌平	胡適之先生晚年談話錄	臺北聯經出版公司
民國孫洵侯	臺灣話攷證	商務總經售
民國臧汀生	臺灣閩南語歌謠研究	商務版
民國逯耀東	出門訪古早	臺北東大圖書公司
民國吳在野	河洛閩南語縱橫談	東大版
民國連橫	臺灣語典	
民國林金鈔	閩南語探源	新竹竹一書局
民國黃敬安	閩南話考證	臺北文史哲出版社
民國魏益民	臺灣俗語集與發音語法	臺北南天書局

筆畫索引

一畫

一工……三〇九
一冬……三一〇
一串……三一〇
一聖杯……三一一
一裏……三一二
一濞鼻……三一三

二畫

九重糕……三二三

三畫

丈人……三四七
上帝公……一四一
下昏……一三一
也無……二六五
小姬……三四九
大嗔……九八
大道公……一四七
土地公……一四四
土孫湅……三二四
土墼……三七五
土隱……九七
工課……五一

四畫

仆（𧼮、𧿒、踣）……二六五

介……二六七
勻勻阿……二六七
勼……五一
弔（吊）脰……五二
手䘼……三七六
文昌帝君……一五二
支載未著……五三

五畫

仔……三五五
卯……五五
尻川……一二三
幼呰……五五
必……二六八
民歌天烏烏……四〇三
未（飭）……二六八
瓜（適）……三五九
皮……五六

田蚼……九九

六畫

乩童……一五六
企（跂）……二七〇
刉……二一七
同姒……三五〇
囝……三五一
异……五六
地基主……一六一
扨……二一八
炎埔蚻……一〇〇
耳栓……三七八
竹簰……三七七
米篩目……三二五

七畫

依倚……五六
剘……二一八

否（佸、婄）……三六〇
囥……五八
尾脽骨……一二四
捐……二一九
叔（奴）……二一九
成……五八
沖沖滾……二七四
沒影……二七〇
疕……三一五
私婍……五九
虯……二七一
走從（漎、𧺆）……二七二
走𢾛……六〇
車……三七九

八畫

佮……六一
刲……二二〇
刳刀……三八一
坫……一三七
坩……三八二
拂（攢、柫）……二二〇
拄……二七二
拍失衰……六一
拗……二三二
抭（揹）……二三三
抯（摣、𢾺）……二三三
批……二二四
怗……二七三
枋……三八三
油炸䴹……三二八
炊番薯……三二六
炒粿條……三二七
空榫……六三
肨……二七五

肨皮……三六一
胼蹄……三二九
𨑨迌……六四
門楔……一三八

九畫

即馬……一三二
哈唏……二七五
度晬……六七
奓……二三四
奓盤……六六
柴屄……一二五
怨切……六九
按怎……二七五
按爾（生）……二七七
挌……二三四
吱……二三五
洔……二七八
炰（烰）……二七九
牴（抵、觝）……二八〇
突……二二五
祖師公……一六一
胡螓……一〇〇
要……二八一
迮……二二六
風槎……三八四

十畫

倯……三六一
展……七〇
城隍爺……一六六
扒（挕）……二二六
捍……二三七
敆（敆）……七〇
斜……二三七
海涌（湧）……三六一

砧（椹）……三八七
秫……一〇一
粕（冇）……二八一
痟……三一五
盗（揞、扙、抿）……三八六
胳下空（孔）……一二五
臭殕……三六二
笑哈哈（瞖瞖）……二八一
茭茨……三八七
茶塊……三八八
茶藍（鈷）……三八九
迾……二二八
討海……一一五
閃烺（朗）……九五
馬蹄酥……三二九

十一畫

倖……二八二
停賺（賺）……二八三
偄（冄、翢）……三一六
啥會……二八三
庶羞……三三一
宿……三八九
飧（跳）……一二六
得……三五六
捡（拎、擒）……二三一
揔……二三一
捽……二三〇
掯……二三九
掊（捊）……二三九
掎……二三〇
掠龍……一一六
淖……二八四
清黗……七一
祭獺……七二

蚼蟻……一〇二
春（⿰扌春）……二三三
覓……七四
訬（吵、謅）……七五
許爾……二八五
紩（⿰衤定）……七四
紾……二三二
逗相共……七六
這爾……二九五
連鞭來……一三三
靪……七七

十二畫

喫虧……二八六
媌……三六三
插……七八
揜（掩）……二三五
攖……二三六
揭……二三四
掇……二三五
揞蓋……七九
惴……二八七
渧……二八八
斮（斫、剒、剉）……二三六
湛瀝漉……二八八
焯……二八九
⿰牜卓……二三八
稃……一〇三
⿱沙目……二三八
菅……一〇四
翕……八〇
菜⿸疒扁……三三一
補鼎……一一六
蚝……一〇五
貯……二八九

晛……八一
賀奶豆……三三二
跦……二三九
跔（跼、趜、趜）……二九〇
訹……八一
註生娘娘……一七五

十三畫

剾（鉋、刨、鏂、鑢、斪、剫、鍘）……二三九
㚁……二九一
塑膠橐阿……三九一
媱（愮）……三六四
媽祖……一七七
搰力……三六五
楔……三六六
煨……三三三
煤……三三四
當……三五七
置著位……二九二
著……一〇六
趒……八二
跧……二四〇
遇……二九三
遂……二九四
銈……三六六
隘（扅）……一三九

十四畫

飫（饇）……三三五
飰（飯）糒……三三六
髡……二四一
剺……二四二
慒……二九四
截……二四四
摳……二四二
摕……二四三

斡……二四五
斲（斵）……二四四
構人怨……八三
滲……三六七
滸苔……一〇七
稱采……八四
膇（瘇）……三一八
臧……三六八
蔍荽……一〇七
趖……二四七
踅（蹛）……二四六
輒……二九六
遺損……八五
鋆……三九二

十五畫

嫶（嫳）……三六八
屧朘……一二六
撅……二四八
撒……二四八
撓……二四九
撓……三一八
撟……二五〇
撟礐……一一七
槃……二九七

十六畫

熿……三一九
踈……二五二
踦……三六九
磑……二五一
蝲蝳……一〇八
賣雜細……一一九
鄭元和……四〇六
軩阿……三九二
骲（皰）……二五三

嘴⿰酉比……一二七
橫逆……八七
⿰木臭……二九七
⿸疒帶……三二〇
糗……三三六
糖粿……三三八
親情……八八
鴛阿……三九三
諳……二九八
頭稃……一二八
頷頤……一二八
頻憚……三七〇
骹……一二八

十七畫

嶽帝爺……一八四
擘（扒）……二五三
歕……二五四
檠（撤）……二五五
檨阿……一〇九
濫糝……三七一
曈……二五五
癉（⿸疒亶）……二九八
盪……二五六
禮數……八九
穜（種）米糜……三三九
簎（戳）……三〇〇
臊……一九九
⿱艹稈（稈、秆）……一〇九
薁玉……三四〇
嬦……二五七
襄……三〇〇
襇……三〇一
鍼（針）黹……九〇

十八畫

擲（擿）……二五八
摺……二五九
濺……三〇二
稉……三四一
癖……三三一
簌阿店……一二〇
簌壺……三九四
薰……三九五
闔……一四〇
雞毛筅（箲）……三九七
雞健……一一〇
鶣啁阿……一一〇
齕……三四一

十九畫

㦗……三〇三
殰……九一

癡踔……三〇三
䁣……二五九
繫……一八七
䋬……三〇四
蟺蝍（蜋）……一一一
蹻（蹺、翹）……二五九
鏠（剗）……二六一
關帝爺……一八八
䭔……三四二
髮……三九八
躹……三〇五

二十畫

鬳……二六二
龔……三七二
蘇王爺……二〇一
鹹光餅……三四四
鹹西瓜瓤……三四六

齙牙……一二九

二十一畫

糴……九二
螺婆……一一二
鬹……二六二

二十二畫

攦……二六三
聽香……二〇三

二十三畫

鑢……二六三
[illegible]（[illegible]）……三〇六
驛頭……一三五

二十四畫

礳（磨）阿……三九九
韤（襪、韈、韎、絉、妺、袜、帓）四〇〇
黨殼阿……四〇〇

二十五畫

糶……九三
觀音佛祖……二〇六

二十七畫

鱸鰻……三七三

二十九畫

鬱悴……三〇七